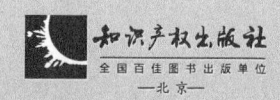

职业教育
法律职业教育精品系列教材

法院书记员工作实务

吴小军 张小海 主编
莫晓燕 副主编

知识产权出版社
全国百佳图书出版单位
—北京—

图书在版编目（CIP）数据

法院书记员工作实务/张小海主编.—北京：知识产权出版社，2022.1(2023.07重印)
ISBN 978-7-5130-7982-2

Ⅰ.①法… Ⅱ.①张… Ⅲ.①法院－书记员－工作－中国 Ⅳ.①D926.2

中国版本图书馆CIP数据核字(2021)第269294号

责任编辑：赵　军　　　　　　　　责任校对：王　岩
封面设计：纵横华文　　　　　　　责任印制：刘译文

法院书记员工作实务
张小海　主编

出版发行：知识产权出版社有限责任公司	网　　址：http://www.ipph.cn
社　　址：北京市海淀区气象路50号院	邮　　编：100081
责编电话：010-82000860转8127	责编邮箱：zhaojun99668@126.com
发行电话：010-82000860转8101/8102	发行传真：010-82000893/82005070/82000270
印　　刷：北京九州迅驰传媒文化有限公司	经　　销：新华书店、各大网上书店及相关专业书店
开　　本：787 mm×1092 mm　1/16	印　　张：24
版　　次：2022年1月第1版	印　　次：2023年7月第2次印刷
字　　数：445千字	定　　价：88.00元

ISBN 978-7-5130-7982-2

出版权专有　侵权必究
如有印装质量问题，本社负责调换。

法律职业教育精品系列教材
编 委 会

总 主 编

许传玺

编委会成员

许传玺	北京政法职业学院院长、教授、博士生导师
曾健生	江西司法警官职业学院党委书记、院长、教授
田　亮	四川司法警官职业学院党委书记
吴　杰	海南政法职业学院院长、教授
闻　全	山东司法警官职业学院院长
严浩仁	浙江警官职业学院副院长、教授
刘莲花	河北政法职业学院副院长、教授
周善来	安徽司法警官职业学院副院长

作者简介

张小海，中国政法大学法学博士，副教授，曾在检察机关工作十余年，现为北京政法职业学院教师，主要从事刑事诉讼法学、证据法学、经济犯罪调查与侦查方面的研究与教学工作。主持和参与国家法律文秘专业教学资源库课题项目、中央政法委、北京市法学会课题项目6项，主持和参与北京市、学院教改课题和科研课题5项。著有《无罪推定权利论》、《法律文书写作指南——以二审劳动争议案件判决书为例》等著作，公开发表论文30余篇，参与编写《刑事诉讼法学》、《刑事诉讼法原理与实务》、《刑事法律原理与实务》、《证据法学》、《法律文书情境写作教程》、《庭审实务训练教程》、《法律援助实务》等教材多部，获得北京市法学会优秀法学论文，学院优秀科研成果奖、优秀科研工作者。先后获得北京市职业院校技能大赛教学能力比赛一等奖、全国司法职业院校法律实务技能大赛优秀指导教师奖、北京市职业院校技能大赛优秀指导教师奖、学院教学成果奖。

吴小军，1980年出生，江苏常州人，中国政法大学法学博士。2005年入职北京市朝阳区人民法院，2015年遴选至北京高院刑一庭四级高级法官。从事刑事审判工作16年，办理刑事案件1300余件，曾主审首都机场爆炸案、"秦火火"诽谤、寻衅滋事案等多起重大敏感案件。获三等功4次、嘉奖多次、北京法院刑事审判业务标兵、北京市第四届审判业务专家、北京市法官兼职教师、北京法学会青年英才。在全国法院系统学术论文比赛中多次获奖，撰写的多篇文书获评北京法院优秀裁判文书。在《人民司法》、《法律适用》、《法治现代化研究》、《刑事审判参考》等刊物发表理论文章、案例等 40 余篇；编著《贪污贿赂办案实用 360 问》、《贪污贿赂办案指南》、《裁判文书释法说理方法》、《证明标准研究》、《法官实用写作指南》等书。

莫晓燕，1982 年 8 月出生，浙江杭州人，经济法学硕士，曾任浙江省杭州市余杭区人民法院民一庭副庭长，现任浙江警官职业学院讲师，民商法专业。

肖圣雷，1989 年出生，北京市朝阳区人民法院刑事审判庭法官，毕业于中国人民公安大学法律（法学）硕士专业。研究成果包括《关于涉众型经济犯罪的统计分析》获得北京法院统计分析一等奖。在《人民司法案例》发表案例分析《介绍他人开具、让他人为自己开具无真实货物购销的增值税专用发票的行为如何定罪量刑》。撰写的案例《非法控制计算机信息系统罪中非法控制的认定》被编入最高人民法院应用法学研究所网络司法典型案例刑事卷；撰写的《对强制医疗机构提出解除强制医疗意见的被强制医疗人，其是否当然地认定为不具有人身危险性》入选中国法院 2018 年度案例。

鞠 仁，1988 年出生，现任北京市朝阳区人民法院行政审判庭法官。曾就读于中国政法大学，获宪法与行政法学硕士，德国汉堡大学法学硕士。撰写的论文曾在全国法院系统学术讨论会、《法律适用》论文比赛中获奖。曾在《中国法院年度案例》发表数篇案例分析。

前　言

本书系国家级法律文秘专业教学资源库书记员工作实务课程的配套教材。编者针对高职高专法律专业学生特点，着眼于应用型法律职业人才的培养目标，旨在帮助学生筑牢法院书记员工作实务基本知识体系，掌握书记员岗位所需具备的全面技能，培养学生的程序意识、规则意识，树立公平正义、廉洁奉献的观念。

教材编写以培养学生职业能力为本位，德法兼修，德技并重。在介绍书记员工作常识的基础上，按照书记员"立案工作—庭前工作—庭审工作—庭后工作"的基本流程，构建书记员工作"四大模块"教学体系，每个体系又分为"刑事案件—民事案件—行政案件"、"三大情境"岗位内容，通过具体生动的"情境描述"，简洁明了的"情境分析"，明确实践岗位的"工作任务"，详细分解每项工作任务的具体内容、环节、步骤、要求。通过学做一体的项目设计，激发学生学习兴趣，促进学生积极思考，引导学生自主操作。

教材配有丰富的课程资源，可有效助力学生开展线上线下混合式学习，提高学习效果。既有1000余个国家级法律文秘专业教学资源库配套资源，还有线下配套立体化资源包；模块任务下既有教师精心制作的微课、动画、音视频，又有配套的电子教案、课件、习题库等电子资源。

教材编写团队由多名法院书记员、优秀教师和法院审判一线的法官共同组成。教材主编张小海副教授，法学博士，曾在司法机关工作十余年，系国家级法律文秘专业教学资源库子项目书记员工作实务课程负责人，荣获北京市职业院校技能大赛教学能力比赛一等奖、全国司法职业院校法律实务技能大赛优秀指导教师奖、北京市职业院校技能大赛优秀指导教师奖、"教学明星"等奖项。副主编吴小军法官获得过北京法院刑事审判业务标兵、北京市第四届审判业务专家、北京法学会青年英才等荣誉称号。其他编者均具有丰富的教学或者行业实践经验。

教材特色

《法院书记员工作实务》是法律文秘专业学生的核心技能课程。教材编写在体系方面具有内容的完整性、全面性和时代性，在技能训练方面体现出任务驱动、步骤分析和行业规范性，教材充分体现信息化教学、混合式教学的授课方法，教材编写团队成员均富有司法机关工作经验，体现出理论与实践的结合、法院与学校的融合。教材全面体现以学生为主体，以任务驱动培养学生掌握法院审判工作中书记员所需的各项技能，使学生在岗位实习和工作中能尽快适用工作岗位的技能要求，独立完成相应岗位的工作任务。具体分述如下：

第一，**内容的完整性、全面性和时代性**。在教材编写体例和内容方面，以法院书记员工作实务涉及的刑事案件、民事案件、行政案件三大类案件的立案工作、庭前准备、庭审记录、庭后与案卷归档四大模块为纵横轴，结合我国审判制度改革、司法责任制改革和司法实践的最新要求，以真实案例为基本素材，让学生通过模拟实战训练，全面了解和掌握不同案件在不同阶段，书记员如何配合法官、协助法官助理做好书记员的事务性的辅助工作，全面培养学生的法院书记员职业素养与技能。

第二，**技能训练中体现任务驱动、步骤分析和规范要求**。教材以书记员在三大诉讼案件的不同诉讼阶段不同岗位工作任务为出发点，通过真实案例模拟真实工作场景，通过对工作任务的性质、工作环节的步骤、工作程序的规范要求进行分析，以学生为主体，让学生动手训练，教师进行指导和评价。让学生在训练中掌握书记员工作实务的技能要求，学习具备书记员的职业素养，明确书记员"需要做什么？"、"怎么做？"、"怎么做得好？"。

第三，**教材使用中充分体现信息化教学、混合式教学的授课方法**。作为法律文秘专业书记员工作实务及法律文秘专业教学资源库书记员工作实务课程的配套使用教材，在教材的具体内容和使用方面，紧密结合和依托资源库平台的建设内容和使用方法，充分利用资源库课程的不同类型的资源，教师需要做好课前任务布置、课上组织指导训练和课后总结评价，学生则需要做好课前预习、课上积极提问与参与、课后总结反思，把纸质教材内容与信息化资源库资源结合起来，把线上教学与线下实践结合起来，需要对学生进行分组，分角色，进行过程化训练考核，在实践中学习和掌握知识和技能，激发学生学习的兴趣，提高他们掌握书记员工作实务技能的能力素养。

第四，教材的编者均富有司法机关工作经验，体现出院校融合性。编写团队成员有的现为司法职业院校专职教师，有的仍为法院一线审判法官。体现了教学与职业、专业与岗位、理论与实践的紧密结合与深度融合。各位老师和法官集自身司法履职经历与教学经验于一体，不断沟通协商，从学生学习出发、从学生入职实践出发、从法院书记员职业岗位工作任务出发，尽心为司法职业院校学生编写这本工作实务教材。

本教材主要适用于高职高专法律文秘专业和法律事务专业训练法律实务技能，也可以作为在职法院书记员培训和初学法律知识的人员使用。

编写分工

本教材由张小海负责大纲体例设计、统稿和审校工作。吴小军法官、莫晓燕老师协助统稿。教材具体编写分工如下：

张小海：北京政法职业学院副教授，法学博士，撰写第一篇、第二篇、第四篇部分内容。

吴小军：北京市高级人民法院刑一庭高级法官，法学博士，撰写第三篇、第四篇、第五篇刑事案件部分内容。

莫晓燕：浙江警官职业学院讲师，经济学硕士，撰写第三篇、第四篇、第五篇民事案件部分内容。

肖圣雷：北京市朝阳区人民法院刑庭法官，法学硕士，撰写第三篇、第四篇、第五篇刑事案件部分内容。

鞠仁：北京市朝阳区人民法院行政庭法官，法学硕士，撰写第三篇、第四篇、第五篇行政案件部分内容。

因为经验不足，本教材的编写一定存在诸多不足，希望教材的使用者用其所长，补其所短。同时，恳请各位不吝赐教，及时反馈意见和建议，以使我们的教材不断完善。

在本次编写过程中，承蒙张明丽老师、唐素林老师的关心和帮助，知识产权出版社赵军编辑付出了辛勤的努力，在此一并致谢！

编　者

2022 年 1 月 14 日

目 录

第一篇 法院书记员工作常识

工作常识一 法院书记员工作特点及职责……………………………… 2
工作常识二 法院书记员任职及管理…………………………………… 8
工作常识三 法院书记员职业素养……………………………………… 11
工作常识四 人民法院的审判组织及内部工作职责划分……………… 16

第二篇 书记员立案工作实务

第一节 人民法院立案方式…………………………………………… 24
第二节 书记员立案工作办理流程…………………………………… 25
第三节 书记员在立案庭的其他工作………………………………… 26

第三篇 书记员庭前工作实务

庭前工作实务一 案件检查、登记与装订…………………………………… 40
 工作情境一 刑事案件的检查、接收、登记与初步装订……………… 40
  任务一 案卷材料检查…………………………………………… 41
  任务二 案款、赃物的接收……………………………………… 47
  任务三 案件信息登记…………………………………………… 49
  任务四 卷宗材料初步装订……………………………………… 50
 工作情境二 民事案件的检查、登记与初步装订……………………… 50
  任务一 案卷材料检查…………………………………………… 51
  任务二 案件信息登记…………………………………………… 63

任务三	卷宗材料初步装订	64
工作情境三	**行政案件的检查、登记与初步装订**	**65**
任务一	案件材料检查	65
任务二	案件信息登记	71
任务三	卷宗材料初步装订	72

庭前工作实务二　庭前送达　73

工作情境一	**刑事案件庭前送达**	**73**
任务一	办理强制措施手续、换押手续	73
任务二	送达材料、履行告知义务、制作送达笔录	77
工作情境二	**民事案件庭前送达**	**81**
任务一	准备送达材料	82
任务二	确定送达方式	94
任务三	送达地址确认书	105
任务四	实施有效送达	108
任务五	留档送达证明	109
工作情境三	**行政案件庭前送达**	**116**
任务一	为原告、被告准备送达材料	116
任务二	为原告、被告送达材料	119
任务三	填写送达回证及送达地址确认书	121

庭前工作实务三　庭前准备　124

工作情境一	**刑事案件庭前准备**	**124**
任务一	协助法官做好各项庭前准备工作	124
任务二	办理辩护手续及阅卷	130
任务三	办理提押被告人手续	132
任务四	完成庭前会议准备和记录工作	134
任务五	确定开庭时间、预订法庭、发布开庭公告	138
任务六	通知公诉机关开庭、预约人民陪审员	139
任务七	传唤当事人、通知诉讼参与人出庭	141
任务八	检查法庭布置、保证法庭各项设施、设备正常运行	141
任务九	核对公诉人、当事人及其他诉讼参与人到庭情况	143

任务十　宣布法庭纪律……………………………………… 143
　　　任务十一　请审判人员入庭，向审判长报告公诉人、诉讼参
　　　　　　　　与人到庭情况…………………………………… 144
　　　任务十二　制作开庭前准备工作笔录…………………………… 145
　工作情境二　民事案件庭前准备……………………………………… 146
　　　任务一　协助法官、法官助理做好各项庭前工作记录………… 146
　　　任务二　确定开庭时间、预订法庭……………………………… 148
　　　任务三　制作、发布开庭公告…………………………………… 150
　　　任务四　通知人民陪审员、诉讼参与人出庭…………………… 152
　　　任务五　检查法庭布置，保证法庭各项设施、设备正常运行… 153
　　　任务六　查明当事人和其他诉讼参与人到庭情况……………… 153
　　　任务七　宣布法庭纪律…………………………………………… 156
　　　任务八　请审判人员入庭，向审判长（审判员）报告诉讼参
　　　　　　　与人到庭情况……………………………………………… 157
　工作情境三　行政案件庭前准备……………………………………… 157
　　　任务一　协助法官、法官助理做好各项庭前工作记录………… 158
　　　任务二　确定开庭时间、预订法庭……………………………… 159
　　　任务三　制作、发布开庭公告…………………………………… 160
　　　任务四　通知人民陪审员、诉讼参与人出庭…………………… 161
　　　任务五　告知当事人审判组织及举证期限……………………… 163
　　　任务六　检查法庭布置、保证法庭各项设施、设备正常运行… 166
　　　任务七　核对当事人及其他诉讼参与人到庭情况……………… 166
　　　任务八　宣布法庭纪律…………………………………………… 167
　　　任务九　请审判人员入庭，向审判长报告诉讼参与人到庭情况 168

第四篇　书记员庭审工作实务

庭审笔录工作原理………………………………………………………… 170
　第一节　笔录概述…………………………………………………… 170
　第二节　笔录的基本要求和基本格式……………………………… 174
　第三节　人民法院常用笔录的格式和制作要求…………………… 180

第四节	一审案件普通庭审程序（以民事案件为例）…………	200

庭审工作实务一　庭审笔录的制作…………………………………… 208
    工作情境一　刑事案件庭审笔录的制作……………………………… 208
        任务一　了解案情，掌握重点………………………………… 208
        任务二　准备庭审笔录文头…………………………………… 209
        任务三　进行庭审记录………………………………………… 211
        任务四　笔录核对与签字……………………………………… 215
    工作情境二　民事案件庭审笔录的制作……………………………… 216
        任务一　熟悉案情掌握重点…………………………………… 217
        任务二　填写庭审笔录文头…………………………………… 218
        任务三　进行庭审记录………………………………………… 219
        任务四　笔录核对与签字……………………………………… 226
    工作情境三　行政案件庭审笔录的制作……………………………… 227
        任务一　熟悉案情，掌握重点………………………………… 228
        任务二　填写庭审笔录文头…………………………………… 228
        任务三　进行庭审记录………………………………………… 229
        任务四　笔录核对与签字……………………………………… 234

庭审工作实务二　合议笔录、汇报笔录、审判委员会笔录的制作…… 235
    工作情境一　刑事案件合议笔录、汇报笔录、审判委员会笔录
               的制作……………………………………………… 235
        任务一　熟悉案情……………………………………………… 235
        任务二　填写合议笔录、汇报笔录、审判委员会笔录文头…… 236
        任务三　进行合议笔录、汇报笔录、审判委员会笔录制作…… 236
        任务四　笔录核对与签字……………………………………… 237
    工作情境二　民事案件合议庭评议笔录、汇报笔录、审判委员会
               讨论案件笔录的制作……………………………… 240
        任务一　熟悉案情……………………………………………… 240
        任务二　填写合议庭评议笔录、汇报笔录、审判委员会讨论
               案件笔录文头…………………………………… 242
        任务三　合议庭评议笔录、汇报笔录、审判委员会案件讨论

	笔录制作 …………………………………………	243
任务四	笔录核对与签字 …………………………………	245
工作情境三	行政案件合议笔录、汇报笔录、审判委员会笔录……	246
任务一	熟悉案情 …………………………………………	246
任务二	填写合议笔录、汇报笔录、审判委员会笔录文头……	246
任务三	合议笔录、汇报笔录、审判委员会笔录制作 ………	247
任务四	笔录核对与签字 …………………………………	250
庭审工作实务三	宣判笔录的制作 ……………………………………	251
工作情境一	刑事案件宣判笔录 …………………………………	251
任务一	通知宣判 …………………………………………	251
任务二	制作宣判笔录文头、进行宣判记录、签字 …………	252
工作情境二	民事案件宣判笔录 …………………………………	254
任务一	通知宣判 …………………………………………	254
任务二	填写宣判笔录文头 …………………………………	256
任务三	进行宣判记录、签字 ……………………………	257
工作情境三	行政案件宣判笔录 …………………………………	258
任务一	通知宣判 …………………………………………	259
任务二	填写宣判笔录文头 …………………………………	259
任务三	进行宣判记录、签字 ……………………………	259

第五篇　书记员庭后工作实务

庭后工作实务一	裁判文书的校对、打印、送达 ………………………	262
工作情境一	刑事案件裁判文书的校对、打印、送达 ……………	262
任务一	刑事案件裁判文书的校对 …………………………	262
任务二	刑事案件裁判文书的打印 …………………………	270
任务三	刑事案件裁判文书的送达 …………………………	270
工作情境二	民事案件裁判文书的校对、打印、送达 ……………	277
任务一	民事案件裁判文书的校对 …………………………	278
任务二	民事案件裁判文书的打印 …………………………	286
任务三	民事案件裁判文书的送达 …………………………	287

工作情境三　行政案件裁判文书的校对、打印、送达……………… 289
　　　任务一　行政案件裁判文书的校对…………………………… 290
　　　任务二　行政案件裁判文书的打印…………………………… 291
　　　任务三　行政案件裁判文书的送达…………………………… 292
庭后工作实务二　案件审结后工作……………………………………… 293
　　工作情境一　刑事案件审结后的工作…………………………… 293
　　　任务一　报结工作……………………………………………… 293
　　　任务二　一审后的上诉、抗诉工作…………………………… 295
　　　任务三　二审后的退卷工作…………………………………… 297
　　　任务四　裁判文书的公开……………………………………… 298
　　　任务五　判决生效后的执行工作……………………………… 310
　　工作情境二　民事案件审结后的工作…………………………… 316
　　　任务一　录入与报结工作……………………………………… 316
　　　任务二　一审后的上诉工作…………………………………… 320
　　　任务三　二审后的整理和退卷工作…………………………… 321
　　　任务四　诉讼费用的清结工作………………………………… 323
　　　任务五　判决生效后移送执行工作…………………………… 329
　　　任务六　裁判文书的公开……………………………………… 330
　　工作情境三　行政案件审结后的工作…………………………… 332
　　　任务一　录入与报结工作……………………………………… 332
　　　任务二　一审后的上诉工作…………………………………… 333
　　　任务三　二审后的退卷工作…………………………………… 335
　　　任务四　判决生效后的执行工作……………………………… 336
　　　任务五　裁判文书的公开……………………………………… 337
庭后工作实务三　案卷归档工作………………………………………… 338
　　工作情境一　刑事案卷归档工作………………………………… 338
　　　任务一　收集、整理卷宗材料………………………………… 338
　　　任务二　排列顺序……………………………………………… 339
　　　任务三　编页、编目…………………………………………… 341
　　　任务四　案卷装订……………………………………………… 342

任务五　案卷归档⋯⋯⋯⋯⋯⋯⋯⋯⋯⋯⋯⋯⋯⋯⋯⋯　342

　　任务六　退预审卷宗⋯⋯⋯⋯⋯⋯⋯⋯⋯⋯⋯⋯⋯⋯⋯　343

　工作情境二　民事案卷归档工作⋯⋯⋯⋯⋯⋯⋯⋯⋯⋯⋯⋯　352

　　任务一　收集案卷材料⋯⋯⋯⋯⋯⋯⋯⋯⋯⋯⋯⋯⋯⋯　352

　　任务二　整理案卷材料⋯⋯⋯⋯⋯⋯⋯⋯⋯⋯⋯⋯⋯⋯　353

　　任务三　立卷与编目⋯⋯⋯⋯⋯⋯⋯⋯⋯⋯⋯⋯⋯⋯⋯　354

　　任务四　案卷装订⋯⋯⋯⋯⋯⋯⋯⋯⋯⋯⋯⋯⋯⋯⋯⋯　355

　　任务五　案卷归档⋯⋯⋯⋯⋯⋯⋯⋯⋯⋯⋯⋯⋯⋯⋯⋯　357

　工作情境三　行政案卷归档工作⋯⋯⋯⋯⋯⋯⋯⋯⋯⋯⋯⋯　359

　　任务一　收集、整理卷宗材料⋯⋯⋯⋯⋯⋯⋯⋯⋯⋯⋯　359

　　任务二　排列顺序⋯⋯⋯⋯⋯⋯⋯⋯⋯⋯⋯⋯⋯⋯⋯⋯　360

　　任务三　编目⋯⋯⋯⋯⋯⋯⋯⋯⋯⋯⋯⋯⋯⋯⋯⋯⋯⋯　363

　　任务四　案卷装订⋯⋯⋯⋯⋯⋯⋯⋯⋯⋯⋯⋯⋯⋯⋯⋯　364

　　任务五　案卷归档⋯⋯⋯⋯⋯⋯⋯⋯⋯⋯⋯⋯⋯⋯⋯⋯　365

主要参考文献⋯⋯⋯⋯⋯⋯⋯⋯⋯⋯⋯⋯⋯⋯⋯⋯⋯⋯⋯⋯　366

第一篇
法院书记员工作常识

工作常识一　法院书记员工作特点及职责

人民法院书记员，是指在各级人民法院中担任庭审记录，并负责处理审判业务中有关辅助性事务的工作人员。书记员是各级人民法院法定的专职工作人员，是辅助法官完成司法审判任务的助手，在人民法院审判活动中发挥着重要作用。《中华人民共和国人民法院组织法》第四十条规定，人民法院的书记员负责法庭审理记录等审判辅助事务。《人民法院书记员管理办法（试行）》第一条规定，书记员是审判工作的事务性辅助人员，在法官指导下工作。这两个规定明确了书记员的法律地位和作用，其工作实质是审判活动中的辅助工作，其工作任务就是通过履行书记员的工作职责，使审判活动顺利进行，保证人民法院各类案件审判的公正和效率。书记员工作有其特定的内容和范围，随着司法体制改革的深入进行，其性质不但与法官的工作有着本质的不同，与法官助理的工作也有着明显的区分。

一、法院书记员工作的特点

（一）专业性

人民法院书记员是审判业务的辅助人员，虽然其在法官的指导下完成审判业务中的事务性的工作，但其工作依然具有鲜明的专业性特点。书记员工作的专业性主要表现在以下三个方面：

1. 法院书记员具有专门的职责

人民法院书记员是独立于法官和法官助理的专门岗位，具有自己专门的工作职责。《人民法院组织法》对书记员的职责作了一般性的规定。[1]为了使书记员的职责与法官的职责有明确的区分，《人民法院书记员管理办法（试行）》第二条对书记员的职责作了具体规定。根据该条规定，人民法院书记员履行以下职责：办理庭前准备过程中的事务性工作；检查开庭时诉讼参与人的出庭情况，宣布法庭纪律；担任案件审理过程中的记录工作；整理、装订、归档案卷材料；完成法官交办的其他事务性工作。为贯彻中央关于深化司法体制改革的总体部署，完善人民法院的司法

---

[1] 《人民法院组织法》第四十九条规定，人民法院的书记员负责法庭审理记录等审判辅助事务。

责任制，《最高人民法院关于完善人民法院司法责任制的若干意见》第十九条、第二十条对法官助理和书记员的职责进行了进一步的区分。根据这两条规定，法官助理在法官的指导下履行以下职责：审查诉讼材料，协助法官组织庭前证据交换；协助法官组织庭前调解，草拟调解文书；受法官委托或者协助法官依法办理财产保全和证据保全措施等；受法官指派，办理委托鉴定、评估等工作；根据法官的要求，准备与案件审理相关的参考资料，研究案件涉及的相关法律问题；在法官的指导下草拟裁判文书；完成法官交办的其他审判辅助性工作。书记员在法官的指导下，履行以下职责：负责庭前准备的事务性工作；检查开庭时诉讼参与人的出庭情况，宣布法庭纪律；负责案件审理中的记录工作；整理、装订、归档案卷材料；完成法官交办的其他事务性工作。因此，书记员在法院审判工作中不但拥有独立的工作岗位，也还有自己专门的工作职责。

2. 法院书记员具有专业的知识和技能

首先，书记员应当具备必要的法律专业知识和技能。书记员虽然在法院审判工作中从事的是辅助性的事务，要想胜任其工作职责，做好庭前准备、制作笔录、校对法律文书、❶整理卷宗等日常工作，必须具有基本的法律专业知识，理解基本的法律概念、原理和制度，熟悉刑事、民事、行政三类案件的基本诉讼程序，掌握各种笔录制作、文书送达、案卷整理与归档的基本技能。其次，书记员必须具备一定的文秘专业知识和职业技能。书记员是法院特殊的文秘工作人员，必须具备良好的文秘专业素养，胜任各种笔录制作、文书处理、开庭准备、案卷整理和归档工作。这就需要书记员在具备良好的文秘专业知识的基础上，必须具备正确运用字、词、句、标点符号的文字能力，正确运用汉语语法的文字表达、书写能力，具备一定归纳总结的逻辑思维能力。最后，书记员工作要求其必须具备较高的速记、速录技能及其他实践能力。书记员的核心工作就是担任法庭审理中的记录工作，除此之外，还要做好各类庭前会议、调查、调解以及庭后汇报、会议等笔录，书记员的速记、速录技能必须达到一定程度才能胜任记录工作。随着信息技术、多媒体电脑、人工智能等在审判工作中的运用，书记员还需加强微机操作、网络运行、视频播放、光盘刻录、语音识别等方面的实践操作水平，以适应现代化审判工作的需要。

3. 书记员具有专门的编制

依据《人民法院书记员管理办法（试行）》第七条的规定，人民法院在国家核

---

❶ 《最高人民法院司法责任制实施意见（试行）》第十四条还规定了书记员在法官指导下，履行按照网上办案要求及时上传案件材料，具体落实司法公开各项工作要求以及校对、送达法律文书的职责。

定的编制内依据书记员员额比例确定书记员专用编制。法院录用或调任其他工作人员，不得以任何理由挤占书记员专用编制。书记员实行单独职务序列管理后，作为一个专门职业，法院书记员独立建制，专门管理，实行与法官、法官助理并行的运行机制，工作出色的书记员可以提升为书记长，甚至晋升为事业编书记员，也可以参照法官模式晋级。因此，法院书记员是一个稳定的工作岗位，具有专门的编制。

（二）辅助性

根据《人民法院书记员管理办法（试行）》的规定，书记员工作职责被明确定位为以法庭记录为主的审判业务的事务性辅助人员。审判工作是人民法院工作的核心，书记员工作也是围绕审判工作这一中心而展开。书记员在庭审前的各项准备工作，比如庭前送达、检查法庭设备、检查诉讼参与人到庭情况，要求书记员客观、全面、真实地记录法庭审理的全部过程，庭后还要校对、制作并送达裁判文书并负责案卷归档等工作，这些事务性的辅助工作都是保证法院审判工作顺利进行、使案件质量得到保障的前提和基础，是法院更好地实现司法公正、提高司法效益所不可或缺的。

（三）规范性

规范性是指书记员工作必须按照一定的操作规程进行，其主要表现为一定的时间性和程序性，比如书记员工作必须符合诉讼法对各种诉讼行为期限的要求，必须遵守不同诉讼行为实施对象、步骤、程序的要求。书记员工作的时间性和程序性是由刑事诉讼法、民事诉讼法、行政诉讼法对审判工作的具体规范决定的。因此，三大诉讼法对审判工作严格的时间性、程序性的规定，决定了处于辅助地位的书记员工作也应遵守这些要求。此外，书记员工作的规范性还取决于人民法院审判工作的严肃性和权威性，要体现司法机关的权威和庄重，需要树立良好的职业形象。比如书记员制作的庭审笔录、制作的诉讼文书、整理的卷宗材料必须依照有关的规定、标准、要求进行。为了树立司法权威，体现司法机关的庄重严肃，书记员工作时的着装、语言、行为，必须严格遵守司法礼仪的要求，严格遵守审判人员的职业道德和职业纪律。

二、法院书记员工作的职责

（一）人民法院书记员的工作职责

法院书记员是人民法院审判工作的事务性辅助人员，在法官指导下工作。这一身份定位决定了法院书记员在人民法院审判工作中所从事的工作属于事务性辅助工作。事务性是相对于法官工作的业务性来讲的。具体来说，法官在审判业务工作中要对案件的事实、证据负责，要根据案件的性质、情节等情况依照法律和相关规定作出裁判。而书记员工作的事务性体现在其工作内容并不对案件的事实、证据本身负责，也不需要对案件的性质、双方当事人的责任作出判断，不参与案件的讨论和裁判。书记员的工作职责在于对法官业务工作的开展从诉讼流程、审理条件等方面进行准备，辅助配合法官工作，从而保障审判工作的顺利进行。《人民法院组织法》第四十九条规定："人民法院的书记员负责法庭审理记录等审判辅助事务。"《人民法院书记员管理办法（试行）》第二条具体规定了书记员主要履行以下职责：

1. 办理庭前准备过程中的事务性工作

书记员负责收案登记，按规定报送庭长确定案件的审理方式及合议庭组成人员。书记员在接收立案庭移交的案卷材料时，应当检查案卷材料是否齐全，核实诉讼参与人的法律手续是否齐备，并对卷内物证、书证等证据进行清点、登记，予以签收；接收当事人或诉讼代理人提供的证据材料，并出具收条；及时了解案件相关情况，与承办法官联系沟通，安排案件开庭时间；根据排定的开庭时间，提前预订法庭，及时送达法律文书，发布开庭公告；配合法官、法官助理做好庭前调查、委托鉴定、评估、庭前证据交换、庭前调解的准备工作笔录；正式开庭前，做好庭前阅卷和庭审记录的准备工作，检查法庭布置摆放是否正确、设施设备是否正常运行；接待、引导律师和其他诉讼代理人依法查阅案件有关材料，签收有关诉讼文书，引导当事人依法参加诉讼。

2. 检查开庭时诉讼参与人的出庭情况，宣布法庭纪律

正式开庭前，书记员应提前到庭，查明诉讼参与人的到庭情况，遇到特殊情况及时报告审判长作出处理。开庭前由书记员宣读法庭纪律，请审判长、合议庭成员入庭，向审判长报告庭前准备工作及诉讼参与人到庭情况。

3. 担任案件审理过程中的记录工作

书记员应当按照规定格式和要求做好庭审笔录，将案件审理的全部过程完整、准确地记录下来，签署记录人姓名。庭审笔录的打印件和书写记录应符合格式规范，内容要做到客观、全面、准确，字迹清晰、文理通顺、段落分明、标点正确、无错别字；庭审过程中要服从审判长或独任审判员的安排和指挥。参加合议庭对案件的合议，做好合议笔录，交各合议庭成员签名后副卷备查。

4. 整理、装订、归档案卷材料

根据《人民法院诉讼文书立卷归档办法》的规定，书记员要及时整理、装订、

归档卷宗，做到不错不漏不乱，装订有序整齐，符合长期立卷归档的要求。对上诉或需移送的案件，依照法律规定和要求及时办理。及时整理、装订纸质卷宗，整理装订卷宗应做到材料齐全、法律手续完备、顺序正确、目录清楚、装订牢固、卷面整洁、归档及时。

5. 完成法官交办的其他事务性工作

在实际工作中，领导或者法官交办给书记员的其他事务性工作一般有：开展内勤工作，承担司法统计、校对打印法律文书、协助执行员办理执行标的的清点、登记，担任执行活动的记录等工作。

（二）人民法院其他司法辅助人员的工作职责

最高人民法院在 2002 年 7 月 18 日颁布实施了《关于加强法官队伍职业化建设的若干意见》，要求全国法院在法官队伍职业化建设中，实行法官定额制度，试行法官助理制度，实行书记员单独序列，对法官、法官助理、书记员以及其他工作人员实行分类管理，建立科学的管理制度，提高法院干部人事管理法制化、科学化水平。2015 年，最高人民法院颁布《关于完善人民法院司法责任制的若干意见》，进一步明确了司法人员职责和权限，对法院法官助理和书记员的职责权限进行了进一步的明确。

1. 法官助理

最高人民法院实行法官助理制度，目的在于对审判工作进行专业分工，对审判参与人员进行角色定位、职责分解，使员额法官专司案件审理和裁判，使审判辅助工作由不同的工作人员来完成，实现审判辅助工作的专业化。法官助理的设置，不仅将审判工作和审判辅助工作区分开来，而且将审判辅助工作分解为业务性辅助工作和事务性辅助工作。与书记员承担的审判工作中的事务性辅助工作不同，法官助理所从事的就是审判工作中的业务性辅助工作。根据最高人民法院《关于完善人民法院司法责任制的若干意》的规定，法官助理在法官的指导下履行以下职责：

（1）审查诉讼材料，协助法官组织庭前证据交换；

（2）协助法官组织庭前调解，草拟调解文书；

（3）受法官委托或者协助法官依法办理财产保全和证据保全措施等；

（4）受法官指派，办理委托鉴定、评估等工作；

（5）根据法官的要求，准备与案件审理相关的参考资料，研究案件涉及的相关法律问题；

（6）在法官的指导下草拟裁判文书；

（7）完成法官交办的其他审判辅助性工作。

由此可以看出，法官助理所承担的工作，是以前书记员承担的一部分工作。所以法官助理制度的设立，使书记员的角色定位和职责定位更加单纯，有助于法官、法官助理与书记员的职责分工更加明确，为建立权责统一、权责明晰、权力制约的司法权力运行机制和实施审判参与人员的科学化分类管理奠定了基础。

2. 文秘人员

文秘人员主要是指办公室从事起草公文等文字工作的人员，以及从事秘书工作的人员。办公室是为审判工作提供综合服务、进行综合分析的职能部门，一般法院办公室负责文件收发、印章管理、档案管理、司法统计等工作。从工作性质上看，法院书记员实际上就是法院的秘书，但因为法院法庭的书记员与法院办公室的文秘人员有着各自特定的职责，因此二者属于两个不同的岗位，有着不同的任职要求和管理及考核办法。法院文秘人员包括文字工作人员和秘书，文字工作人员的主要职责是起草各类文件，包括报告、通知、函、会议纪要、工作计划、工作总结及领导交办的其他事项。法院秘书的主要职责是做好机要文件的传递、整理、保管和保密工作，同时要做到服务领导、当好助手及完成领导交办的其他事项。

3. 内勤人员

内勤意为内部勤务。内勤即可理解为一种岗位，也可理解为担任岗位人员的称呼。一般来说，内勤工作的专业性不强，不要求具备某种专业知识，只要由专人负责即可。法院内勤人员是指在法院系统有关部门中从事内部勤务的人员。内勤工作具有基础性、综合性、服务性的特点，与法院其他工作密不可分，优质高效的内勤工作是做好法院其他各项工作的基础性保障。法院内勤工作主要包括文件收发、登记与管理，案件登记，用品领发，报表填报，信息积累，印章管理，档案管理及其他事项。在实际工作中，法院内勤工作一般由办公室人员、书记员担任或兼任。

三、法院书记员工作的意义

法院书记员工作的作用是由书记员的工作任务决定的。书记员的工作是人民法院业务工作中不可缺少的一部分，对顺利、高效完成人民法院各项工作，实现司法审判工作公平正义的目标具有重要的意义。

（一）书记员笔录制作是法院重要的、基础性的工作

书记员笔录是人民法院进行裁判活动的前提和基础。人民法院裁判文书的制作基础是案件事实、证据和法律，而认定事实、认定证据、适用法律的各项审判活动

都要通过笔录的形式记载和反映，都以书记员所作的各种笔录为前提和基础。每一起案件，从立案到结案的整个诉讼过程，都需要通过书记员的各种笔录将其变为有形的材料，并依次体现整个诉讼活动的全过程。

（二）书记员工作的质量好坏直接影响到案件的质量

人民法院的每一起案件，从立案受理到录入报结，书记员都要在法官的指导下，配合法官、法官助理，或者独立完成很多工作。书记员从庭前准备、庭审记录到庭后裁判文书的送达、卷宗材料的装订归档等各项工作，往往是衡量一起案件质量优劣的主要依据，案件审结之后，有关部门通过审查各种笔录、诉讼文书、卷宗材料，就可以对这起案件的实体处理和诉讼程序作出相应的评价。

（三）书记员工作是决定案件能否经得起历史考验的重要条件

司法责任制的宗旨就是实行"谁审理，谁裁判"，"谁裁判，谁负责"。书记员制作、整理、装订归档的各类审判卷宗都是需要永久或者长期保存的历史档案，不但对法院内部案件的评查和当事人、有关单位的查阅具有重要作用，而且这些档案对人民法院总结审判经验、对再审案件的审理，以及国家法律的制定、各项方针政策的确定都有举足轻重的作用。

（四）书记员在法庭内部起着监督、制约的作用

书记员在法庭审判过程中的基本职能是配合、协助法官和法官助理做好案件审理中各个环节的事务性工作，保障法庭审判工作高质量、高效率完成。司法责任制的实施使得以前相对集中的审判权力具有了相对的独立性和分散性，但审判员、法官助理和书记员各项职责又相互影响、相互制约。无论是对于独任庭还是合议庭审判来说，书记员工作职责履行的好坏都会影响甚至制约法官助理工作职责、法官审判工作职责的完成情况。并且书记员岗位的设立及其工作任务的确定，客观上也会对法官助理、法官在法庭审判工作中的言行举止形成监督。

工作常识二　法院书记员任职及管理

一、法院书记员的任职

书记员工作实质是审判活动中事务性的辅助工作，它是审判工作的重要组成部分，也是一项专业性很强的司法业务工作。最高人民法院2003年10月28日颁布

的《人民法院书记员管理办法（试行）》第三条规定了法院书记员的任职条件：

（1）具有中华人民共和国国籍；

（2）拥护中华人民共和国宪法；

（3）身体健康，年满18周岁；

（4）有良好的政治业务素质，具备从事书记员工作的专业技能；

（5）具有大学专科以上文化程度。

适用本条第五项规定的学历条件确有困难的地方，经高级人民法院审核同意，在一定期限内，可以将担任书记员的学历条件放宽为高中、中专。同时，第四条规定了曾因犯罪受过刑事处罚的、曾被开除公职的、涉嫌违法违纪正在接受审查尚未作出结论的人员不得担任书记员。

二、法院书记员的管理

书记员管理制度是关于书记员任职条件、考核晋升、奖惩培训和各种保障等方面的规章制度的总和，是法院审判制度的重要组成部分。1999年10月20日，最高人民法院印发的《人民法院五年改革纲要》提出了书记员单独序列管理。所谓单独序列管理，就是指书记员作为一个专门职业，独立建制，专门管理，实行与法官并行的运行机制，书记员在职责范围内开展工作，提高自己的业务水平，更好地为审判工作服务。2003年10月28日，最高人民法院颁布的《人民法院书记员管理办法（试行）》第一条重申了书记员实行单独序列管理，提出了人民法院新招收的书记员实行聘任制和合同管理。即人民法院与受聘人依照法律与本办法规定订立聘任合同，在合同有效期内双方履行合同规定，聘任合同解除或者终止后双方解除聘任关系，受聘人不再具有国家工作人员身份，不再履行书记员职责。除法律、法规和聘任合同另有规定外，人民法院书记员的权利义务及教育培训、考核奖惩、辞职辞退、申诉控告、职务晋升等，参照国家公务员的有关规定执行。

书记员单独序列管理是我国司法机关干部人事管理制度改革的一项重大举措，对促进书记员管理工作的标准化、规范化和科学化具有重要意义，对提高书记员工作的专业化技能，服务和保障审判工作的质量效率，促进法官队伍的专业化建设，起到了积极的推动作用。但是由于各地区实际情况不尽相同，法院审判制度改革的落实也有差异，各地人民法院实际做法也不尽相同，比如有的法院书记员是"公务员编制"，有的是"事业编制"，有的是"聘任制"等。有关人民法院聘任制书记员的工资、保险和福利待遇等方面的国家统一规定迟迟没有颁布，《人民法院书记员管理办法（试行）》没有相应的配套文件出台予以指导，导致书记员单独序列管理制度还没有从根本上得到落实。相信随着司法体制改革的不断深入，特别是审判制度中法官制度的不断推进和完善，书记员单独序列管理一定会得到真正的实现。

三、法院书记员的考核与晋升

对法院书记员进行考核，一般要遵循客观公正、严格依法、公开民主、考核与奖惩、使用、晋升紧密结合等一系列基本原则。考核的目的是了解书记员的思想、工作情况，实现对书记员的阶段性评价，起到对书记员的激励、检查和监督的作用，用以判断书记员是否称职，发现书记员的潜在能力，发掘优秀人才，作为确定法院书记员职务晋升、奖惩的重要依据。对书记员的考核内容是多方面的，但主要是参照对公务员考核的方式，结合书记员工作的特点，从德、能、勤、绩四个方面对书记员的自身素质和对法院审判工作的贡献进行考核。目前全国还没有统一、完整的考核制度和具体标准，各地或根据《人民法院书记员管理办法（试行）》结合地区的实际情况制定各自的书记员考核办法。

法院书记员按照单独序列管理之后可以按照规定正常晋升职称。各级人民法院书记员的最高职级配备为：最高人民法院书记员的职级最高配备为正处级；高级人民法院书记员的职级最高配备为副处级；中级人民法院书记员的职级最高配备为正科级；基层人民法院书记员的职级最高配备为副科级。直辖市、副省级城市的中级人民法院和基层人民法院部分书记员的职级配备可以略高于相应的规定。书记员职务职数在其所在人民法院的非领导班子职数中解决。对书记员等级的确定，可以书记员所任职务、德才表现、业务水平、工作实绩和工作年限为依据，这种书记员特有的等级晋升序列可与传统的行政职级晋升序列区别开来，更好地体现其职业特点。但具体的等级编制、评定、晋升和免职办法还需最高人民法院会同相关部门共同研究制定。

工作常识三　法院书记员职业素养

一、法院书记员的知识素养

法院书记员的知识素养是指作为法院审判工作的司法辅助人员，为了完成法官交办的各项审判辅助事务性工作，配合法官助理完成相应的审判辅助业务性工作，书记员必须掌握的专业知识和具备的素质养成。具体来说，法院书记员的知识素养包括法律专业知识素养、秘书专业知识素养和书记员工作知识素养三部分。首先，作为法院书记员，虽然不要求其像法官那样掌握全面、系统、精深的法学理论知识，需要对案件的事实、证据负责，并以此为根据对案件的性质、责任作出判断和认定，但也需要掌握法学基础理论知识，懂得基本的法律概念与原则，树立正确的法律意识。不但要比较系统地掌握民事法律、刑事法律、行政法律知识中实体法的基本内容，还要掌握三大诉讼法律知识，保证工作中能正确理解法律概念、相关法律规定和执行相关法律程序。其次，法院书记员是法官和法官助理的秘书，这就要求法院书记员还要掌握基本的秘书实务、办公实务、办公自动化知识，具备一定的语言文字、心理学、口才表达素质，掌握秘书工作的基本原理和公文写作，熟悉办文、办事和办会常用程序与方法，熟练掌握现代办公设备的应用与维护。最后，法院书记员应系统掌握书记员工作的原理与实务，掌握不同案件不同审判程序中书记员工作的基本流程和工作任务，具备庭前准备、庭审记录和庭后文书校对、文书送达及立卷归档的职业素质。

二、法院书记员的能力素养

法院书记员的能力素养是指作为法院审判工作的司法辅助人员，为了完成法官交办的各项审判辅助事务性工作，配合法官助理完成相应的审判辅助业务性工作，书记员必须掌握的基础能力和专业能力。具体来说，法院书记员的能力素养包括作为法院工作人员的基础能力素养，协助法官、法官助理处理审判辅助性工作的专业能力素养，秘书工作能力素养、庭审速录能力素养四部分。其一，书记员要具备正确理解和贯彻执行党和国家的方针政策、明辨是非、公正处理事务的能力，较强的语言表达、沟通协调能力，贯彻执行能力以及自我完善与创新的基础能力。其二，书记员要具有较强的法律理解能力，能运用法律理论知识解决实际问题、协助法官和法官助理完成审判辅助性事务的能力。尤其是能独立完成庭前准备、庭审记录、庭后法律文书的校对、送达工作，能及时对案件卷宗进行立卷、整理、审核、归档。其三，书记员要具备秘书能够办文、办会、办事的能力，能独立完成常用公文和日常事务文书的制作、传递与处理，善于发现问题、找出原因，并独立地解决问题，能独立提出解决问题的方案，统筹协调职责范围内的各种事务，能够熟练掌握日常办公和庭审设备的使用和养护能力。其四，具有较高的庭审速录能力或会议速记能力，中文速录能力达到每分钟 140 字以上，甚至达到每分钟 180~220 字。

三、法院书记员的职业道德

职业道德是指以职业分工为基础，在特定的职业生活实践中形成的职业理想、职业态度、职业技能、职业纪律、职业良心、职业荣誉、职业作风以及由此产生的各种规范的总称。职业道德是同人们的职业活动紧密联系的符合职业特点所要求的道德准则、道德情操与道德品质的总和，它既是对本职人员在职业活动中行为的要求，也是职业对社会所负的道德责任与义务。司法审判本身具有的公正性、平等性以及中立性，要求从事与审判活动有关的所有人员，包括书记员，都必须遵守相应的职业道德。具体来讲，书记员应当遵守的职业道德的基本内容包括坚持爱岗敬业、保障司法公正、提高司法效率、保持清正廉洁四个方面。

（一）坚持爱岗敬业

爱岗敬业即热爱本职工作和工作岗位，忠于职守、尽职尽责。爱岗敬业是职业道德的首要内容和最基本的规范。对法院书记员来说，爱岗敬业反映了书记员对本职工作职业价值的正确认识和对本职工作的真挚情感。书记员要坚持爱岗敬业的职业道德，必须具备以下几个方面的意识：一是责任意识。书记员工作内容虽然琐碎、庞杂，但容易出现纰漏甚至错误，只有树立强烈的责任意识，认真完成每一项工作、每一个环节，准确、合法地履行诉讼职责，才能提高诉讼效率，保证诉讼活动的正确进行。二是服务意识。书记员主要是在法官指导下，协助法官、法官助理完成审判工作中的辅助性事务工作，内容细小繁杂，不像法官那样在审判工作中引人注目，必须树立服务于审判、服务于当事人的意识，从审判工作需要出发，保证各项审判工作的顺利进行。三是效率意识。要求书记员对待每一项工作能够及时完成，绝不拖延，通过具体工作的及时完成促进诉讼活动的高效完成，确保司法审判工作公正和效率的实现。四是保密意识。要求书记员在工作中保守审判秘密以及在审判工作中接触到的国家秘密、商业秘密和当事人的个人隐私。其中审判秘密是指按照有关法律规定在审判工作中不宜或者不应向外公开的内容。保守秘密是书记员职业道德的基本内容，如果书记员保密意识不到位，不管是因为故意还是过失，导致案件材料、信息的泄露，会给案件审判工作造成重大的影响。除此之外，爱岗敬业还要求书记员具备吃苦耐劳的品质、团结协作的精神、刻苦钻研的劲头，等等，这样才能成为一名优秀的书记员。

（二）保障司法公正

司法公正是审判工作的生命和灵魂，是法治国家的重要标志，也是书记员必须遵守的基本准则。书记员只有本着公正的精神正确履行司法职责，才能实现司法活动的目的。要做到司法公正，书记员在案件审理的过程中应做到以下几个方面：一是要做到公开审理和公开宣判。在案件审理的过程中，书记员具体负责发布案件的开庭公告、发布宣判公告等，书记员要严格依法办案保证公开审理和公开宣判工作的顺利进行。二是要做到严格执行回避制度。回避制度与司法公正息息相关，是我国三大诉讼法确立的基本制度，回避制度中对书记员的回避也作了相应规定，书记员应严格遵守回避制度。三是禁止单独接触一方当事人。单独接触一方当事人与法院工作人员公正、中立的角色不符，不仅影响当事人对本案裁判过程与裁判结果的信任，而且也会损害审判职业整体的公信力。四是抵制人情案、关系案。职业道德要求书记员应当抵制当事人及其代理人、辩护人或者案外人利用各种社会关系的说情，抵制和排除来自当事人和其他任何人基于人情关系对案件处理过程和结果施加的任何影响，防止人情案、关系案的发生。

（三）提高司法效率

司法效率是实现司法公正的保障，司法公正是司法效率的最终目标。提高司法效率，要求书记员在履行审判职责时，应当具备司法高效意识和诉讼经济意识，充分利用司法制度设计，迅速高效地履行司法职责，尽可能简化诉讼程序，缩短诉讼周期，降低诉讼费用，以最经济、最合理的投入，获得最充分、最满意的效果，节约司法资源、降低诉讼成本，减少当事人诉累、杜绝司法拖延。提高司法效率要求书记员做到：一是要勤勉敬业。书记员要全身心地致力于履行审判职责，不得因个人的事务、日程安排或者其他行为影响审判职责的正常履行，保证自己能够有足够的精力投入到审判工作中。二是要严格执行案件审理期限的规定。书记员在工作中要严格执行审理期限制度，安排开庭和其他工作时要统筹兼顾，合理安排，不能影响案件的审理期限。遇到特殊情况不能在法定审限内审结案件的，应当依照法定程序办理延长审限的手续，未经批准不能超期审理。三是要全面提高司法效率。书记员应当在审判工作的每一个环节中注重司法效率，以节约审判时间，减少诉讼拖延，在工作中必须杜绝粗心大意、无故拖延、贻误工作的行为，认真、及时、有效地完成本职工作。书记员在工作中应当做到合理安排各项审判事务，对于各项司法职责的履行都给予足够的重视，在保证审判质量的前提下，注意节省当事人及其代理人、辩护人的时间，注重与其他法官和审判工作人员共事的有效性。

（四）保持清正廉洁

清正廉洁是维护司法公正、树立司法权威的重要保障，也是书记员应当具备的价值观念和品质。书记员应当保持在物质利益和精神生活方面的纯洁与清廉，不怕清贫，耐得住寂寞；合理处理公职与私利之间的关系，正确对待不当利益，不得直接或间接地利用职务和地位谋取任何不当利益；保持生活上的简朴，两袖清风，一身正气，维护司法尊严和公信力。书记员保持清正廉洁，一是要禁止获取不正当利益。书记员在履行职责时，不得直接或间接地利用职务和地位谋取任何不当利益，不得接受当事人及其代理人、辩护人的款待、财物和其他利益。除合法投资收入、继承、稿酬等合法财产之外，书记员不得获取可能影响司法公正与廉洁的任何收入。二是不得从事商业活动和提供法律服务。为了确保司法的中立地位，保持清正廉洁，书记员不得参与可能导致公众对其廉洁形象产生不信任感的商业活动或者其他经济活动，并不得兼任律师、企事业单位或者个人的法律顾问等职务，不得就未决案件给当事人及其代理人、辩护人提供咨询意见和法律意见。

四、法院书记员的司法礼仪

司法礼仪是指司法活动主体在司法活动中应当遵守的礼节、仪式以及行为态度和方式，它是司法活动的外在形象，体现出法院书记员的职业素养和职业文明，有助于提高司法公信力，提升法院形象。司法礼仪虽然不是法定的诉讼程序，但它可以强化司法活动的神圣性，体现司法的权威和尊严，因而能否遵守司法礼仪往往被当作判断司法公正的重要标准，在一定程度上成为司法公正的一部分。书记员在审判活动中不拘小节、随心所欲，不仅会损害自己的形象，也有损司法的权威、尊严和公正。遵守司法礼仪包括以下具体内容：

（一）举止文明，仪表得体

书记员的文明举止和良好仪表会向当事人和诉讼参与人发出一种司法公正信息，使他们对裁判过程和裁判结果产生信服。因此，书记员在司法活动中应当保持与其身份、职责和形象相符的仪表和举止，无论是手势、面部表情，还是站姿、坐姿、走姿等都要大方得体、高雅有度，即要反映出审判职业的神圣和庄严，又要体现出超凡脱俗的权威感。书记员衣着不整、浓妆艳抹、奇装异服、挽裤赤脚等仪表不端的行为，会损害法律的权威和公正形象。因此，为维护和保持司法的威信和形象，书记员在审判活动中应当举止得体、仪表端庄，使精神气质与司法活动的要求相协调。

（二）礼貌待人，语言规范

能否礼貌对待当事人，不仅反映出书记员个人素质的高低，更体现了司法活动的文明程度。在审判活动中，书记员应当尊重当事人和其他诉讼参与人的人格尊严，以礼貌、文明、善意的态度对待当事人、其他诉讼参与人以及旁听人员，为他们能够正常了解审判活动、参与审判活动提供平等条件。书记员在审判活动中应当使用规范、准确、文明的语言，不得使用讽刺挖苦的语言，不得对当事人或其他诉讼参与人有任何不公的训诫和不恰当的言辞。

（三）遵守法庭规则

法庭是司法活动的主要场所，所有参加庭审活动的人都应当遵守法庭纪律和规则。书记员在开庭时应当遵守法庭规则，并监督法庭内所有人员遵守法庭规则，保持法庭的庄严。书记员应当遵守的法庭规则是（1）模范遵守司法礼仪，按规定着法官制服、佩戴徽章，并保持整洁。法官制服和徽章，是法官形象及司法形象的一种强烈的、无声的语言，代表着司法的尊严和神圣，因此，书记员在法庭内代表国家从事审判活动时，一定要按照相关规定着法官制服并佩戴徽章。（2）准时出庭，不缺席、不迟到、不早退、不随意出入。庭审活动是一项非常严肃的司法活动，庭审秩序的混乱不仅有损司法尊严和法律权威，还会影响到审判实体结果的公正。（3）集中精力、专注庭审，不做与审判活动无关的事。

工作常识四　人民法院的审判组织及内部工作职责划分

一、人民法院的审判组织

法院审判案件是通过一定的组织形式进行的，这种代表人民法院对案件进行审理和裁判的组织形式，称为审判组织。根据《人民法院组织法》和三大诉讼法的规定，审判组织有3种形式：独任庭、合议庭、审判委员会。作为法院工作人员，书记员应当了解各审判组织的组成方式和基本职能。

（一）独任庭

独任制是人民法院审理案件的一种审判组织形式，是指由审判员1人对具体案件进行审理和裁判的制度。独任庭是独任制法庭的简称，是实现独任制这种审判制度的具体审判组织，独任庭由1名审判员代表法院行使审判权，对案件进行审理和裁判。基层人民法院适用简易程序或者速裁程序审理简单的民事案件和刑事案件时可以由审判员1人独任审判，其他案件均应组成合议庭进行审理。在保障案件审判质量的前提下，对于某些比较简单的民事案件和刑事案件采用独任制方式进行审理，可以方便当事人诉讼，提高审判效率，便于人民法院及时审结案件。

《民事诉讼法》第一百六十条规定，基层人民法院和它派出的法庭在审理事实清楚、权利义务关系明确、争议不大的简单民事案件时，可以采用简易程序进行审理，即采用独任制的审理方式。采用独任制方式审理案件，可以用简便方式随时传唤当事人和证人。人民法院适用简易程序审理民事案件，应当在立案之日起3个月内审结。

审理民事案件应当注意：适用简易程序审理的民事案件，由审判员一人独任审理。基层人民法院审理的基本事实清楚、权利义务关系明确的第一审民事案件，可以由审判员一人适用普通程序独任审理。中级人民法院对第一审适用简易程序审结或者不服裁定提起上诉的第二审民事案件，事实清楚、权利义务关系明确的，经双方当事人同意，可以由审判员一人独任审理。独任庭只能由人民法院的专职审判人员独任审判，人民陪审员不能担任独任庭审判人员，因为陪审员不是专职审判人员，法律只赋予陪审员与审判员共同组成合议庭审理案件的权利，他们不具备独自代表人民法院行使审判权的资格。

《刑事诉讼法》第二百一十六条规定：适用简易程序审理案件，对可能判处三年有期徒刑以下刑罚的，可以组成合议庭进行审判，也可以由审判员一人独任审判。适用简易程序审理刑事案件，可以不受讯问被告人、询问证人、鉴定人、出示证据、法庭辩论程序规定的限制，但在判决宣告前应当听取被告人的最后陈述意见。适用简易程序审理公诉案件，人民检察院可以不派员出席法庭，被告人可以就起诉书指控的犯罪进行陈述和辩护。人民检察院派员出席法庭的，经审判人员许可，被告人及其辩护人可以同公诉人互相辩论。适用简易程序审理自诉案件，宣读起诉书后，经审判人员许可，被告人及其辩护人可以同自诉人及其诉讼代理人互相辩论。简易程序审期为 20 日内。

《刑事诉讼法》第二百二十条规定：基层人民法院管辖的可能判处三年有期徒刑以下刑罚的案件，案件事实清楚，证据确实、充分，被告人认罪认罚并同意适用速裁程序的，可以适用速裁程序，由审判员一人独任审判。速裁程序审期为 10 日内。

（二）合议庭

合议庭是合议制法庭的简称，是实现合议制这种集体审判制度的具体审判组织。合议庭是人民法院审理案件的主要审判组织，由 3 名以上单数审判成员组成审判集体代表法院行使审判权，对案件进行集体审理和裁判。审理民事案件、行政案件和刑事案件的合议庭组成人数一般是 3 人；但高级人民法院和最高人民法院审理重大、疑难、复杂的案件时，也可以由 5 人或 7 人组成合议庭。至于陪审员在合议庭人数中所占的比例，民事诉讼法、行政诉讼法和刑事诉讼法中均没有做出明确规定，《全国人民代表大会常务委员会关于完善人民陪审员制度的决定》中规定，人民陪审员和法官组成合议庭审判案件时，合议庭中人民陪审员所占人数比例应当不少于三分之一。因此，基层人民法院、中级人民法院审理一审案件时，在由审判员和人民陪审员共 3 人组成合议庭的情况下，除审判长依法必须由审判员担任外，合议庭的其他两名组成人员均可以为人民陪审员，也可以只有一名人民陪审员。陪审员参与到案件审理过程当中，可以由当事人申请而提起，也可以由人民法院根据工作需要主动提起。

合议庭的组成方式有两种：一是由审判员组成合议庭即合议庭成员全部由人民法院的专职审判员组成。一审民事案件、行政案件和刑事案件的审理，可以由审判员组成合议庭进行审理，也可以有由审判员与人民陪审员共同组成合议庭进行审理，二审的民事、刑事、行政案件只能由审判员组成合议庭审理。二是审判员与人民陪审员共同组成合议庭。人民法院审理第一审民事案件、行政案件和刑事案件，可以由审判员和人民陪审员共同组成合议庭进行审理。究竟哪些案件由审判员组成合议庭进行审理，哪些案件由陪审员参加合议庭审理，法律未作明确规定，由人民法院根据案件实际情况，本着有利于审判活动的原则来确定。[1]在审判实践中，对于某些技术性、业务性比较强的案件，可以请陪审员参加合议庭进行审理，这样对于准确认定案件事实、正确适用法律，说服和教育当事人都具有一定意义。

实行人民陪审员制度，对于加强审判的民主和公正都有重要意义，陪审制度也是人民群众对人民法院的审判工作进行监督的有效渠道。人民陪审员在人民法院执行职务期间，除不能担任审判长外，与审判员有同等的权利义务，人民陪审员有权查阅全部案件材料，有权参加案件的调查，有权参加开庭审理，有权参加案件评议，同时人民陪审员也有义务依法公正办案。

（三）审判委员会

审判委员会是各级人民法院集体领导审判工作、决定本院承办案件的最终处理结果的组织机构。我国的三大诉讼法规定，审判委员会是人民法院审判组织的最高形式，是人民法院定案的最高权力部门，在审判工作中起着十分重要的作用。审判委员会的成员由同级人民代表大会常务委员会任免。合议庭与审判委员会的关系表现在：合议庭对重大、疑难案件的处理由院长提交审判委员会讨论决定；合议庭已经审结的案件，如果发现已经发生法律效力的判决、裁定或调解书确有错误，由院长提请审判委员会再审；审判委员会有权决定诉讼当事人及其法定代理人请求对本院院长担任审判长的回避问题，有权讨论、决定其他有关审判工作事项。

---

[1] 根据《刑事诉讼法》第一百八十三条、第二百四十九条的规定，合议庭的组成有如下特点：一、基层人民法院和中级人民法院审判第一审案件，其合议庭应当由审判员3人或者由审判员和人民陪审员共3人或者7人组成。二、高级人民法院审判第一审案件，其合议庭应当由审判员3人至7人或者由审判员和人民陪审员共3人或者7人组成。三、最高人民法院审判第一审案件，其合议庭应当由审判员3人至7人组成。四、人民法院审判上诉和抗诉案件，其合议庭应当由审判员3人或者5人组成。五、最高人民法院复核死刑案件，高级人民法院复核死刑缓期执行案件，其合议庭应当由审判员3人组成。合议庭的成员人数应当是单数。
《人民陪审员法》第十五条明确规定：人民法院审判第一审刑事、民事、行政案件，有下列情形之一的，由人民陪审员和法官组成合议庭进行：（一）涉及群体利益、公共利益的；（二）人民群众广泛关注或者其他社会影响较大的；（三）案情复杂或者其他情形，需要由人民陪审员参加审判的。人民法院审判前款规定的案件，法律规定由法官独任审理或者由法官组成合议庭审理的，从其规定。
第十六条规定，人民法院审判下列第一审案件，由人民陪审员和法官组成七人合议庭进行：（一）可能判处十年以上有期徒刑、无期徒刑、死刑，社会影响重大的刑事案件；（二）根据民事诉讼法、行政诉讼法提起的公益诉讼案件；（三）涉及征地拆迁、生态环境保护、食品药品安全，社会影响重大的案件；（四）其他社会影响重大的案件。"

《中华人民共和国人民法院组织法》第三十六条规定：各级人民法院设审判委员会。审判委员会由院长、副院长和若干资深法官组成，成员应当为单数。审判委员会会议分为全体会议和专业委员会会议。中级以上人民法院根据审判工作需要，可以按照审判委员会委员专业和工作分工，召开刑事审判、民事、行政审判等专业委员会会议。同时，第三十八条规定：审判委员会召开全体会议和专业委员会会议，应当有其组成人员的过半数出席。审判委员会会议由院长或者院长委托的副院长主持。审判委员会实行民主集中制。审判委员会举行会议时，同级人民检察院检察长或者检察长委托的副检察长可以列席。

二、人民法院内部工作职责划分

根据《最高人民法院关于完善人民法院司法责任制的若干意见》规定，人民法院内部工作职责划分如下：

（一）合议庭的工作职责

合议庭由 3 名以上审判人员组成，是人民法院审理案件的主要审判组织。合议庭主要承担案件的审理和裁判工作，其具体工作职责：

1. 根据当事人的申请或者案件的具体情况，可以作出财产保全、证据保全、先予执行等裁定；

2. 确定案件委托评估、委托鉴定等事项；

3. 依法开庭审理第一审、第二审和再审案件；

4. 评议案件；

5. 提请院长决定将案件提交审判委员会讨论决定；

6. 按照权限对案件及其有关程序性事项作出裁判或者提出裁判意见；

7. 制作裁判文书；

8. 执行审判委员会决定；

9. 办理有关审判的其他事项。

（二）审判委员会的工作职责

审判委员会是人民法院审判组织的最高形式，是人民法院定案的最高权力部门，审判委员会履行下列职能：

1. 总结审判工作经验；

2. 讨论决定重大、疑难、复杂案件的法律适用；

3. 讨论决定本院已经发生法律效力的判决、裁定、调解书是否应当再审；

4. 讨论决定其他有关审判工作的重大问题。

最高人民法院对属于审判工作中具体应用法律的问题进行解释，应当由审判委员会全体会议讨论通过；发布指导性案例，可以由审判委员会专业委员会会议讨论通过。

除此之外，法院审判委员会还应负责其他的审判工作问题。法院很多重大的审判工作决定都应出自审判委员会，如提拔、任免法官，决定重大审判工作，作出本法院在法院工作、法官管理上的一些规定、制度和措施等。

（三）独任法官的工作职责

法官独任审理案件时，应当履行以下审判职责：

1. 主持或者指导法官助理做好庭前会议、庭前调解、证据交换等庭前准备工作及其他审判辅助工作；

2. 主持案件开庭、调解，依法作出裁判，制作裁判文书或者指导法官助理起草裁判文书，并直接签发裁判文书；

3. 依法决定案件审理中的程序性事项；

4. 依法行使其他审判权力。

（四）合议庭承办法官的工作职责

合议庭审理案件时，承办法官应当履行以下审判职责：

1. 主持或者指导法官助理做好庭前会议、庭前调解、证据交换等庭前准备工作及其他审判辅助工作；

2. 就当事人提出的管辖权异议及保全、司法鉴定、非法证据排除申请等提请合议庭评议；

3. 对当事人提交的证据进行全面审核，提出审查意见；

4. 拟定庭审提纲，制作阅卷笔录；

5. 自己担任审判长时，主持、指挥庭审活动；不担任审判长时，协助审判长开展庭审活动；

6. 参与案件评议，并先行提出处理意见；

7. 根据合议庭评议意见制作裁判文书或者指导法官助理起草裁判文书；

8. 依法行使其他审判权力。

（五）审判长的工作职责

审判长是人民法院组成合议庭审判案件时负责组织庭前、庭审和案件评议等活动的审判人员。审判长是合议庭的中心人物，是案件质量的把关者，同时又是司法公正的带头人。合议庭一般由院长或者庭长指定审判员一人担任审判长。院长或庭长参加审判案件的时候，自己担任审判长。合议庭审理案件时，审判长除承担由合议庭成员共同承担的审判职责外，还应当履行以下审判职责：

1. 确定案件审理方案、庭审提纲、协调合议庭成员庭审分工以及指导做好其他必要的庭审准备工作；

2. 主持、指挥庭审活动；

3. 主持合议庭评议；

4. 依照有关规定和程序将合议庭处理意见分歧较大的案件提交专业法官会议讨论，或者按程序建议将案件提交审判委员会讨论决定；

5. 依法行使其他审判权力。

审判长自己承办案件时，应当同时履行承办法官的职责。

（六）法官助理的工作职责

法官助理在法官的指导下履行以下职责：

1. 审查诉讼材料，协助法官组织庭前证据交换；

2. 协助法官组织庭前调解，草拟调解文书；

3. 受法官委托或者协助法官依法办理财产保全和证据保全措施等；

4. 受法官指派，办理委托鉴定、评估等工作；

5. 根据法官的要求，准备与案件审理相关的参考资料，研究案件涉及的相关法律问题；

6. 在法官的指导下草拟裁判文书；

7. 完成法官交办的其他审判辅助性工作。

（七）书记员的工作职责

书记员在法官的指导下，按照有关规定履行以下职责：

1. 负责庭前准备的事务性工作；

2. 检查开庭时诉讼参与人的出庭情况，宣布法庭纪律；

3. 负责案件审理中的记录工作；

4. 整理、装订、归档案卷材料；

5. 完成法官交办的其他事务性工作。

第二篇
书记员立案工作实务

第一节　人民法院立案方式

人民法院的立案是指人民法院对当事人起诉到人民法院的民事纠纷、行政纠纷和刑事自诉案件经过审查后,认为符合法律规定的条件,决定将其列为诉讼案件进行审理的诉讼活动。立案活动标志着诉讼的开始。以前人们如果遇到纠纷,想要到法院起诉对方,维护自己的合法权益,都需要亲自到法院递交起诉状和证据材料进行登记,经过审查进行立案。随着科技水平的发展和人民法院审判制度的改革,现在人们除了亲自到法院立案庭登记立案,还可以通过网上和邮寄的方式进行立案,开启自己的诉讼活动。[1]

（一）登记立案

登记立案是人民法院对于当事人亲自起诉到人民法院的一审民事、行政、刑事自诉案件,经过审查后认为符合条件,予以接收登记进行立案的方式。一般情况下,登记立案范围有下列情形之一的,应当登记立案:一是与本案有直接利害关系的公民、法人和其他组织提起的民事诉讼,有明确的被告、具体的诉讼请求和事实、理由,属于人民法院主管和受诉人民法院管辖的;二是行政行为的相对人以及其他与行政行为有利害关系的公民、法人或者其他组织提起的行政诉讼,有明确的被告、具体的诉讼请求和事实根据,属于人民法院受案范围和受诉人民法院管辖的;三是属于告诉才处理的案件,被害人有证据证明的轻微刑事案件,以及被害人有证据证明应当追究被告人刑事责任而公安机关、人民检察院不予追究的案件,被害人告诉,且有明确的被告人、具体的诉讼请求和证明被告人犯罪事实的证据,属于受诉人民法院管辖的。

（二）网上立案

网上立案分为网上预约立案和网上直接立案两种方式。网上预约立案是指为减少当事人或者代理人因立案往返法院的次数,由当事人或者代理人通过网上预约立案系统提出预约立案的申请,经审核通过后,在规定的时间到预约立案法院办理立案手续的工作机制。网上直接立案是指当事人或者代理人通过法院网上立案工作平

---

[1] 本篇立案工作实务以北京法院作法为例,主要依据《北京法院登记立案实施办法》、《北京法院网上预约立案工作办法》、《北京法院网上直接立案工作办法》、《北京法院邮寄立案处理办法（试行）》、《北京市高级人民法院关于同意民事案件二审立案标准的规范性意见》等规定,其他法院可以根据当地实际情况参考执行。

台提交立案申请，法院经过审核通过后，直接予以登记立案，并要求当事人或者代理人在一定时间内寄送书面诉讼（申请）材料、缴纳相关费用的立案工作机制。

（三）邮寄立案

邮寄立案是指当事人通过邮寄方式向法院递交起诉材料，法院立案部门对邮寄的起诉材料进行接收登记、材料审查和立案指导等工作，对符合条件的案件，通知当事人再到法院办理相关立案手续的立案方式。邮寄立案类似于网上预约立案，均属于当事人先将起诉材料递交法院，经审核通过后再到法院办理相关连手续的立案方式。

第二节　书记员立案工作办理流程

（一）书记员登记立案工作办理流程

一审案件类型主要包括民事案件、行政案件和刑事自诉案件。一审立案工作中，立案法官首先根据登记立案范围要求，对当事人提交的诉状及相关证据材料进行形式审查。认为符合立案条件的，交由书记员按照信息录入、分案操作、移转案卷的工作流程处理，完成相应的立案工作。

1. 录入信息。书记员在法官的指导下，按照案件系统的内容要求，将案件信息录入案件系统。信息录入内容在案件系统里都有预先设置，一般包括当事人信息、案由、诉讼费等必录项和根据案件不同所涉及的选择项，书记员在录入案件时，要做到准确、全面，确保案件系统信息与纸质卷宗信息保持一致。一审刑事公诉案件的立案程序虽然不在人民法院，但案件由检察机关移送起诉至人民法院时，立案庭的书记员同样需要录入案件信息。这时候需要特别注意，如果书记员发现检察机关推送至立案系统中的案件信息不完整或者不准确，就要根据卷宗材料手工录入。如果通过被告人姓名导入案件信息时出现重名的当事人，则应根据案件其他信息确定导入的案件信息是否准确。

2. 分案操作。案件信息录入完成后，书记员需要按照案件类型和具体案由将案件分配至相应的审判庭。

3. 移转卷宗。登记立案后，立案庭书记员应当在二日内将案卷材料移转至相应的审判庭审理，并办理相应的移转签字手续。

(二)书记员网上立案工作办理流程

1. 导入信息。经法官审查符合网上登记立案条件的,书记员需将案件信息导入案件系统,办理网上登记立案手续,并向当事人发送邮寄地址、邮编、联系人,或者通知当事人或者代理人在规定的时间到预约立案法院办理相应的立案手续。书记员应及时查看网上立案系统,并提醒法官自申请日起五个工作日内完成审核,作出立案登记决定。对立案法官认为无法通过网上直接立案系统或者网上预约立案系统完成审核的案件可以终结审核。终结审核的案件不受规定审核时间的限制。

2. 分案操作。案件信息导入完成后,书记员需要按照案件类型和具体案由将案件分配至相应的审判庭。

3. 移转案件。对于登记立案的,立案庭书记员应于登记立案之日起二个工作日内将案件信息移转至相应庭室。

(三)书记员邮寄立案工作办理流程

1. 登记材料。书记员将收发室转来的、分配给法官负责审查的邮寄立案材料进行登记。

2. 通知审查结果。书记员根据法官的审查意见,将案件审查结果通过电话或者邮寄的方式通知当事人。对于符合立案条件的,按照法官的要求,电话或者书面通知当事人到法院核实身份,办理立案手续。对于邮寄材料欠缺或者不符合立案登记条件的,在法官的指导下,将审查结果通过电话或书面方式告知当事人。书面方式告知的,要将法官填写的《一次性书面告知书》连同当事人有关材料一并退还起诉人。

3. 案件信息录入、分案操作及移转卷宗的工作流程参见一审立案工作。

第三节　书记员在立案庭的其他工作

在立案阶段,北京法院立案庭还负责不予受理、民事管辖权异议上诉、民事裁定驳回上诉等一、二审程序性案件,以及调解协议司法确认、诉前财产保全等特殊案件的审理工作。书记员需要按照法官或者法官助理的要求,根据不同案件审理进展情况及需要,配合法官、法官助理完成案件审理过程中的事务性辅助工作。比如收案登记、信息录入、庭前或谈话前准备、审理记录、分案操作、文书校对与送达、案件的报结、归档与移送上诉等工作。对上述书记员工作流程及基本要求,与普通程序中民事、行政案件的办理基本相同,具体可以参照本书中关于民事审判、行政审判等部分的相应内容。

【业务文件】

北京法院登记立案实施办法

为落实立案登记制改革,规范登记立案程序,依法保障当事人的诉讼权利,依据《关于人民法院推行立案登记制改革的意见》、《中华人民共和国民事诉讼法》、《中华人民共和国行政诉讼法》、《中华人民共和国刑事诉讼法》、《中华人民共和国国家赔偿法》及《最高人民法院关于人民法院登记立案若干问题的规定》等相关司法解释,结合立案工作实际,制定本办法。

第一条 本办法适用于一审民事、行政、刑事自诉案件的登记立案。

第二条 登记立案范围有下列情形之一的,应当登记立案:

(一)与本案有直接利害关系的公民、法人和其他组织提起的民事诉讼,有明确的被告、具体的诉讼请求和事实、理由,属于人民法院主管和受诉人民法院管辖的;

(二)行政行为的相对人以及其他与行政行为有利害关系的公民、法人或者其他组织提起的行政诉讼,有明确的被告、具体的诉讼请求和事实根据,属于人民法院受案范围和受诉人民法院管辖的;

(三)属于告诉才处理的案件,被害人有证据证明的轻微刑事案件,以及被害人有证据证明应当追究被告人刑事责任而公安机关、人民检察院不予追究的案件,被害人告诉,且有明确的被告人、具体的诉讼请求和证明被告人犯罪事实的证据,属于受诉人民法院管辖的。

第三条 对下列起诉、自诉不予登记立案:

(一)违法起诉或者不符合法律规定的;

(二)涉及危害国家主权和领土完整的;

(三)危害国家安全的;

(四)破坏国家统一和民族团结的;

(五)破坏国家宗教政策的;

(六)所诉事项不属于人民法院主管的。

第四条 登记立案流程包括立案导诉、接待审查、处理决定三个阶段。立案庭将从立案导诉开始的所有来访人员信息及案件信息录入立案审判管理系统，进行节点控制和时限监控，实现登记立案流程管理的规范化、信息化。

第五条 立案大厅由立案导诉人员对当事人进行引导分流、立案指导和信息录入。

第六条 经审查，立案导诉人员应做出以下处理，并在立案系统中登记相应的处理结果：

（一）对于办理信访、投诉、咨询等事项的，直接解答或指引告知其正确办理途径；

（二）对于没有诉状的，向其发放诉状格式材料，告知其按格式要求准备诉状；对于不会书写诉状的，可以指导其制作诉状；

（三）对于有诉状，或者没有诉状且书写诉状确有困难、坚持口头起诉的，向其发放立案排序号，指引其到立案等候区等待窗口法官接待。

第七条 立案导诉人员应将来访人员信息及案件信息录入立案审判管理系统，登记当事人名称、法律关系、处理方式等，对于二次以上来访的当事人可以直接分配给首问负责法官。

第八条 立案法官在窗口接到诉状时，应当当场审查判断，并根据不同情况作出处理。

口头起诉、自诉的，经立案法官接待并记入笔录，由当事人签字确认后，视同提交诉状。

第九条 对于民事起诉，应审查以下内容：

（一）原告具有法律规定的起诉资格；

（二）被告的身份信息明确，足以与他人相区分；

（三）属于人民法院的受案范围和受诉人民法院管辖；

（四）诉状具备法律规定的内容和形式。当事人的自然情况齐全，主张的法律关系明确，有具体的诉讼请求和事实、理由，有致送的人民法院及时间，有当事人本人的签名或盖章，按照其他当事人人数提供诉状副本；

（五）当事人、代理人的身份证明材料的原件，核对原件后收取复印件。

（六）授权委托手续符合法律规定；

（七）不属于重复起诉的；

（八）符合起诉条件的相应证据材料；

（九）符合法律规定的其他起诉条件。

第十条 对于行政起诉，应审查以下内容：

（一）本办法第九条的相关内容；

（二）被告主体资格适格，不属于错列被告情形；

（三）符合起诉期限的要求；

（四）诉讼标的不为其他生效判决的效力所羁束；

（五）撤回起诉后有正当理由再行起诉的；

（六）不属于复议前置情形；

（七）符合法律规定的其他起诉条件。

第十一条 对于刑事自诉，应审查以下内容：

（一）属于法律规定自诉案件的范围；

（二）被害人告诉的；

（三）有明确的被告人、具体的诉讼请求；

（四）有证明被告人犯罪事实的证据；

（五）属于受诉人民法院管辖；

（六）自诉状具备法律规定的内容和形式。包括自诉人（代为告诉人）、被告人自然情况、被告人实施犯罪的时间、地点、手段、情节和危害后果等、具体的诉讼请求、致送的人民法院和具状时间、当事人本人签字或盖章、按被告人数提供诉状副本等；

（七）符合法律规定的其他起诉条件。

第十二条 立案法官应根据当事人提交的诉状及相关证据材料进行形式审查。因客观原因无法提供证明基础法律关系、诉讼请求的证据材料，若诉状中明确具体表述了法律关系、诉讼请求和事实、理由等内容，且符合起诉条件的，应予以登记立案。

第十三条 对内容有欠缺或者有其他错误的诉状，立案法官应给予指导和释明，并一次性告知当事人补正的内容。不得未经指导和释明，即以起诉、自诉不符合条件为由不接收诉状。诉状中有谩骂和人身攻击之辞的，应当告知当事人修改后提起诉讼。

第十四条 立案法官应指导当事人完善诉状形式和内容，明确法律关系和诉讼请求，释明起诉、自诉条件和诉讼风险等。

第十五条 经当场审查，当事人的材料齐全，符合起诉、自诉条件的，或者材料不齐全，但已当场补正的，应当直接登记立案。当事人应填写送达地址确认书，立案庭向当事人出具案件受理通知书、材料接收清单、廉政监督卡、诉讼服务告知书等诉讼材料。

立案庭登记立案后，向当事人发出交纳诉讼费用书面通知，刑事自诉案件不收取诉讼费用。

材料收取清单应当载明诉讼材料的名称、份数、页数及是否为原件等，由法官签名或盖章，注明收到日期。清单一式两份，分别附卷和送交当事人。

第十六条　登记立案后，立案庭应当在二日内将案件移送审判庭审理。当事人未在法定期限内交纳诉讼费的，由审判庭查明后裁定按撤诉处理，但符合法律规定的缓、减、免交诉讼费条件的除外。

第十七条　经当场审查，当事人的起诉、自诉不符合起诉、自诉条件的，且无法通过补正材料的方式解决的，经向当事人释明后，可由当事人直接撤回起诉、自诉材料，并记录在案；当事人坚持起诉、自诉的，应收取材料，出具材料接收清单作为书面凭证。在法定期限内，作出不予受理或不予立案裁定。

不予受理或不予立案裁定书，应当说明不予受理或不予立案的理由和法律依据。

第十八条　对当场不能判定是否符合起诉、自诉条件的，应当接收诉状，出具书面凭证，并在法定期限内决定是否立案。

第十九条　对材料不齐全，需要补正的，当事人无法当场补正的，应发放立案材料一次性补正告知书，告知书中应明确告知当事人补正的内容、期限及未在期限内补正的后果。

当事人确因客观原因难以在人民法院指定期限内补正而申请延长期限的，由人民法院决定是否准许。

当事人在指定期限内补正，且符合起诉、自诉条件的，人民法院应当登记立案；拒绝补正或经补正仍不符合起诉、自诉条件的，裁定不予受理或不予立案；在指定期限内没有补正的，退回诉状并记录在册；坚持起诉、自诉的，裁定不予受理或不予立案。

第二十条　在法定审查期限内难以确定是否符合起诉、自诉条件的，应当先行登记立案，移送审判庭审理。

人民法院收到民事、行政诉状后，应在七日内决定是否立案。其中，对第三人撤销之诉，应当在收到诉状之日起三十日内决定是否立案；对执行异议之诉，应当在收到诉状之日起十五日内决定是否立案；刑事自诉应在十五日内决定是否立案；

法律有其他规定的,从其规定。

审查期限从收到诉状之日起计算。需要补正材料的,从当事人补齐材料之日起计算。该期限不能中断、中止或延长,不扣除节假日,审查期限届满的最后一日为法定节假日的,可以顺延至节假日后的第一个工作日。

第二十一条 当事人同意立案阶段调解的,应提交立案调解申请书,按当事人意愿转交人民调解、行业调解、行政调解等非诉讼调解机构进行调解,也可以由立案法官进行调解。

第二十二条 立案阶段调解不成功的,符合起诉条件的予以登记立案,移转审判庭审理;调解成功的,可以由当事人自愿撤回起诉材料,记录在案;达成调解协议的,经当事人申请,人民法院可以出具确认裁定、撤诉裁定或者调解书等。

第二十三条 立案法官在立案审判管理系统中接收立案导诉人员录入的案件基本信息后,应该录入案件的详细信息和窗口审查处理情况。

第二十四条 人民法院对行政起诉既不立案,又不作出不予立案裁定的,当事人可以依法向上一级人民法院起诉。上一级人民法院认为符合起诉条件的,应当立案、审理,也可以指定其他下级人民法院立案、审理。

第二十五条 对立案工作中存在的不接收诉状、接收诉状后不出具书面凭证,不一次性告知当事人补正诉状内容,以及有案不立、拖延立案、干扰立案、既不立案又不作出裁定或者决定等违法违纪情形,当事人可以向受诉人民法院或者上级人民法院投诉。

人民法院应当在受理投诉之日起十五日内,查明事实,并将情况反馈当事人。发现违法违纪行为的,依法依纪追究相关人员责任;构成犯罪的,依法追究刑事责任。

第二十六条 立案阶段应加强对虚假诉讼、恶意诉讼、无理缠诉的防范和规制。对于确属虚假诉讼、恶意诉讼、无理缠诉情形的,人民法院应依照相关法律规定作出处理。

第二十七条 人民法院依法维护登记立案秩序,对干扰立案秩序的,根据民事诉讼法、行政诉讼法有关规定予以罚款、拘留;构成犯罪的,依法追究刑事责任。

第二十八条 强制执行和国家赔偿申请登记立案工作,按照本办法执行。

上诉、申请再审、刑事申诉、执行复议和国家赔偿申诉案件立案工作,不适用本办法。

第二十九条 人民法庭登记立案工作,按照本办法执行。

第三十条 北京市高级人民法院立案庭负责对全市法院登记立案工作进行指导和监督。

第三十一条 本办法自 2015 年 5 月 1 日起试行。本院之前下发的相关规定或文件与本办法不一致的，以本办法为准。本办法没有规定的，按照相关法律、司法解释及本院下发的其他规定执行。本办法由北京市高级人民法院立案庭负责解释。

北京法院网上预约立案工作办法（试行）

第一章 总 则

第一条 为方便当事人诉讼，推进立案工作信息化建设，提升立案工作质量和效率，根据《中华人民共和国民事诉讼法》等相关法律法规，结合本市法院立案工作实际，制订本办法。

第二条 网上预约立案，是指为减少当事人或者代理人因立案往返法院的次数，由当事人或者代理人通过网上预约立案系统提出预约立案的申请，经审核通过后，在规定的时间到预约立案法院办理立案手续的工作机制。

第三条 网上预约立案适用于一审民商事、知识产权和执行案件。

第二章 申 请

第四条 当事人或者代理人登录网上预约立案系统后，依据我国现行法律法规选择管辖法院、案件类型及具体案由。

第五条 当事人或者代理人应按照网上预约立案系统的要求准确填写诉讼标的额、当事人及代理人相关身份信息，并按照要求上传起诉状（申请书）、身份证明及委托手续、证据材料等必要的起诉（申请）材料。

通过网上预约立案系统所提交的起诉材料中不应包含诉讼保全申请材料。当事人或者代理人在预约立案过程中同时申请诉讼保全的，应于网上预约立案申请审核通过后前往预约立案法院当面提交诉讼保全申请材料。

第六条 当事人或者代理人依照本办法第四条、第五条的要求填写或者上传完成后，可以提交申请。提交当日即为预约申请日。

第三章 审 核

第七条 立案部门应根据网上预约立案工作量配置相应数量的立案法官专门负责网上预约立案的审核工作。

第八条 立案法官应及时对网上预约立案系统的案件进行审核。申请预约立案的案件均应符合以下要求：

（一）网上预约申请中的案由明确、诉讼标的额与起诉状（申请书）一致；

（二）当事人及代理人身份信息真实存在；

（三）属于法院主管和本院管辖；

（四）起诉状（申请书）符合法律规定的形式；

（五）具备必要的起诉（申请）材料。

第九条 除本办法另有规定外，立案法官一般应于预约申请日起五个工作日内完成审核，并作出如下处理：

（一）符合本办法第八条之规定的，审核予以通过，并告知当事人或者代理人在规定的时间前往预约立案法院办理立案手续；

（二）不符合本办法第八条第（一）、（四）、（五）项规定的，及时告知当事人或者代理人于规定的时限内补正，逾期未补正或经补正仍不符合要求的，审核不予通过。

（三）不符合本办法第八条第（二）、（三）项规定的，审核不予通过。

第十条 对立案法官认为无法通过网上预约立案系统完成审核的案件，可以终结审核。

第四章 受 理

第十一条 立案部门应当开设网上预约立案窗口，保障网上预约立案案件审查的便利、高效。

第十二条 通过审核的当事人或者代理人应当在规定的时间携带书面起诉（申请）材料前往预约立案法院，由立案法官对网上提交的起诉（申请）材料的真实性进行审查。

第十三条 经审查，认为当事人或者代理人所提交的书面起诉（申请）材料符合立案条件的，及时立案受理；不符合立案条件的，不予受理。

第十四条 通过网上预约审核且经审查，网上预约提交的起诉状（执行申请书）及身份信息真实的，则诉讼时效（申请执行时效）自预约申请日起发生中断。

第五章 附 则

第十五条 网上预约立案工作机制及所涉法律问题由市高院立案庭负责解释。

第十六条 本办法自2014年4月21日起施行。

北京法院网上直接立案工作办法（试行）

第一章 总 则

第一条 为深入践行司法为民理念，方便当事人行使诉权，提升立案工作质效，根据《中华人民共和国民事诉讼法》、《最高人民法院关于人民法院推行立案登记制改革的意见》、《最高人民法院关于全面推进人民法院诉讼服务中心建设的指导意见》等相关规定，结合北京法院立案工作实际，制定本办法。

第二条 网上直接立案是指代理律师通过北京法院网上直接立案平台提交立案申请，北京法院经审核通过后，直接予以登记立案的工作机制。

第三条 网上直接立案适用于中级法院管辖的一审民商事案件、知识产权案件和执行案件，同时对一审买卖合同纠纷、借款合同纠纷、金融借款合同纠纷、承揽合同纠纷、委托合同纠纷的商事案件在包括基层法院在内的全市法院范围推行网上直接立案除外。

第四条 代理律师应当遵循诚实信用原则，如实填写有关信息，确保提交的有关材料完整、清晰、真实；不得进行虚假诉讼，不得冒充他人提起诉讼，不得滥用诉权。

第二章 申 请

第五条 代理律师登录网上直接立案系统后，依据我国现行法律法规选择管辖法院、案件类型及具体案由。

第六条 代理律师应按照网上直接立案系统的要求准确填写相关信息并提交所有诉讼（申请）材料。包括起诉状（申请书）、主体身份信息证明、授权委托书、代理人身份证明、与诉请相关的证据或者证明材料等。

起诉状应当记明下列事项：

（一）原告的姓名、性别、身份证号码、年龄、民族、职业、工作单位、住所、联系方式、法人或其他组织名称、住所和法定代表人或者主要负责人的姓名、职务、联系方式；

（二）被告的姓名、性别、工作单位、住所等信息，法人或者其他组织的名称、住所等信息；

（三）诉讼请求和所根据的事实与理由；

（四）证据和证据来源、证人姓名和住所。

第七条　代理律师在网上直接立案平台所提供的起诉状和申请书等材料应使用A4型纸的电子文本，同时应当附与书面材料内容一致的可编辑的起诉状、申请书的电子文本（word文本），其他材料纸质文件的PDF格式文本。

第八条　代理律师通过网上直接立案平台提交的诉讼（申请）材料、电子信息中，不得含有如下内容：

（一）违反法律法规，泄露国家秘密，损害国家利益；

（二）散布谣言，扰乱社会秩序，影响社会稳定；

（三）侮辱诽谤他人，进行人身攻击、谩骂、诋毁；

（四）广告；

（五）法律法规禁止的其他内容。

第九条　代理律师依照本办法第五条、第六条、第七条的要求，填写或者上传完成后，可以提交申请。提交当日即为申请日。

第三章　审核、处理与案件移转

第十条　北京法院各立案庭为网上直接立案的职能部门。立案庭应根据网上直接立案工作量配置相应数量的立案法官专门负责网上直接立案的审核工作。

第十一条　除本办法另有规定外，立案法官对代理律师提出的网上直接立案申请，一般应于申请日起五个工作日内完成审核，并作出如下处理：

（一）符合起诉和申请执行的法定条件的，应即时登记立案，并向代理律师发送登记立案信息；

（二）代理律师提交的诉状和材料不符合要求的，立案法院应及时释明，一次性全面告知应当补正的材料和期限。在指定期限内经补正符合法律规定条件的，应予以登记立案。逾期未补正或者补正不符合要求的，不予登记立案；

（三）不符合起诉和申请执行的法定条件的，应不予登记立案，并告知不予立案的理由；

第十二条　对立案法官认为无法通过网上直接立案系统完成审核的案件，可以终结审核。终结审核的，不受本办法第十一条所规定审核时间的限制。

第十三条　代理律师违反本办法第四条之规定，故意提交虚假诉讼、冒充他人提起诉讼或者滥用诉权，一经审核发现，不予登记立案；并根据情节轻重予以罚款、拘留；构成犯罪的，依法追究刑事责任。

代理律师违反本办法第八条之规定的，立案法院有权删除含有上述内容的诉讼材料、电子信息等，并视情形对提交者采取警告、停止提供服务、追究相关法律责任等措施。

第十四条 经审核，决定不予登记立案的，应告知代理律师。如代理律师坚持要求出具书面裁定的，其应前往立案窗口现场提交诉讼材料，由立案庭依据现场立案的相关规定予以处理。

第十五条 对于登记立案的，立案庭应于登记立案之日起二个工作日内将案件信息移转至相应庭室。

第四章 诉费交纳

第十六条 代理律师应在登记立案之日起的七日内通过网上交费或者现场交费等方式交纳诉讼费用。

第十七条 代理律师逾期未交纳诉讼费用且未提出减、免、缓交诉讼费申请的，立案法院将依照相关法律或司法解释的规定予以处理。

第五章 附 则

第十八条 对于登记立案的，诉讼时效（申请执行时效）自申请日起发生中断。

第十九条 本办法由北京市高级人民法院立案庭负责解释。

第二十条 本办法自2016年1月1日起施行。

北京法院邮寄立案处理办法（试行）

为规范北京法院邮寄立案的处理工作，有效保障当事人诉权，根据《中华人民共和国民事诉讼法》、《中华人民共和国行政诉讼法》、《中华人民共和国刑事诉讼法》、《中华人民共和国国家赔偿法》及相关司法解释、《最高人民法院关于人民法院登记立案若干问题的规定》、《北京法院登记立案实施办法》等规定，结合立案工作实际，制定本办法。

第一条 当事人通过邮寄方式向法院递交立案材料的，立案庭应进行收件登记、材料审查和立案指导工作。

第二条 当事人邮寄的立案材料应符合法律法规、司法解释及其他规定要求的形式和内容。

邮寄立案材料中的证据材料不需提供原件，但必须提供当事人明确具体的联系电话和送达地址。

第三条 当事人向法院邮寄立案材料的，自信件寄出之日起，视为当事人向法院提起诉讼。信件寄出之日以寄出的邮戳日为准；邮戳日不清晰或者没有邮戳的，以法院实际收到日为准，但是当事人能够提出实际邮戳日证据的除外。通过邮政企业以外的快递企业递交的，以快递企业收寄日为准；收寄日不明确的，以法院实际收到为准，但是当事人能够提出实际收寄日证据的除外。

第四条 立案庭收到邮寄立案材料后，在审查处理过程中，应将案件基本案情、收到日期、审查情况、审查意见、处理结果等录入立案审判管理系统。

第五条 立案人员应在法定审查期限内对邮寄立案材料进行审查处理。

邮寄立案信件由立案庭直接签收的，审查期限自立案庭签收信件之日起计算；邮寄立案信件由法院收发部门统一签收后移送立案庭的，或者当事人向其他单位或部门邮寄立案材料，材料被移送立案庭的，审查期限自立案庭接收移转的信件之日起计算。

第六条 对于材料齐全，符合立案条件的，应将审查结果告知当事人，并告知其到法院进行身份审核，办理立案手续。

第七条 对于材料有欠缺或有其他需要补正的情形，应一次性告知当事人在指定期限内补正的内容及逾期不补正的后果。

第八条 对于不符合立案条件的，应告知当事人不予受理或不予立案的结果和理由。

若当事人坚持立案或要求法院出具不予受理或不予立案裁定，应告知当事人到法院进行身份审核，由法院出具不予受理或不予立案裁定。

第九条 对于本办法第六条、第七条、第八条中需告知当事人的，可通过电话或书面方式告知，指定合理的办理期限。

以电话方式告知的，应做好电话记录备查；以书面方式告知的，应将邮寄立案材料一并退回当事人。

第十条 当事人以电话或其他方式向法院申请撤回立案材料的，可由当事人在法院指定期限内到法院取回立案材料，或者由法院将立案材料直接邮寄退回。

第十一条 当事人应在法院告知的指定期限内到法院办理相关手续。当事人无合理理由逾期的，法院视为当事人撤回起诉、自诉或申请。

以电话方式告知、当事人逾期的，法院应将立案材料邮寄退回。

第十二条 对于属于最高人民法院《关于人民法院登记立案若干问题的规定》第十条规定情形的，法院不予登记立案，按立案材料中的邮寄送达地址将立案材料邮寄退回。

第十三条 已经法院处理的邮寄立案，当事人未按法院告知办理的，就同一案件重复邮寄立案材料的，法院将不再重复处理。

第十四条 按立案材料中的送达地址无法邮寄退回或重复邮寄超过一年的，法院将对立案材料予以销毁。材料中包含证据原件的退回当事人。无法退回的，予以搁置留存。

第十五条 本办法没有规定的，按照相关法律法规、司法解释及本院下发的其他规定执行。

第十六条 本办法由北京市高级人民法院立案庭负责解释。

第十七条 本办法自发布之日起实施。

第三篇
书记员庭前工作实务

庭前工作实务一　案件检查、登记与装订

工作情境一　刑事案件的检查、接收、登记与初步装订

【情境描述】

张丽是北京市第二中级人民法院刑事审判庭的一名书记员,有一天内勤李琴打电话让张丽到内勤办公室领取新分的案子,张丽到了内勤办公室以后,李琴指着桌上的两沓案卷对她说:"张丽,这是这次分给李明法官的两个案件,一个一审案件,一个二审案件,一审案件是杨谦贩卖毒品案,二审案件是王悦非法吸收公众存款案,你签收一下吧。"说完递给张丽两张表格让她签字,张丽在"收卷人"处签上了自己的名字。之后,李琴把两沓案卷交给张丽,把张丽签字的两张表格拿走了,张丽就将两沓案卷放入了卷柜。之后,张丽见到李明法官后,把两沓案卷交给他看,李明看完卷后又把卷交给张丽,对她说:"你发起诉吧。"张丽接过案卷就放在卷柜中保存起来了。

【情境分析】

在上述工作情境中,张丽的做法是否正确?如果你是书记员,应该怎么做?

李琴让张丽签收新案件时,张丽不应该直接签字,而应该先对新收案件的卷宗材料进行检查,检查后对卷宗材料齐全无误的案件可以签字;对卷宗材料缺失有误的案件不能签字,应告知李琴所缺失的材料并要求将案件退回补充材料。

对于新收的案件,应当先进行案件信息登记再放入卷柜。

【工作任务】

人民法院对刑事案件立案之后,由立案庭将案件及案卷材料移转至刑事审判庭,刑事审判庭在接收案件后,确定承办人及书记员并移转案卷材料。刑事案件的检查、接收、登记和初步装订是书记员接触刑事案件的第一个环节。其任务是对人民法院已

经立案的自诉案件[1]或者公诉案件中公诉机关移送法院的案卷、材料进行检查，确认无误后予以接收、登记并进行材料的初步装订。刑事案件材料检查的目的是保证自诉人提交或者公诉机关移送法院的材料准确无误，避免材料在移转过程遗失，及时发现问题并反馈，也防止在后续工作中出现材料方面的差错。刑事案件登记是对接收的案件进行登记，其目的在于完善案件信息，直观了解案件进展的情况，避免因案件数量过多等原因，造成工作上的疏漏。刑事案件的初步装订是案件接收初期对案件材料的初步整理，由于后续材料的不断补充，不要求完全按照归档要求整理，但必须保证所有材料入卷，避免材料遗失或与其他案卷材料混同。

任务一　案卷材料检查

（一）一审刑事案件材料检查

对于公诉案件，需要接收的材料主要有起诉书、量刑建议、适用程序建议函、被告人认罪认罚具结书、证据目录、证人名单、赃证物清单、换押手续、提押票、联系单、查封扣押冻结材料、预审卷宗、刑事附带民事诉状、立案庭出具的大要案审批表、立案庭出具的立案流程信息表等。其中，所有案件必须具备的材料为起诉书、量刑建议、适用程序建议函、预审卷宗、立案庭出具的立案流程信息表；对被告人认罪认罚的案件必需增加认罪认罚具结书；对检察机关建议适用普通程序审理的案件必需增加证据目录、证人名单材料；对于被告人处于羁押状态的案件必需增

---

[1] 《刑事诉讼法》第二百一十条：自诉案件包括：（一）告诉才处理的案件；（二）被害人有证据证明的轻微刑事案件；（三）被害人有证据证明对被告人侵犯自己人身、财产权利的行为应当依法追究刑事责任，而公安机关或者人民检察院不予追究被告人刑事责任的案件。
《最高人民法院关于适用〈中华人民共和国刑事诉讼法〉的解释》第一条：人民法院直接受理的自诉案件包括：
（一）告诉才处理的案件：1.侮辱、诽谤案（刑法第二百四十六条规定的，但严重危害社会秩序和国家利益的除外）；2.暴力干涉婚姻自由案（刑法第二百五十七条第一款规定的）；3.虐待案（刑法第二百六十条第一款规定的）；4.侵占案（刑法第二百七十条规定的）。
（二）人民检察院没有提起公诉，被害人有证据证明的轻微刑事案件：1.故意伤害案（刑法第二百三十四条第一款规定的）；2.非法侵入住宅案（刑法第二百四十五条规定的）；3.侵犯通信自由案（刑法第二百五十二条规定的）；4.重婚案（刑法第二百五十八条规定的）；5.遗弃案（刑法第二百六十一条规定的）；6.生产、销售伪劣商品案（刑法分则第三章第一节规定的，但严重危害社会秩序和国家利益的除外）；7.侵犯知识产权案（刑法分则第三章第七节规定的，但严重危害社会秩序和国家利益的除外）；8.刑法分则第四章、第五章规定的，对被告人可能判处三年有期徒刑以下刑罚的案件。本项规定的案件，被害人直接向人民法院起诉的，人民法院应当依法受理。对其中证据不足、可以由公安机关受理的，或者认为对被告人可能判处三年有期徒刑以上刑罚的，应当告知被害人向公安机关报案，或者移送公安机关立案侦查。
（三）被害人有证据证明对被告人侵犯自己人身、财产权利的行为应当依法追究刑事责任，且有证据证明曾经提出控告，而公安机关或者人民检察院不予追究被告人刑事责任的案件。

加换押手续、提押票材料；对于被告人未被羁押的案件，必需增加联系单材料；其他材料根据不同案件的不同情况增加。

对自诉案件需要接收的材料主要有自诉状、自诉人身份材料、被告人身份材料、证据清单、证据材料，立案庭出具的立案流程信息表、刑事附带民事自诉状等。其中，必需具备的材料为自诉状、自诉人身份材料、证据清单、证据材料，立案庭出具的立案流程信息表等。根据《最高人民法院关于适用〈中华人民共和国刑事诉讼法〉的解释》第二百六十一条规定："提起自诉应当提交刑事自诉状；同时提起附带民事诉讼的，应当提交刑事附带民事自诉状。"刑事自诉提起附带民事诉讼的直接提交刑事附带民事自诉状，不再提交刑事自诉状。

起诉书、自诉状区分正本与副本，正本一份，副本若干份。正本与副本具有相同的法律效力，后续工作中需要向不同诉讼参与人送达起诉书或者自诉状的，均送达副本。起诉书副本的数量根据《最高人民法院关于适用〈中华人民共和国刑事诉讼法〉的解释》第一百八十条确定"起诉书一式八份，每增加一名被告人，增加起诉书五份"。在实际工作中，尤其是重大疑难复杂案件中，所涉及的诉讼程序较多，可能出现起诉书副本数量不足的情况。当出现此情景时，需要及时与案件承办检察官联系，增加起诉书副本的数量。自诉状副本数量无明文规定，但至少提交两份副本用于入卷及送达被告人，被告人数量增加时，自诉状副本也相应增加。书记员可在办案过程中根据需要及时与自诉人沟通，要求其补充提交自诉状副本。

除了起诉书的数量，在接收案件的同时还需要重点关注起诉书记载的内容，具体包括：被告人人数，被告人是否被羁押及羁押场所，未被羁押的被告人被采取的强制措施种类及联系方式，是否有查封、扣押、冻结的财产及到期时间，是否有随案移送的案款、赃证物，随案移送的案卷材料的数量是否与实际移送的一致等。在特殊案件如危险驾驶犯罪中，被告人被羁押的日期也需要重点关注。

量刑建议一般为每名被告人2份，一份送达被告人，一份留存，辩护人要求查阅量刑建议的，可以允许其复印或拍照等。

移送的卷宗数目要与起诉书上写明的卷宗数目一致。出现不一致时，要及时告知承办法官并核实相关情况，保证接收的卷宗数目与起诉书写明的一致。在后续案件办理过程中，保证卷宗完整、安全。

【诉讼文书】

人民法院刑事一审案件立案、审判流程管理信息表

刑事一审案件立案审查情况				案号：(2019) 京 0105 刑初 ×× 号	
立案案由：盗窃罪		立案日期：2019 年 × 月 × 日		案件来源：检察院公诉	
公诉机关：北京市 ×× 区人民检察院	收到起诉书日期：			起诉书编号：	
自诉人姓名或单位名称		自诉人居住地或单位住所地		联系电话	邮政编码
立案审查意见	建议立案			审查人：×××	
				审批日期：2019 年 × 月 × 日	
立案审批意见	同意立案			审批人：×××	
				审批日期：2019 年 × 月 × 日	
被告人自然状况					
序号	1				
被告人姓名或单位名称	周伟				
起诉指控罪名	盗窃罪				
性别	男				
出生日期或身份证号码	××××				
作案时年龄	32				
民族	汉族				
身份	无业人员				
居住地、羁押场所或单位被告人住所地	北京市 ×××				
联系电话					
邮政编码					
职务					
级别					
政治面貌	群众				
文化程度	小学毕业				
强制措施种类及时间	逮捕：2019 年 × 月 × 日				
审理期间是否在押	是				
保证金额（万元）或保证人姓名					
曾犯罪	是				
累犯	是				
备注：					

立案人：×× 　　承办人：李明 　　审判长或庭长：

北京市××区人民检察院
起 诉 书

京×检公诉刑诉〔2019〕××号

被告人1，男，××××年×月×日出生，公民身份号码×××××，汉族，大学文化程度，原系××，户籍所在地××。因涉嫌××罪，于20××年×月×日被北京市公安局××分局刑事拘留，同年×月×日经本院批准，于次日被北京市公安局××分局逮捕。

被告人2，男，××××年×月×日出生，公民身份号码×××××，汉族，大学文化程度，原系××，户籍所在地××。因涉嫌××罪，于20××年×月×日被北京市公安局××分局刑事拘留，同年×月×日被北京市公安局××分局取保候审，于××××年×月×日被本院取保候审。

被告人3，××××年×月×日出生，公民身份号码×××××，汉族，大学文化程度，原系××，户籍所在地××。因涉嫌××罪，于20××年×月×日被北京市公安局××分局刑事拘留，同年×月×日被北京市公安局××分局取保候审，于××××年×月×日被本院取保候审。

本案由北京市公安局××分局侦查终结，以被告人1、2、3涉嫌××罪，于20××年×月×日向本院移送审查起诉。本院受理后，于20××年×月×日已告知被告人1、2、3有权委托辩护人，依法讯问了三被告人，审查了全部案件材料。其间，因部分事实不清，退回侦查机关补充侦查一次（自20××年×月×日至×月×日）；因案情复杂延长审查起诉期限一次（自20××年×月×日至×月×日）。

经依法审查查明：

被告人1、2、3伙同他人……

被告人1于20××年×月×日被民警抓获归案；被告人2于2018年×月×日被民警抓获归案；被告人3于20××年×月×日被民警抓获归案。

认定上述事实的证据如下：

1.书证：……；2.证人证言：证人……等人的证言；3.被告人的供述与辩解：被告人1、2、3的供述与辩解；4.勘验、检查、辨认、侦查实验等笔录：辨认笔录等；5.视听资料、电子数据：讯问录像等；6.其他证明材料：被告人户籍信息、到案经过等。

本院认为，被告人1、2、3伙同他人……其行为触犯了《中华人民共和国刑法》第××条，犯罪事实清楚，证据确实、充分，应当以××罪追究其刑事责任。根据《中华人民共和国刑事诉讼法》第一百七十六条的规定，提起公诉，请依法判处。

此致
北京市××区人民法院

　　　　　　　　　　　　　　　　　　检察员：××
　　　　　　　　　　　　　　　　　　××××年×月×日
　　　　　　　　　　　　　　　　　　　　（院印）

附：

1. 被告人1现羁押于北京市××看守所，被告人2现取保候审在北京市昌平区……，被告人3现取保候审在北京市昌平区……；
2. 侦查卷宗×册；
3. 《适用简易程序建议书》一份；
4. 《量刑建议书》六份；
5. 随案移送款物：人民币××万元。

自 诉 状

自诉人李某某，身份证号：×××，男，1990年1月1日出生，汉族，某某县某某镇某某村村民。

被告人刘某某，身份证号：×××，男，1980年1月1日出生，汉族，某某县某某镇某某村村民。

事实：

2019年1月1日19时许，被告人刘某某在北京市李某某居住的小区散发传单，传单的内容为捏造事实，诽谤李某某贪污腐败并且生活作风不正，散发的数量较多，散发的时间从1月1日至1月3日持续三天，此事情造成李某某单位领导多次找其谈话，小区的居民多为熟悉的人，李某某作为国家工作人员，此事件给李某某及家庭造成巨大的心理伤害。

基于上述事实，被告人刘某某无视国家法律，故意捏造事实，诽谤他人，情节恶劣，危害严重，其行为已构成诽谤罪，依法应当受到法律的严惩。请求法院依法以诽谤罪追究被告人刘某某的刑事责任。

　　此　致
某某县人民法院

　　　　　　　　　　　　　　　　　　自诉人：李某某
　　　　　　　　　　　　　　　　　　二〇一九年四月一日

附：

1. 自诉人身份材料；
2. 被告人身份材料；
3. 证据材料。

刑事附带民事诉状

附带民事诉讼原告人李某某，身份证号：×××，男，1990年1月1日出生，汉族，某某县某某镇某某村第六村民小组，村民。

被告人刘某某，身份证号：×××，男，1980年1月1日出生，汉族，某某县某某镇某某村第六村民小组，村民。

诉讼请求：

1. 请求依法追究被告人刘某某犯故意伤害罪的刑事责任，并要求对其从重处罚。

2. 请求依法判令被告人刘某某赔偿李某某医疗费1万元、营养费2000元、交通费300元，共计12000元。

事实和理由：

2019年1月1日19时许，在北京市，被告人刘某某开车过来找李某某，后被告人刘某某用木棒在李某某头部打了数下，把李某某打昏倒地。之后，李某某妻子发现将李某某送至医院抢救治疗，诊断为闭合性颅脑损伤、脑震荡、颅骨骨折、头皮血肿、头面部皮肤裂伤、下颌骨骨折、牙齿松动。经法医鉴定为轻伤。

李某某在医院住院治疗，花去医疗费10000元，在住院期间，有一个亲属在医院进行陪侍护理。住院30天，有经济收入的损失。

基于上述事实，被告人刘某某无视国家法律，胆大妄为，光天化日之下，行凶伤人，故意伤害李某某的身体，情节恶劣，危害严重，其行为已构成故意伤害罪，依法应当受到法律的严惩。由于被告人刘某某故意伤害犯罪行为给李某某造成的经济损失，依法应当承担赔偿责任。为此，具状起诉，请求依法公正判决，维护原告人的诉讼请求及合法权益。

此 致

某某县人民法院

起诉人 李某某

二〇一九年四月一日

附：

1. 原告人身份材料；
2. 被告人身份材料；
3. 证据材料。

（二）二审刑事案件材料检查

一审案件审结以后，在当事人提起上诉或者公诉机关提起抗诉后，需要向二审法院移送案卷材料。

二审法院接收一审法院移送的案卷材料包括：立案登记表、一审裁判文书、上诉书或抗诉书、上诉移送函、案卷材料、换押手续等。与一审刑事案件接收检查相同，书记员需要检查、接收的材料与上诉移送函中记载的材料是否一致。

新收二审案件的检查包括审核一审法院移送的一审案卷和上诉材料是否与上诉移送函一致。出现问题及时与案卷材料的接收部门沟通，拒绝接收或者要求一审法院补充材料。

【诉讼文书】

上诉移送函

裁判文书送达	是（） 否（）		
是否公告送达	是（） 否（）	公告期限	届满（） 未届满（）
文书粘贴	是（） 否（）		
是否超期移送	是（） 否（）	超期移送原因	
是否再次移送			
移送历史			
移送材料清单			
卷宗	一审卷宗	正卷	1册
		副卷	1册
	公安预审卷		58
	检察卷		
上诉移送函			1份
判决书			8份
上诉状			1份

任务二 案款、赃物的接收

案款、赃物的接收发生在公诉案件中有与案件相关的在案钱款或赃物需要随案移送法院的情况下。在案款、赃物接收过程中，书记员需要从内勤处接收案款单、赃物单并妥善保管。

  案款的移转接收以案款单的形式进行，当检察机关财务将案款转至法院账户后，由法院财务部门向刑事审判庭出具案款单以实现案款的移转。案款单是承办人处理案款的依据，也是向法院财务部门支出钱款的依据，故需要妥善保存。

  赃物的移转接收以赃证物单的形式进行，检察机关将涉案赃证物移送法院赃证物管理部门，赃证物管理部门向刑事审判庭出具赃证物单，赃证物管理部门负责保管赃证物。当承办法官因办案需要需向赃证物管理部门提取涉案赃证物时，凭赃证物清单向赃证物管理部门提取。

  在案钱款或赃证物的情况均会体现在起诉书后的附项中，在接收案件的过程中要重点关注是否有案款及赃证物。由于相关的手续的办理，案款、赃证物清单的接收往往滞后于案件的接收，与案件移送通常有一定的时间间隔。案款、赃证物的处理在后续案件处理结果中非常重要，故不能因时间间隔而忽略了此项工作，需要及时跟踪，随时关注，确保案件开庭审理与赃证物移送协同，避免因案款或赃证物的迟滞而影响案件审判进度。

【诉讼文书】

北京市××区人民法院案款收据

编号：11002××××　　　　　　　　××××年×月×日

缴款人		案号：		备注	
人民币（大写）					
¥					
提款人		提款理由		领导签字		提款日期	

案件承办人　　　　　　　　会计　　　　　　　　出纳

北京市××区人民法院赃、证物清单

位置：43—4　　　　　　　　　　　　　　　　　第　号

当事人姓名		案由		案号	2019京02刑初×号
编号	物品名称	数量	特征	结果	承办人	时间
1	公司文件	9份	纸质			
2	手机	1部	白色苹果牌			
3						
4						

任务三　案件信息登记

案件信息登记是书记员建立自己的收案登记本，对自己接收的案件进行自我管理登记。其目的在于更容易掌握自己接收的案件信息，把握工作进展，避免因案件数量多或者时间长导致工作疏忽。在书面信息登记中，应当包含：被告人姓名、案号、案由、收案日期、适用程序、公诉人、卷宗数量、是否有查封扣押冻结及到期时间、工作进展等情况。书面信息登记需要随着案件工作进展不断更新，当出现疑问时，书面信息登记也为理清思路提供依据。

【诉讼文书】

案　件　登　记　表

（一审刑事案件用）

案号	被告	案由	立案时间	适用程序	公诉人或自诉人	卷宗数量	开庭时间	结案时间	归档时间

案　件　登　记　表

（二审刑事案件用）

上诉人或抗诉机关	案号	立案时间	案由	上诉或抗诉理由	开庭时间	结案时间	归档时间

任务四 卷宗材料初步装订

保证卷宗材料的安全是案件办理过程中对书记员的基本要求。书记员应从接收案件开始就应做好卷宗材料的装订工作。在案件接收后，卷宗材料不断增加，所以在接收之初可以对卷宗材料进行初步整理。书记员应当按照立卷要求，订立案件正卷、副卷。起诉书或自诉状正本、法律手续等材料按照一定的顺序放正卷，起诉书或自诉状副本、审批表等放副卷。在后续的工作中，所有产生的卷宗材料必须及时入卷，避免丢失，保证安全。

【任务训练】

1. 书记员张丽接收新收的公诉案件时应当检查的必备材料有哪些？
2. 假如你是张丽，请自行制作案件收案登记表，将新收的两件案件登记在表上。

工作情境二　民事案件的检查、登记与初步装订

【情境描述】

李霞刚分到北京市第二中级人民法院民事审判第一庭成为一名书记员。有一天，内勤顾新武拿来两本案卷对她说："李霞，这是分给周旭东法官的两个案件，一个是一审案件，另一个是二审案件，你签收一下吧。"顾新武说完，一边将案卷递给李霞，一边递给李霞内勤案件登记簿让她签字。李霞接过案卷就在"收卷人"处签上了自己的姓名及收卷日期。

李霞拿着两本案卷找到法官周旭东并交给他。周旭东翻阅了一下卷宗后又交还给李霞，对李霞说："你排期开庭吧。"李霞接过卷宗，走回办公室，将案卷直接放入了卷柜。

【情境分析】

在上述工作情境中，李霞的做法是否正确？如果你是李霞，你会怎么做？

李霞的做法值得商榷。第一，在卷宗接收环节，收卷人李霞应当对新收卷宗材

料进行检查，齐全无误后才能签收。如果检查时发现卷宗材料缺失有误，则应当告知内勤顾新武需要补全或修正的材料，并将案卷退回。第二，李霞从周旭东处收回卷宗后，不应当直接将案卷放入卷柜，而应先行对案件进行登记。第三，新收案件登记完毕后，李霞还应当对卷宗材料进行初步装订。完成了以上三步骤后，李霞才能将案卷放入卷柜保存，并开展下一步的工作。

【工作任务】

任务一　案卷材料检查

一、一审案卷材料检查

（一）基本卷宗材料

一审民事案件在立案庭立案后流转至审判庭，由内勤经庭长签发或电脑自动分案后发给承办法官。一般情况下，此时的案卷材料主要包括：(1)立案审批表；(2)案件流程管理信息表；(3)民事起诉状或口头起诉笔录；(4)受理案件通知书；(5)预交诉讼费单据或缓、减、免交诉讼费手续；(6)应诉通知书；(7)证据清单及证据材料；(8)当事人身份证明材料；(9)诉讼代理材料；等等。其中，诉讼代理材料并非必备材料。

（二）卷宗材料检查

1. 立案审批表和案件流程管理信息表的检查

立案审批表是人民法院内部审批同意案件立案的表格型文件。案件流程管理信息表则是人民法院内部记录案件诉讼流程、用以提高案件审理效率的表格型文件。通常而言，立案审批表经批准同意可以表明案件经审查符合人民法院的立案条件，案件流程管理信息表可以证明案件目前所处阶段，两者均为新收案件不可缺少的材料。人民法院立案庭对所收到的案件按照法律规定进行审查后，对符合受理条件的案件，应当填写立案审批表和案件流程管理信息表。

审判庭书记员应当核对立案审批表和案件流程管理信息表中的案件基本信息，如案号、案由、收案时间、立案时间、当事人基本情况、承办法官姓名等。

【诉讼文书】

立案审批表（一审民事案件用）

案由	保证合同纠纷	收到诉状日期	2019年5月5日
当事人	原告：李双喜 被告：北京市红太阳酒业有限公司		
诉状内容摘要			
审查意见	建议立案 蒋超 2019年5月5日		
领导审批	同意立案 方伟达 2019年5月6日		
立案时间	2019年5月6日	案件编号	（2019）京02民初1200号
发出受理案件及缴款通知书或者发出不予受理裁定书的日期	2019年5月6日		

人民法院民事一审案件立案审查、审判流程管理信息表

婚姻家庭和继承	合同	权属及侵权	知识产权	海事海商
	√			

民事一审案件立案审查情况		案号：（2019）京02民初1200号	
案由：保证合同纠纷		收到诉状日期：2019年5月5日	
案件来源：新收（√）指定管辖（ ）其他法院转来（ ）发回重审（ ）		管辖依据：被告所在地（√）合同履行地（ ）协议管辖（ ）其他（ ）	
涉诉标的：6000万元	诉前财产保全（ ）诉讼保全（ ）证据保全（ ）先予执行（ ）		涉外（ ）
合同、权属及侵权纠纷种类	法人与法人之间（ ）法人与其他经济组织之间（ ）自然人为一方当事人（√）；生活、消费领域（ ）生产流通领域（ ）		
当事人基本情况			
诉讼地位	姓名或单位名称	自然人居住地、经常居住地或单位住所地	联系电话	邮政编码
原告	李双喜	浙江省杭州市上城区望江东路200号	13345791234	
被告	北京市红太阳酒业有限公司	北京市大兴区石佛营路41号	010-67891231	
审查人意见	建议立案	审查人：蒋超 审查日期：2019年5月5日		
审批人意见	同意立案	审批人：方伟达 审查日期：2019年5月6日		
对不予受理裁定上诉（ ）	收到上诉状日期： 年 月 日	二审裁定日期： 年 月 日	二审裁定结果：	
应收受理费	341800元	预交日期：2019年5月9日 预交受理费：341800元	减交（ ）缓交（ ）免交（ ）	减缓免交金额 元	实收受理费 341800元
司法救助对象	法人或组织	社会公共福利事业单位（ ）特困企业（ ）破产企业（ ）其他（ ）		
	自然人	残疾人（ ）生活困难接受国家救济的人（ ）因自然灾害或不可抗力造成生活困难的人（ ）孤寡老人（ ）未成年孤儿（ ）其他（ ）		
收案信息统计在2019年05月法综11（14、17、20、22）表、法综31表			备注：	
立案人：蒋超	承办人：周旭东		审判长或庭长：	

2. 民事起诉状的检查

（1）份数备齐。新收的一审民事案件应当具备民事起诉状正本一份，副本按照被告及第三人人数确定份数，同时注意在民事起诉状中注明"正本"、"副本"。例

如，李霞所签收的（2019）京02民初1200号案件仅有被告北京市红太阳酒业有限公司一人，故原告应当提供民事起诉状正本、副本各一份。

（2）格式规范。根据《中华人民共和国民事诉讼法》第一百二十四条的规定，民事起诉状应当记明下列事项：（一）原告的姓名、性别、年龄、民族、职业、工作单位、住所、联系方式，法人或者其他组织的名称、住所和法定代表人或者主要负责人的姓名、职务、联系方式；（二）被告的姓名、性别、工作单位、住所等信息，法人或者其他组织的名称、住所等信息；（三）诉讼请求和所根据的事实与理由；（四）证据和证据来源，证人姓名和住所。根据《最高人民法院关于适用〈中华人民共和国民事诉讼法〉的解释》第二百一十条的规定，原告在起诉状中有谩骂和人身攻击之辞的，应当告知其修改后提起诉讼。

（3）内容一致。民事起诉状的正本、副本的内容必须保持一致。若原告对民事起诉状正本进行修改的，则副本应当予以一并修改。

（4）式样标准。民事起诉状可以在A4规格大小的纸张上采用打印或手工书写方式完成，手写部分应当使用蓝黑色或黑色钢笔、水笔。民事起诉状的结尾处应由原告签名或盖章，此处不得采用打印方式。

（5）具状正当。具状人落款处的签名或盖章应当与自然人的行为能力、法人或其他组织的代表能力一一对应。原告是完全民事行为能力自然人的，应当由其本人签名；原告是无民事行为能力自然人或限制民事行为能力自然人的，应当由其法定代理人签名或盖章；原告是法人或其他组织的，应当加盖法人或其他组织印章，若印章被他人控制的，可由其法定代表人或负责人签名。

3.预交诉讼费单据或缓、减、免交诉讼费手续的检查

检查案卷材料中是否有原告交纳诉讼费用的单据凭证，核对交费金额与立案审批表、受理案件通知书等记载的金额是否一致。如果没有预交诉讼费单据的，按下列方式处理：

（1）既没有预交诉讼费单据，又没有缓、减、免交诉讼费申请手续的，应审查有无及时通知原告交纳诉讼费用。若及时通知的，则原告应自接到预交诉讼费用通知次日起7日内交纳，逾期不交的，按自动撤诉处理；若未通知的，则应立即向原告发送预交诉讼费用通知，告知其交纳诉讼费用及逾期不交纳的后果。

（2）虽没有预交诉讼费单据，但提交缓、减、免交诉讼费申请手续的，书记员应当及时向承办法官报告，由合议庭或人民法院规定的其他人员审查决定是否批准原告的缓、减、免交诉讼费申请。批准申请的，原告可以缓、减、免交诉讼费用；

若未获批准的或未批准所有申请诉讼费金额的，书记员应当及时通知原告预交相应诉讼费用，则原告应在接到通知次日起 7 日内交纳，逾期不交的，仍按自动撤诉处理。

4. 证据清单及证据材料的检查

当事人应当对其提交的证据材料逐一分类编号，对证据材料的来源、证明对象和内容作简要说明，签名盖章，注明提交日期，制作成证据清单。证据清单通常采用表格形式，但也可以采用其他形式列明相关内容。

人民法院审查原告提交的证据材料的名称和份数是否与其提交的证据清单中的名称、种类、来源和数量相一致。如有缺失的，应当在签收案件时向内勤说明情况，由内勤在证据清单中注明情况，之后及时与原告联系并限其在一定期限内补充提交。

证据材料的份数应当与民事起诉状份数相一致，也即正本一份，副本按照对方当事人人数确定份数，否则应当联系原告要求其补足。书记员对证据清单中列举的所有证据负有保管和出示的责任，在开庭审理前的阶段，尽量不要接收证据材料原件，以免丢失。

【诉讼文书】

证据清单

序号	证据名称	证据来源	证明对象和内容	原件	复印件	份数

提交人：　　　　　　　　　　　　　　　　收件人：
　　年　月　日　　　　　　　　　　　　　　年　月　日

5. 当事人身份材料的检查

根据《中华人民共和国民事诉讼法》第一百二十二条的规定，起诉必须符合下列条件：（一）原告是与本案有直接利害关系的公民、法人和其他组织；（二）有明确的被告；……因此，原告起诉时，应当提交当事人的身份材料以供人民法院审核。当事人是自然人的，应提交其本人的身份证复印件或户籍证明原件；当事人是法人或其他组织的，应当提交其营业执照复印件或其他证明文件（如事业单位机构组织代码证）的复印件，或经工商管理部门盖章确认的登记信息资料以及加盖公章的法定代表人或负责人的身份证明书。

接收复印件的，应注明"本件与原件核对无异"，并有收件人姓名和接收时间。在接收当事人身份材料时，应当尽量接收户籍证明或是经工商管理部门盖章确认的登记信息资料。若接收身份证或营业执照、机构组织代码证的复印件的，则需要注意该些证件的时效性，提醒承办法官可能存在的诉讼主体资格丧失的风险。

6. 诉讼代理材料的检查

诉讼代理材料并非新收案件的必备材料，当事人、法定代理人没有委托诉讼代理人而由其本人参加诉讼的，并不影响案件的审理。但若当事人、法定代理人需要委托诉讼代理人的，则根据《中华人民共和国民事诉讼法》第六十一条的规定，可以委托一至二人作为诉讼代理人。下列人员可以被委托为诉讼代理人：（一）律师、基层法律服务工作者；（二）当事人的近亲属或者工作人员；（三）当事人所在社区、单位以及有关社会团体推荐的公民。若当事人委托的诉讼代理人超过法定人数或不符合法定条件，应当及时通知当事人撤销或变更。

委托他人代为诉讼时必须向人民法院提交由委托人签名或者盖章的授权委托书。授权委托书必须记明委托事项和权限。诉讼代理人代为承认、放弃、变更诉讼请求，进行和解，提起反诉或者上诉，必须有委托人的特别授权。离婚案件的代理权限仅能为一般代理。适用简易程序审理的案件，双方当事人同时到庭并经行开庭审理的，可以当场口头委托诉讼代理人，由人民法院记入笔录。

除授权委托书外，（1）诉讼代理人为律师的，应当提交律师执业证及律师事务所证明材料（例如律师事务所公函）。（2）诉讼代理人为基层法律服务工作者的，应当提交法律服务工作者执业证、基层法律服务所出具的介绍信以及当事人一方位于本辖区内的证明材料。（3）诉讼代理人为当事人的近亲属的，应当提交受托人的身份证件和与委托人有近亲属关系的证明材料，近亲属关系证明一般指户口簿、出生证、结婚证、收养证明、公安机关证明、人事档案、生效裁判文书等证明效力较高的证据。当事人提交上述证据确有困难的，也可以提交居（村）委会证明等足以证实双方存在亲属关系的其他证据；人民法院认为必要时，可向当事人及其代理人释明提交虚假证据的法律后果，并要求其就双方亲属关系的真实性出具书面保证书。（4）诉讼代理人为当事人的工作人员的，应当提交受托人的身份证件和与当事人有合法劳动人事关系的证明材料。"当事人的工作人员"是指与当事人存在真实、持续劳动关系的职工。与当事人不存在劳动关系的法律顾问、与当事人签订仅以特定诉讼活动为工作内容的劳动合同的人员等，不能作为"当事人的工作人员"被委托为诉讼代理人。法人的工作人员可以被委托为其分支机构的诉讼代理人，分支机构的工作人员也可以被委托为其上级法人的诉讼代理人。当事人应当提交所委托工作人员的劳动合同、工作证、社保缴费记录、工资支付记录等书面材料。（5）诉讼代理人为当事人所在社区、单位推荐的公民的，应当提交受托人的身份证件、推荐材料和当事人属于该社区、单位的证明材料。（6）诉讼代理人为有关社会团体推荐的公民的，应当提交受托人身份证件和该社会团体符合《最高人民法院关于适用〈中华人民共和国民事诉讼法〉的解释》相关规定条件的证明材料，社会团体属于依法登记设立或者依法免予登记设立的非营利性法人组织；被代理人属于该社会团体的成员或者当事人一方住所地位于该社会团体的活动地域；代理事务属于该社会团体章程载明的业务范围；被推荐的公民是该社会团体的负责人或者与该社会团体有合法劳动人事关系的工作人员。专利代理人经中华全国专利代理人协会推荐可以在专利纠纷案件中担任诉讼代理人。相关社区、单位、社会团体出具的推荐材料应当载明所涉案件、当事人与推荐人的关系、被推荐人与当事人或者推荐人的关系、推荐理由等内容。上述诉讼代理材料除受托人的执业证或身份证件外，授权委托书及证明材料均应当提供原件。

上述对诉讼代理材料的检查要求，同样也适用于案件诉讼的其他阶段。

【诉讼文书】

授权委托书
（公民个人用）

××××人民法院：

你院受理　　　　　　与我　　　纠纷一案，依照法律规定，特委托×××（性别：　　年龄：　　工作单位：

职业：　　住址：　　　　　　）为我的诉讼代理人。

委托事项和权限如下：

1.

2.

3.

（特别授权的，须注明具体权限内容，如代为承认、放弃、变更诉讼请求，代为上诉等。）

委托人：

受委托人：

年　月　日

授权委托书
（法人单位及其他组织）

委托单位：

法定代表人（主要负责人）：

受委托人：

姓名：　　　，工作单位：

职务：　　　，电话：

姓名：　　　，工作单位：

职务：　　　，电话：

现委托上述受委托人在我单位与

纠纷一案中，作为我方诉讼代理人。

代理人　　　　的代理权限为：

代理人　　　　的代理权限为：

委托单位：

法定代表人（主要负责人）：

年　月　日

（法人或其他组织公章）

【业务文件】

北京市高级人民法院关于印发
《北京市高级人民法院关于民事诉讼代理人若干问题的解答（试行）》的通知

（2014年1月6日京高法发〔2014〕13号）

市第一、第二、第三中级人民法院，北京铁路运输中级法院；

各区、县人民法院，北京铁路运输法院；

市高级法院各部门：

现将北京市高级人民法院审判委员会2013年第31次会议讨论通过的《北京市高级人民法院关于民事诉讼代理人若干问题的解答（试行）》印发给你们，望认真贯彻执行。执行中若有问题，请及时向市高级法院对口业务部门报告。

北京市高级人民法院关于民事诉讼代理人若干问题的解答（试行）[1]

为正确理解与适用《民事诉讼法》第五十八条第二款的规定，促进执法尺度统一，现就有关民事诉讼代理人的若干问题做出如下解答，以供各院在审判工作中参考。

1. "近亲属"的范围应当如何界定？

"近亲属"是指配偶、直系血亲、三代以内旁系血亲、近姻亲以及其他具有扶养、赡养关系的亲属。前述"近姻亲"是指：（1）直系血亲的配偶；（2）两代以内旁系血亲的配偶；（3）配偶的直系血亲及其配偶；（4）配偶的两代以内旁系血亲及其配偶。

2. 亲属关系应当如何证明？

当事人一般应当提交户口簿、出生证、结婚证、收养证明、公安机关证明、人事档案、生效裁判文书等证明效力较高的证据。

当事人提交上述证据确有困难的，也可以提交居（村）委会证明等足以证实双方存在亲属关系的其他证据；法院认为必要时，可向当事人及其代理人释明提交虚假证据的法律后果，并要求其就双方亲属关系的真实性出具书面保证。

3. "工作人员"的范围应当如何界定？

"当事人的工作人员"是指与当事人存在真实、持续劳动关系（含人事、任用关系等，下同）的职工。

与当事人不存在劳动关系的法律顾问、与当事人签订仅以特定诉讼活动为工作内容的劳动合同的人员等，不能作为"当事人的工作人员"被委托为诉讼代理人。

法人的工作人员可以被委托为其分支机构的诉讼代理人，分支机构的工作人员也可以被委托为其上级法人的诉讼代理人。

4. 劳动关系应当如何证明？

当事人应当提交所委托工作人员的劳动合同、工作证、社保缴费记录、工资支付记录等书面材料。

5. "当事人所在社区"的范围应当如何界定？

"当事人所在社区"是指当事人住所地或者经常居住地的居（村）委会。

6. 法人或者其他组织的所在社区是否可以为其推荐诉讼代理人？

可以。

---

[1] 新的《民事诉讼法》已于2022年1月1日实施，但此"解答"还未修订，仍针对原《民事诉讼法》条款。特此说明。

7. 如何证明推荐人系"当事人所在单位"？

参照本解答第 4 条的规定办理。对于法律服务公司、法律咨询公司等出具的证明或者推荐信应当严格审查。

8. "有关社会团体"的范围应当如何界定？

依据《社会团体登记管理条例》登记设立或者依据该条例免于登记的非营利性组织，可以就与其职责或业务有关的案件推荐诉讼代理人。

9. 被推荐人员的范围应否限定？

不应限定。但是，如果法院查明或者对方当事人证明被推荐人与当事人存在有偿法律服务关系的，则不允许其作为代理人参加诉讼；法院还应将此情况通报推荐人。

中华全国专利代理人协会推荐的专利代理人不受"不得从事有偿法律服务"的限制。

10. 推荐信应当具备哪些内容？

相关社区、单位、社会团体出具的推荐信应当载明所涉案件、当事人与推荐人的关系、被推荐人与当事人或者推荐人的关系、推荐理由等内容。

11. 实习律师能否被委托为诉讼代理人？

为申请执业而依法参加实习活动的实习律师，可以持律师协会颁发的实习证、律师事务所证明及委托书，与执业律师共同担任诉讼代理人，但应遵守律师法及律师协会的相关规定，不得单独从事代理行为。

实习律师不得单独从事立案诉讼行为，但涉及补交立案诉讼材料、缴纳诉讼费用等事务性事项的除外。

12. 律师受依法登记的法律援助类民办非企业单位的指派，作为当事人的委托代理人参加诉讼，如何处理？

依照"有关社会团体推荐的公民"办理，应由依法登记的法律援助类民办非企业单位出具推荐信。

13. 诉讼代理人是否包括仅代为收取、递交诉讼材料的人？

仅代为收取、递交诉讼材料而不独立进行意思表示的人员，不属于严格意义上的诉讼代理人的范围，故无需具备《民事诉讼法》第五十八条第二款规定的条件，但递交立案材料的人员除外。

14. 法院发现当事人委托的诉讼代理人不符合法律规定时应如何处理？

法院在立案、送达起诉书等阶段应当向当事人详尽告知《民事诉讼法》第五十八条第二款的规定,在接受当事人的委托书时应当认真审核,尽量防止不合格的代理人参加诉讼。

发现代理人不符合法律规定时,应当及时以口头(记入笔录)或书面方式通知当事人本人,要求其更换代理人、补交证明材料或者亲自参加诉讼,并向其告知:拒不更换代理人或者补交证明材料的,则不允许该代理人参加诉讼;开庭时仍由该代理人单独到庭的,对原告(上诉)方按自动撤诉处理,对被告(被上诉)方进行缺席审理。

15. 不符合法律规定的代理人已经从事的诉讼行为的效力如何?

在委托系基于当事人真实意思表示的前提下,不能仅以违反《民事诉讼法》第五十八条第二款的规定为由否定已经发生的诉讼行为的效力。

16. 对委托代理人的资格有异议的,应当何时提出?

应当在法庭辩论终结前提出。

二、二审案卷材料检查

(一)基本卷宗材料

二审民事案件的案卷材料除与一审相似的立案审批表和案件流程管理信息表外,还主要包括:1. 上诉案件移送函;2. 一审案卷;3. 上诉状原件;4. 上诉状送达证明;5. 答辩状原件;6. 答辩状送达证明;7. 一审判决或裁定的法律文书文件;8. 补充证据;9. 诉讼代理材料;等等。其中答辩状原件及送达证明、补充证据、诉讼代理材料并非必备材料。

(二)卷宗材料检查

1. 上诉案件移送函及所附案卷材料的检查

(1)记载内容完整。二审案件中的上诉案件移送函,是一审法院告知上诉相关事项、移送一审卷宗和上诉材料的目录,作用类似于当事人提交的证据清单。上诉案件移送函应当记载上诉案件的基本情况,附列一审案卷、裁判文书等必要材料。同时,根据《民事诉讼法》第一百七十四的规定,一审法院收到上诉状,应当在五日内将上诉状副本送达对方当事人,对方当事人若在收到上诉状之日起十五日内提出答辩状的,人民法院应当在收到答辩状之日起五日内将副本送达上诉人。因此,上诉案件移送函所附列的材料中还应当包括上诉状及送达证明,答辩状及送达证明(若提交)等。

(2)附件材料齐备。民事第一审程序是第二审程序的前提和基础,第二审程序是第一审程序的继续和发展。因此，一审案卷既是二审活动的审查对象，又是开展二审活动的重要依据，必须仔细检查。书记员在接收二审案件时应当认真审查一审法院移送的卷宗数量是否与上诉案件移送函记载的内容相一致。书记员一旦接收二审案件，便承担起保管上诉案件移送函所载相关材料的重大责任，在二审法院将案卷退回一审法院前，一旦发生案卷丢失或损坏的情况，均由二审法院承担责任。因此，书记员若在接收案件时，发现案卷或其他材料较上诉案件移送函记载内容有缺失的，应当及时向内勤说明情况，由内勤将二审案件退回立案庭，由立案庭告知一审法院相关情况并要求其补足材料或修改上诉案件移送函后再予接收。

【诉讼文书】

北京市东城区人民法院
民事案件上诉案件函

（2019）京0101民初5789号

北京市第二中级人民法院：

　　本院2019年5月10日判决的（2019）京0101民初5789号李军诉北京传承贸易有限公司房屋租赁合同纠纷一案，因李军不服，提出上诉。我院已将该案的上诉状副本送达被上诉人北京传承贸易有限公司，被上诉人北京传承贸易有限公司在收到上诉状副本之日起十五日内提出答辩状，本院已将答辩状副本送达上诉人李军。

　　现将该案上诉状、答辩状以及全部案卷共计2卷，一并送上，请查收。

　　附件：1.上诉状及送达回证；2.答辩状及送达回证；3.（2019）京0101民初5789号案卷共2卷；4.一审民事判决书3份；5.证据。

二〇一九年六月一日

（院印）

2. 当事人主体资格的检查

　　根据《中华人民共和国民事诉讼法》的规定，当事人不服地方人民法院第一审判决或裁定的，有权向上一级人民法院提起上诉。基层人民法院和它派出的法庭审理事实清楚、权利义务关系明确、争议不大的、标的额为各省、自治区、直辖市上年度就业人员年平均工资百分之五十以下的简单的民事案件，以及适用特别程序审理的案件，实行一审终审。不予受理、对管辖权有异议的、驳回起诉的裁定可以上诉。因此，二审案件中，有权提起上诉的人应当是除小额诉讼和特别程序审理以外的一审民事判决或部分裁定的当事人。

同时，二审书记员还需要审查上诉人的其他主体资格是否符合条件。例如，有无案外人提起上诉的情况，有无不承担裁判所确定的实体义务的无独立请求权第三人提起上诉的情况，有无法定代表人或委托代理人以自己的名义提起上诉的情况，对于上述情况均不能作为上诉处理。

3. 上诉期限的检查

根据《中华人民共和国民事诉讼法》第一百七十一条的规定，当事人不服第一审判决的，有权在判决书送达之日起十五日内上诉；不服第一审裁定的，有权在裁定书送达之日起十日内上诉。在中华人民共和国领域内没有住所的当事人，有权在一审判决书、裁定书送达之日起三十日内提起上诉，不能在法定期间提起上诉申请延期的，是否准许由人民法院决定。法定上诉期限的起算以一审法律文书送达时相应送达证明上的送达时间为准，一审法律文书不能同时送达双方当事人的，上诉期从各自收到判决书、裁定书之日计算。对当事人超过法定上诉期限的上诉不予收案。

任务二　案件信息登记

书记员应在对新收案件核对与清点之后，根据案件的性质填写案件审理登记表。民事案件的基本信息登记包括：案号、案由、原告姓名或名称、被告姓名或名称、收案时间、承办法官或合议庭成员、适用程序等；表格中的开庭时间、结案时间、报结时间、结案方式、归档时间等内容可留待案件确定开庭时间或审结后补填。

书记员新收案件较多，若不及时进行案件信息登记，会产生遗忘案件或延误审理流程的风险。案件信息登记表有助于书记员全面掌握各个案件的审理进程，明确下一步工作任务。书记员在进行案件信息登记时，应当注意认真仔细填写，确保案件信息准确无误。

【诉讼文书】

案件审理登记表（一审民事案件用）

案号	案由	原告	被告	收案时间	承办法官	适用程序	开庭时间	结案时间	报结时间	结案方式	归档时间	备注

案件审理登记表（二审民事案件用）

案号	案由	上诉人	被上诉人	收案时间	合议庭	开庭时间	结案时间	报结时间	结案方式	归档时间	备注

任务三　卷宗材料初步装订

书记员在对新收案件进行登记后，还应当对卷宗材料进行初步装订，目的是防止卷宗材料在以后的审理过程中丢失或与其他卷宗材料混淆。此阶段形成的卷宗材料并非最终的全部卷宗，因此装订较为简便，仅需要将卷宗材料按照一定的时间顺序排列好，然后使用双脚钉或夹子将卷宗材料固定好即可。装订好的卷宗不需要编页、编目及加装卷皮，但仍应按照《诉讼文书归档办法》的规定，根据案卷材料的实际情况，确定是否需要分装正卷和副卷。

【任务训练】

1. 内勤顾新武交给书记员李霞一个分配给周旭东法官的新收一审案卷，请问李霞该怎么办？

2. 请将上文中书记员李霞接收的新收二审案件进行案件信息登记。

工作情境三 行政案件的检查、登记与初步装订

【情境描述】

徐坤在北京市第二中级人民法院行政审判庭李农法官审判团队中担任书记员。某天，内勤伊天将两份用燕尾夹夹好的案件材料及两张表格交给徐坤并对他说："这是分给你们审判团队的两个案件，包括一件一审案子和一件二审案子，你签收一下。"徐坤接过案件材料并在表格"签收人"处签字后交还伊天。

徐坤及时将两份案件材料交给李农法官，李农法官阅后将两份案件材料交还徐坤，并要求其安排下一步工作。徐坤接过案件材料并搁置在档案柜中。

【情境分析】

前述情境中，徐坤对伊天送来的案件材料不经检查就予以签收是否正确？对于法官交还的案件材料，徐坤立即搁置在档案柜中是否正确？

徐坤的做法显然是不正确的，属于未完成书记员应完成的任务、未尽到书记员应尽的职责。徐坤对伊天送来的案件材料，应当初步检查，对于法官交还的案件材料，应当登记并初步装订后，再放入档案柜妥善保存。

【工作任务】

任务一 案件材料检查

1.检查新收案件材料中是否有"两表"

《立案审批表》、《立案审查、审判流程管理信息表》是行政案卷的必备材料，"两表"标志着行政一审案件和行政二审案件符合法律规定的立案条件，也即符合进入审判程序的条件。对于内勤交转的案件材料，书记员应首先检查案件材料中是否包含"两表"。对于缺少"两表"的，书记员通过"智汇云"系统予以查看，[1]如系统中也无"两表"则应不予接收；如系统中有"两表"，对案件材料可以接收，自行打印"两表"并放入案卷中。

---

[1] "智汇云"是北京法院审判管理系统。

【诉讼文书】

立案审批表（一审行政案件）

案由	行政诉讼	收到诉状日期	2019年1月2日
当事人	原告：孙小丽 被告：中华人民共和国公安部 第三人：		
诉讼请求摘要	请求依法撤销被告对原告作出的《行政处罚决定书》		
审查意见	同意		
领导批示	同意		
立案时间	2019年1月2日	案件编号	（2019）京02行初1号
发出受理案件通知书或者作出不予受理裁定书的时间	2019年1月2日		
备注			

人民法院行政一审案件立案审查、审判流程管理信息表

行政一审案件立案审查情况			案号：（2019）京02行初1号	
案由：不服行政处罚决定		收到诉状日期：2019年1月2日	提起行政赔偿：	否
申请行政赔偿金额：	万元	经过行政复议：	集团诉讼：	共同诉讼：
保全方式：	证据保全：	先予执行：	案件涉及：	送达时间：
具体行政行为种类：行政处罚			立案日期：2019年1月2日	
当事人基本情况				
诉讼地位	姓名、单位或行政机关名称	居住地、经常居住地、单位住所地或行政机关住所地	联系电话	邮政编码
原告	孙小丽	北京市朝阳区水锥子社区	138×××2222	
被告	公安部	北京市东城区长安街14号		
被告				
审查人意见	同意		审查人：张庄	
			审查日期：2019年1月2日	
审批人意见	同意		审批人：王权	
			审批日期：2019年1月2日	
对不予受理裁定上诉：	收到上诉状日期：		二审裁定结果：	
	二审裁定日期：			

应收受理费：	预交受理费：	50元	实收受理费（元）：50
	交费日期：2019年1月2日		
司法救助对象			
		备注：	

立案人：张庄　　承办人：李农　　审判长或庭长：李农

立案审批表（二审行政案件）

案由	行政诉讼		
承办庭室	行政庭		
案号	(2019)京02行终2号		
立案时间	立案人		收案人
2019年5月1日	张凡		郑前
当事人	上诉人（原审原告）：崔鹏		
	被上诉人（原审被告）：北京市公安局西城分局		
	第三人（原审第三人）：		
案卷号	(2019)京0105行初2号		
诉讼费	应交金额（元）	已交金额（元）	尚欠金额（元）
	50	50	0
批缓诉讼费	时间	金额（元）	缓交批准人	截止时间
详细信息	移送函	上诉状	送达回证答辩状
	有	有	有
	收费四联（张）	收费二联（张）	其他材料
	有	有	有
退卷时间	2019年6月1日		

人民法院行政二审案件立案审查、审判流程管理信息表

行政二审案件立案审查情况			案号：	(2019)京02行终2号	
上诉案件类型：				提起行政赔偿：	
原审法院：	北京市西城区人民法院	原审案号：	(2019)京0102行初2号		
案由：	行政处罚决定		立案日期：2019年5月1日		
当事人上诉日期：	2019年4月1日	收到一审法院移送案卷日期：2019年5月1日		案件涉及：	
保全方式：	证据保全：	先予执行：	赔偿标的额：	0.000000万元	
当事人基本情况					
诉讼地位	姓名、单位或行政机关名称	居住地、经常居住地、单位住所地或行政机关住所地	联系电话		邮政编码
上诉人（原审原告）	崔鹏	北京市朝阳区水锥子社区	138×××2222		
被上诉人（原审被告）	北京市公安局西城分局	北京市西城区			
审查人意见	同意		审查人：张凡		
			审查日期：2019年5月1日		
审批人意见	同意		审批人：郑前		
			审批日期：2019年5月1日		
应收受理费：	50.00元	预收受理费：50元	实收受理费（元）		50
		交费日期：2019年4月1日			
司法救助对象					
			备注：		
立案人：张凡		承办人：李农		审判长或庭长：李农	

2．检查起诉状及副本、诉讼费用交纳凭证是否齐全

（1）当事人提起行政诉讼应当提交起诉状，[1]并按照被告人数提出副本。书写起诉状确有困难的，可以口头起诉，由人民法院记入笔录，出具注明日期的书面凭证。书记员应当审查起诉状是否符合要求，如具体的原告、明确的被告、具体的诉讼请求和事实根据，落款处是否有原告或代理人签名或盖章。起诉状副本数量是否与被告人数相符。对于无书面起诉状的，是否有符合前述规定的法院笔录。

---

[1] 起诉状模板参见最高人民法院行政审判庭编：《行政诉讼文书样式（试行）》，人民法院出版社2015年版，第274页。

（2）当事人除不交纳案件受理费的案件外，❶提起行政诉讼应当在规定期限内预交案件受理费，不交费又不提出缓交、减交、免交申请，或者提出申请未获批准的，按自动撤诉处理。书记员应当审查案件材料中是否有诉讼费用交纳凭证；对于没有交费凭证的，应检查当事人是否提交了缓交、减交或免交诉讼费的申请。如果没有申请，书记员应通知当事人交纳诉讼费，当事人在通知的规定期间内仍不交纳的，按自动撤诉处理；如果有申请，书记员应及时向合议庭提交。经合议庭批准的，该当事人可以缓交、减交或免交诉讼费；合议庭不予批准的，书记员应通知当事人交纳诉讼费，当事人在通知的规定期间内仍不交纳的，按自动撤诉处理。新收二审行政案件应检查当事人是否交纳了上诉费，参照一审案件相关程序予以处理。

3. 检查诉讼手续和证据材料是否完备

（1）当事人提起行政诉讼，应当提交身份证明材料；委托起诉的，应当提交委托手续材料。如当事人是自然人的，书记员应当审查身份证明复印件；当事人是法人或其他组织的，书记员应当审查加盖公章的营业执照或组织机构代码证复印件、法定代表人或主要负责人身份证明书；法人或其他组织被注销的，书记员应当审查注销登记的证明。当事人委托诉讼代理人，应当提交由委托人签名或者盖章的授权委托书。委托书应当载明委托事项和具体权限。书记员应当审查授权委托手续是否符合法律要求；委托代理人是律师的，应当检查是否提交授权委托书、律师证复印件、律师事务所所函；委托代理人是公民的，需要街道办事处、居民委员会等推荐，应当审查是否具有有效的推荐手续；委托代理人是为当事人工作人员的，还应当审查能够证明其为当事人工作人员身份的证据，包括缴纳社会保险记录凭证、领取工资凭证等。被告的委托代理人中，应当至少包含一名该单位工作人员，故书记员应当检查委托代理人的工作证复印件。

（2）对于当事人在起诉时提交的证据材料，书记员应当审查证据清单与证据材料，在数量和内容上是否一一对应。对于证据清单中列明而未提交的，书记员应当向移交案件人予以说明，由移交案件人在证据清单上予以注明，并及时与当事人联系要求其提交相应证据材料。

---

❶ 根据《诉讼费用交纳办法》第八条、第九条的规定，当事人不交纳受理费的行政案件包括：1. 行政赔偿案件；2. 裁定不予受理、驳回起诉、驳回上诉的案件；3. 对不予受理、驳回起诉和管辖权异议裁定不服，提起上诉的案件；4. 根据《行政诉讼法》规定的审判监督程序审理的案件，当事人不交纳案件受理费。但是下列情形除外：（1）当事人有新的证据，足以推翻原判决、裁定，向人民法院申请再审，人民法院经审查决定再审的案件；（2）当事人对人民法院第一审判决或者裁定未提出上诉，第一审判决、裁定或者调解书发生法律效力后又申请再审，人民法院经审查决定再审的案件。

4. 新收二审案件材料的审查

书记员对于新收二审案件材料的审查除参照一审程序要求审查上述事项外，还应当着重审查上诉移送函中所列明的材料与一审卷宗及上诉材料之间是否一一对应。上诉移送函中列明的材料名称及数量一般为：卷宗（正／副）及册数、有无提交答辩状的工作说明 1 份、二审诉讼费交纳收据 1 份、上诉状送达回证 1 份、上诉状 1 份、判决书或裁定书 1 份、法定代表人身份证明书 1 份、授权委托书 1 份。书记员予以签收，则证明上诉移送函中所列明材料齐备，对相应材料具有妥善保管的责任。若书记员发现上诉移送函列明材料不齐备，应当不予签收，待补充齐全后再予签收。

【诉讼文书】

北京市西城区人民法院
行政一审案件上诉移送函

(2019) 京 0102 行初 2 号

北京市第二中级人民法院：

我院审理的崔鹏不服北京市公安局西城分局行政处罚决定一案，已于 2019 年 4 月 1 日宣判。因崔鹏不服在法定期间提出上诉，我院已将该案上诉状副本送达对方，并未收到他的答辩状。现将该案上诉状连同全部案卷报送你院，请查收。（移送清单见附表）

承办人：　　　　联系电话：

移送人：　　　　联系电话：

二〇一九年四月三十日

（院印）

（此函连同附表一式两份，一份入卷使用、一份上诉移送使用）

附表 卷宗移送信息

裁判文书送达	是（ ）否（ ）		
是否公告送达	是（ ）否（ ）	公告期限	届满（ ）未届满（ ）
文书粘贴	是（ ）否（ ）		
是否超期移送	是（ ）否（ ）	超期移送原因	
是否再次移送	是（ ）否（ ）		
移送历史			
移送材料清单			
卷宗	一审卷宗	正卷	3 册
		副卷	1 册
	公安预审卷		
	检察卷		
不提交答辩状的工作说明			1 份
二审诉讼费用交纳收据			1 份
送达回证（上诉）			1 份
代理委托书			1 份
身份证明			1 份
判决书			1 份
上诉状			1 份

任务二　案件信息登记

1．书记员对新收一审案件的登记

对于新收案件，书记员应在法定期限内以法定方式完成送达、安排开庭等工作，这就要求书记员需要对新收案件进行登记，按照法律规定的期限、方式标明案件相应时间节点并设置提醒。司法程序繁复琐碎且关乎司法权威，最有效的避免错误的方式便是及时对案件进行登记，对诉讼节点了然于胸。特别是对初入法院工作的新手而言，养成案件登记习惯对建立良好工作模式具有重要意义。案件登记表的事项设置一般包括：案件案号、案由、立案日期、原告、被告、开庭时间、裁判方式、结案时间、是否上诉、归档时间等。

【诉讼文书】

案件登记表（一审行政案件用）

案号	案由	立案日期	原告	被告	开庭时间	裁判方式	结案时间	是否上诉	归档时间
（2019）京02行初1号	行政处罚	2019.1.2	孙小丽	中华人民共和国公安部	2019.3.1	判驳	2019.3.20	是	

2．书记员对新收二审案件的登记

书记员对于新收二审案件的登记应当参照一审案件的登记，在一审案件登记表的基础上添加二审案件所需登记事项，包括上诉时间等。

【诉讼文书】

案件登记表（二审行政案件用）

案号	案由	上诉日期	上诉人	被上诉人	开庭时间	裁判方式	结案时间	归档时间
(2019)京02行终2号	行政处罚	2019.5.1	崔鹏	西城公安分局		维持	2019.6.1	

任务三　卷宗材料初步装订

书记员具有妥善保管案件材料的义务。对于新收的案件材料，书记员应当在3个工作日内初步装订。由于随着诉讼程序的推进，会有新的诉讼材料产生，所以书记员进行初步装订时，不需要编写页码和永久装订材料。初步装订时，书记员应当将现有材料按照顺序排列并插入适宜的卷皮，打孔后用双脚钉固定。为保证审判机密安全，案件材料应当分册装订，对于涉及审判机密的案件材料装订到副卷，对于其他案件材料装订到正卷。书记员对于正卷和副卷应当区分保管。

【任务训练】

1. 检查伊天移转的案件材料是否完备。
2. 清点与核对随案移送的证据材料。
3. 拟定案件审理登记表,并对案件信息进行登记。
4. 对案件材料进行初步装订。

庭前工作实务二　庭前送达

工作情境一　刑事案件庭前送达

【情境描述】

张丽在接收到两个案件之后,准备给两个案件的被告人送达起诉书副本,在准备杨谦贩卖毒品一案的送达材料时,张丽准备了起诉书副本和送达起诉书副本笔录,准备带着这些材料前往看守所为在押的被告人杨谦送达起诉书副本。

【情境分析】

在给杨谦送达起诉书副本的过程中,张丽准备的材料是否齐全?

为在押的被告人送达起诉书副本之前,应当先在看守所办理变更羁押的手续,所以张丽在准备送达起诉书副本的材料时,应当同时准备变更羁押的手续即换押手续。

【工作任务】

任务一　办理强制措施手续、换押手续

1. 办理强制措施手续

刑事诉讼中的强制措施是指侦查机关、检察机关、审判机关在刑事诉讼活动中,为了保证诉讼活动的顺利进行,依法对犯罪嫌疑人、被告人和现行犯采取的限制或者

剥夺人身自由的各种强制方法。❶ 人民法院在庭前所办理的强制措施手续是为已经被侦查机关或者检察机关取保候审或者监视居住的被告人，或者人民法院经审查决定对自诉案件被告人办理取保候审、监视居住的强制措施，由法院对其采取取保候审或者监视居住的强制措施，以保证被告人在法院审判阶段不逃避审判并随传随到。

办理强制措施手续的流程为：联系未被羁押的被告人，约定时间，告知其应当提供保证人或者交纳保证金❷，被告人提供保证人的，二人均需携带身份证明材料及复印件，共同到法院办理强制措施手续。被告人及保证人来到法院后，向被告人及其保证人告知应遵守的规定及义务❸，由被告人签署取保候审决定书或者监视居住决定书、居住地保证书，由保证人签署保证书（保证人用）。交纳保证金❹的将保证金存入公安机关指定银行的专门账户后，被告人携带身份证明材料及复印件到法院签署手续。签署完手续后应将取保候审决定书一份送达被告人居住地的公安机关，由公安机关负责执行取保候审或者监视居住。

办理强制措施手续需要准备的材料：取保候审决定书或监视居住决定书、保证书（保证人用）、居住地保证书等材料。取保候审决定书或者监视居住决定书一般为三份，一份留卷归档，一份送交被告人，一份送达执行机关。保证书（保证人用）由取保候审被告人的保证人签字，承诺履行保证人责任。居住地保证书由被告人签署。

被告人被取保候审或监视居住的公诉案件中，立案发生在收案之后，即先收案再立案。其原因在于审判庭未对被告人办理强制措施手续，不能保证被告人到案并

---

❶ 参见刘万奇主编：《刑事诉讼法》，中国人民公安大学出版社2011年版，第90页。

❷ 《刑事诉讼法》第六十八条：人民法院、人民检察院和公安机关决定对犯罪嫌疑人、被告人取保候审，应当责令犯罪嫌疑人、被告人提出保证人或者交纳保证金。

❸ 《最高人民法院关于适用〈中华人民共和国刑事诉讼法〉的解释》第一百一十八条：人民法院应当审查保证人是否符合法定条件。符合条件的，应当告知其必须履行的义务，并由其出具保证书。
《刑事诉讼法》第七十条：保证人应当履行以下义务：（一）监督被保证人遵守本法第七十一条的规定；（二）发现被保证人可能发生或者已经发生违反本法第七十一条规定的行为的，应当及时向执行机关报告。被保证人有违反本法第七十一条规定的行为，保证人未履行保证义务的，对保证人处以罚款，构成犯罪的，依法追究刑事责任。第七十一条：被取保候审的犯罪嫌疑人、被告人应当遵守以下规定：（一）未经执行机关批准不得离开所居住的市、县；（二）住址、工作单位和联系方式发生变动的，在二十四小时以内向执行机关报告；（三）在传讯的时候及时到案；（四）不得以任何形式干扰证人作证；（五）不得毁灭、伪造证据或者串供。人民法院、人民检察院和公安机关可以根据案件情况，责令被取保候审的犯罪嫌疑人、被告人遵守以下一项或者多项规定：（一）不得进入特定的场所；（二）不得与特定的人员会见或者通信；（三）不得从事特定的活动；（四）将护照等出入境证件、驾驶证件交执行机关保存。被取保候审的犯罪嫌疑人、被告人违反前两款规定，已交纳保证金的，没收部分或者全部保证金，并且区别情形，责令犯罪嫌疑人、被告人具结悔过，重新交纳保证金、提出保证人，或者监视居住、予以逮捕。对违反取保候审规定，需要予以逮捕的，可以对犯罪嫌疑人、被告人先行拘留。

❹ 《刑事诉讼法》第七十二条：取保候审的决定机关应当综合考虑保证诉讼活动正常进行的需要，被取保候审人的社会危险性，案件的性质、情节，可能判处刑罚的轻重，被取保候审人的经济状况等情况，确定保证金的数额。

随传随到，必须在审判庭为其办理强制措施手续，保证其能到案的情况下才能立案。故书记员在接收完材料后应当先与被告人及其保证人[1]等取得联系，通知其办理强制措施手续，保证到案的情况下，为其办理取保候审或者监视居住手续后通知立案庭立案，进而案件分配到承办人名下的审判系统中。如果无法联系被告人或者经联系后不能按时到达法院办理相关强制措施手续，审判庭应当将案件退回立案庭。

【诉讼文书】

北京市第二中级人民法院
取保候审决定书

（2019）京02刑初×××号

根据《中华人民共和国刑事诉讼法》第六十七条第一款的规定，决定对本院正在审理的_____一案的被告人_____采取取保候审的强制措施。取保候审的期限为_____。在取保候审期间，被告人应当遵守以下规定：

（一）未经执行机关批准不得离开所居住的市、县；

（二）住址、工作单位和联系方式发生变动的，在二十四小时以内向执行机关报告；

（三）在传讯的时候及时到案；

（四）不得以任何形式干扰证人作证；

（五）不得毁灭、伪造证据或者串供。

人民法院、人民检察院和公安机关可以根据案件情况，责令被取保候审的犯罪嫌疑人、被告人遵守以下一项或者多项规定：

（一）不得进入特定的场所；

（二）不得与特定的人员会见或者通信；

（三）不得从事特定的活动；

（四）将护照等出入境证件、驾驶证件交执行机关保存。

如违反上述规定，依照《中华人民共和国刑事诉讼法》第六十九条第三款的规定处理。

本决定由_____公安局执行。

---

[1]《刑事诉讼法》第六十九条：保证人必须符合下列条件：（一）与本案无牵连；（二）有能力履行保证义务；（三）享有政治权利，人身自由未受到限制；（四）有固定的住处和收入。

本决定应当向取保候审的被告人宣布，并由被告人在决定书上签名。

年　月　日

（院　印）

向被告人宣布的时间：

年　月　日

被告人签名：

保　证　书
（取保候审的保证人用）

北京市××××人民法院：

　　我与被告人____是____关系。我愿作为被告人___取保候审的保证人，履行《中华人民共和国刑事诉讼法》第七十条第一款规定的以下义务：

　　（一）监督被保证人_____遵守刑事诉讼法第七十一条第一、二款的规定；

　　（二）发现被保证人_____可能发生或者已经发生违反刑事诉讼法第七十一条第一、二款规定的行为，及时向执行取保候审的公安机关报告。

保证人：

年　月　日

居住地保证书

北京市××××人民法院：

　　本人姓名_____，身份证号码_____，户籍地_____，现居住地_____，居住地房屋为本人或亲属（系本人的_____）购买或租赁，已连续居住_____。本人愿意向法庭提供居住地房屋买卖或租赁合同、房屋的产权证明、共同居住人的身份证明等文件。本人保证向法庭提供的户籍地、居住地情况属实，保证向法庭提供的相关文件真实；如果向法庭虚构户籍地、居住地情况，或者提供伪造、虚假的文件，愿意承担相应的法律责任。

保证人：

年　月　日

2. 办理换押手续

　　办理换押手续是对已经被羁押的被告人，由检察院羁押变更为法院羁押的程序。检察院在移送案件的时候会随案移送换押手续。换押手续中包含检察院留卷归档联、看守所留存两联、告知被告人联、看守所回执联共计五联。在办理换押手续前需要书记员将换押手续中的被告人身份信息、案由、羁押期限按照案件的具体情况填写清楚并交看守所，看守所换押之后在回执联中盖章，书记员附卷归档。

【诉讼文书】

北京市 ×× 区人民检察院
换押证

北京市 ×××× 法院：

犯罪嫌疑人（被告人）杨谦，性别男性，1990年1月1日出生，涉嫌贩卖毒品罪。该案因审查终结于2019年1月1日以起诉形式移送北京市 ×× 区人民法院。

接受机关收案时间：2019年__月__日，羁押期限至2019年__月__日。该案已办理完毕换押手续。

2019 年　月　日
（院　印）

任务二　送达材料、履行告知义务、制作送达笔录

庭前送达材料是向被告人、辩护人、被害人等送达起诉书副本、刑事附带民事诉状副本等材料。

1. 向被告人送达起诉书、刑事附带民事诉状

对于一审普通案件，起诉书应当在开庭十日前送达被告人。[1]对适用简易程序、速裁程序审理的案件则不受此限制。在送达之前需要书记员准备好需要的材料，包括起诉书副本、刑事附带民事诉状副本、送达笔录等材料。对被羁押的被告人因在送达起诉书副本之前需要在看守所办理换押手续，所以办理换押手续和送达材料可以一次完成。因此在准备送达材料的时候应一并准备换押手续。同理，对被取保候审或者监视居住的被告人应一并准备取保候审手续或者监视居住的手续。

在向被告人送达起诉书副本的过程中，需要向被告人告知相关的权利和讯问相关的问题。告知相关的权利包括告知被告人有使用本民族语言文字进行诉讼的权利；被告人除自己行使辩护权外，可以委托一至二人作为辩护人参加诉讼，被告人在押的，可以由其监护人、近亲属代为委托辩护人；被告人因经济困难或者其他原

---

[1] 《最高人民法院关于适用〈中华人民共和国刑事诉讼法〉的解释》第一百八十二条：开庭审理前，人民法院应当进行下列工作：（一）确定审判长及合议庭组成人员；（二）开庭十日前将起诉书副本送达被告人、辩护人……

因没有委托辩护人的，本人及其近亲属可以向法律援助机构提出申请。属于应当接受法律援助情形的被告人如未委托辩护人，法院将通知法律援助机构指派律师提供辩护，被告人有权获得值班律师帮助的权利；被告人有权申请排除非法证据的权利；被告人自愿如实供述自己的罪行，承认指控的犯罪事实，愿意接受处罚的，可以依法从宽处理，符合相关条件的，可以适用简易或速裁程序审理的权利。讯问被告人主要包括被告人对指控的事实和罪名是否有意见，是否认罪，对案件适用程序是否有意见，是否申请非法证据排除，是否委托辩护人，是否有检举揭发以及提供家属的联系方式。

向被告人送达刑事附带民事诉状需要对被告人制作送达刑事附带民事诉状笔录，告知其有委托诉讼代理人的权利。

对被告人所做的笔录均需被告人签字、捺手印。

【诉讼文书】

送达起诉书副本笔录
（公诉案件用）

时间：201__年__月__日__时__分

地点：××区看守所

送达人：法官、书记员　　　　　记录人：书记员

送达人核对被告人姓名、性别、出生年月日、民族、出生地、文化程度等情况：

被告人：__，男/女，__年__月__日出生，__族，__文化，出生地：_____

问：你何时被刑事拘留？何时被逮捕/取保候审的？

答：201__年__月__日被刑事拘留。201__年__月__日被逮捕/取保候审。

告知：北京市××区人民检察院指控你犯有_____罪向本院提起公诉，我院已经受理。根据《中华人民共和国刑事诉讼法》第一百八十七条的规定，现将北京市××区人民检察院京×检刑诉〔201 〕 号起诉书副本送达给你，并将相关诉讼事项告知给你（详见告知书）。

？你是否听清了？对起诉书中指控的犯罪事实是否有异议？

：听清了，对于指控事实没有异议；我认罪，收到起诉书副本及量刑建议。选择认罪认罚。

？是否聘请律师或委托家属聘请律师？

：请。

？是否有检举揭发？

：有。

？亲友电话：

签字 （指纹）

年　月　日

审判员：

书记员：

被告人权利告知书

根据《中华人民共和国刑事诉讼法》和《最高人民法院关于适用〈中华人民共和国刑事诉讼法〉的解释》的相关规定，向被告人送达起诉书副本的同时告知如下事项：

1.被告人有使用本民族语言文字进行诉讼的权利。

2.被告人除自己行使辩护权外，可以委托一至二人作为辩护人参加诉讼，被告人在押的，可以由其监护人、近亲属代为委托辩护人；被告人因经济困难或者其他原因没有委托辩护人的，本人及其近亲属可以向法律援助机构提出申请。属于应当接受法律援助情形的被告人如未委托辩护人，本院将通知法律援助机构指派律师提供辩护。被告人有权获得值班律师帮助。

3.被告人有权申请排除以非法提供方法收集的证据，但应当提供相关线索或材料，并于开庭审理前提出。

4.被告人自愿如实供述自己的罪行、承认指控的犯罪事实、愿意接受处罚的，可以依法从宽处理。符合相关条件的，可以适用简易或速裁程序审理。

被告人：已经了解告知内容。

签名：

年　月　日

送达刑事附带民事起诉书笔录

时间：201___年__月__日___时___分

地点：××看守所

送达人：法官、书记员　　　记录人：书记员

送达人核对被告人姓名、性别、出生年月日、民族、出生地等情况：

被告人___，性别___，____年__月__日出生，____族，____文化

户籍地：_____

问：附带民事诉讼被告人，本案附带民事诉讼原告人××向本院提起刑事附带民事诉讼，我院已经受理，现将原告人提交的刑事附带民事诉讼的起诉书送达给你。此案在法院审理期间，除你自己行使相关诉讼权利外，还可以委托诉讼代理人代为诉讼。

问：你听清了吗？

答：听清了。

问：今天向你送达刑事附带民事诉讼起诉书1份和证据材料。

答：收到刑事附带民事诉讼起诉书1份和证据材料。

问：是否委托诉讼代理人？

答：委托。

问：是否愿意赔偿？

答：愿意。

问：你还有什么要补充的？

答：有。

姓　名：　（指纹）

20　年　月　日

法　官：

书记员：

2.向辩护人及刑事附带民事诉讼原告人的诉讼代理人送达起诉书副本

在向被告人送达起诉书之后，确认被告人是否委托辩护人（委托辩护人手续后文详述），对有辩护人的，需要向辩护人送达起诉书副本。辩护人收到起诉书副本需要签署送达回证，以此证明辩护人已经收到起诉书副本。

在刑事附带民事诉讼当中，刑事附带民事诉讼的原告人可以委托诉讼代理人。在开庭前同样需要向刑事附带民事诉讼原告人的诉讼代理人送达起诉书副本并签署送达回证。

【诉讼文书】

北京市××区人民法院
送达回证

被告人		案由		卷号		201　京刑初　　号
送达单位						
送达地点						
送达文件	签发人	送达人	收到日期		收件人签名或盖章	不能送达的理由
			年　月　日　时			
			年　月　日　时			
			年　月　日　时			
			年　月　日　时			
			年　月　日　时			
			年　月　日　时			
备注						

注：（1）如收件人不在时，将文件交与他的成年家属、近邻、工作机关或收件人居住地的公安派出所或街道居民委员会、村委会代收。（2）如系代收，代收人应在收件人栏内签名或盖章并注明与收件人的关系。

【任务训练】

请三人一组，一人扮演被告人，另外二人扮演法官及书记员，进行送达刑事起诉状的现场模拟。

工作情境二　民事案件庭前送达

【情境描述】

一天，法官周旭东拿来一本案卷，对书记员李霞说："今天下午跟我一起去送达一下这个案件吧，你先看一下这个案卷材料。"李霞一边回答说"好的"，一边接过卷宗。李霞打开案卷,这是前一天她从内勤处签收的保证合同纠纷的一审案件,需要通知原告李双喜和被告北京市红太阳酒业有限公司开庭等相关事项。

如果你是李霞,你该怎么准备送达呢?

【情境分析】

庭前送达是案件进行后续审判流程的前提,但"送达难"却一直是困扰民事审判工作的一个难题。李霞应当仔细阅看卷宗,准备好给各当事人需要送达的材料,在此基础上结合各当事人的实际情况,分解送达步骤,确定相应送达方式,争取完成有效送达。合理利用好送达地址确认书送达完成后还应当在卷宗中留存有效的送达证明以备查。

【工作任务】

任务一 准备送达材料

一、准备送达给原告的材料

在庭前送达之前,人民法院已经对原告提交的起诉材料进行审查并予以立案,人民法院应当将已经立案以及排期开庭的情况告知原告,同时告知原告相关诉讼权利和义务。因此,在本阶段,人民法院应当送给原告的主要材料包括受理案件通知书、举证通知书、诉讼权利义务告知书、诉讼风险提示书、合议庭组成人员通知书、开庭传票、出庭通知书、答辩状副本等。

(一)受理案件通知书

决定立案后,立案机构应当在二日内将案件移送有关审判庭审理,并办理移交手续,注明移交日期。经审查决定受理或立案登记的日期为立案日期。对于经审查决定立案的案件,人民法院应当编立案号、确定案由,向原告发送受理案件通知书。

受理案件通知书中应告知原告其起诉已被人民法院受理的事实以及案号、案由等。人民法院应在受理案件通知书中告知原告在诉讼中所享有的权利和应尽的义务,但有时基于诉讼文书篇幅的限制,受理案件通知书中的权利、义务内容比较抽象，人民法院会以诉讼权利义务告知书的形式另行具体告知。人民法院还可以在受理案件通知书中通知原告预交案件受理费的具体金额、交款账号以及未如期足额交纳的法律后果，有时也可以以预交诉讼费用通知书的形式单独告知。

受理案件通知书是人民法院发送给原告的诉讼文书，应当在日期落款处加盖人民法院的印章。

【诉讼文书】

××××人民法院

受理案件通知书

（　）××××号

××××××：

你（或你单位）诉××××××一案的起诉状已收到。经审查，起诉符合法定受理条件，本院决定立案审理。并将有关事项通知如下：

一、在诉讼进程中，当事人必须依法行使诉讼权利，有权行使民事诉讼法第四十九条、第五十条、第五十一条等规定的诉讼权利，同时也必须遵守诉讼秩序，履行诉讼义务。

二、应在××××年××月××日前向本院审判庭递交法定代表人身份证明书和经年检的营业执照副本复印件。如需委托代理人代为诉讼，还须递交由法定代表人签名并加盖单位公章的授权委托书。授权委托书须记明委托事项和权限。

三、应在接到本通知书后七日内，向本院预交案件受理费××元。本院开户银行：××××，账号：××××。如未在法定期限内交纳诉讼费用的，审判庭查明后将裁定按撤诉处理。

××××年××月××日

（院印）

（二）举证通知书、诉讼权利义务告知书、诉讼风险提示书

民事诉讼当事人有平等的诉讼权利。人民法院审理民事案件应当保障和便利当事人行使诉讼权利。

1. 举证通知书

当事人对自己提出的诉讼请求所依据的事实或者反驳对方诉讼请求所依据的事实有责任提供证据加以证明，人民法院应当向当事人说明举证的要求及法律后果，促使当事人在合理期限内积极、全面、正确、诚实地完成举证。人民法院可以通过送达举证通知书来完成此项说明工作。

一般而言，举证通知书中应当载明举证责任的分配原则与要求、可以向人民法院申请调查取证的情形、人民法院根据案件情况指定的举证期限以及逾期提供证据的法律后果。举证期限可以由当事人协商一致，并经人民法院认可；也可以由人民法院指定举证期限，法院指定的举证期限不得少于三十日，自当事人收到受理案件通知书和应诉通知书的次日起计算。适用简易程序案件的举证期限由人民法院确定，也可以由当事人协商一致并经人民法院准许，但不得超过十五日。

收到限期举证通知书后，当事人应当在举证通知书中限定的举证期限内向法院提交证据材料，当事人在举证期限内不提交证据材料的，视为放弃举证权利。对于当事人逾期提交的证据材料，人民法院审理案件时可以不组织质证，但对方当事人同意质证的除外。当事人增加、变更诉讼请求或者提起反诉的，应当在举证期间届满前提出。当事人在举证期限内提交证据材料确有困难的，应当在举证期限内向人民法院申请延期举证，经人民法院准许，可以适当延长举证期限，在延长的举证期限内提交证据材料仍有困难的，可以再次提出延期申请，是否准许由人民法院决定。

2. 诉讼权利义务告知书

民事诉讼当事人有平等的诉讼权利。为保障民事经济纠纷案件当事人充分行使诉讼权利，自觉履行诉讼义务，人民法院应当向当事人告知其享有的具体诉讼权利和应承担的具体诉议义务。人民法院应当确保依法、公正、及时地审理民事案件，应当依法保障和便利当事人行使诉讼权利，对当事人在适用法律上一律平等。

3. 诉讼风险提示书

进一步方便人民群众诉讼，促进当事人依法行使诉讼权利、履行相应的诉讼义务，避免因行使权利或者履行义务不当而带来不利的裁判后果，充分保护当事人的合法权益，最高人民法院在总结各级人民法院诉讼风险提示经验、充分听取社会各界意见的基础上，制订了全国各级人民法院统一适用的《人民法院民事诉讼风险提示书》。

【诉讼文书】

××××人民法院
举证通知书

（　）××××号

××××××：

　　我院受理的原告____与被告____纠纷一案，你作为本案的原告（被告），依照《中华人民共和国民事诉讼法》第六十四条、第六十八条、第八十一条和最高人民法院《关于民事诉讼证据的若干规定》、北京市高级人民法院《关于办理各类案件有关证据问题的规定（试行）》之规定，负有对自己提出的主张提供证据证明的义务。应当在收到本通知书后于××××年××月××日前向本院提交证据。如无正当理由在规定的期限内未提交证据，视为放弃举证权利并承担举证不能的法律后果。

　　附：空白证据清单

××××年××月××日

（院印）

人民法院诉讼权利义务告知书

一、当事人的诉讼权利

1. 原告有向法院提起诉讼和放弃、变更诉讼请求的权利，有申请财产保全、证据保全的权利；

2. 被告针对原告的起诉，有应诉和答辩及提起反诉的权利；

3. 有委托诉讼代理人参加诉讼的权利；

4. 有使用本民族语言文字进行诉讼的权利；

5. 审判人员、书记员、翻译人员、鉴定人、勘验人有下列情形之一的，有申请回避的权利：

（1）是本案当事人或者当事人、诉讼代理人近亲属的；

（2）与本案有利害关系的；

（3）与本案当事人、诉讼代理人有其他关系，可能影响对案件公正审理的；

6. 有按规定申请延长举证期限或向法院申请调查、收集证据的权利；

7. 有进行辩论，请求调解、自行和解的权利；

8. 有查阅法庭笔录并要求补正的权利；

9.有在法定期限内提起上诉的权利;

10.有申请执行已经发生法律效力的判决、裁定、调解书的权利。

二、当事人的诉讼义务及责任

1.依法行使诉讼权利的义务;

2.按规定交纳诉讼费用的义务;

3.向法院提供准确的送达地址和联系方式的义务;

4.按规定期限向法院提供证据的义务;

5.按时到庭参加诉讼的义务;

6.服从法庭指挥,遵守诉讼秩序的义务;

7.履行已经发生法律效力的判决、裁定、调解书的义务。

对于不履行诉讼义务妨害民事诉讼的行为,根据情节轻重,人民法院可以分别采取训诫、罚款、拘留等强制措施;构成犯罪的,依法追究刑事责任。

三、根据《最高人民法院关于人民法院在互联网公布裁判文书的规定》,本院作出的生效裁判文书将在中国裁判文书网上公布。如果认为案件涉及个人隐私或商业秘密,申请对裁判文书中的有关内容进行技术处理或者申请不予公布的,至迟应在裁判文书送达之日起三日内以书面形式提出并说明具体理由。经本院审查认为理由正当的,可以在公布裁判文书时隐去相关内容或不予公布。

人民法院民事诉讼风险提示书

为方便人民群众诉讼,帮助当事人避免常见的诉讼风险,减少不必要的损失,根据《中华人民共和国民法通则》、《中华人民共和国民事诉讼法》以及最高人民法院《关于民事诉讼证据的若干规定》等法律和司法解释的规定,现将常见的民事诉讼风险提示如下:

一、起诉不符合条件

当事人起诉不符合法律规定条件的,人民法院不会受理,即使受理也会驳回起诉。当事人起诉不符合管辖规定的,案件将会被移送到有权管辖的人民法院审理。

二、诉讼请求不适当

当事人提出的诉讼请求应明确、具体、完整,对未提出的诉讼请求,人民法院不会审理。

当事人提出的诉讼请求要适当,不要随意扩大诉讼请求范围;无根据的诉讼请求,除得不到人民法院支持外,当事人还要负担相应的诉讼费用。

三、逾期改变诉讼请求

当事人增加、变更诉讼请求或者提出反诉，超过人民法院许可或者指定期限的，可能不被审理。

四、超过诉讼时效

当事人请求人民法院保护民事权利的期间一般为三年。原告向人民法院起诉后，被告提出原告的起诉已超过法律保护期间的，如果原告没有对超过法律保护期间的事实提供证据证明，其诉讼请求不会得到人民法院的支持。

五、授权不明

当事人委托诉讼代理人代为承认、放弃、变更诉讼请求，进行和解，提起反诉或者上诉等事项的，应在授权委托书中特别注明。没有在授权委托书中明确、具体记明特别授权事项的，诉讼代理人就上述特别授权事项发表的意见不具有法律效力。

六、不按时交纳诉讼费用

当事人起诉或者上诉，不按时预交诉讼费用，或者提出缓交、减交、免交诉讼费用申请未获批准仍不交纳诉讼费用的，人民法院将会裁定按自动撤回起诉、上诉处理。

当事人提出反诉，不按规定预交相应的案件受理费的，人民法院将不会审理。

七、申请财产保全不符合规定

当事人申请财产保全，应当按规定交纳保全费用而没有交纳的，人民法院不会对申请保全的财产采取保全措施。

当事人提出财产保全申请，未按人民法院要求提供相应财产担保的，人民法院将依法驳回其申请。

申请人申请财产保全有错误的，将要赔偿被申请人因财产保全所受到的损失。

八、不提供或者不充分提供证据

除法律和司法解释规定不需要提供证据证明外，当事人提出诉讼请求或者反驳对方的诉讼请求，应提供证据证明。不能提供相应的证据或者提供的证据证明不了有关事实的，可能面临不利的裁判后果。

九、超过举证时限提供证据

当事人向人民法院提交的证据，应当在当事人协商一致并经人民法院认可或者人民法院指定的期限内完成。超过上述期限提交的，人民法院可能视其放弃了举证的权利，但属于法律和司法解释规定的新的证据除外。

十、不提供原始证据

当事人向人民法院提供证据，应当提供原件或者原物，特殊情况下也可以提供经人民法院核对无异的复制件或者复制品。提供的证据不符合上述条件的，可能影响证据的证明力，甚至可能不被采信。

十一、证人不出庭作证

除属于法律和司法解释规定的证人确有困难不能出庭的特殊情况外，当事人提供证人证言的，证人应当出庭作证并接受质询。如果证人不出庭作证，可能影响该证人证言的证据效力，甚至不被采信。

十二、不按规定申请审计、评估、鉴定

当事人申请审计、评估、鉴定，未在人民法院指定期限内提出申请或者不预交审计、评估、鉴定费用，或者不提供相关材料，致使争议的事实无法通过审计、评估、鉴定结论予以认定的，可能对申请人产生不利的裁判后果。

十三、不按时出庭或者中途退出法庭

原告经传票传唤，无正当理由拒不到庭，或者未经法庭许可中途退出法庭的，人民法院将按自动撤回起诉处理；被告反诉的，人民法院将对反诉的内容缺席审判。

被告经传票传唤，无正当理由拒不到庭，或者未经法庭许可中途退出法庭的，人民法院将缺席判决。

十四、不准确提供送达地址

适用简易程序审理的案件，人民法院按照当事人自己提供的送达地址送达诉讼文书时，因当事人提供的己方送达地址不准确，或者送达地址变更未及时告知人民法院，致使人民法院无法送达，造成诉讼文书被退回的，诉讼文书也视为送达。

十五、超过期限申请强制执行

向人民法院申请强制执行的期限，双方或者一方当事人是公民的为一年，双方是法人或者其他组织的为六个月。期限自生效法律文书确定的履行义务期限届满之日起算。超过上述期限申请的，人民法院不予受理。

十六、无财产或者无足够财产可供执行

被执行人没有财产或者没有足够财产履行生效法律文书确定义务的，人民法院可能对未履行的部分裁定中止执行，申请执行人的财产权益将可能暂时无法实现或者不能完全实现。

十七、不履行生效法律文书确定义务

被执行人未按生效法律文书指定期间履行给付金钱义务的，将要支付迟延履行期间的双倍债务利息。

被执行人未按生效法律文书指定期间履行其他义务的，将要支付迟延履行金。

（三）合议庭组成人员通知书

合议庭是人民法院的基本审判组织。合议庭全体成员平等参与案件的审理、评议和裁判，依法履行审判职责。人民法院审理第一审民事案件（适用普通程序）及审理第二审民事案件，由审判员、人民陪审员共同组成合议庭或者由审判员组成合议庭。合议庭的成员人数必须是三名及以上的单数。合议庭的成员通常不是固定不变的，而是临时组成的。合议庭的审判长由院长或者庭长指定审判员一人担任；院长或者庭长参加审判的，由院长或者庭长担任。

案件适用普通程序审理的，合议庭组成人员确定后，应当在三日内告知当事人，以便当事人行使申请回避的权利。法律并未明确规定合议庭组成人员的确定时间，一般情况下，新立案的案件需要适用普通程序审理的，或者是简易程序转为普通程序审理的，应该马上确定合议庭组成人员。

合议庭组成人员确定后，除因回避或者其他特殊情况而不能继续参加案件审理的之外，不得在案件审理过程中更换。更换合议庭成员应当报请院长或者庭长决定。合议庭成员的更换情况应当及时通知诉讼当事人。参照合议庭组成人员通知的规定，合议庭更换人员确定后也应当在三日内告知当事人。

【诉讼文书】

××××人民法院
合议庭组成人员通知书

（　　　）××××号

×××：

本院受理……（写明当事人及案由）一案，决定由×××担任审判长，与审判员/代理审判员/人民陪审员×××、审判员/代理审判员/人民陪审员×××组成合议庭进行审理，由×××担任本案的书记员。

特此通知。

××××年××月××日

（院印）

××××人民法院
变更合议庭组成人员通知书

（　　　　）××××号

×××：

本院受理的原告（或上诉人）×××与被告（或被上诉人）×××……（写明当事人姓名或名称和案由）一案，因……（写明变更理由），需变更本案合议庭组成人员，决定由×××担任审判长，与审判员×××、×××组成合议庭（同时明确主审人员）进行审理，×××担任书记员。

特此通知。

××××年××月××日

（院印）

（四）开庭传票、出庭通知书

1. 开庭传票

传票是人民法院特定程序及诉讼开始时依法签发的书面通知，要求被传唤人按指定的时间，到指定的地点出庭参加诉讼活动或进行其他诉讼行为的书面文件。民事诉讼中有开庭传票、宣判传票等。开庭传票即为人民法院依法签发的传唤当事人参加庭审活动的书面通知。传票的适用对象仅为当事人，其他诉讼参与人及旁听人员不得使用传票传唤。

人民法院按照普通程序审理民事案件，应当在开庭三日前通知当事人。原告经传票传唤，无正当理由拒不到庭的，可以按撤诉处理；被告反诉的，可以缺席判决。被告经传票传唤，无正当理由拒不到庭的，可以缺席判决。

基层人民法院和它派出的法庭审理简单的民事案件，可以用简便方式传唤当事人。以简便方式送达的开庭通知，未经当事人确认或者没有其他证据证明当事人已经收到的，人民法院不得缺席判决。

开庭传票必须要按照法定的程序和方式进行才会产生相应的法律效力。第一，开庭传票的签发必须合法有效。开庭传票应当记载正确的开庭时间、开庭地点、传唤对象及传唤事由，有签发人并盖有人民法院的印章。第二，开庭传票的送达必须合法有效。首先，送达方式要合法；其次，送达签收人要有效；最后，送达日期要合法，至迟要在开庭三日前送达给当事人，也即当事人在收到开庭传票之日起三日后开庭才是合法的，这主要是为了保证当事人有充分的准备时间。如果开庭传票未按上述要求合法有效送达，则即使当事人无正当理由拒不到庭的，也不能产生按撤诉处理或缺席判决的法律后果。

开庭传票应当一式两份,一份送达给当事人,另一份留在卷宗中备案。一方面便于书记员自己核对发送的开庭传票是否存在错误,另一方面也对送达开庭传票的工作起到一定的证明作用。书记员在发送开庭传票时,应当同时将开庭时间、地点及时输入在审判管理信息系统中,以便在后续工作中掌握开庭时间,合理调配任务。

2. 出庭通知书

若案件审理中需要诉讼代理人、证人、鉴定人、勘验人或翻译人员到庭的,应当以出庭通知书的形式通知上述人员到庭参加诉讼。出庭通知书的发送对象为除当事人以外的其他诉讼参与人,其他使用方法与开庭传票类似。

【诉讼文书】

××××人民法院
传　票

案号	
被传唤人	
工作单位或地址	
传唤事由	
应到时间	
应到处所	

注意事项:
1. 被传唤人须提前十分钟到达本院;
2. 本票由被传唤人携带来院报到;
3. 被传唤人收到传票后,应在送达回证上签名或盖章。
4. 本院地址及电话:

审判员 ×××
书记员 ×××
××××年××月××日
（院印）

××××人民法院
出庭通知书

（　　　　）××××号

×××：

　　本院受理_____诉_____

（案由）一案，定于_____年___月___日____时____分在本院第___法庭开庭审理，通知你作为本案的_____（写明法律地位）准时出庭。

××××年××月××日

（院印）

（五）答辩状副本

民事一审案件中的答辩状是指被告在法定期限内根据事实和法律对原告的起诉进行回答和辩驳的文书。答辩是被告的一项非常重要的诉讼权利。被告应当在收到起诉状副本之日起十五内提出答辩状。被告在中华人民共和国领域内没有住所的，应当在收到起诉状副本后三十日内提出答辩状。申请延期答辩的，是否准许，由人民法院决定。

答辩状应当记明被告或反诉被告的姓名、性别、年龄、民族、职业、工作单位、住所、联系方式；法人或者其他组织的名称、住所和法定代表人或者主要负责人的姓名、职务、联系方式。答辩时已经委托诉讼代理人的，应当写明委托诉讼代理人基本信息。被告应当提交答辩状正本一份，按照对方当事人人数提交副本。被告不提出答辩状的，不影响人民法院审理。

被告可以通过庭审口头答辩的方式行使答辩权利，因此书面的答辩状并不一定在每个案件中都会出现。即使有答辩状，也是在被告收到起诉状副本之后提交给人民法院的，因此答辩状副本虽需要送达给原告或反诉原告，但不是与受理通知书等一起送达，而是需要第二轮送达。根据民事诉讼法的规定，人民法院应当在收到答辩状之日起五日内将答辩状副本发送原告。如果被告随答辩状一并提供证据材料的，可以一并发送。

二、准备送达给被告的材料

民事诉讼当事人有平等的诉讼权利。人民法院审查立案后，会将已经立案、排期开庭以及相关诉讼权利义务告知原告，并应当将以上情况同样告知被告，以便被告应诉答辩。因此，在本阶段，人民法院送给被告的主要材料，举证通知书、诉讼权利义务告知书、诉讼风险提示书、合议庭组成人员通知书、开庭传票、出庭通知书、送达地址确认书等材料与送达给原告的材料一致，不再赘述。人民法院需要专门送达给被告的材料有：应诉通知书、起诉状副本以及证据材料副本，等等。

应诉通知书是一审法院受理民事案件后，通知被告应诉的书面文件。应诉通知书应载明案件的立案时间、案由、被告的答辩权及答辩期、应提交的答辩状份数、被告委托代理人的权利及有关手续。人民法院对决定受理的案件，应当在应诉通知书中向被告告知有关的诉讼权利义务。

【诉讼文书】

××××人民法院
应诉通知书

（　　　）××××号

×××：

……（写明当事人及案由）一案，本院于××××年××月××日立案。现将应诉的有关事项通知如下：

一、在诉讼过程中，当事人必须依法行使诉讼权利，有权行使《中华人民共和国民事诉讼法》第四十九条、第五十条、第五十一条等规定的诉讼权利，同时也必须遵守诉讼秩序，履行诉讼义务。

二、在收到起诉状/答辩状/申请书副本后十五/三十日内向本院提交答辩状，并按对方当事人的人数提出副本。

三、自然人应当提交身份证或者通行证、护照复印件；法人或者其他组织应当提交营业执照或者事业单位法人代码证复印件、法定代表人或者主要负责人身份证明书。

四、当事人、法定代理人可以委托一至二人作为诉讼代理人。

委托他人代为诉讼，必须向人民法院提交由委托人签名或者盖章的授权委托书。授权委托书必须记明委托事项和权限。诉讼代理人代为承认、放弃、变更诉讼请求，进行和解，提起反诉或者上诉，必须有委托人的特别授权。

侨居在国外的中华人民共和国公民从国外寄交或者托交的授权委托书，必须经中华人民共和国驻该国的使领馆证明；没有使领馆的，由与中华人民共和国有外交关系的第三国驻该国的使领馆证明，再转由中华人民共和国驻该第三国使领馆证明，或者由当地的爱国华侨团体证明。

五、根据《最高人民法院关于人民法院在互联网公布裁判文书的规定》，本院作出的生效裁判文书将在中国裁判文书网上公布。如果你认为案件涉及个人隐私或商业秘密，申请对裁判文书中的有关内容进行技术处理或者申请不予公布的，至迟应在裁判文书送达之日起三日内以书面形式提出并说明具体理由。经本院审查认为理由正当的，可以在公布裁判文书时隐去相关内容或不予公布。

联系人：……（写明姓名、部门、职务）

联系电话：……

联系地址：……

特此通知。

×××× 年 ×× 月 ×× 日

（院印）

任务二　确定送达方式

根据《中华人民共和国民事诉讼法》第八十八条至九十五条的规定，送达的方式主要有：直接送达、留置送达、电子送达、委托送达、邮寄送达、转交送达和公告送达。送达应当在遵循法定程序的基础上，根据不同案件的特点及具体情况，按照优先次序从上述送达方式中选择合理、简捷、便利的方式，实施有效送达。

1. 直接送达

直接送达是指人民法院指派专人直接将诉讼文书或者其他法律文件直接交给受送达人的送达方式。直接送达是人民法院送达诉讼文书的基本原则，凡是能够直接送达的，原则上应优先适用。

根据《中华人民共和国民事诉讼法》第八十八条及《最高人民法院关于适用〈中华人民共和国民事诉讼法〉的解释》第一百三十一条的规定，人民法院选择直接送达的，可以采用三种形式实施：（1）在当事人住所地向当事人直接送达诉讼文书，此为直接送达最基本的形式。（2）通知当事人到人民法院领取诉讼文书。实践中，一般是电话通知当事人在指定时间前来人民法院领取，此种方式需要当事人的配合。人民法院可在诉讼服务中心设置专门的送达窗口发送材料。（3）在当事人住所地以外向当事人直接送达诉讼文书。此种送达方式又被称为偶遇的送达。

《中华人民共和国民事诉讼法》未对直接送达时送达人的人数作出具体规定，

实践中一般参照"行政机关在调查或者进行检查时，执法人员不得少于两人"的规定，由一名审判员或法官助理、一名书记员完成送达。

2. 留置送达

留置送达是指受送达人没有正当理由拒收诉讼文书时，送达人依法将诉讼文书放置在受送达人处并视为已经送达的送达方式。

因留置送达通常由直接送达转化而来，所以留置送达也有以下三种形式：

（1）在当事人住所地向当事人直接送达诉讼文书时，受送达人或者他的同住成年家属拒绝接收诉讼文书的，送达人可以邀请有关基层组织或者所在单位的代表到场说明情况，在送达回证上记明拒收事由和日期，由送达人、见证人签名或者盖章，把诉讼文书留在受送达人的住所；这里的代表可以是受送达人住所地的居民委员会、村民委员会的工作人员以及受送达人所在单位的工作人员。也可以把诉讼文书留在受送达人的住所，并采用拍照、录像等方式记录送达过程，即视为送达。审判实践中，有关基层组织或者所在单位的代表在个别情况下可能囿于各种原因，不愿意到场或到场后不愿意见证，则送达人可采取拍照、录像等方式完成见证。

（2）通知当事人到人民法院领取诉讼文书，当事人到达人民法院后，拒绝签署送达回证的，视为送达。审判人员、书记员应当在送达回证上注明送达情况并签名。实践中，当事人到达人民法院后拒收诉讼文书的现象时有发生，一般可以认为当事人到达人民法院领取诉讼文书时其身份已经确认，无须通过其他方式见证，故送达人只需要将送达情况记录在案即可。

（3）在当事人住所地以外向当事人直接送达诉讼文书时，当事人拒绝签署送达回证的，采用拍照、录像等方式记录送达过程即视为送达。审判人员、书记员应当在送达回证上注明送达情况并签名。此时，送达人需要在确认当事人身份后才能实施留置送达。在《最高人民法院关于适用〈中华人民共和国民事诉讼法〉的解释》中规定了此种留置送达方式是为了增加送达的有效性，提升送达效率，节约司法资源。

留置送达过程中需要注意的问题：

第一，留置送达只能在直接送达过程中当事人无正当理由拒收诉讼文书时才可以适用。无法确定当事人身份的、无法确定当事人是否在场的、当事人非因拒收原因无法在送达回证上签字的，都不能适用留置送达。

第二，直接送达过程中，遇到当事人无正当理由拒收的，还是应当先通过宣传法律、解释送达作用和效果、讲明拒收诉讼文书的后果等途径，尽量说服当事人签收诉讼文书。

第三，调解书应当直接送达当事人本人，不适用留置送达。但是，根据《最高人民法院关于人民法院民事调解工作若干问题的规定》第十三条规定："当事人各方同意在调解协议上签名或者盖章后生效，经人民法院审查确认后，应当记入笔录或者将协议附卷，并由当事人、审判人员、书记员签名或者盖章后即具有法律效力。当事人请求制作调解书的，人民法院应当制作调解书送交当事人。当事人拒收调解书的，不影响调解协议的效力。一方不履行调解协议的，另一方可以持调解书向人民法院申请执行。"《最高人民法院关于适用简易程序审理民事案件的若干规定》第十五条也作出类似规定。此类调解书在送达前已经生效，当事人拒绝签收的，不影响调解协议的效力。因此，民事调解书在送达前可以分为已生效的民事调解书和未生效的民事调解书两种。对于未生效的民事调解书，不适用留置送达；对于已生效的民事调解书，可以适用留置送达。

3. 电子送达

电子送达是指送达人采用传真、电子邮件、移动通信等即时收悉的特定系统作为送达媒介的送达方式，是《中华人民共和国民事诉讼法》新增的一种送达方式，是关于送达制度的一项崭新尝试。电子送达的目的在于方便当事人接收诉讼文书信息，方便法院及时完成送达，降低送达成本，缓解人民法院案多人少矛盾，提高工作效率。

最高人民法院《民事诉讼程序繁简分流改革试点实施办法》及《人民法院在线诉讼规则》都对电子送达作了进一步的规定，并在一定程度上拓展了电子送达的适用范围。

电子送达过程中需要注意的问题：

第一，电子送达的适用前提。电子送达必须经过当事人同意。根据《人民法院在线诉讼规则》的规定，具备下列情形之一的，人民法院可以确定受送达人同意电子送达：（一）受送达人明确表示同意的；（二）受送达人在诉讼前对适用电子送达已作出约定或者承诺的；（三）受送达人在提交的起诉状、上诉状、申请书、答辩状中主动提供用于接收送达的电子地址的；（四）受送达人通过回复收悉、参加诉讼等方式接受已经完成的电子送达，并且未明确表示不同意电子送达的。人民法院可以通过电话确认、诉讼平台在线确认、线下发送电子送达确认书等方式，确认受送达人是否同意电子送达，以及受送达人接收电子送达的具体方式和地址，并告知电子送达的适用范围、效力、送达地址变更方式以及其他需告知的送达事项。

第二，电子送达的具体媒介。《民事诉讼程序繁简分流改革试点实施办法》规定，试点人民法院可以通过中国审判流程信息公开网、全国统一送达平台、传真、电子邮件、即时通讯账号等电子方式送达诉讼文书和当事人提交的证据材料。《人民法院在线诉讼规则》根据实际情况，规定人民法院可以通过送达平台，向受送达人的电子邮箱、即时通信账号、诉讼平台专用账号等电子地址，按照法律和司法解释的相关规定送达诉讼文书和证据材料。人民法院适用电子送达，可以同步通过短信、即时通信工具、诉讼平台提示等方式，通知受送达人查阅、接收、下载相关送达材料。

第三，电子送达的适用范围。根据民事诉讼法的规定，电子送达的对象为诉讼文书通过电子方式送达的判决书、裁定书、调解书，当事人提出需要纸质裁判文书的，人民法院应当提供。

4. 委托送达

委托送达是指人民法院对不在本法院辖区居住的当事人和其他诉讼参与人直接送达诉讼文书有困难的，可以委托受送达人住所地的人民法院代为送达的送达方式。此处的"委托"较一般民法上的"委托"应作狭义理解，委托关系仅限于人民法院之间（通过外交途径委托送达的除外），一般由受送达人住所地的基层人民法院代为直接送达。

人民法院委托其他人民法院代为送达的，委托法院应当出具委托函，并附需要送达的诉讼文书和送达回证。委托送达的，受委托人民法院应当自收到委托函及相关诉讼文书之日起十日内代为送达。委托人民法院对送达诉讼文书有特殊要求的，应当在委托书中说明。可以通过直接送达或邮寄送达完成的，受送达人下落不明，或者诉讼文书需要由有关单位转交送达的，一般情况下不得委托送达。

针对实践中受托人民法院送达不及时的问题，最高人民法院除明确了受托法院的送达期限外，还明确提出要树立全国法院一盘棋意识，对于其他法院委托送达的诉讼文书要认真、及时进行送达。鼓励法院之间建立委托送达协作机制，节约送达成本，提高送达效率。而对于委托法院来说，发出委托送达函后经过一段时间未收到回复的，应当主动与受托法院联系，决不能不管不问、认为寄出了委托送达函就算完成了送达任务。

【诉讼文书】

委托送达函分两联，第一联为底稿供存档用，第二联为正本供送达交受托法院用。委托送达函的首部应写明委托法院的名称和案号；文书开头顶格写明受托法院名称；正文写明案件当事人情况、案由、委托事项和要求。

××××**人民法院**
委托送达函（稿）

（　）××××号

×××人民法院：

　　我院受理原告_____诉被告_____纠纷一案，现委托你院送达诉讼文书，随函寄去___份和送达回证___份，请在收到诉讼文书和送达回证后__日内代为向_____送达，并将送达回证尽快寄回我院。

××××年××月××日
（院印）

签发人：　　经办人：

（本联存卷）

××××**人民法院**
委托送达函（稿）

（　）××××号

×××人民法院：

　　我院受理原告_____诉被告_____纠纷一案，现委托你院送达诉讼文书，随函寄去___份和送达回证___份，请在收到诉讼文书和送达回证后___日内代为向___送达，并将送达回证尽快寄回我院。

××××年××月××日
（院印）

地址及电话：

邮编：

5.邮寄送达

邮寄送达是指人民法院用邮寄的方式将诉讼文书送达给受送达人的送达方式。人民法院直接送达诉讼文书有困难的，可以交由国家邮政机构（以下简称邮政机构）以法院专递方式邮寄送达，但有下列情形之一的除外：（一）受送达人或者其诉讼代理人、受送达人指定的代收人同意在指定的期间内到人民法院接受送达的；（二）受送达人下落不明的；（三）法律规定或者我国缔结或者参加的国际条约中约定有特别送达方式的。以法院专递方式邮寄送达民事诉讼文书的，其送达与人民法院送达具有同等法律效力。

邮政机构按照当事人提供或者确认的送达地址送达的,应当在规定的日期内将回执退回人民法院。邮政机构按照当事人提供或确认的送达地址在五日内投送三次以上未能送达,通过电话或者其他联系方式又无法告知受送达人的,应当将邮件在规定的日期内退回人民法院,并说明退回的理由。

受送达人及其代收人应当在邮件回执上签名、盖章或者捺印。受送达人及其代收人在签收时应当出示其有效身份证件并在回执上填写该证件的号码;受送达人及其代收人拒绝签收的,由邮政机构的投递员记明情况后将邮件退回人民法院。

签收人是受送达人本人或者是受送达人的法定代表人、主要负责人、法定代理人、诉讼代理人的,签收人应当当场核对邮件内容。签收人发现邮件内容与回执上的文书名称不一致的,应当当场向邮政机构的投递员提出,由投递员在回执上记明情况后将邮件退回人民法院。签收人是受送达人办公室、收发室和值班室的工作人员或者是与受送达人同住成年家属,受送达人发现邮件内容与回执上的文书名称不一致的,应当在收到邮件后的三日内将该邮件退回人民法院,并以书面方式说明退回的理由。

一般情况下,只有直接送达与留置送达均无法实现时,才可以使用邮寄送达,但目前司法实践中,邮寄送达已逐渐成为首先采用的送达方式。目前确立的"法院专递"送达虽然可以在一定程度上减轻人民法院送达工作的压力,但由于专递送达人员的流动频繁、法律素养不一等原因,并不一定完全能够保证实施有效的送达。书记员在实施邮寄送达时,除了要寄出送达的诉讼文书外,最好能附上送达回证以便其中的一些受送达人可以将送达回证寄回人民法院。

【业务文件】

最高人民法院关于以法院专递方式邮寄送达民事诉讼文书的若干规定

(2005年1月1日起施行)

为保障和方便双方当事人依法行使诉讼权利,根据《中华人民共和国民事诉讼法》的有关规定,结合民事审判经验和各地的实际情况,制定本规定。

第一条 人民法院直接送达诉讼文书有困难的,可以交由国家邮政机构(以下简称邮政机构)以法院专递方式邮寄送达,但有下列情形之一的除外:

(一)受送达人或者其诉讼代理人、受送达人指定的代收人同意在指定的期间内到达人民法院接受送达的;

（二）受送达人下落不明的；

（三）法律规定或者我国缔结或者参加的国际条约中约定有特别送达方式的。

第二条 以法院专递方式邮寄送达民事诉讼文书的，其送达与人民法院送达具有同等法律效力。

第三条 当事人起诉或者答辩时应当向人民法院提供或者确认自己准确的送达地址，并填写送达地址确认书。当事人拒绝提供的，人民法院应当告知其拒不提供送达地址的不利后果，并记入笔录。

第四条 送达地址确认书的内容应当包括送达地址的邮政编码、详细地址以及受送达人的联系电话等内容。

当事人要求对送达地址确认书中的内容保密的，人民法院应当为其保密。

当事人在第一审、第二审和执行终结前变更送达地址的，应当以书面方式告知人民法院。

第五条 当事人拒绝提供自己的送达地址，经人民法院告知后仍不提供的，自然人以其户籍登记中的住所地或者经常居住地为送达地址；法人或者其他组织以其工商登记或者其他依法登记、备案中的住所地为送达地址。

第六条 邮政机构按照当事人提供或者确认的送达地址送达的，应当在规定的日期内将回执退回人民法院。

邮政机构按照当事人提供或确认的送达地址在五日内投送三次以上未能送达，通过电话或者其他联系方式又无法告知受送达人的，应当将邮件在规定的日期内退回人民法院，并说明退回的理由。

第七条 受送达人指定代收人的，指定代收人的签收视为受送达人本人签收。

邮政机构在受送达人提供或确认的送达地址未能见到受送达人的，可以将邮件交给与受送达人同住的成年家属代收，但代收人是同一案件中另一方当事人的除外。

第八条 受送达人及其代收人应当在邮件回执上签名、盖章或者捺印。

受送达人及其代收人在签收时应当出示其有效身份证件并在回执上填写该证件的号码；受送达人及其代收人拒绝签收的，由邮政机构的投递员记明情况后将邮件退回人民法院。

第九条 有下列情形之一的，即视为送达：

（一）受送达人在邮件回执上签名、盖章或者捺印的；

（二）受送达人是无民事行为能力或者限制民事行为能力的自然人，其法定代理人签收的；

（三）受送达人是法人或者其他组织，其法人的法定代表人、该组织的主要负责人或者办公室、收发室、值班室的工作人员签收的；

（四）受送达人的诉讼代理人签收的；

（五）受送达人指定的代收人签收的；

（六）受送达人的同住成年家属签收的；

第十条　签收人是受送达人本人或者是受送达人的法定代表人、主要负责人、法定代理人、诉讼代理人的，签收人应当当场核对邮件内容。签收人发现邮件内容与回执上的文书名称不一致的，应当当场向邮政机构的投递员提出，由投递员在回执上记明情况后将邮件退回人民法院。

签收人是受送达人办公室、收发室和值班室的工作人员或者是与受送达人同住成年家属，受送达人发现邮件内容与回执上的文书名称不一致的，应当在收到邮件后的三日内将该邮件退回人民法院，并以书面方式说明退回的理由。

第十一条　因受送达人自己提供或者确认的送达地址不准确、拒不提供送达地址、送达地址变更未及时告知人民法院、受送达人本人或者受送达人指定的代收人拒绝签收，导致诉讼文书未能被受送达人实际接收的，文书退回之日视为送达之日。

受送达人能够证明自己在诉讼文书送达的过程中没有过错的，不适用前款规定。

第十二条　本规定自 2005 年 1 月 1 日起实施。

6. 转交送达

转交送达是指人民法院将需要送达的诉讼文书，交受送达人所在单位代收，并由代收单位转交受送达人签收的送达方式。此处的"转交"较一般民法上的"转交"，应作狭义理解，根据法律规定只有在下列三种情况下才能适用：(1) 受送达人是军人的，通过其所在部队团以上单位的政治机关转交；(2) 受送达人是被监禁的，通过其所在监所转交；(3) 受送达人被采取强制性教育措施的，通过其所在强制性教育机构转交。代为转交的机关、单位收到诉讼文书后，必须立即交受送达人签收。转交送达是在上述特殊情况下采用的送达方式，是对直接送达方式的必要补充。

实践中，转交送达适用的不多。一是因为转交送达的适用范围较小；二是因为转交送达的法律规定较为简单，未对转交期限和未及时转交的法律后果予以明确规定，使得转交送达的操作存在难以执行之处。因此，人民法院在遇到需要转交送达的情形时，会想方设法直接到代为转交的机关采取直接送达，在确实不合适直接送达或邮寄送达的情况下才会委托有关单位转交。

7.公告送达

公告送达是指人民法院采用公开宣告的方式送达诉讼文书，经过法律规定的一定时间即视为送达的送达方式。受送达人下落不明，或者用上述其他方式无法送达的，采取公告送达。自发出公告之日起经过三十日即视为送达。

公告送达并不像其他送达方式一样完成了实际送达，而是法律上为了解决送达过程中遇到的特殊困难而设计的推定送达。在司法实践中，公告送达的情况效果较差，很多当事人没有看到公告送达的内容，以此引起的涉诉信访案件不在少数。因此，公告送达必须规范。

第一，公告送达的适用情形。根据《中华人民共和国民事诉讼法》的规定，以下两种情况可以适用公告送达：一是受送达人下落不明；二是用其他方式无法送达。受送达人下落不明是指除受送达人被申请宣告失踪或被宣告失踪外，由受送达人住所地公安机关、工商行政管理部门、居民委员会、村民委员会等组织证实，或以其他恰当的方式证实，其已处于下落不明的状态。受送达人下落不明的，一般需要辅之以相应的书面证明。如果是用其他方式无法送达的情况则应当尽可能穷尽法律规定的其他送达方式，但不必逐一适用，而应当根据案件的具体情况审慎适用。例如，被告系住所地在人民法院辖区内的某自然人，可以采用邮寄送达、直接送达的方式送达，若无法送达成功且此时无被告的其他居住信息，自然也无留置送达、电子送达、委托送达及转交送达的适用余地，此时只能采取公告送达，书记员应将送达过程（即采用其他送达方式均不能送达的情况）写在工作记录中入卷备查。

第二，公告送达的适用程序。根据《最高人民法院关于适用〈中华人民共和国民事诉讼法〉的解释》第一百四十条的规定，适用简易程序的案件，不适用公告送达。因此，若案件审理时发现需实施公告送达的，则应当直接适用或转为普通程序审理。

第三，公告送达的适用方法。公告送达有两种方法，择一即可：一是在人民法院的公告栏张贴公告，并在受送达人住所地张贴公告且采取拍照、录像等方式记录张贴过程。公告应当张贴在场所的明显位置，例如居民委员会、村民委员会或者物业小区等场所设有的公告栏处，大门口、单元楼入口处或者其他能引起往来人员留意的显眼处等。二是在报纸、信息网络等媒体上刊登公告。如果是在报纸上刊登公告，就需要另一方当事人支付公告费用。在适用何种方式时，应当考虑被送达人可能知晓的地域范围，以被送达人可能的居住地、活动范围选择公告方式和范围。例如选择报纸作为刊登媒体的，如果受送达人系本辖区内或本省内的人员，可以选择省级报纸，但如果受送达人系外省人员，则应当选择全国范围内发行的报纸。对公告送达方式有特殊要求的，应当按要求的方式进行。

第四，公告送达的内容要求。一般而言，公告必须记载以下四部分内容。一是公告原因，这是为了减少人民法院公告送达的随意性。二是公告的诉讼文书名称，这是送达的实质性内容。因公告时间较长，为提高诉讼效率，在不违反法定期间的前提下，可以将一些诉讼文书集中一次公告。三是送达的诉讼文书所对应的法律后果。例如公告送达起诉状或者上诉状副本的，应当说明起诉或者上诉要点、受送达人答辩期限及逾期不答辩的法律后果；公告送达传票的，应当说明出庭的时间和地点及逾期不出庭的法律后果；公告送达判决书、裁定书的，应当说明裁判主要内容，当事人有权上诉的，还应当说明上诉权利、上诉期限和上诉的人民法院。四是公告期限。自发出公告之日起经过三十日即视为送达。

【诉讼文书】

1. 公告送达起诉状副本等及开庭传票

除第二次以上开庭的情况，一般为节约诉讼资源、提高诉讼效率，起诉状副本、应诉通知书、合议庭组成人员通知书等与开庭传票会集中一次公告送达。

××××人民法院
公　　告

（　）×××号

×××：

本院受理原告＿＿＿＿＿＿诉被告＿＿＿＿＿＿＿＿＿＿＿＿纠纷一案，因无法送达，依照《中华人民共和国民事诉讼法》第九十五条之规定，向你公告送达起诉状副本、证据副本、应诉通知书、举证通知书、审判庭组成人员通知书及开庭传票。起诉状的主要内容为＿＿＿＿＿＿＿＿＿＿＿＿＿＿＿＿＿＿＿＿＿＿＿＿＿。

自公告发出之日起经过30日即视为送达。提出答辩状的期限为公告送达期满后的15日内，举证期限为公告送达期满后30日内。并定于举证期限届满后的第×日上午×时（遇节假日顺延）在本院第××号法庭公开开庭审理，逾期本院将依法缺席判决。

特此公告。

×××× 年 ×× 月 ×× 日
（院印）

2. 公告送达民事判决书（裁定书）

×××× 人民法院
公　　告
（　）××××号

×××：

本院受理纠纷一案，已审理终结。因无法送达，依照《中华人民共和国民事诉讼法》第八十七条之规定，现依法向你公告送达本院（）××××××号民事判决书（或裁定书），本判决书（裁定书）的结果为＿＿＿＿＿＿＿＿＿＿。限你自发出本公告之日起三十日内来本院领取民事判决书（或裁定书），逾期即视为送达。如不服本判决（裁定），可于公告送达期满后的十五日（裁定书十日）内向本院提交上诉状及副本，上诉于××××人民法院。

特此公告。

×××× 年 ×× 月 ×× 日
（院印）

三、简易程序中的特别送达规范

根据《中华人民共和国民事诉讼法》第一百六十二条的规定："基层人民法院和它派出的法庭审理简单的民事案件，可以用简便方式传唤当事人和证人、送达诉讼文书、审理案件，但应当保障当事人陈述意见的权利。"而《最高人民法院关于适用〈中华人民共和国民事诉讼法〉的解释》第二百六十一条在2003年最高人民法院《关于适用简易程序审理民事案件的若干规定》的基础上对此作出进一步规定："适用简易程序审理案件，人民法院可以采取捎口信、电话、短信、传真、电子邮件等简便方式传唤双方当事人、通知证人和送达裁判文书以外的诉讼文书。以简便方式送达的开庭通知，未经当事人确认或者没有其他证据证明当事人已经收到的，人民法院不得缺席判决。"

具体来说，第一，适用特别送达规范的案件范围为基层人民法院和它派出的法庭适用简易程序审理的民事案件，该些案件通常事实简单、权利义务关系明确、双方争议不大。若案件转为普通程序审理的，则后续的诉讼文书不能适用此种方式送达。第二，送达文书的范围为裁判文书以外的其他诉讼文书，这应与电子送达的规定类似。第三，送达方式列举了捎口信、电话、短信、传真、电子邮件五种方式，但"简便方式"这种概括式的表述并未排除其他诸如QQ、微信、微博的方式。而无论通过何种简便方式，目的都是当事人收到相应诉讼文书。第四，以简便方式送达的开庭通知，应当在当事人确认或者有其他证据证明当事人已经收到但又无正当理由未到庭时，才能作为缺席判决的依据。

任务三 送达地址确认书

民事诉讼中常有当事人为了规避诉讼风险，采取不提供自己确切地址等方式逃避、阻挠法律文书的送达，致使法律文书不能及时送达当事人，不仅造成审判资源的浪费，还严重妨碍审判效率的提高，也影响了当事人诉讼权利的实现。

为解决"送达难"问题，最高人民法院印发《关于进一步加强民事送达工作的若干意见》的通知，在2005年出台了《最高人民法院关于以法院专递方式邮寄送达民事诉讼文书的若干规定》的基础上，进一步强调全面推进当事人送达地址确认制度，统一送达地址确认书格式，规范送达地址确认书内容，提升民事送达的质量和效率。

一、送达地址确认书的内容及适用范围

送达地址确认书是当事人送达地址确认制度的基础。送达地址确认书应当包括当事人提供的送达地址、人民法院告知事项、当事人对送达地址的确认、送达地址确认书的适用范围和变更方式等内容。当事人提供的送达地址应当包括邮政编码、详细地址以及受送达人的联系电话等。如果当事人要求对送达地址确认书中的内容保密的，人民法院应当为其保密。

同意电子送达的，应当提供并确认接收民事诉讼文书的传真号、电子信箱、微信号等电子送达地址。当事人委托诉讼代理人的，诉讼代理人确认的送达地址视为当事人的送达地址。

人民法院应当要求当事人对其填写的送达地址及法律后果等事项进行确认。当事人确认的内容应当包括当事人已知晓人民法院告知的事项及送达地址确认书的法律后果，保证送达地址准确、有效，同意人民法院通过其确认的地址送达诉讼文书

等,并由当事人或者诉讼代理人签名、盖章或者捺印。

当事人在送达地址确认书中确认的送达地址适用于第一审程序、第二审程序和执行程序。当事人变更送达地址时应当以书面方式告知人民法院。当事人未书面变更的,以其确认的地址为送达地址。

二、拒绝提供送达地址的法律后果

人民法院应当告知送达地址确认书的填写要求和注意事项以及拒绝提供送达地址、提供虚假地址或者提供地址不准确的法律后果。

当事人拒绝确认送达地址或以拒绝应诉、拒接电话、避而不见送达人员、搬离原住所等躲避、规避送达,人民法院不能或无法要求其确认送达地址的,可以分别以下列情形处理:(一)当事人在诉讼所涉及的合同、往来函件中对送达地址有明确约定的,以约定的地址为送达地址;(二)没有约定的,以当事人在诉讼中提交的书面材料中载明的自己的地址为送达地址;(三)没有约定、当事人也未提交书面材料或者书面材料中未载明地址的,以一年内进行其他诉讼、仲裁案件中提供的地址为送达地址;(四)无以上情形的,以当事人一年内进行民事活动时经常使用的地址为送达地址。人民法院按照上述地址进行送达的,可以同时以电话、微信等方式通知受送达人。

依上述规定仍不能确认送达地址的,自然人以其户籍登记的住所或者在经常居住地登记的住址为送达地址,法人或者其他组织以其工商登记或其他依法登记、备案的住所地为送达地址。

人民法院应当在登记立案时要求当事人确认送达地址。当事人拒绝确认送达地址的,视为当事人提交的材料不符合要求的,人民法院应当一次性书面告知在指定期限内补正。经补正仍不符合要求的,裁定或者决定不予受理、不予立案。

三、送达地址确认书填写的注意事项

送达地址确认书的填写工作在案件送达工作完成之前都可以进行,总的原则是人民法院在第一次接触当事人的时候就应当要求其确认地址。因此,最合理的时间是在原告起诉时和被告领取副本材料时要求提供送达地址。人民法院应当在登记立案时要求原告确认送达地址,若系邮寄立案,则应当在送达受理通知书时一并送达地址确认书,要求原告填写;应当在向被告送达副本材料时一并送达地址确认书,要求被告填写,若被告未予回应的,则应当在第一次直接接触被告时要求其填写。

送达地址确认书能够帮助人民法院完成有效送达，可以说是送达领域的"尚方宝剑"，但是被告的送达地址确认书并非在每个案件中都能填写成功。若被告在案件诉讼过程中始终缺席，则送达地址确认书就无法完成填写。此时，书记员可以通过查找关联案件、询问原告等方式寻找送达线索。

【诉讼文书】

××××人民法院
当事人送达地址确认书

案由		案号	（　）××××号
人民法院对当事人填写送达地址确认书的告知事项	根据最高人民法院《关于以法院专递方式邮寄送达民事诉讼文书的若干规定》第一条、第三条、第四条、第五条和第十一条的规定，告知如下： 一、当事人拒绝提供自己的送达地址的，自然人以其户籍登记中的住所地或者经常居住地为送达地址；法人或者其他组织以其工商登记或者其他依法登记、备案中的住所地为送达地址。 二、因受送达人自己提供或者确认的送达地址不准确、拒不提供送达地址、送达地址变更未及时告知人民法院、受送达人本人或者受送达人指定的代收人拒绝签收，导致诉讼文书未能被受送达人实际接收的，文书退回之日视为送达之日。		
当事人提供的自己的送达地址	当事人（原告、被告或第三人）： 送达地址： 邮政编码： 收件人： 电话（移动电话）： 其他联系方式：		
当事人对自己送达地址的确认	我已经阅读了人民法院当事人填写送达地址确认书的告知事项，并保证上述送达地址是准确、有效的。 　　　　　　　　　　　　　　当事人签名、盖章或捺印： 　　　　　　　　　　　　　　　　　　年　　月　　日		
备考			
法院工作人员签名			

任务四 实施有效送达

在准备完送达材料并确定送达方式后，就需要实施送达。而有效的送达应当包括以下几个要素：有效的签收人、有效的送达时限。

一、有效的签收人

人民法院在实施送达时，并非任何人都有权代为签收，必须将诉讼文书交给有效的签收人，才能视为送达。因此，除受送达人本人外，以下人员亦可成为有效的签收人。

受送达人是自然人的，本人不在时交其同住成年家属签收，但代收人是同一案件中另一方当事人的除外；受送达人是无民事行为能力或者限制民事行为能力的自然人的，由其法定代理人签收；受送达人是法人或者其他组织的，应当由法人的法定代表人、其他组织的主要负责人或者该法人、组织负责收件的人签收；受送达人有诉讼代理人的，可以送交其代理人签收；受送达人已向人民法院指定代收人的，送交代收人签收。

以上有效签收人可以适用于直接送达、留置送达、邮寄送达、委托送达。

二、有效的送达时限

人民法院在实施送达时，除将诉讼文书交给有效签收人外，发送时间和签收时间也必须有效。例如，根据法律规定，符合起诉条件的，应当在七日内立案，并通知当事人，人民法院应当在立案之日起五日内将起诉状副本发送被告，人民法院应当在收到答辩状之日起五日内将答辩状副本发送原告。合议庭组成人员确定后，应当在三日内告知当事人，等等。因此，受理案件通知书必须在收案后七日内发送，应诉通知书通常随起诉状副本一起在立案之日起五日内发送，答辩状副本必须在收到答辩状之日起五日内发送，合议庭组成人员通知书必须在确定后三日内发送。这些都是关于发送时间的规定。

根据法律规定，人民法院审理民事案件应当在开庭三日前通知当事人和其他诉讼参与人。因此，开庭传票和出庭通知书的受送达人必须在开庭三日前签收以上诉讼文书方为有效。

那么，如何确定各种送达方式的发送时间和送达时间呢？一般而言，直接送达的，以在送达回证上受送达人或代收人签收的日期为发送日期和送达日期。因当事人提供的送达地址不准确、拒不提供送达地址、送达地址变更未书面告知人民法院，导致民事诉讼文书未能被受送达人实际接收的，直接送达的，民事诉讼文书留在该地址之日为送达之日。

留置送达的，以在送达回证上送达人记明的日期为发送日期和送达日期。

电子送达的，以传真、电子邮件发送日为发送日期，以传真、电子邮件等到达受送达人特定系统的日期为送达日期，该送达日期为人民法院对应系统显示发送成功的日期，但受送达人证明到达其特定系统的日期与人民法院对应系统显示发送成功的日期不一致的，以受送达人证明到达其特定系统的日期为准。一般情况下，除了人为因素，电子送达都是即时到达。对同一内容的送达材料采取多种电子方式发送受送达人的，以最先完成的有效送达时间作为送达生效时间。

委托送达的，以委托法院将委托函及相关诉讼文书交付邮寄给受委托人民法院日为发送日期，以受送达人在送达回证上签收的日期为送达日期。

邮寄送达的，以交付邮寄日或收信邮局的邮戳日为发送日期，以回执上注明的收件日期为送达日期。因受送达人自己提供或者确认的送达地址不准确、拒不提供送达地址、送达地址变更未及时告知人民法院、受送达人本人或者受送达人指定的代收人拒绝签收，导致诉讼文书未能被受送达人实际接收的，文书退回之日视为送达之日。

转交送达的，以将诉讼文书交付邮寄给转交单位或直接送达给转交单位日为发送日期，以受送达人在送达回证上的签收日期为送达日期。

公告送达的，以最后张贴或者刊登公告日为发送日期，自发出公告之日起，经过三十日公告期满为送达日期。

任务五　留档送达证明

1. 送达回证

在各种留存的送达证明中，送达回证是最重要的形式。送达回证是人民法院用以证明其完成了送达行为的格式化的诉讼文书，也是证明受送达人收到人民法院送达的诉讼文书的书面凭证。可以说它既是送达行为证明，又是受送达人接受送达的证明，是人民法院与受送达人之间发生诉讼法律关系的凭证。根据《中华人民共和国民事诉讼法》第八十七条的规定，送达诉讼文书必须有送达回证，由受送达人在送达回证上记明收到日期，签名或者盖章，但是可以采用传真、电子邮件等能够确认其收悉的方式送达以及公告送达的除外。送达回证不但能检验人民法院送达程序的正当性，而且对当事人和诉讼参与人计算诉讼期限、行使诉讼权利、履行诉讼义务都具有十分重要的意义。例如，人民法院送达受理案件通知书时，告知原告在七日内预交案件受理费的，则按照原告在送达回证中的签收日期次日开始计算，若原告未在七日内预交案件受理费的，应当裁定按撤诉处理。

各地法院的送达回证在制作形式上可能有所差别，但主要内容基本一致：送达法院的名称，案由，案号，送达文书的名称和件数，受送达人，送达地址，受送达人或者代收人的签名或盖章、备考、填发人、送达人。

在填写送达回证时需要注意以下几个问题：

一是送达回证需要受送达人或代收人签字确认，因此必须加盖人民法院印章，可以将印章盖在送达回证名称处。二是如果同时送达多种诉讼文书，必须在送达回证中的"送达文书名称和件数"栏中分别写明文书的名称和件数。三是受送达人是单位的，受送达人处应当填写该单位的名称，而不能使用其法定代表人或签收人个人的姓名代替，同时受送达人签名或者盖章栏内应注明收件人身份。四是送达地址根据实际送达的地址填写，不局限于法院或受委托人住所地。五是"受送达人签名或盖章"一栏，不仅要求受送达人签名或盖章，而且必须填写签收日期，此签收日期一般即为送达日期。六是若系代收人代收的，代收人应当出具合法的代收手续或是关系证明及身份证明，由人民法院核查无误后才能在"代收人及代收理由"处签字，并注明代收理由。七是非直接送达的，应当在"备考"栏记明送达方式，例如留置送达中送达人邀请有关基层组织或者所在单位的代表到场的，应当在"备考"栏中记明拒收事由和日期。八是"填发人"和"送达人"处写上法院具体工作人员的名字。

例如，受送达人的成年子女代收其父亲的起诉状副本材料的，该子女应当在"代收人及代收理由"处签名并注明父子（女）关系，并填写代收日期。代收事项只发生在当事人或其诉讼代理人无法签收的情况下，如果当事人本人或其诉讼代理人签收，就不会发生代收事项。

2. 留存送达证明的形式和要求

送达证明并非只有送达回证一种。不同的送达方式需要留存的送达证明及相应要求也是不同的。

直接送达的，留存的送达证明为送达回证，需要受送达人或代收人签名或盖章，并填写收到的日期作为送达日期。

留置送达的，根据留置送达的不同方式，留存的送达证明也不同。(1) 在当事人住所地留置送达，送达人邀请有关基层组织或者所在单位的代表到场的，送达证明为送达回证，但与直接送达不同的是送达回证中受送达人或代收人栏无人签名，送达人应当在"备考"栏中记明拒收事由和日期，由送达人、见证人签名或者盖章。(2) 在当事人住所地或住所地以外留置送达，采用拍照、录像等方式记录送达过程的，送达证明为送达回证以及照片或录像资料，送达回证无当事人或代收人签名，但审判人员、书记员应当在送达回证上注明送达情况并签名。(3) 通知当事人到人民法院领取诉讼文书时实施留置送达的，送达证明为送达回证，送达回证无当事人或代收人签名，但审判人员、书记员应当在送达回证上注明送达情况并签名。

电子送达的，留存的送达证明一般为送达地址确认书及电子送达凭证。送达地址确认书中应当有受送达人同意采用电子方式送达及电子邮箱或传真号码等的意思表示。根据《人民法院在线诉讼规则》的规定，人民法院开展电子送达，应当在系统中全程留痕，并制作电子送达凭证。电子送达凭证主要是指，采用传真、电子邮件方式送达的，送达人员应记录传真发送和接收号码、电子邮件发送和接收邮箱、发送时间、送达诉讼文书名称，并打印传真发送确认单、电子邮件发送成功网页，存卷备查。采用短信、微信等方式送达的，送达人员应记录收发手机号码、发送时间、送达诉讼文书名称，并将短信、微信等送达内容拍摄照片，存卷备查。采取电话送达的，送达人员应当记录拨打、接听电话号码、通话时间、送达诉讼文书内容，通话过程应当录音以存卷备查。

委托送达的，留存的送达证明为委托送达函、委托送达函及诉讼文书的送达证明及送达回证，委托送达函及诉讼文书的送达证明主要是指委托法院将委托送达函及诉讼文书送达给受托法院并由受托法院签收的相关证明。如果是邮寄送达的，则按邮寄送达的要求留存相关证明；如果是直接送达的，则按直接送达的要求留存相关证明。受托法院回复的送达回证上应当有受送达人或代收人的签名或盖章以及签收日期，受托法院送达人员的签名等内容。

邮寄送达的，留存的送达证明为邮件回执单，回执上应当有受送达人或代收人的签收情况，主要包括签名或盖章以及签收日期、签收人身份证号码、代收人与收件人关系等内容。若邮件回执单丢失的，可以留存"寄件人存根联"，然后根据存根联上的邮件单号查询收件情况，并将网页复制打印后存卷。在司法实践中，邮件回执单丢失的情况比较多，因此书记员在进行邮寄送达时，最好能保留"寄件人存根联"，并粘贴在 A4 纸上放入卷宗，以防丢失。该存根联既便于随时查询、跟踪邮件送达情况，又能在万一邮件回执单丢失或不能及时返回时，与查询收件情况的网页打印件一起作为替代的送达证明。

转交送达的，留存的送达证明为转交给相关单位的送达证明以及送达回证。转交给相关单位的送达证明主要是指人民法院将诉讼文书送达给受送达人所在部队团以上单位的政治机关、所在监所或所在强制性教育机构并由该些单位签收的送达证明。同委托送达一样，如果是邮寄送达的，则按邮寄送达的要求留存相关证明；如果是直接送达的，则按直接送达的要求留存相关证明。送达回证上应当有受送达人收到所在单位转交的诉讼文书后的签名、签收日期等内容。

公告送达的，根据公告送达的不同方式，留存的送达证明也不同。（1）采用在人民法院的公告栏张贴公告，并在受送达人住所地张贴公告且采取拍照、录像等方式公告的，留存的送达证明为公告依据的证明或说明、公告稿以及张贴公告的照片或录像资料。公告依据的证明或说明主要是指若因受送达人下落不明而公告的，应当留存其下落不明的证明，比如宣告失踪申请书、判决书、基层组织证明其下落不明的书面材料等。若因其他方式无法送达而公告的，应当留存关于其他方式送达的说明材料。（2）在报纸、信息网络等媒体上刊登公告的，留存的送达证明为公告依据的证明或说明以及刊登公告的报纸剪贴件或信息网络截图。

【诉讼文书】

××××人民法院
送达回证

案由		案号	
送达文书名称和件数			
受送达人			
送达地址			
受送达人签名或盖章		年　月　日	
代收人及代收理由		年　月　日	
备考			

填发人：　　　　　　　　　送达人：

【业务文件】

最高人民法院
关于进一步加强民事送达工作的若干意见

法发〔2017〕19号

送达是民事案件审理过程中的重要程序事项，是保障人民法院依法公正审理民事案件、及时维护当事人合法权益的基础。近年来，随着我国社会经济的发展和人民群众司法需求的提高，送达问题已经成为制约民事审判公正与效率的瓶颈之一。为此，各级人民法院要切实改进和加强送达工作，在法律和司法解释的框架内创新工作机制和方法，全面推进当事人送达地址确认制度，统一送达地址确认书格式，规范送达地址确认书内容，提升民事送达的质量和效率，将司法为民切实落到实处。

一、送达地址确认书是当事人送达地址确认制度的基础。送达地址确认书应当包括当事人提供的送达地址、人民法院告知事项、当事人对送达地址的确认、送达地址确认书的适用范围和变更方式等内容。

二、当事人提供的送达地址应当包括邮政编码、详细地址以及受送达人的联系电话等。同意电子送达的，应当提供并确认接收民事诉讼文书的传真号、电子信箱、微信号等电子送达地址。当事人委托诉讼代理人的，诉讼代理人确认的送达地址视为当事人的送达地址。

三、为保障当事人的诉讼权利，人民法院应当告知送达地址确认书的填写要求和注意事项以及拒绝提供送达地址、提供虚假地址或者提供地址不准确的法律后果。

四、人民法院应当要求当事人对其填写的送达地址及法律后果等事项进行确认。当事人确认的内容应当包括当事人已知晓人民法院告知的事项及送达地址确认书的法律后果，保证送达地址准确、有效，同意人民法院通过其确认的地址送达诉讼文书等，并由当事人或者诉讼代理人签名、盖章或者捺印。

五、人民法院应当在登记立案时要求当事人确认送达地址。当事人拒绝确认送达地址的，依照《最高人民法院关于登记立案若干问题的规定》第七条的规定处理。

六、当事人在送达地址确认书中确认的送达地址，适用于第一审程序、第二审程序和执行程序。当事人变更送达地址，应当以书面方式告知人民法院。当事人未书面变更的，以其确认的地址为送达地址。

七、因当事人提供的送达地址不准确、拒不提供送达地址、送达地址变更未书面告知人民法院，导致民事诉讼文书未能被受送达人实际接收的，直接送达的，民事诉讼文书留在该地址之日为送达之日；邮寄送达的，文书被退回之日为送达之日。

八、当事人拒绝确认送达地址或以拒绝应诉、拒接电话、避而不见送达人员、搬离原住所等躲避、规避送达，人民法院不能或无法要求其确认送达地址的，可以分别以下列情形处理：

（一）当事人在诉讼所涉及的合同、往来函件中对送达地址有明确约定的，以约定的地址为送达地址；

（二）没有约定的，以当事人在诉讼中提交的书面材料中载明的自己的地址为送达地址；

（三）没有约定、当事人也未提交书面材料或者书面材料中未载明地址的，以一年内进行其他诉讼、仲裁案件中提供的地址为送达地址；

（四）无以上情形的，以当事人一年内进行民事活动时经常使用的地址为送达地址。

人民法院按照上述地址进行送达的，可以同时以电话、微信等方式通知受送达人。

九、依第八条规定仍不能确认送达地址的，自然人以其户籍登记的住所或者在经常居住地登记的住址为送达地址，法人或者其他组织以其工商登记或其他依法登记、备案的住所地为送达地址。

十、在严格遵守民事诉讼法和民事诉讼法司法解释关于电子送达适用条件的前提下，积极主动探索电子送达及送达凭证保全的有效方式、方法。有条件的法院可以建立专门的电子送达平台，或以诉讼服务平台为依托采取电子送达，或者采取与大型门户网站、通信运营商合作的方式，通过专门的电子邮箱、特定的通信号码、信息公众号等方式进行送达。

十一、采用传真、电子邮件方式送达的，送达人员应记录传真发送和接收号码、电子邮件发送和接收邮箱、发送时间、送达诉讼文书名称，并打印传真发送确认单、电子邮件发送成功网页，存卷备查。

十二、采用短信、微信等方式送达的，送达人员应记录收发手机号码、发送时间、送达诉讼文书名称，并将短信、微信等送达内容拍摄照片，存卷备查。

十三、可以根据实际情况，有针对性地探索提高送达质量和效率的工作机制，确定由专门的送达机构或者由各审判、执行部门进行送达。在不违反法律、司法解释规定的前提下，可以积极探索创新行之有效的工作方法。

十四、对于移动通信工具能够接通但无法直接送达、邮寄送达的，除判决书、裁定书、调解书外，可以采取电话送达的方式，由送达人员告知当事人诉讼文书内容，并记录拨打、接听电话号码、通话时间、送达诉讼文书内容，通话过程应当录音以存卷备查。

十五、要严格适用民事诉讼法关于公告送达的规定，加强对公告送达的管理，充分保障当事人的诉讼权利。只有在受送达人下落不明，或者用民事诉讼法第一编第七章第二节规定的其他方式无法送达的，才能适用公告送达。

十六、在送达工作中可以借助基层组织的力量和社会力量，加强与基层组织和有关部门的沟通、协调，为做好送达工作创造良好的外部环境。有条件的地方可以要求基层组织协助送达，并可适当支付费用。

十七、要树立全国法院一盘棋意识，对于其他法院委托送达的诉讼文书要认真、及时送达。鼓励法院之间建立委托送达协作机制，节约送达成本，提高送达效率。

【任务训练】

1. 填写对原告李双喜实施直接送达的送达回证。

2. 对被告北京市红太阳酒业有限公司实施公告送达，并制作送达证明。

3. 分组模拟：三人一组，一人扮演被告北京市红太阳酒业有限公司的法定代表人郭安，两人扮演人民法院送达人员周旭东、李霞，要求填写送达地址确认书并遭到其拒绝后的应对处理。

4. 分组模拟：三人一组，一人扮演被告北京市红太阳酒业有限公司的法定代表人郭安，两人扮演人民法院送达人员周旭东、李霞，实施直接送达并转化为留置送达。思考：还可以对被告公司的哪些人员采用留置送达？

工作情境三　行政案件庭前送达

【情境描述】

在法官李农和其他同事的帮助下，书记员徐坤迅速地掌握了相关步骤，并按照要求对新收的两个案件进行了检查、登记和初步装订。

徐坤获得新技能后工作热情格外高涨，主动询问法官李农下一步工作任务，李农法官告诉徐坤对于新收的一审行政案件，无论是否需要开庭审理，都应当在法定期限内完成诉讼材料的送达任务；对于新收的二审行政案件，不需要开庭审理的，应当通知当事人到法院接受相关询问。

【情境分析】

前述情境中，徐坤应当在法定期限内向一审行政案件当事人送达哪些诉讼材料？徐坤应当采用什么样的送达方式？对于不需要开庭的二审行政案件，徐坤应当如何处理？

对于一审行政案件，徐坤应当在法定期限内向被告送达起诉状副本等材料、向原告送达答辩材料及证据等材料、向原告送达人民陪审员参加审判告知书和申请书等材料、向双方送达开庭传票及出庭应诉通知书等材料。对于不需要开庭的二审行政案件，徐坤应当向当事人制发谈话传票，通知其到法院接收询问。

【工作任务】

任务一　为原告、被告准备送达材料

1. 为被告准备起诉状副本等材料

书记员签收案件材料后，应当核对案件立案时间，自立案之日起5日内，[1]将起诉状副本、应诉通知书、审判流程信息公开告知书、授权委托书等材料送达被告，通知被告应诉。书记员应当及时准备上述材料。对于《应诉通知书》，书记员应当

---

[1] 《中华人民共和国行政诉讼法》第六十七条。

填写案号、被告完整名称、原告姓名、案由，并以原告数量确定答辩状副本数量；《审判流程信息公开告知书》为格式文本，书记员应当核实是否为最新版本。

【诉讼文书】

北京市第二中级人民法院
应诉通知书

（2019）京 02 行初 ×× 号

中华人民共和国公安部：

原告孙小丽不服你单位作出的行政处罚决定，向本院提起行政诉讼。本院已依法受理。现随文发送起诉书副本，并将有关应诉事项通知如下：

一、根据《中华人民共和国行政诉讼法》第三十四条第一款规定，被告对作出的行政行为负有举证责任，应当提供作出该行政行为的证据和所依据的规范性文件。

二、在收到起诉书副本之日起 15 日内，向本院行政审判庭提交书面答辩状（正本 1 份、副本 2 份），并提交作出行政行为的证据材料及法律依据文本复印件 3 份，分别填写证据目录，于证据目录上注明证据名称及证明目的，同时一并提供证据材料原件 1 份供核对。根据《中华人民共和国行政诉讼法》第三十四条第二款之规定，被告不提供或无正当理由逾期提供证据，视为没有相应证据。

三、在提交答辩状的同时应递交法定代表人身份证明书；如需委托代理人代为诉讼，还应提交由法定代表人签名并加盖单位公章的授权委托书，授权委托书须载明委托事项和具体权限。

四、依照《中华人民共和国行政诉讼法》第三条第三款规定，被诉行政机关负责人应当出庭应诉，不能出庭的，应当委托行政机关相应的工作人员出庭。对于本院发送行政负责人出庭建议函的案件，如不能出庭，请提交书面材料说明理由。

注：被告提交的答辩状、证据等均适用 A4 纸张标准

承办法官：李农

书记员：徐坤

联系电话：

二〇一九年一月七日

（院印）

审判流程信息公开告知书

人民法院审判案件的流程信息将通过中国审判流程信息公开网，向参加诉讼的当事人及其法定代理人、诉讼代理人、辩护人公开，但涉及国家秘密，以及法律、司法解释规定应当保密或者限制获取的内容除外。

当事人及其法定代理人、诉讼代理人、辩护人应当配合本院采集、核对身份信息，并预留有效的手机号码。身份证号码、律师执业证号、组织机构代码、统一社会信用代码，是登录审判流程信息查询账户时的身份验证依据；手机号码将用于接收中国审判流程信息公开网以短信方式发送的登录验证码。

自完成身份信息采集、核对后，本院开始向你公开审判流程信息；如果你中途退出诉讼，经本院依法确认后，不再向你和你的法定代理人、诉讼代理人、辩护人公开审判流程信息。

中国审判流程信息公开网将通过12368短信、官方微信服务号"中国审判流程信息公开"（关注后须登录），向你推送重要审判环节的流程信息。

当事人及其法定代理人、诉讼代理人、辩护人预留手机号码后，因自身原因导致未接收中国审判流程信息公开网以短信方式发送的登录验证码，责任由其自身承担。

2. 为原告准备答辩状副本及证据、依据等材料

被告应当在收到起诉状副本之日起的15日内向法院提交作出行政行为的证据和所依据的规范性文件，并提出答辩状。被告不提出答辩状的，不影响法院开庭审理。[1]被告不提供或者无正当理由逾期提供证据，视为没有相应证据。[2]

书记员应当在收到答辩状之日起5日内，将答辩状副本按照原告数量进行发送。同时，书记员还应当准备被告作出行政行为的证据、依据以及人民陪审员参加审判通知书，[3]并及时向原告送达。

---

[1]《中华人民共和国行政诉讼法》第六十七条。

[2] 同上注，第三十四条。

[3]《最高人民法院关于适用〈中华人民共和国人民陪审员法〉若干问题的解释》第二条规定：一审行政案件原告，可以在收到人民陪审员参加审判通知书之日起的5日内申请由人民陪审员参加合议庭审判。
《中华人民共和国人民陪审员法》第十五、十六条规定，下列行政案件可以由人民陪审员参加审判：1.涉及群体利益、公共利益的；2.人民群众广泛关注或者其他社会影响较大的；3.案情复杂或者有其他情形，需要由人民陪审员参加审判的；4.根据行政诉讼法提起的公益诉讼案件；5.涉及征地拆迁、生态环境保护、食品药品安全，社会影响重大的案件。
《最高人民法院关于适用〈中华人民共和国人民陪审员法〉若干问题的解释》第五条规定，人民陪审员不得参加下列行政案件的审判：1.裁定不予受理或者不需要开庭审理的案件；2.法律规定由法官独任审理或者由法官组成合议庭审理的。

【诉讼文书】

北京市第二中级人民法院
人民陪审员参加审判通知书

（2019）京02行初××号

孙小丽：

原告孙小丽不服中华人民共和国公安部作出的行政处罚决定一案，依照《中华人民共和国人民陪审员法》、《最高人民法院关于适用〈中华人民共和国人民陪审员法〉若干问题的解释》的相关规定，你作为本案原告，在收到本通知五日内有权申请由人民陪审员参加合议庭审判案件。如逾期，视为放弃相关权利。

承办法官：李农
书记员：徐坤
联系电话：

二〇一九年二月三日
（院印）

任务二　为原告、被告送达材料

书记员在向原告、被告送达上述的诉讼材料时，除应当遵守任务一中述明的相关法定期限外，还应当严格按照法律规定的方式予以送达，只有满足法定期限和法定方式的前提下才算完成合法有效送达，方能产生相应的法律效果。由于行政诉讼案件被告恒定为行政机关，在材料送达上并不存在困难。所以，行政诉讼案件材料送达问题主要集中于向原告送达。

《行政诉讼法》没有对行政案件的相关送达方式直接予以规定，根据《行政诉讼法》第一百零一条的规定，行政案件的送达适用《民事诉讼法》的相关规定。根据《民事诉讼法》的规定，书记员常用的送达方式有7种，分别为：直接送达、留置送达、委托送达、电子送达、邮寄送达、转交送达和公告送达。❶

---

❶ 送达方式具体内容详见本教材民事案件庭前送达中的任务二确定送达方式部分。

【诉讼文书】

北京市第二中级人民法院
委托送达函

北京市第一中级人民法院清河法庭：

  我院受理原告孙小丽不服被告中华人民共和国公安部行政处罚决定一案，因原告孙小丽在茶淀农场（地址为天津市汉沽区京山县茶淀站109-3信箱）服刑，故委托贵庭向其送达参加诉讼的相关法律文书，请在收到本函后3日内代为向孙小丽送达，并将送达回证尽快寄回我院。

  谢谢！

  联系人：李农、徐坤

  联系电话：

  邮寄地址：北京市大兴区方庄路10号

  邮政编码：100030

二〇一九年二月十日
（院印）

  附送达材料：

  1. 被告答辩状副本1份

  2. 诉讼权利义务告知书1份

  3. 授权委托书1份

  4. 开庭传票1份

  5. 送达回证1份

北京市第二中级人民法院
公 告

孙小丽：

  本院受理原告孙小丽不服被告中华人民共和国公安部行政处罚决定一案，现依法向你公告送达该案的答辩状副本及证据、起诉状、权利义务告知书、授权委托书及开庭传票。自公告之日起经过60日，即视为送达。提出答辩状的期限为公告期满后15日内。该案定于答辩期满后第3日下午14时（遇法定节假日顺延）在本院第56法庭公开开庭审理，无正当理由拒不到庭，该案将依照法律规定正常审理。

  特此公告。

××××年××月××日

(院印)

承办法官：李农

书记员：徐坤

邮寄样报地址：北京市大兴区方庄路10号

邮政编码：100030

任务三　填写送达回证及送达地址确认书

1. 送达回证

送达回证是法院用以证明完成了送达行为的格式化的诉讼文书，也是证明受送达人收到法院送达的诉讼文书的凭证。送达工作完成后，送达回证要附在卷宗当中备查。送达诉讼文书必须有送达回证，由受送达人在送达回证上记明收到日期、签名或者盖章。受送达人在送达回证上的签收日期为送达日期。

送达回证主要包括：收件人、案由、案号、送达单位、送达地点、送达文件、签发人、送达人、收到日期、收件人签章或签名、不能送达理由。书记员在送达前，应当对送达回证予以填写，填写包括收件人、案由、案号、送达单位、送达地点、送达文件、签发人、送达人等内容。收件人签章或签名、收到日期由收件人填写。

【诉讼文书】

北京市第二中级人民法院
送　达　回　证

收件人	公安部	案由	行政处罚	卷号	（2019）京02行初×× 号
送达单位	北京第二中级人民法院				
送达地点	三层第五十六法庭				
送达文件	签发人	送达人	收到日期	收件人签名或盖章	不能送达理由
起诉状副本	李农	徐坤	年　月　日　时		
			年　月　日　时		
			年　月　日　时		

_121_

			年 月 日 时		
			年 月 日 时		
			年 月 日 时		
			年 月 日 时		
			年 月 日 时		
			年 月 日 时		
			年 月 日 时		
			年 月 日 时		
			年 月 日 时		
			年 月 日 时		
			年 月 日 时		
			年 月 日 时		
			年 月 日 时		
备注					

注：(1) 如收件人不在时，将文件交与他的成年家属、近邻、工作机关或收件人居住地的公安派出所或街道居民委员会、生产大队代收。(2) 如系代收，代收人应在收件人栏内签名或盖章并注明与收件人的关系。

2. 送达地址确认书

送达地址确认书是当事人送达地址确认制度的基础。送达地址确认书应当包括当事人提供的送达地址、法院告知事项、当事人对送达地址的确认、送达地址确认书的适用范围和变更方式等内容。当事人提供的送达地址应当包括邮政编码、详细地址以及受送达人的联系电话等。同意电子送达的，应当提供并确认接收民事诉讼文书的传真号、电子信箱、微信号等电子送达地址。当事人委托诉讼代理人的，诉讼代理人确认的送达地址视为当事人的送达地址。

当事人在送达地址确认书中确认的送达地址，适用于第一审程序、第二审程序和执行程序。当事人变更送达地址，应当以书面方式告知人民法院。当事人未书面变更的，以其确认的地址为送达地址。因当事人提供的送达地址不准确、拒不提供送达地址、送达地址变更未书面告知人民法院，导致诉讼文书未能被受送达人实际接收的，直接送达的，诉讼文书留在该地址之日为送达之日；邮寄送达的，文书被退回之日为送达之日。

【诉讼文书】

北京市第二中级人民法院
当事人送达地址确认书

人民法院对当事人填写送达地址确认书的告知事项	根据《中华人民共和国行政诉讼法》第一百零一条、《中华人民共和国民事诉讼法》第八十七条及相关司法解释、最高人民法院《关于进一步推进案件繁简分流优化司法资源配置的若干意见》和《关于进一步加强民事送达工作的若干意见》等规定,告知如下:一、当事人应当向人民法院提供或者确认自己准确的送达地址和微信号,并填写至送达地址确认书,当事人拒绝提供的,人民法院对立案材料不予审查。二、除判决书、裁定书、调解书外,人民法院可选择专递方式邮寄送达或微信送达诉讼文书。因当事人提供的送达地址或微信号不确切,或不及时告知变更后的地址或微信号,当事人将自行承担由此可能产生的法律后果。三、具体规定详见送达地址及微信号有关事项告知书。	
当事人送达地址及微信号	当事人姓名(名称)	孙小丽
	送达地址及邮编	北京市朝阳区水锥子社区 100026
	微信号	
	联系电话	
代收人的送达地址及微信号	代收人姓名(名称)	
	送达地址	
	微信号	
	联系电话	
当事人送达地址及微信号的确认	我已经阅读了上述告知事项及送达地址及微信号有关事项告知书,并保证上述送达地址及微信号是准确的、有效的。 当事人签字(盖章): 年　月　日	
备考		

【任务训练】

1. 徐坤为原告、被告准备诉讼材料。
2. 徐坤将准备好的诉讼材料向原告、被告送达。
3. 徐坤填写送达回证、送达地址确认书。

庭前工作实务三　庭前准备

工作情境一　刑事案件庭前准备

【情境描述】

在协助李明法官办理杨谦贩卖毒品一案过程中，一日，李明法官告诉张丽，针对一些问题需要对被告人杨谦在庭前进行核实，需要对杨谦进行提讯，让张丽安排提讯工作。张丽在安排好后便等待提讯当天进行记录。在提讯完毕之后，张丽整理完讯问笔录直接给被告人签字，被告人杨谦签完字之后，张丽将讯问笔录放入案卷之中。

【情境分析】

在上述工作情境中，张丽的做法是否正确？

对讯问笔录，书记员需要在提讯之前准备好笔录头，并且了解案件情况和讯问重点。张丽在准备过程中没有进行这两项工作。在提讯结束书记员整理好讯问笔录后，书记员应当将讯问笔录交审判员审核确定，在确定之后由审判员、书记员被告人三方签字之后入卷。

【工作任务】

任务一　协助法官做好各项庭前准备工作

1. 询问、讯问准备工作

在开庭前，对一些法官需要核实的案件事实，需要对诉讼参与人进行询问、讯问。询问是对证人、被害人等进行的诉讼活动，讯问是对被告人进行的诉讼活动。询问与讯问的程序一致，书记员需要事先准备好相关的笔录头，并安排好询问、讯问的时间、地点，在询问、讯问之前提前了解案情和询问、讯问的重点，在询问、讯问的过程中如实准确做好记录并在询问、讯问结束之后交审判员进行核对、确认。在笔录确认之后，需要被询问人、被讯问人、询问人、讯问人、记录人在笔录上签字确认。

【诉讼文书】

北京市××人民法院
询 问 笔 录

时间：2019年1月1日9时30分–10时10分

地点：××法院第九法庭

谈话人：李明、张丽　　　　　记录人：张丽

被谈话人：陈××，女，北京市××区××镇人，身份证号110××××，电话：××××。

案由：被告人王悦非法吸收公众存款一案……

? 我是××法院的法官李明，做记录的是书记员张丽，今天法院通知你来主要是跟你谈被告人王悦非法吸收公众存款一案的情况，你要如实陈述，有意作伪证将承担相应的法律责任，听清了吗，能做到如实陈述吗？

：听清了，能做到。

? 你说一下你在公司做什么？

：入职的时候我是出纳，负责财务这一块，主要是负责公司的运营的一些事情。

? 投资人的钱你收吗？

：不收，我负责公司运营，钱这一块，我不负责收钱。

? 王悦在公司的职务是什么？

：王悦是总经理。

? 外地的分公司来北京参加过培训吗？

：上海分公司的高层好像来过。

? 员工工资是你负责发吗？

：是财务部发。

? 你还有补充的吗？

：没有。

? 好的，那看笔录签字。

：好的。

被询问人：

时间：

审判员：

书记员：

2019年1月1日

北京市××人民法院
讯问笔录

时间：2019年1月1日9时40分-10时00分

地点：××法院第九法庭

谈话人：李明、张丽　　　　记录人：张丽

被讯问人：王悦，男，居民身份号码：110××××，系本案被告人。

案由：被告人王悦非法吸收公众存款一案

？今天法院依法对你进行讯问，我们是××法院法官李明，做记录的是书记员张丽，你需要如实回答，如果做虚假陈述将承担相应的法律责任，你听清了吗？

：听清了。我能做到。

？你在之前的公司是担任什么职务？

：我是公司的法人代表，管理公司的事务。

？你们公司的经营模式是什么样的？

：公司通过业务员在下面寻找客户投资，客户投资后，依据一定的返点给业务员和部门经理报酬。

？公司有吸收资金的资质吗？

：没有。

？还有什么补充的吗？

：没有。

？好的，那看笔录签字。

：好的。

被讯问人：

时间：

审判员：

书记员：

2019年1月1日

2. 调解、和解准备工作

刑事调解是人民法院在审理附带民事诉讼案件过程中对双方之间的民事赔偿问题根据自愿、合法的原则进行的调解。根据《最高人民法院关于适用〈刑事诉讼法〉解释》第一百五十三条的规定，经调解达成协议的，应当制作调解书。调解书经双方当事人签收后，即具有法律效力。调解达成协议并即时履行完毕的，可以不制作调解书，但应当制作笔录，经双方当事人、审判人员、书记员签名或者盖章后即发生法律效力。调解笔录是在案件涉及民事赔偿方面的问题时，法官、书记员针对双方进行民事调解过程所制作的笔录，是法官在法院审判阶段进行民事调解工作的反映。涉及民事赔偿的案由一般为故意伤害、交通肇事、故意毁坏财物等涉及人身伤亡或财产被毁坏而直接遭受损失等刑事附带民事诉讼案件。书记员在协助法官进行民事调解的过程中应当积极与当事人双方进行沟通交流，但是在调解过程中要秉持中立立场，灵活掌握工作方法，不能有倾向任何一方的意思表示或不当行为。在调解笔录最终确定后应当由双方及法官、书记员签字确认。对调解成功的，制作调解协议，并交调解双方签字确认、留存。

刑事和解是在因民间纠纷引起，涉嫌刑法分则第四章、第五章规定的犯罪案件，可能判处三年有期徒刑以下刑罚的以及除渎职犯罪以外的可能判处七年有期徒刑以下刑罚的过失犯罪案件中，被告人真诚悔罪，通过向被害人赔偿损失、赔礼道歉等方式获得被害人谅解，被害人自愿和解的，双方当事人达成的和解。需要注意的是被告人在五年以内曾经故意犯罪的，不能适用和解程序。在办理当事人和解的案件中，人民法院应当听取当事人和其他有关人员的意见，对和解的自愿性、合法性进行审查，并主持制作和解协议书。书记员应当制作和解协议书，双方在和解协议上签字确认。

【业务文件】

最高人民法院关于刑事附带民事诉讼范围问题的规定
法释〔2000〕47号

（2000年12月4日最高人民法院审判委员会第1148次会议通过）

《最高人民法院关于刑事附带民事诉讼范围问题的规定》已于2000年12月4日由最高人民法院审判委员会第1148次会议通过，现予公布，自2000年12月19日起施行。

中华人民共和国最高人民法院

二〇〇〇年十二月十三日

根据刑法第三十六条、第三十七条、第六十四条和刑事诉讼法第七十七条的有关规定，现对刑事附带民事诉讼的范围问题规定如下：

第一条　因人身权利受到犯罪侵犯而遭受物质损失或者财物被犯罪分子毁坏而遭受物质损失的，可以提起附带民事诉讼。

对于被害人因犯罪行为遭受精神损失而提起附带民事诉讼的，人民法院不予受理。

第二条　被害人因犯罪行为遭受的物质损失，是指被害人因犯罪行为已经遭受的实际损失和必然遭受的损失。

第三条　人民法院审理附带民事诉讼案件，依法判决后，查明被告人确实没有财产可供执行的，应当裁定中止或者终结执行。

第四条　被告人已经赔偿被害人物质损失的，人民法院可以作为量刑情节予以考虑。

第五条　犯罪分子非法占有、处置被害人财产而使其遭受物质损失的，人民法院应当依法予以追缴或者责令退赔。被追缴、退赔的情况，人民法院可以作为量刑情节予以考虑。

经过追缴或者退赔仍不能弥补损失，被害人向人民法院民事审判庭另行提起民事诉讼的，人民法院可以受理。

【诉讼文书】

北京市××区人民法院
民事调解协议

被告人张××故意伤害一案，关于案件涉及的民事赔偿事项，经本院依法调解，被告人张××与被害人刘××就民事赔偿事项自愿达成协议如下：

一、被告人张××一次性赔偿被害人刘××医疗费、误工费、营养费、交通费、护理费、住宿费、住院伙食补助费、后期治疗费等各项经济损失共计人民币五万（人民币50000元）。

二、被害人刘××对被告人张××表示谅解，建议法庭从宽判处。

三、本调解系一次性调解，赔偿款给付完毕后，被害人刘××就本案民事赔偿问题不得再与被告人张××发生任何纠纷。

四、本协议经双方当事人签字后，发生法律效力。

协议人：

时间：

          年 月 日

           （院印）

刑事和解协议书

案由：被告人李××故意伤害一案

被害人：刘××，男，1990年1月1日出生，汉族，住址：北京市××××，电话：××××

被告人：李××，男，1991年1月1日出生，住址：北京市××××。电话：××××

被告人李××故意伤害一案，被害人刘××与被告人李××在自愿、合法的基础上，协商达成如下协议：

一、被告人李××对北京市××区人民检察院京×检刑诉（2019）1111号起诉书指控的事实和罪名没有异议，并真诚悔罪。

二、被告人李××一次性即时给付被害人刘××医疗费、误工费、营养费、交通费、后续治疗费等各项损失赔偿款共计人民币十万元整（被告人李××向被害人刘××赔礼道歉），双方日后就民事赔偿问题不得再次发生争执。被害人刘××不再提起刑事附带民事诉讼。

三、被害人刘××自愿和解，并对被告人李××表示谅解，请求法院对被告人李××从宽处罚。

被害人：   被告人：

时间：   时间：

         审判员：

         书记员：

         时间：

3. 传唤当事人准备工作

传唤当事人是人民法院基于办案需要，对于需要当事人到庭的，使用传票形式通知案件当事人到案接收询问或讯问。当需要传唤当事人时，书记员需要填写刑事传票并送达当事人。在传票中载明应当到庭的时间、地点、原因等。

【诉讼文书】

北京市××区人民法院刑事传票

案由		卷号			年度	字第	号
被通知人		住址					
事由	应到地点	应到时间			签发人		
		月	日	时 分			
		月	日	时 分			
		月	日	时 分			
注意	1.持本件及本人身份证准时到达指定地点。 2.携带证据。						

4.居住地核实准备工作

居住地核实是对于拟判处缓刑的被告人,需要核实其居住地,确认居住地司法局同意接收被告人到居住地司法局接受社区矫正,保证缓刑的执行。书记员在进行核实居住地的过程中,需要向被告人拟接受社区矫正的司法局发送居住地核实函并附起诉书副本一份,通过挂号信、快递或当面送达等形式送达司法局,由司法局进行核实居住地工作并反馈办案法院。[1]

【业务文件】

1.《中华人民共和国社区矫正法》

2.《社区矫正实施办法》

3.《北京市社区矫正实施细则》

任务二 办理辩护手续及阅卷

1.辩护人的具体情形

辩护人包括委托辩护人及指定辩护人。对于委托辩护人的,书记员需要根据已经获取的被告人家属或者辩护人的联系方式,与委托辩护人取得联系,告知辩护人前往法院递交辩护手续。

---

[1] 具体参照《中华人民共和国社区矫正法》、《社区矫正实施办法》、《北京市社区矫正实施细则》等法律、法规、文件规定。

2. 委托辩护人的手续办理

委托辩护人包括委托律师担任辩护人和委托其他公民担任辩护人。[1] 律师担任辩护人的，向法院递交的手续包括委托书、律师事务所所函、律师证复印件。其他个人担任辩护人的，需要递交委托书、身份证明、推荐信或者关系证明等材料。书记员在接收辩护手续的过程中，应当注意查看证件原件。

3. 指定辩护的分类及手续办理

指定辩护是在具备法定条件下，人民法院为没有委托辩护人的被告人指定承担法律援助的律师为被告人进行辩护。指定辩护分为可以为被告人指定辩护即酌定指定辩护和应当为被告人指定辩护即法定指定辩护两种情况。在酌定指定辩护的情形中，需要被告人或者被告人家属向法律援助机构提出申请。在法定指定辩护的情形中，被告人或者被告人家属无需提出申请，人民法院应当依职权通知法律援助机构为其指定辩护人。在实践中，部分被告人由于被羁押不能与家属取得联系申请法律援助，也不能自己向法律援助机构提出申请。在此情况下，法院在办理法律手续的过程中可以代为接收被告人的法律援助申请书并转交法律援助机构。在办理指定辩护手续中，书记员需要与司法局法律援助中心做好沟通协调工作。在办理酌定指定辩护手续时，书记员需要将被告人法律援助申请书转交司法局法律援助中心。在办理法定指定辩护手续时，书记员需要提供法律援助通知书一份、一审案件书记员需要向法律援助机构提供起诉书副本、二审案件提供一审判决书副本一份，除适用简易程序审理的以外，在开庭前十日或根据司法局要求将上述材料送交法律援助机构。法律援助通知书应当写明案由、被告人姓名、提供法律援助的理由、审判人员的姓名和联系方式；已确定开庭审理的应当写明开庭的时间、地点。

实践中，指定辩护存在一种特殊情况，由于种种原因，被告人不同意法律援助机构指定的律师担任其辩护人为其辩护。遇到此种情形时，书记员应当分情况处理：在酌定指定辩护的案件中，被告人拒绝法律援助机构指派的律师为其辩护，坚持自己行使辩护权的，人民法院应当准许。在法定指定辩护的案件中，被告人拒绝指派的律师为其辩护的，人民法院应当查明原因。理由正当的，应当准许，但被告人须另行委托辩护人；被告人未另行委托辩护人的，人民法院应当在三日内书面通

---

[1] 《刑事诉讼法》第三十三条：犯罪嫌疑人、被告人除自己行使辩护权以外，还可以委托一至二人作为辩护人。下列的人可以被委托为辩护人：（一）律师；（二）人民团体或者犯罪嫌疑人、被告人所在单位推荐的人；（三）犯罪嫌疑人、被告人的监护人、亲友。正在被执行刑罚或者依法被剥夺、限制人身自由的人，不得担任辩护人。被开除公职和被吊销律师、公证员执业证书的人，不得担任辩护人，但系犯罪嫌疑人、被告人的监护人、近亲属的除外。

知法律援助机构另行指派律师为其提供辩护。在第二次为被告人指定辩护之后,被告人只能接受指定的辩护人为其辩护或者自行委托辩护人。

4. 阅卷

辩护人在递交手续后需要对案件卷宗进行阅览、复制、摘抄等。在阅卷工作中,书记员应当与辩护人当面清点卷宗数量,并做好交接手续。由借卷辩护人书写借卷借条,写明借卷册数并签字。书记员将借条与辩护人的相关证件如律师证、身份证等一起暂存,在辩护人阅卷结束并清点无误后将借条与证件一起归还辩护人,做好交接工作,保证卷宗安全。随着信息技术的发展,特别是电子卷宗的推广,亦可通过刻录电子光盘的形式直接给辩护人提供卷宗的电子文档。

【诉讼文书】

北京市 ×× 区人民法院
法律援助通知书

北京市 ×× 区法律援助中心:

我院受理被告人 ×× 非法吸收公众存款一案,因本案被告人 ×× 系限制行为能力人,需请贵中心指定一名律师出庭为被告人 ×× 辩护。

附:起诉书副本一份

备注:开庭时间尚未确定

×××× 年 ×× 月 ×× 日

(院印)

承办人:××　　电话:

书记员:××　　电话:

任务三　办理提押被告人手续

办理提押被告人手续是指法官与书记员为了开庭、提讯或其他需要提押被告人的事项而办理相关手续,交由法院司法警察,由司法警察携带相关手续将被告人从看守所提押至法庭的过程。

在办理提押手续之前,首先需要确定的是提押被告人的时间,由法官或书记员根据工作安排协调好提押时间。在办理提押被告人手续的过程中,书记员需要准备的材料是提押证(票)。提押证是看守所允许提押被告人的凭证,因此书记员应当妥善保管，出现丢失及时汇报，避免引发严重后果。

在实践中，由于工作安排不同及现实情况，可能会出现司法警察不能在原计划的提讯时间提讯被告人，因此，在办理提押手续过程中，书记员应当与司法警察安排提押的负责人提前做好沟通工作。在遇到不能在原计划时间提押被告人的情况时，及时反馈法官，协商更改提押时间；反之亦然，避免浪费司法资源。

在提押被告人之后，司法警察会将被告人送回看守所，同时取回提押证。书记员应当在司法警察从看守所取回提押证之后及时取回提押证并入卷保存，避免遗失造成不良影响。

【诉讼文书】

北京市××区人民法院
提讯提解证

编号：2019-4591-1 承办人：××× 案号：（2019）京0105刑初×××号

适用程序：简易程序（独任制）_____ 案由：非法吸收公众存款罪……

书记员：×××

看守所提讯专用章　　　　　　　　　　　　　　办证机关印

姓名		性别		出生日期	
法定羁押期限起止时间					
羁押期限变更情况	变更原因				
	新的起止时间	自　年　月　日至　年　月　日 填写人：			
	变更原因				
	新的起止时间	自　年　月　日至　年　月　日 填写人：			
	变更原因				
	新的起止时间	自　年　月　日至　年　月　日 填写人：			

注：1.办案机关办理送押或者换押手续时，将此证交由看守所填写并加盖提讯专用章；

2.对超过《提讯提解证》上注明的法定羁押起止时间提讯、提解的，看守所应当拒绝；

3.属于提解出所情形的，须在"备注"中注明；

4.办案机关未改变的，提讯、提解记录栏可复印使用。

特殊提醒信息：同案犯人姓名等

羁押看守所：××区看守所

任务四　完成庭前会议准备和记录工作[1]

刑事庭前会议是人民法院在开庭审理前，依职权或依控辩双方的申请组织控辩双方等召开的庭前准备程序，旨在为庭审做准备，提高庭审效率。庭前会议并非全部刑事案件必需的前置程序，对当事人及其辩护人、诉讼代理人申请排除非法证据，并提供相关线索或材料的；证据材料较多、案情疑难复杂的；社会影响重大或案情敏感的；控辩双方对指控的犯罪事实、证据争议较大的以及其他应当召开庭前会议的案件中，人民法院可以召开庭前会议。

对于召开庭前会议的案件，书记员需要将庭前会议召开的时间和地点提前三日通知辩护人、公诉人及其他参加会议的人。对于未被羁押的被告人，一般应当通知其参加庭前会议。根据承办法官的决定让被羁押的被告人参加庭前会议的，提前做好提解被告人的工作。对于未成年人犯罪案件，未成年被告人参加庭前会议的，应当通知法定代理人到场。对于盲、聋、哑人或尚未完全丧失辨认或者控制自己行为能力的精神病人犯罪案件，被告人参加庭前会议的，可以通知法定代理人到场。对于外国人以及不通晓汉语的少数民族人员犯罪案件，被告人参加庭前会议的，应当通知翻译人员参加。

需要注意的是庭前会议一般不公开进行。对于庭前会议，书记员应当制作庭前会议情况笔录，由参会的审判人员、公诉人、辩护人、书记员、被告人等核对后签名。笔录应当如实、全面反映庭前会议的情况。同时在庭前会议的过程中，书记员应当做好庭前会议的录音录像工作并入卷。在会议结束之后，书记员应当协助承办法官或者法官助理完成庭前会议报告。

【诉讼文书】

北京市 ×× 法院
×× 案庭前会议笔录
（第 × 次）

时间：

地点：

主持人：

---

[1] 本部分内容参照北京市高级人民法院《关于办理刑事案件庭前会议实施细则（试行）》的第十一条、第二十九条的相关规定。

记录人：

主持人：北京市××检察院向我院提起公诉的被告人××犯××罪一案，我院已依法受理。因证据材料较多/案情疑难复杂/社会影响重大/控辩双方对事实证据存在较大争议等情形的（或因____需处理____事项，控/辩方申请召开庭前会议，本院经审查认为有必要的），为提高庭审效率、明确审判重点、保障控辩双方平等充分行使诉讼权利，依照法律及相关办案规程的规定，合议庭决定就案件审理的有关问题召开庭前会议，了解情况，听取意见。

主持人：请法警提被告人××到庭。

（法警提被告人到庭）

主持人：控辩双方，在庭前会议开始之前，法庭向各位提几点要求：（1）请公诉人、辩护人发言时听从法庭的指挥，辩护人发言时请先表明自己是哪名被告人的辩护人，以便法庭记录。（2）请各位发言时尽量简洁明了，在对证据发表意见时，如其他辩护人对同一份证据已发表类似观点，法庭均会记录在案，减少重复发表意见。（3）庭前会议上达成一致的意见，……。

主持人：本次庭前会议由××主持，××记录，北京市××检察院检察员××、被告人××及其辩护人××/被告人××的辩护人××参与。

主持人：根据案件情况，被告人××不参加本次庭前会议，被告人××的辩护人，你是否在召开本次庭前会议前就庭前会议处理事项听取被告人意见？

……

主持人：首先，介绍本案合议庭成员、书记员及公诉人名单。本案由北京市××法院审判员××担任审判长，会同本院审判员××、××组成合议庭审理，本院书记员××担任法庭记录。公诉人为北京市××检察院检察员××。被告人、辩护人是否申请上述人员回避？

……

主持人：下面，就与审判相关的事项（或被告人/辩护人所提申请和意见）逐项听取控辩双方意见。本次庭前会议共有×项内容。

主持人：下面进行庭前会议第一项内容，被告人、辩护人，对案件的管辖是否有异议？

……

主持人：下面进行庭前会议第二项内容，被告人、辩护人是否申请不公开审理？

……

主持人：下面进行庭前会议第三项内容，就本案证据相关问题听取控辩双方意见。在庭前会议前，法院已依法通知辩护人对公诉机关移交的全部案卷材料进行了查阅，公诉机关已查阅辩护人收集、提交法庭的相关证据。

主持人：被告人、辩护人是否申请排除非法证据？如有申请，请申请人简要陈述申请排除的证据名称、理由及相关线索材料。

……

主持人：现在由控辩双方展示拟在法庭上出示的证据材料，法庭听取控辩双方对证据材料的意见。

主持人：首先由公诉人简述拟在法庭出示的证据材料概况、示证顺序、方式。

……

主持人：请公诉人出示证据。

公诉人：现在出示证据。

……

主持人：被告人、辩护人有何意见？

……

主持人：现在由被告人、辩护人展示证据材料。被告人及辩护人是否有证据将向法庭提供？

……

主持人：公诉人有何意见？

……

主持人：对于控辩双方均无异议的证据材料，控辩双方当庭可简单示证；对有异议的证据材料，法庭将在庭审中重点调查。

主持人：下面进行庭前会议第四项内容，被告人、辩护人是否申请调取新的证据？被告人、辩护人是否申请重新鉴定或者勘验、检查？简述理由。

……

主持人：下面进行庭前会议第五项内容，被告人、辩护人是否申请调取在侦查、审查起诉期间公安机关、人民检察院收集但未随案移送的证明被告人无罪或者罪轻的证据材料？简述理由。

……

主持人：下面进行庭前会议第六项内容，被告人、辩护人是否申请通知证人、鉴定人和有专门知识的人出庭？简述理由。

……

主持人：下面进行庭前会议最后一项内容，总结今天庭前会议达成一致意见的事项：

1.控辩双方对案件管辖无异议；

2.被告人及辩护人明确表示申请/不申请调取新的证据/重新鉴定或者勘验、检查/通知证人、鉴定人和有专门知识的人出庭/非法证据排除；

3.组织控辩双方展示了拟在法庭上出示的证据材料，听取了控辩双方对证据材料的意见；控辩双方对庭审举证、质证的顺序和方式，初步达成了一致意见。对控辩双方无异议的证据材料，在庭审中将简化出示，仅说明证据材料的名称和所要证明的事项；对有异议的证据材料在庭审中重点调查。

主持人：法庭归纳争议焦点如下……

主持人：今天的庭前会议情况现已记录在案。接下来，合议庭将进行评议，评议结果在开庭时予以宣布。庭前会议到此结束。请各方核对庭前会议笔录并签名，现在散会。

庭前会议报告

（第×次）

基本情况：××××年××月××日，本庭在本院第×法庭召开了××犯××一案庭前会议。会议由××主持，××记录，合议庭成员××、××、北京市××检察院检察员××、被告人××及其辩护人××参加。庭前会议于××××年××月××日××时××分开始，至××××年××月××日××时××分结束。

因××（召开庭前会议原因），为提高庭审效率、明确审判重点、保障控辩双方平等充分履行诉讼权利，本院依法决定召开庭前会议，主要内容有：

一、听取了控辩双方对管辖、回避、是否申请排除非法证据、是否申请提供新的证据材料、是否申请重新鉴定或勘验、是否申请调取新的证据、是否申请证人、鉴定人、侦查人员、有专门知识的人出庭等与审判相关的程序性问题的意见；

二、组织控辩双方展示了拟在法庭上出示的全部/部分证据材料，听取了控辩双方对于证据材料的意见；

三、归纳争议焦点；

……

庭前会议中，各被告人及其辩护人均能遵守法庭秩序和规则，服从法庭指挥。

经过庭前会议，本院对以下程序性事项申请决定如下：……

控辩双方经协商达成一致意见的事项如下：……

本庭归纳争议焦点如下：……

任务五　确定开庭时间、预订法庭、发布开庭公告

1. 确定开庭时间

确定开庭时间是法官、书记员依据工作安排确定案件开庭审理的时间。因案件开庭涉及多方诉讼参与人，因此在此过程中书记员需要协调各方时间，特别是在诉讼参与人较多的案件。在一般的一审刑事案件中，所涉及的诉讼参与人包括公诉人、被告人、律师、被害人等。司法实践中，书记员应当从最好协调的法官开始，首先确定法官可以开庭的时间，确定可以备选的几个时间段。然后联系其他的诉讼参与人，协调、确定开庭的时间。

2. 预订法庭

预订法庭是在开庭之前提前确定开庭地点。在公开审理的案件中，由于开庭公告中必须写明开庭地点，所以实践中预订法庭与发布开庭公告一般同时进行。书记员在发布开庭公告时，在审判系统中找到相应的案件，选择开庭时间、开庭地点，开庭地点不能跟其他案件承办人在此时间段已经选择的开庭地点重复。开庭地点选择完成也即表示预订法庭成功。在不公开审理的案件中，预订法庭需要单独预定。

3. 发布开庭公告

开庭公告是法院对依法公开审理的案件，提前发布公告，告知公众案件开庭时间和地点。开庭公告需要在案件开庭前三日发布。[1] 由于审判系统中已经先行关联了被告人姓名、案由，所以书记员只需选择正确的案件进行操作，选择开庭时间和开庭地点发布即可。

现司法实践中发布开庭公告的主要方式有官方网站公告、电子显示屏公告等，

---

[1] 《刑事诉讼法》第一百八十七条第三款：人民法院确定开庭日期后，应当将开庭的时间、地点通知人民检察院，传唤当事人，通知辩护人、诉讼代理人、证人、鉴定人和翻译人员，传票和通知书至迟在开庭三日以前送达。公开审判的案件，应当在开庭三日以前先期公布案由、被告人姓名、开庭时间和地点。

《最高人民法院关于适用〈中华人民共和国刑事诉讼法〉的解释》第一百八十二条：开庭审理前，人民法院应当进行下列工作：……（六）公开审理的案件，在开庭三日前公布案由、被告人姓名、开庭时间和地点。

社会公众询问如何查看开庭公告，如何获取开庭信息时，可以告知询问人通过登录审判法院的官方网站查看相关的开庭信息，或者前往审判法院所设立的电子公告屏查看。

【诉讼文书】

北京市 ×× 区人民法院

公　　告

（2019）京 ×××× 初 ×× 号

　　我院定于二〇一九年 × 月 × 日上午十时整在第一法庭依法公开开庭审理周某非法吸收公众存款罪一案。

　　特此公告

二〇一九年 ×× 月 ×× 日

（院印）

任务六　通知公诉机关开庭、预约人民陪审员

1.通知公诉机关开庭

案件确定开庭时间后，需要向公诉机关送达书面出庭通知。书记员在送达出庭通知时，需要准备出庭通知和送达回证。检察院在收到书面出庭通知后，在送达回执上签字或者盖章。在刑事一审适用普通程序审理的案件中，人民法院需要在开庭三日前将开庭时间、地点通知人民检察院。在适用简易程序、速裁程序审理的案件中，由于案件审限较短，所以在遇到特殊情况时，可以采用通过电话等实时通信工具先告知检察院开庭时间，书面出庭通知后送达的方式告知公诉人。

【诉讼文书】

北京市 ×× 区人民法院

出 庭 通 知 书

（2019）京 ×××× 刑初 ×××× 号

（公诉人姓名）：

　　本院受理被告人 ××× 盗窃_____一案，定于 2019 年 12 月 7 日 9 时 30 分在 ×× 区法院第十四法庭开庭审理。根据《中华人民共和国刑事诉讼法》第一百八十七条的规定，现特通知你作为本案的公诉人，请准时出庭。

承办人：×××，电话
书记员：×××，电话

年　　月　　日
（院印）

2. 预约人民陪审员

人民陪审员是刑事审判中合议庭的重要组成人员，基层人民法院审理的第一审适用普通程序审理的案件和对被告人可能判处有期徒刑三年以上的适用简易程序审理的案件、中级人民法院审判第一审案件，应当由审判员三人或者由审判员和人民陪审员共三人或者七人组成合议庭进行。高级人民法院审判第一审案件，应当由审判员三人至七人或者由审判员和人民陪审员共三人或者七人组成合议庭进行。最高人民法院审判第一审案件，应当由审判员三人至七人组成合议庭进行。适用简易程序审理的案件，对可能判处三年有期徒刑以下刑罚的，可以组成合议庭进行审判，也可以由审判员一人独任审判[1]。因此，在涉及需要陪审员组成合议庭的案件中，当案件确定开庭日期之后，需要提前预约陪审员。

预约陪审员时，书记员需要在开庭日期的前一周向内勤统一登记，写明案件被告人姓名、案由、开庭时间、预计结束时间、案件承办人、书记员及联系方式。后由内勤汇总统一报送法院陪审员管理部门，由该部门统一负责预约下一周案件所需陪审员。

在预约陪审员中还存在一种特殊情况，即同一案件已经开过一次庭，需要再次开庭的情况。在此情况下，合议庭的组成人员要求保持不变，所以在预约陪审员的时候需要注明此案件为二次开庭，需要预约的特定陪审员也应当明确备注。

【诉讼文书】

人民陪审员预约表

序号	案号	被告人姓名	案由	开庭日期	开庭时间	结束时间	是否二次庭	承办法官	书记员	联系电话	备注

---

[1] 《刑事诉讼法》第二百一十六条：适用简易程序审理案件，对可能判处三年有期徒刑以下刑罚的，可以组成合议庭审判，也可以由审判员一人独任审判；对可能判处的有期徒刑超过三年的，应当组成合议庭审判。

任务七　传唤当事人、通知诉讼参与人出庭

对除被告人、公诉人以外的其他诉讼参与人，需要参加庭审的均需通过一定的方式告知其开庭时间并做好痕迹留存工作，可以通过送达回证或者电话录音等能够证明已经告知其开庭时间的方式做好留痕工作。

除被告人、公诉人以外，参与庭审的人员一般包括刑事附带民事诉讼原告人及代理人、辩护律师、被害人、要求旁听的当事人家属等。

在司法实践中，经常会遇到需要一次性通知较多人的情形，可以利用法院现有的技术手段通知，例如北京法院所建立的短信群发平台，通过发送短信一次性通知较多的人，但需要注意的是通过短信发送的通知需要做好确认工作，避免当事人提出自己没有收到通知，耽误诉讼进程。

【诉讼文书】

短信通知内容

×××你好：

我们是北京市××区人民法院刑事审判庭法官×××、×××法官，现被告人×××盗窃一案正在我院进行审理，我院定于2019年4月1日在北京市××区人民法院第十四法庭依法公开开庭审理，你作为被害人有权参加庭审。请收到此通知后尽快与承办法官联系。地址：北京市××区人民法院。联系电话：010-××××××××。

任务八　检查法庭布置、保证法庭各项设施、设备正常运行

在开庭之前，为保证庭审的顺利进行，书记员需要在开庭当日做好准备工作。如遇案情重大、复杂、社会影响大等大案要案开庭，准备工作应当更加提前，避免出现案件以外的因素干扰庭审顺利进行。

1. 检查法庭布置

对法庭的检查首先是法庭的布置，书记员应当按照案件开庭的情况布置好法

庭。具体包括：审判人员、书记员、公诉人、辩护人等桌签的摆放是否正确。独任审判的，审判席上放置"审判员"桌签。合议庭审判的，审判席上放置"审判长"、"审判员"、"人民陪审员"桌签，书记员需要根据合议庭的组成情况准确放置桌签。公诉人、刑事附带民事诉讼原告人、代理人桌签放置在面向审判席的左侧，辩护人桌签放置在面向审判席的右侧。被告人在法庭中央，书记员应当根据被告人的数量提前准备好相应数量的约束椅以及对应的押解被告人的司法警察的座椅。司法警察的座椅在被告人后侧方。在有旁听人员的庭审中，需要用隔离设施将旁听席与审判区域分割，避免旁听席影响审判活动。

在重大、涉众等刑事案件的审理过程中，遇到旁听人数众多、旁听席位不足的情况下，需要利用协商、抽签等方式确定旁听人选。书记员需要根据旁听席位的数量确定旁听人数。对能够提前确定参加旁听人群的，为了防止旁听事项影响庭审的正常进行，可以提前一天进行旁听席位的确定工作。书记员可以通过电话、短信等联系需要旁听的人，告知其按照规定时间提前到达法院协商，如果协商成功，按照协商的结果发放旁听证。如果协商失败，可采用抽签等方式随机确定旁听人员并发放旁听证，开庭当日，旁听人员凭旁听证旁听。对不能确定旁听人群的，可在开庭当日根据到场的要求旁听的人员数量采用协商、抽签的方式进行确定并发放旁听证，书记员对可能有较多旁听人的案件，应当在开庭前提前进行确定旁听人员的工作，避免影响庭审活动。

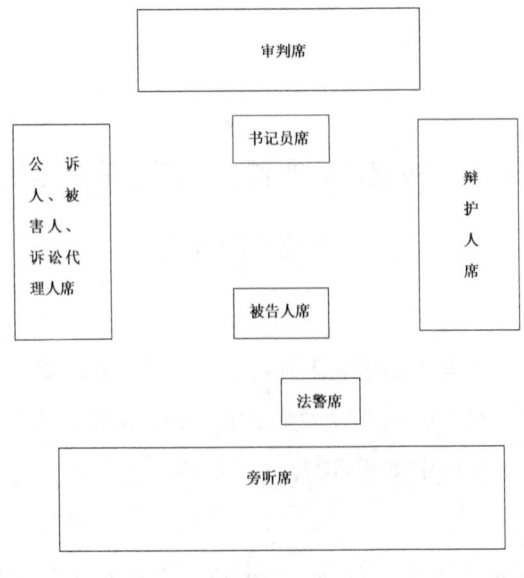

法庭布置图

2. 保证法庭各项设施、设备正常运行

检查法庭布置完毕后,书记员需要确认法庭内用于开庭的设施设备是否正常工作,包括照明、电脑、刻录机、摄像头、话筒等在开庭中使用的设备。对庭审直播的案件,需要书记员提前调试设备并按照公告的开庭时间进行庭审直播。按照庭审直播的相关程序准备好庭审直播工作。遇到问题及时向技术部门反映并告知承办法官,避免因设备故障影响庭审的正常进行。

任务九 核对公诉人、当事人及其他诉讼参与人到庭情况

案件开庭当日,书记员需要提前确认公诉人、辩护人及其他诉讼参与人到场情况,并按照法庭布置安排入座。对旁听人员需要提前确认身份并留存身份证明复印件。需要注意的是精神病人、醉酒的人、未经人民法院批准的未成年人以及其他不宜旁听的人不得旁听案件审理。证人、鉴定人、有专门知识的人不得旁听对本案的审理。在公开审理的涉外刑事案件中,外国籍当事人国籍国驻华使、领馆官员要求旁听的,可以向受理案件的人民法院所在地的高级人民法院提出申请,人民法院应当安排。

在其他人员到庭完毕后,对被告人被羁押的案件,书记员需要告知司法警察提押被告人到庭,由司法警察将被告人从关押被告人的法院暂看室提押到法庭。

任务十 宣布法庭纪律

宣布法庭纪律是向参与庭审的各方宣读法庭纪律,告知其应当遵守的纪律及违反纪律将要承担的法律责任。宣读法庭纪律的内容包括:全体人员应当服从审判长(或独任审判员)的指挥,尊重司法礼仪,遵守法庭纪律,不得实施下列行为:鼓掌、喧哗;吸烟、进食;拨打或接听电话;对庭审活动录音、录像、拍照或使用移动通信工具等传播庭审活动及其他危害法庭安全或妨害法庭秩序的行为。旁听人员不得进入审判活动区,不得随意站立、走动,不得发言和提问。对违反法庭纪律所应当承担的法律责任包括:对于违反法庭纪律的人,审判长(或独任审判员)警告、训诫,责令退出法庭;对拒不退出法庭的,指令司法警察将其强行带出法庭;

可以暂扣存储介质或者相关设备。对危及法庭安全或者扰乱法庭秩序的，根据相关法律规定予以罚款、拘留；构成犯罪的，依法追究刑事责任。

【诉讼文书】

法 庭 规 则[①]

现在宣读法庭规则，全体人员在庭审活动中应当服从审判长（或独任审判员）的指挥，尊重司法礼仪，遵守法庭纪律，不得实施下列行为：

（一）鼓掌、喧哗；

（二）吸烟、进食；

（三）拨打或接听电话；

（四）对庭审活动进行录音、录像、拍照或使用移动通信工具等传播庭审活动；

（五）其他危害法庭安全或妨害法庭秩序的行为。

旁听人员不得进入审判活动区，不得随意站立、走动，不得发言和提问。

对于违反法庭纪律的人，审判长（或独任审判员）会警告、训诫，责令退出法庭；对拒不退出法庭的，指令司法警察将其强行带出法庭；可以暂扣存储介质或者相关设备。

对危及法庭安全或者扰乱法庭秩序的，根据相关法律规定予以罚款、拘留；构成犯罪的，依法追究刑事责任。

请公诉人、辩护人入庭。

请审判长、人民陪审员入庭。

任务十一　请审判人员入庭，向审判长报告公诉人、诉讼参与人到庭情况

在所有开庭前准备事项均已准备完毕后，书记员应当请审判人员入庭。审判人员入庭时其他人员应当全体起立，在审判人员入座之后其他人员可以坐下。书记员需要向审判长报告公诉人、诉讼参与人到庭的情况，等待审判长宣布开庭。

[①] 法庭规则是司法实践中根据《中华人民共和国人民法院法庭规则（2016年修正）》进行提取用于开庭直接进行宣读的文本。

任务十二　制作开庭前准备工作笔录

对于开庭前的准备工作，均需要制作开庭前准备工作笔录。准备工作笔录内容包括：审判长及合议庭组成人员；起诉书副本送达被告人、辩护人的情况；通知当事人、法定代理人、辩护人、诉讼代理人提供证人、鉴定人名单，以及拟当庭出示的证据的情况；申请证人、鉴定人、有专门知识的人出庭的，应当列明有关人员的姓名、性别、年龄、职业、住址、联系方式；开庭的时间、地点通知人民检察院的情况；将传唤当事人的传票和通知辩护人、诉讼代理人、法定代理人、证人、鉴定人等出庭的通知书送达的情况；通知有关人员出庭的情况；开庭公告的情况。在案件开庭准备中，并非所有的事项都具备，书记员要根据实际工作情况做好工作记录。

【诉讼文书】

开庭前准备工作笔录

根据《刑事诉讼法》第一百八十七条之规定，现将开庭前的准备工作记录如下：

（一）对本案的起诉案卷审查后，决定开庭审判。由审判员××担任审判长，与审判员××、人民陪审员××组成合议庭。

（二）已将北京市××区人民检察院的起诉书副本于2019年××月××日送达被告人××。（详见送达起诉书笔录）

（三）已将本案于2019年××月××日在××区人民法院第十四法庭开庭审理的时间于2019年××月××日××时通知公诉机关。

（四）已于2019年××月××日将本案开庭审理时间公告。

审判员：
书记员：
2019年××月××日

【任务训练】

杨谦贩卖毒品一案定于2019年4月1日上午10时开庭，请按照开庭前准备工作模拟做好庭前准备工作，并制作开庭前准备工作笔录。

工作情境二　民事案件庭前准备

【情境描述】

李霞在庭审前向原、被告送达诉讼材料时同时送达了开庭传票，开庭传票确定的开庭时间是2019年6月28日上午9点00分。因双方当事人提交的证据材料较多，周旭东法官对李霞说："你安排一次庭前会议吧。"李霞查看了相关资料，说："那就安排在2019年6月14日下午14点00分吧，我马上去通知。"

【情境分析】

李霞是如何确定开庭时间和庭前会议时间的呢？在案件开庭前，还有哪些准备工作需要完成呢？庭审时间的确立需要书记员根据每个案件的实际情况，例如开庭的前置条件、案件的审理期限等，以及开庭人员、场所的安排等因素综合协调确定，这非常考验书记员的法律知识的储备和协调能力。

【工作任务】

任务一　协助法官、法官助理做好各项庭前工作记录

庭审前审核诉讼材料、收集必要证据是庭审前准备工作中的重点环节和中心步骤，它对于案件能否及时开庭审理、庭审中能否查明案件事实以及对案件最终能否作出正确判决都具有重要意义。

一、诉讼材料的庭前审核工作

在开庭审理前必须认真审核诉讼材料，这是每个案件开庭审理前都必须完成的工作。主审法官、法官助理和书记员要认真审查各方当事人提交的诉讼材料，了解诉讼请求、事实理由和争议焦点，确定在开庭前双方当事人是否还需要补充提交证据材料，如需要就通知当事人限期补充；审查当事人是否提出了财产保全申请、管辖异议申请或反诉申请，如当事人提出了上述申请，进一步审查当事人的申请是否符合条件，对符合条件的当事人的申请，要依据相关的工作程序和工作要求准确及

时地处理；审查为了查明案件事实是否需要进行鉴定、调查或勘验工作；审查是否有必要按法定程序通知其他人参加诉讼，等等。

诉讼材料的庭前审核具有十分重要的意义：

（1）诉讼材料审核有助于保证案件审理程序的正当性。例如，答辩期内被告提出了管辖异议申请，则首先必须对该申请进行审核并作出裁定。若受诉法院有管辖权的，案件才能继续审理，否则就应当移送到有管辖权的人民法院进行审理。（2）诉讼材料审核有助于完成庭审前的必要准备工作。例如，被告提出对原告的伤残等级进行重新鉴定，若审核后发现其鉴定申请应予准许，则在鉴定意见未能出具前不适合开庭审理。即使开庭审理了，也无法最终判决。（3）诉讼材料审核有助于提高庭审效率。例如，通过通知当事人限期补充提交证据材料的方式，使得案件所有的证据材料能在开庭时一次性提交，避免指定新的举证期限而需二次开庭，大大提高了一次开庭成功率。（4）诉讼材料的审核有助于提高庭审质量。例如，通过诉讼材料审核，可以使审判人员对案情有初步了解，掌握当事人双方争议的焦点和实质，确定审理方向，准确把握庭审重点和中心环节，有的放矢。

书记员与法官、法官助理及时沟通，进行诉讼材料的庭审审核工作，还具有其他重要作用：

（1）能够准确了解案件目前所处进程，提前准备好庭审所需的笔录模版。例如案件目前所处是公开开庭的，准备公开开庭的笔录模版；是鉴定前的协商的，准备鉴定询问笔录模版。（2）能够了解主要案情及争议焦点，提高庭审效率。书记员可以对案件中出现频率较高的词组进行提前组词输入，对案件中的一些专有名词提前查询熟悉，对庭审中的记录重点提前把握，等等。（3）能够提前预防一些突发事件，避免矛盾激化。如果通过诉讼材料审核，发现案件可能产生冲突的，可以提醒主审法官、法官助理做好准备或是安排法警到庭维持秩序等。

二、庭前会议工作

根据《最高人民法院关于适用〈中华人民共和国民事诉讼法〉的解释》第二百二十四条至二百二十六条的规定："依照《民法典》第一百三十三条第四项规定，人民法院可以在答辩期届满后，通过组织证据交换、召集庭前会议等方式，作好审理前的准备。根据案件具体情况，庭前会议可以包括下列内容：（一）明确原告的诉讼请求和被告的答辩意见；（二）审查处理当事人增加、变更诉讼请求的申请和提出的反诉，以及第三人提出的与本案有关的诉讼请求；（三）根据当事人的申请决定调查收集证据，委托鉴定，要求当事人提供证据，进行勘验，进行证据保全；（四）组织交换证据；（五）归纳争议焦点；（六）进行调解。人民法院应当根据当事人的诉讼请求、答辩意见以及证据交换的情况，归纳争议焦点，并就归纳的争议焦点征求当事人的意见。"这是对于庭前准备程序主要是庭前会议的规定。

庭前会议是否召开，由主审法官或合议庭根据案情自行决定。确定召开的，书记员应当按照开庭传票、出庭通知书等的送达程序进行通知。庭前会议由主审法官主持或者指导法官助理进行；由双方当事人及其代理人、证人参加。庭前会议情况应当由书记员负责记录并制作笔录，由参会人员核对后签名。

任务二　确定开庭时间、预订法庭

一、确定开庭时间

确定开庭时间并不是一个简单的工作，它牵涉案件具体情况、审判人员、审判法庭等诸多因素，能够锻炼书记员在工作中的理解、协调和沟通能力。

（一）开庭的前置条件

安排开庭时间必须首先满足允许开庭的前置条件。一般来说，第一次开庭的案件应当在十五日的答辩期后才能开庭。若当事人协商并经人民法院认可的举证期限或由人民法院指定举证期限长于答辩期的，则应当在举证期限届满后才能开庭。若在第一次开庭前或第二次及以上开庭前还设置了其他前置条件的，则必须在前置条件满足后才能开庭。例如，当事人申请鉴定的，则必须在鉴定结论出具后才能安排开庭；当事人在前一次庭审中要求新的举证期限的，则必须在该举证期限届满后才能开庭。

根据《最高人民法院关于民事经济审判方式改革问题的若干规定》第七条的规定，按普通程序审理的案件，开庭审理应当在答辩期届满并做好必要的准备工作后进行。当事人明确表示不提交答辩状，或者在答辩期届满前已经答辩，或者同意在答辩期间开庭，也可以在答辩期限届满前开庭审理。适用简易程序审理的案件，当事人双方均表示不需要举证期限、答辩期间的，人民法院可以立即开庭审理或者确定开庭日期。

（二）开庭的最后期限

安排开庭时间，不得超过民事案件的审理期限。人民法院适用普通程序审理的案件，应当在立案之日起六个月内审结。有特殊情况需要延长的，由本院院长批准，可以延长六个月；还需要延长的，报请上级人民法院批准。人民法院适用简易程序审理的案件，应当在立案之日起三个月内审结。审理期限到期后，双方当事人同意继续适用简易程序的，由本院院长批准，可以延长审理期限。延长后的审理期限累计不得超过六个月。人民法院审理对判决的上诉案件，应当在第二审立案之日起三个月内审结。有特殊情况需要延长的，由本院院长批准。人民法院审理对裁定的上诉案件，应当在第二审立案之日起三十日内作出终审裁定。有特殊情况需要延长审限的，由本院院长批准。

开庭时间不得超过审理期限，同时还应当考虑到开庭后仍可能存在诸多因素无法即时结案，因此，应当避免安排的开庭时间距离审理期限过近，以免影响案件的审理进程和期限。

（三）考虑送达方式的因素

根据《中华人民共和国民事诉讼法》第一百三十九条的规定，人民法院审理民事案件，应当在开庭三日前通知当事人和其他诉讼参与人。因此在排期开庭时，还应当考虑送达方式的因素，保证开庭传票和出庭通知书能在开庭三日前送达给最后一名当事人和其他诉讼参与人。例如，被告是公告送达的，则开庭时间最早应安排在公告期30日满后的3日后；被告是外省的需要邮寄送达的，则开庭时间的安排必须考虑邮件在途时间后的3日后。

（四）考虑其他因素

（1）人员因素。适用普通程序审理的案件，参与开庭的人员涉及至少三名审判员、书记员等各方人员的时间安排，有人民陪审员参加诉讼的案件还要涉及人民陪审员的时间安排。适用简易程序审理的案件，参与开庭的人员也会涉及审判员和书记员。因此在安排开庭时间时书记员应注意首先协调审判员和人民陪审员的时间，避免所安排的开庭时间与以上人员的其他工作相冲突。

在实际工作中，书记员除了口头与上述人员协商开庭时间外，可以在审判管理信息系统中将开庭时间输入，以备忘和避免发生工作冲突。有人民陪审员的，则可根据案件的具体情况至少在开庭前五日再与其确认，万一临时需要调换的，也可以有充分的时间准备。

（2）场所因素。书记员在确定开庭时间的同时，还应当同时确定开庭场所。可以通过审判信息管理系统查询法庭的使用情况，确保安排的开庭时间里有可以使用的法庭。

（3）休息日因素。书记员安排开庭时间的除有特殊要求的案件以外，应当注意避开双休日、节假日等时间。

总之，开庭时间应当在满足开庭前置条件并考虑送达因素后，至审理期限到达前的期间内，考虑好人员、场所、休息日等因素后，尽量选择靠前的时间。这样既可以保障后续诉讼程序的顺利进行，又可以缩短审理期限。

二、及时预定法庭

合议庭若有专用法庭的可以不用预定法庭，没有的都需提前预订法庭。预定法庭一般在审判信息管理系统进行预定。如果在同一时段有多个法庭可选择的，书记员可以根据案件具体情况、预估到庭人数等选择合适的法庭。一旦确定后，书记员应当及时在审判管理信息系统中及时预定，以免被其他案件占用。

书记员预定了法庭之后，要按照预定的时间、地点和用途来使用法庭，若因正当理由已经预订的法庭未能使用，要向主管部门说明情况并及时将所预定的法庭取消，以便他人照常使用。另外还要注意，如果因法庭紧张没有预定到法庭，不能与他人争用法庭。

任务三　制作、发布开庭公告

发布公告是公开审判制度的重要体现。根据《民事诉讼法》第一百三十九的规定，人民法院审理民事案件，应当在开庭三日前通知当事人和其他诉讼参与人。公开审理的，应当公告当事人姓名、案由和开庭的时间、地点。因此，对于需要公开开庭审理的案件，人民法院应当制作并发布开庭公告。

一、开庭公告的适用范围

公开审理是人民法院审理民事案件的基本形式，根据法律规定，不公开开庭审理的案件主要包括：

（1）涉及国家秘密的案件。如果审理的案件涉及国家事务的重大决策事项、国防建设和武装力量活动中的秘密事项、外交或外交活动中的秘密事项以及对外承担保密义务的事项、国民经济和社会发展中的秘密事项、科学技术中的秘密事项、维护国家安全活动和追查刑事犯罪中的秘密事项、其他经国家保密工作部门确定应当保守的国家秘密事项等,不能公开审理。(2)涉及个人隐私的案件。隐私权是自然人不容侵犯的人身权利之一,如果案件事实涉及当事人个人的、与公共利益无关的个人信息、私人活动和私有领域的个人隐私的,不能公开审理。(3)经当事人申请不公开审理并经人民法院批准的离婚案件和涉及商业秘密的案件。离婚案件有可能涉及自然人的生理隐私、夫妻关系隐情等问题,某些情况下有必要对离婚案件的情况进行保密。商业秘密则直接关系到当事人的商业利益,同样有必要为其保密。(4)法律另有规定可以不公开审理的案件。除以上案件外,其他民事案件必须公开开庭审理并发布开庭公告。

二、开庭公告的发布要求

开庭公告应当载明当事人姓名、案由和开庭的时间、地点,以及发布公告的时间。书记员可以填写或打印纸质开庭公告后在人民法院的公告栏中张贴发布,有条件的法院也可以将开庭公告信息在法院电子屏上或是网站、微博、公众号上发布。无论何种方式发布,都至少要在开庭三日前完成。开庭公告一式两份,一份对外发布,一份入卷备案,如果是采用非纸质开庭公告形式发布的,也至少要保证一份纸质开庭公告入卷。

【诉讼文书】

××××人民法院
公　告

本院定于＿＿＿年＿＿＿月＿＿＿日＿＿＿时＿＿＿分,在本院第＿＿＿法庭依法公开开庭审理＿＿＿＿＿＿＿＿＿＿＿＿＿＿诉＿＿＿＿＿＿＿＿＿＿＿＿＿＿纠纷一案。

特此公告。

××××年××月××日
(院印)

任务四　通知人民陪审员、诉讼参与人出庭

一、通知人民陪审员出庭

根据最高人民法院《关于人民陪审员参加审判活动若干问题的规定》，除适用简易程序审理的案件和法律另有规定的案件外，涉及群体利益的、涉及公共利益的、人民群众广泛关注的或其他社会影响较大的案件，或是民事案件原告申请由人民陪审员参加合议庭审判的案件，都由人民陪审员和法官共同组成合议庭进行审理。

人民法院一般应在办公室设立常设机构或指定专人负责人民陪审员参加审判活动的日常管理工作。确定案件需要人民陪审员的，应在开庭七日前采取电脑生成等方式，从人民陪审员名单中随机抽取或是特殊案件需要具有特定专业知识的人民陪审员参加审判的，在具有相应专业知识的人民陪审员范围内随机抽取确定人民陪审员后，与其协商确定具体的开庭时间。人民陪审员很多不是法院专职审判人员，因此在安排开庭时间时应首先与人民陪审员协商，选择其方便的时间开庭。为确保开庭能够顺利进行，书记员应将开庭时间和地点在开庭5日前再次通知陪审员。人民陪审员确有正当理由不能参加审判活动的，应当及时重新确定其他人选并告知当事人。

二、通知诉讼参与人出庭

诉讼参与人包括诉讼参加人和其他诉讼参与人。诉讼参加人主要是指当事人（原告、被告、共同诉讼人、第三人）、代理人（法定代理人、委托代理人），其他诉讼参与人主要是指证人、鉴定人、勘验人和翻译人员。

确定开庭审理时间、地点后，应当至少在开庭三日前通知诉讼参与人出庭。通知当事人出庭的，应当使用开庭传票传唤。通知法定代理人、诉讼代理人、证人、鉴定人、勘验人、翻译人员出庭的，应当用出庭通知书通知。适用简易程序审理的案件，可以使用电话等简便方式进行传唤。当事人或者其他诉讼参与人在外地的，应当留有必要的在途时间。

通知诉讼参与人出庭以及告知当事人审判组织组成人员及举证期限所需要的具体文书形式和送达要求可参见"庭前工作实务二庭前送达"部分内容。

任务五　检查法庭布置，保证法庭各项设施、设备正常运行

从此项任务开始，书记员进行的准备工作一般都是开庭当日的准备。因为人民法院的法庭使用频率较高，几日前即完成检查法庭布置等待法庭空置既不现实也不经济。因此，书记员一般在开庭当日检查法庭布置，以保证法庭各项设施、设备正常运行。

书记员应按规定着装，佩戴大号徽章，提前到达法庭。至于提前到达的时间，则根据具体案件的情况和自身工作熟练度的情况不同，由书记员视情况而定，一般不得少于十五分钟。书记员到达法庭后，应当至少做好以下三方面的检查工作：

（1）标志牌摆设正确。审判台和诉讼参与人席位上的标志牌根据审判组织成员或诉讼参与人的具体身份摆设，例如合议庭由三名法官组成的，应当将"审判长"的标志牌摆设在正中间位置，两边各摆设一块"审判员"标志牌。原告与其一名诉讼代理人出庭的应当在原告席位上靠近审判台位置摆设"原告"标志牌，旁边再摆设"诉讼代理人"标志牌。（2）席位满足要求。人民法院的法庭由于条件所限，并非所有审判庭的席位都能满足所有案件的要求，此时需要书记员根据案件具体的诉讼参与人的出庭情况特别设置。例如有些案件有证人、鉴定人或勘验人出庭的，需要专门设置证人席位。有些案件被告有多人，需要添置被告席位。（3）设备运行正常。书记员到达法庭后，应当检查并调整好光盘刻录系统，保证录音录像设备正常启动；检查电脑、显示屏、速录机是否可以正常工作；检查各席位上的话筒是否正常。同时视案情需要增添其他设备。例如有些案件当事人提供视听资料作为证据需要当庭播放的，则应当准备相应的播放设备或调试好播放功能。

任务六　查明当事人和其他诉讼参与人到庭情况

如果说检查法庭布置是做好开庭前的场所准备，那么查明当事人和其他诉讼参与人的到庭情况就是做好开庭前的人员准备。

一、核查当事人到庭情况

（1）当事人身份核查。书记员应当核对原告、被告、共同诉讼人、第三人等的身份材料。当事人是自然人的，应当要求其出示身份证或户籍资料，核对与卷内的

复印件是否一致,是否在有效期内;若卷内没有相关复印件的或其出示的身份资料已经更新的,应当复印后附卷。当事人是法人或其他非法人组织的,应当要求出示营业执照或机构代码证、法定代表人身份证明书或主要负责人身份证明书,核对经营期限是否超过有效期,记载的名称是否与答辩状或起诉状中相符,等等。

(2)当事人民事行为能力核查。书记员应当对自然人当事人的民事行为能力做初步核查,例如查看其年龄信息、精神状况等。如果当事人为无民事行为能力人或限制民事行为能力人的,则应当核查其法定代理人有无出庭。法定代理人应当提供其与该当事人的身份关系证明以及自己的身份信息以便确认其是否具有法定代理的资格。

(3)必须到庭的当事人核查。根据法律规定,必须到庭的当事人有以下几种情况:一是离婚案件有诉讼代理人的,本人除不能表达意思的以外,仍应出庭;确因特殊情况无法出庭的,必须向人民法院提交书面意见。二是负有赡养、抚育、扶养义务和不到庭就无法查清案情的被告。若该些当事人未到庭的,书记员应当及时将情况报告给法官,由法官决定是否需要适用拘传。

二、核查其他诉讼参与人到庭情况

诉讼代理人的到庭情况核查要求,可参见"庭前工作实务一 案件检查、登记与装订"中"案件材料检查"部分内容。

有证人、鉴定人、勘验人到庭的,应当审核其身份并留存其身份证件或工作证件复印件入卷备查。证人出庭作证的,还应当要求其签署《证人作证保证书》,证人是无民事行为能力人和限制民事行为能力人的除外。保证书应当载明据实陈述、如有虚假陈述愿意接受处罚等内容。证人应当在保证书上签名或者捺印。此后,告知证人、鉴定人、勘验人不能参加庭审旁听,安排其在法庭外等候。

三、携带手续不齐全、不合法、不完整的处理

当事人或代理人提交的诉讼手续不齐全的,或不合法、不完整且不能够当庭改正的,原则上不允许参加诉讼。书记员应当将这一情况报告给法官,由法官决定是待其手续齐全、完整后再行开庭还是允许其在开庭后补足或修改。

四、当事人及其他诉讼参与人未到庭的处理

书记员在查明到庭情况时,若发现一方或双方当事人既无本人到庭,也无诉讼

代理人到庭的,应及时查明未到庭的情况和原因。首先应当翻阅卷宗,查明开庭传票或出庭通知书的送达情况。若属未送达或未有效送达的,应当及时告知法官另行安排开庭审理,并协助法官做好已到庭当事人和其他诉讼参与人的解释说明工作,告知其另行等候开庭通知。若属有效送达的,则书记员应当尽可能与未到庭的当事人取得联系,了解其未到法庭的原因,并将情况及时报告法官,由法官决定是否需要延期开庭、缺席审理或按撤诉处理。

值得注意的是,对于在二审中没有及时到庭参加诉讼的上诉人,不要轻易依据法律规定按其自动撤诉处理,因为一旦二审法院轻易作出按上诉人自动撤回上诉的处理决定,一审判决即发生法律效力,上诉人的上诉请求就得不到法院的审理,容易引起上诉人对法院的判决不服,进行申诉和上访,造成缠诉现象。因此,在二审阶段上诉人未及时到庭参加诉讼的,二审法院应当核实其未准时到庭的具体原因,根据具体原因慎重处理。对于因路途较远、堵车、找不到法院地址以及其他突发事件不能准时到庭的情况,不要轻易宣布按上诉人自动撤回上诉处理。

【业务文件】

对于当事人未准时到庭的处理,可以借鉴《上海法院二审民商纠纷案件审判程序指引(试行)》第二十八条的规定:"合议庭应按照传票记载的时间准时开庭,如一方或双方当事人准时未到庭的,应区别以下情形分别处理:

第一,经电话联系尚未到庭的当事人或其委托代理人确认已在途中且15分钟之内能够抵达法庭,合议庭应告知已到庭的当事人,庭审予以推迟。迟到的当事人应在到庭后向合议庭以及对方当事人如实说明迟到的原因。没有正当理由的,审判长应对当事人迟到的行为给予必要的训诫后开始审理。

第二,无法与尚未到庭的当事人或其委托代理人取得联系,只要有证据证明传票已送达各方当事人,合议庭应立即开庭审理。

第三,庭审开始后,上诉人在法庭核对当事人的阶段到达法庭,审判长应当要求上诉人如实向法庭陈述迟到的原因,如不属于正当理由,应当予以训诫后,准许其进入审判区就座,并对上诉人的身份予以核对后,继续庭审。

第四,上诉人在审判长核对当事人完毕后仍未到庭的,审判长应当宣布:"合议庭将对当事人缺席事由予以查明后依法处理,如无正当理由未到庭,则视为撤诉。"不得当庭直接宣布对上诉人作为撤诉处理。

第五,审判长宣布闭庭后,上诉人到达法庭的,合议庭应当对上诉人迟到原因予以审查，如无正当理由的，则视为撤诉。如有正当理由的，法官应重新确定庭审日期。对方当事人尚未离开的，可立即重新开庭。

第六，被上诉人未准时到庭的，不影响案件的审理。如被上诉人在庭审终结之前到达法庭的，合议庭在查明被上诉人身份后，要求其向法庭陈述迟到的原因。如不属于正当理由的，应当予以训诫。对于已经完毕的庭审调查和法庭辩论，除合议庭认为有必要外，一般不予恢复。

第七，对于双方当事人均未按照法庭通知的时间到庭的，合议庭应当延期15分钟。在延期的时间内，主要一方当事人到庭的，合议庭即应宣布开庭，按照本条规定的方式处理。

任务七　宣布法庭纪律

开庭前，应由书记员向当事人、其他诉讼参与人、旁听人员宣布法庭纪律。宣布法庭纪律时，书记员应当起立，要求全场保持安静，但不需要全体起立。书记员宣读法庭纪律时，应当使用普通话，语速不宜过快，应当沉稳、匀速、响亮，吐字清晰。

根据《中华人民共和国人民法院法庭规则》的规定，书记员宣读的法庭纪律内容如下：

全体人员在庭审活动中应当服从审判长或独任审判员的指挥，尊重司法礼仪，遵守法庭纪律，不得实施下列行为：

（一）鼓掌、喧哗；

（二）吸烟、进食；

（三）拨打或接听电话；

（四）对庭审活动进行录音、录像、拍照或使用移动通信工具等传播庭审活动；

（五）其他危害法庭安全或妨害法庭秩序的行为。

检察人员、诉讼参与人发言或提问，应当经审判长或独任审判员许可。

旁听人员不得进入审判活动区，不得随意站立、走动，不得发言和提问。

媒体记者经许可实施第一款第四项规定的行为，应当在指定的时间及区域进行，不得影响或干扰庭审活动。

任务八　请审判人员入庭，向审判长（审判员）报告诉讼参与人到庭情况

书记员宣读完法庭纪律后，应当宣布全体起立，请审判人员进入法庭。审判人员入庭后，由审判长或独任审判员宣布"请坐下"，此时全体人员可以入座。

审判人员入座后，书记员应站立并面向审判长或独任审判员报告诉讼参与人的到庭情况。报告参考内容为"报告审判长（审判员），本案原告某某及其代理人某某，被告某某及其代理人某某已到庭，法庭准备工作就绪，可以开庭"。

【任务训练】

1. 制作对原告李双喜、被告北京市红太阳酒业有限公司的开庭传票。
2. 制作上述案件的开庭公告。
3. 分组模拟：七人一组，一人扮演书记员李霞，一人扮演原告李双喜，一人扮演原告李双喜的律师张辉，一人扮演原告李双喜的近亲属代理人女儿李娜，一人扮演被告北京市红太阳酒业有限公司的法定代表人郭安，一人扮演被告北京市红太阳酒业有限公司的委托代理人员工赵俊，一人扮演被告北京市红太阳酒业有限公司的所在社区推荐的代理人江涛，模拟核查诉讼参与人到庭情况。
4. 分组模拟：四人一组，一人扮演书记员，三人扮演合议庭组成人员，模拟宣布法庭纪律及向审判长（审判员）报告诉讼参与人到庭情况。

工作情境三　行政案件庭前准备

【情境描述】

2019年1月7日，徐坤通知被告公安部的工作人员到北京市第二中级人民法院领取了起诉状副本、应诉通知书、审判流程信息公开告知书、授权委托书、行政负责人出庭应诉通知书等材料，被告工作人员于当日领取上述材料。2019年1月22日，被告向北京市第二中级人民法院提交了答辩状及副本、证据及依据、授权委托书、法定代表人身份证明等材料，徐坤接收。2019年1月28日，徐坤通知原

告孙小丽到法院领取了被告提交的答辩状副本、证据及依据，同时向原告送达了人民陪审员参加审判通知书、原告举证事项告知书等材料。

2019年2月2日，原告向法院提交了证据材料及请求人民陪审员参加审判的申请书。经法院审查，批准了原告的申请。李农法官通知徐坤协助法官助理张倩做好庭前的证据交换工作。

【情境分析】

前述情境中，徐坤向原、被告送达了相应材料后，下一步应当如何继续推进工作？

材料送达完毕后，徐坤应当着手从事开庭前的各项准备工作。对于应当进行证据交换的，徐坤应当协助法官助理做好证据交换的记录工作。完成后，徐坤应当积极协调参与开庭人员的时间，包括合议庭成员、法官助理、当事人等，以确定开庭时间并预定法庭。确定后，徐坤应当制作并发布开庭公告，在法定的期间内通知当事人参加诉讼。同时，应当告知当事人审判组织人员及申请回避的权利。在开庭当日，徐坤应当提前到法庭检查开庭所用设备是否正常运转，确保庭审的正常进行。在庭审开始前，徐坤还应当核对当事人及其他诉讼参与人的到庭情况并向审判长报告，同时宣布法庭纪律。

对于二审行政案件，徐坤应当通知当事人来法院接受询问的具体地点和时间，并制发传票。若需要开庭，徐坤应当按照一审普通程序行政案件进行相应处理。

【工作任务】

任务一　协助法官、法官助理做好各项庭前工作记录

一、证据保全的工作记录

在证据可能灭失或者以后难以取得的情况下，诉讼参加人可以向人民法院申请保全证据。❶法官或法官助理进行证据保全时，会结合不同证据的特点采取不同的保全方法，书记员应当采取相应的不同方式予以记录。对于书证可采取复制、拍照

---

❶ 《中华人民共和国行政诉讼法》第四十二条。

的方法；对物证可以采取封存的方法，也可以采取进行勘验，制作勘验笔录，或者拍照、摄像等；对证人可以采取及时询问、制作笔录或者录音、录像等方法；对某些现场可以及时勘验，等等。书记员的协助工作应当保证能够固定证据的本来面貌，保存证据的证明作用。

二、财产保全的工作记录

财产保全主要用于原告对第三人或者在一并审理的民事案件中，民事法律关系当事人用。对行政机关不适用财产保全。财产保全的措施包括查封、扣押、冻结及法律规定的其他办法：（1）查封。也即在被申请人的财产上贴上人民法院的封条，就地封存，不准任何人移动和处分；（2）扣押。也即把保全的财物予以扣留。（3）冻结。也即对被申请人的存款、资产、债权、股权等收益采取的强制措施，不准任何人提取和转移。（4）其他。包括公证提存等。书记员应当协助法官助理做好上述过程的记录工作。

三、证据交换工作记录

对于案情比较复杂或者证据数量较多的案件，人民法院可以组织当事人在开庭前向对方出示或者交换证据，并将交换证据清单的情况记录在卷。[1]证据交换在法官或法官助理的主持下进行。证据交换过程中，书记员将双方当事人提交的证据送达给对方当事人；其次由双方当事人对证据发表质证意见。书记员应当制作笔录，对当事人无异议的事实、证据记录在卷；对双方当事人有异议的证据，按照需要证明的事实分类记录在卷，并记载异议的理由。

任务二 确定开庭时间、预订法庭

一、积极协调各方诉讼参加人，及时确定开庭时间

1. 适用简易程序的行政案件的开庭时间确定[2]

适用简易程序审理的行政案件，由审判员一人独任审理，并应当在立案之日起

---

[1] 《最高人民法院关于适用〈中华人民共和国行政诉讼法〉的解释》第三十八条。
[2] 根据《中华人民共和国行政诉讼法》第八十二条，下列一审行政案件可以适用简易程序审理：a、被诉行政行为是依法当场作出的；b、案件涉及款额二千元以下的；c、属于政府信息公开案件的。

四十五日内审结。❶书记员在安排开庭时间时，应当把握好协调和及时两方面。首先，书记员应当协调审判员和法官助理的时间，确保开庭时间与审判员、法官助理的其他工作安排不冲突；其次，为确保案件能够在四十五日内审结，书记员应当在向原告送达被告的答辩材料后的5个工作日内及时安排开庭。

2.适用普通程序的行政案件的开庭时间确定

适用普通程序的行政案件，应当在立案之日起六个月内做出第一审判决。❷书记员在安排开庭时间时，同样应当把握好协调和及时两方面。首先，适用普通程序审理的行政案件主要涉及审判员、人民陪审员、法官助理等各方人员的时间安排。书记员确保开庭时间不与前述人员的其他工作安排相冲突。其次，为确保案件能够在法定期限内审结，书记员应当及时在立案之日起的3个月内安排首次开庭。

二、预定开庭所需要的法庭

为保障庭审活动的顺利进行，书记员在确定了开庭时间后，应当提前3日预定庭审所需要的法庭。合议庭有专用法庭的，书记员应当确保开庭日该法庭未因其他工作事项被占用；合议庭没有专用法庭的，书记员应当通过"智汇云"系统的网上办公模块，❸进行法庭使用登记以预订法庭。登记时，书记员应当准确填写开庭时间、当事人名称、开庭所需设备等情况。合议庭应当按照书记员登记的开庭时间使用法庭。对于开庭时间有变更的，书记员应当及时进行变更登记。

任务三 制作、发布开庭公告

根据法律规定，人民法院公开审理行政案件，但涉及国家秘密、个人隐私和法律另有规定的除外。涉及商业秘密的，当事人申请不公开审理的，可以不公开审理。所以，人民法院对于行政案件以公开审理为原则，允许公民旁听、允许记者采访报道。

书记员应当制作开庭公告并在开庭3日前发布该公告。书记员制作开庭公告，应当填写的内容包括：当事人姓名、案由、开庭时间、地点以及公开发布时间等。完成后，书记员应当将开庭公告加盖单位公章后入卷备案，并借助于智汇云系统进行发布。

---

❶ 《中华人民共和国行政诉讼法》第八十三条。
❷ 《中华人民共和国行政诉讼法》第八十一条。
❸ 北京法院智能办公系统。

【诉讼文书】

北京市第二中级人民法院
公　告

（2019）京02行初××号

我院定于二〇一九年三月十日9时整，在本院第五十六法庭依法公开开庭审理原告孙小丽诉被告中华人民共和国公安部一案。

特此公告

二〇一九年三月五日

（院印）

任务四　通知人民陪审员、诉讼参与人出庭

一、适用简易程序审理的行政案件

对于适用简易程序的行政案件，由审判员一人独任审理，没有人民陪审员参与。书记员应当及时通知诉讼参与人出庭诉讼。适用简易程序审理的行政案件，书记员可以用口头通知、电话、短信、传真、电子邮件等简便方式传唤当事人、通知证人、送达裁判文书以外的诉讼文书。以简便方式送达的开庭通知，未经当事人确认或者没有其他证据证明当事人已经收到的，法院不能缺席判决。[1]

二、适用普通程序审理的行政案件

对于适用普通程序审理的行政案件，书记员应当及时通知人民陪审员、诉讼参与人参加诉讼。书记员应当在开庭前3日传唤通知当事人、诉讼参与人按时出庭参加诉讼。对当事人的传唤方式用传票，对诉讼代理人、证人、鉴定人、勘验人、翻译人员的传唤方式应当采用出庭通知书，当事人或者其他诉讼参与人在外地的，应当留足在途时间。对于传票和出庭通知书，书记员应当完整、准确地填写相关信息，包括抬头、案由、案号、被通知人、住址、事由、应到时间、应到地点等。根据法律规定，被诉行政机关负责人应当出庭应诉。所以，书记员在通知被告出庭应诉时还应当向被告制发《行政机关负责人出庭通知书》。

---

[1]《最高人民法院关于适用〈中华人民共和国行政诉讼法〉的解释》第一百零三条。

经人民法院传票传唤，原告无正当理由拒不到庭的，或者未经法庭许可中途退庭的，可以按照撤诉处理；被告无正当理由拒不到庭，或者未经法庭许可中途退庭，可以缺席判决。

对于二审行政案件，不需要开庭的，书记员应当通知原告接受询问；需要开庭审理的，书记员应当按照普通程序审理的一审案件进行处理。

【诉讼文书】

北京市第二中级人民法院
行政传票

案 由	行政处罚	案 号	（2019）京02行初 ×× 号
被通知人	孙小丽	住 址	北京市朝阳区水锥子社区
事 由	开庭	应到时间	2019.3.10上午9时
应到地点	第二中级人民法院三层第五十六法庭		
备 注	1.被传唤人必须准时到达应到场所。 2.携带证据，含证据原件及复印件（自然人携带本人身份证原件、复印件；法人携带企业法人执照副本复印件、法人代表身份证明、授权委托书及身份证明）。 3.原告收到本传票后无正当理由拒不到庭，人民法院按撤诉处理；被告收到本传票后无正当理由拒不到庭，人民法院将依法缺席判决；第三人收到本传票后无正当理由拒不到庭，不影响案件审理。 4.当事人在诉讼期间不得进行妨碍诉讼的行为，否则将自行承担法律后果。 5.承办人：李农、徐坤　　　联系电话：		

北京市第二中级人民法院
出庭通知书

（2019）京02行初 ×× 号

周海滨：

本院已依法受理原告孙小丽不服被告中华人民共和国公安部行政处罚决定一案，定于2019年3月10日9时在本院第56法庭开庭审理。根据《中华人民共和国行政诉讼法》的规定，现通知你作为本案鉴定人参加诉讼。

特此通知。

二〇一九年三月五日

（院印）

北京市第二中级人民法院
行政机关负责人出庭通知书

（2019）京02行初 ×× 号

中华人民共和国公安部：

　　本院已依法受理原告孙小丽诉你单位行政处罚决定一案，定于2019年3月10日9时在本院第56法庭开庭审理。根据《中华人民共和国行政诉讼法》第三条第三款的规定，现通知你单位委派一名负责人出庭应诉。如有正当理由不能出庭的，请提交书面情况说明。

　　特此通知。

二〇一九年三月五日
（院印）

任务五　告知当事人审判组织及举证期限

一、适用简易程序审理的行政案件审判组织及举证期限的告知

　　对于适用简易程序审理的行政案件，由审判员一人独任审理。书记员可以用口头通知、电话、短信、传真、电子邮件等简便方式告知当事人案件适用简易程序并由本院的相关审判员独任审理。❶书记员以书面的形式通知，应当制作《行政案件简易程序审判员独任审理通知书》并向原告送达。

　　根据法律规定，适用简易程序审理的行政案件的举证期限由人民法院确定，也可以由当事人协商一致并经人民法院准许，但不得超过十五日，被告要求书面答辩的，人民法院可以确定合理的答辩期间。

　　举证期限由人民法院确定的，书记员应当及时将举证期限告知双方当事人，并向当事人说明逾期举证的法律后果，由双方当事人在笔录上签名或者捺印。双方当事人就举证期限协商一致的，书记员应当及时汇报，经法院准许后向当事人告知。

　　双方当事人均表示同意立即开庭或者缩短举证期限、答辩期限的，人民法院可以立即开庭或者确定近期开庭。

---

❶ 《最高人民法院关于适用〈中华人民共和国行政诉讼法〉的解释》第一百零三条。

【诉讼文书】

北京市第二中级人民法院
简易程序审理通知书

（2019）京02行初××号

×××：

你与×××（对方当事人名称）因……（写明案由）一案，根据《中华人民共和国行政诉讼法》第八十二条第一款第×项（写明适用的具体项）的规定，适用简易程序审理。根据《中华人民共和国行政诉讼法》第八十三条的规定，本案由审判员×××一人独任审理，×××担任书记员，并在立案之日起四十五日内审结。当事人认为审判人员与本案有利害关系或者有其他关系可能影响公正审判的，有权申请回避，但应当说明理由。当事人申请回避，可以在开庭前提出；申请回避事由在案件开始审理后知道的，应当在法庭辩论终结前提出。

××××年××月××日

（院印）

二、适用普通程序审理的行政案件审判组织及举证期限的告知

适用普通程序审理的行政案件，应当由审判员组成合议庭，或者由审判员、人民陪审员组成合议庭。合议庭组成人员应当是三人以上的单数。书记员应当制作《合议庭组成人员、法官助理及书记员告知书》，内容包括当事人、案由、合议庭组成人员、法官助理、书记员以及申请回避事项。

普通程序审理的行政案件中，被告的举证期限是法律规定的，无需单独告知。书记员应当向原告告知举证期限的相关事项。原告应当在开庭审理前提供证据。因正当事由不能按期提供的，应当在开庭审理前向合议庭提出延期提供证据的申请，经合议庭批准，可在法庭调查中提供。逾期提供证据的，视为放弃举证权利。

【诉讼文书】

北京市第二中级人民法院
合议庭组成人员、法官助理及书记员告知书

（2019）京02行初××号

孙小丽：

原告孙小丽不服中华人民共和国公安部作出的行政处罚决定一案，现将合议庭

组成人员、法官助理及书记员告知如下：

本案由审判员李农担任审判长，与人民陪审员戴琳、人民陪审员王磊组成合议庭，本院干警张倩担任法官助理，书记员徐坤担任法庭记录。

依据《中华人民共和国行政诉讼法》第五十五条，《最高人民法院关于适用〈中华人民共和国行政诉讼法〉的解释》第七十四条之规定，当事人认为合议庭组成人员以及书记员与本案有利害关系或者有其他关系可能影响公正审判，有权申请上述人员回避。

如当事人申请上述人员回避，请于收到本告知书之日起三日内向本院提出回避申请，逾期视为不申请上述人员回避。

二〇一九年二月三日

（院印）

北京市第二中级人民法院
原告举证事项告知书

按照《中华人民共和国行政诉讼法》、《最高人民法院关于适用〈中华人民共和国行政诉讼法〉的解释》的规定，行政诉讼中原告的举证事项如下：

一、须提交的证据材料

1.起诉符合法定条件的证据材料。

2.起诉被告不履行法定职责的案件中，原告应当提供其向被告提出申请的证据。

3.在行政赔偿、补偿的案件中，原告应当对行政行为造成的损害提供证据。

4.证明诉讼主张的其他证据材料。

二、对证据材料的要求

1.提交的证据材料能够证明案件的事实，并在证据材料中注明证明目的。

2.提供书证的，必须是原件。

3.提供原件确有困难的，在证据的复印件上必须有证据原件保管部门注明出处，并加盖核对无误章。

4.提供物证的，必须是原物。

5.提供原物确有困难而只能提交原件复印件的，对原件复印件，须以其他证据材料加以佐证。

6.提交其他方式的证据材料,须符合证据的合法性、真实性和关联性的要求。

三、提交证据材料的时间

原告应当在开庭审理前提供证据。因正当事由不能按期提供的,应当在开庭审理前向合议庭提出延期提供证据的申请,经合议庭批准可在法庭调查中提供。逾期提供证据的,视为放弃举证权利。

任务六 检查法庭布置、保证法庭各项设施、设备正常运行

书记员应当在开庭前15分钟到达法庭。首先,检查法庭布置情况。根据审判的需要,书记员应当落实并检查审判区和旁听区是否符合要求。其次,检查法庭的各项设施、设备运行情况。在开庭之前,书记员应当检查法槌、电脑等庭审记录设备,音响及照明设备,视听资料播放设备是否完好,设备运行是否正常;审判长、审判员、人民陪审员、法官助理、书记员及当事人、委托代理人及其他诉讼参与人的标牌是否齐全。审判长的标牌应当摆放在法台中央,人民陪审员和审判员的标牌分列两旁;法官助理和书记员的标牌摆放在法台下方的座位桌上;原告、被告(或上诉人、被上诉人)的标牌分列在法台两侧的座位桌上。

任务七 核对当事人及其他诉讼参与人到庭情况

书记员请当事人、诉讼参与人入庭,并收回开庭传票和开庭通知书;将证人、鉴定人或勘验人安排到指定地点等候开庭。

书记员应当检查到庭的当事人及诉讼参与人所携带的手续是否齐全、合法。当事人或代理人提交的诉讼手续不齐全的,不能证明其身份的,原则上不允许参加诉讼。书记员可以将上述情况报告合议庭,由合议庭处理。当事人或代理人提交的手续内容不完整,书记员应当告知当事人或代理人当庭予以改正,不能当庭改正的可

以先行保存其诉讼手续，并要求其庭后补充提交完整的诉讼手续。律师作为代理人参加诉讼的，只提交了授权委托书未提交律师事务所所函的，可以允许其参加诉讼，但应要求其限期补交所函。

对于未到庭的当事人或诉讼参与人，书记员应当查明情况和原因。如果庭审开始后当事人或诉讼参与人未到庭，也没有事先说明情况，书记员应当及时与其取得联系，了解情况原因，并向合议庭汇报，由合议庭决定是否需要延期开庭、缺席审理或按撤诉处理。合议庭决定延期审理的，书记员应当向到场当事人及诉讼参与人说明，并告知其另外等候开庭通知；合议庭决定按撤诉处理的，书记员应当将相关情况记入笔录，并将撤诉裁定书向到庭的当事人或代理人送达；合议庭决定缺席判决的，书记员应当通知到庭的当事人和诉讼参与人入庭，并宣布合议庭人员入席开庭。

任务八　宣布法庭纪律

书记员应当事先准备好法庭纪律文本，在确认开庭准备工作就绪后，起立面向旁听席宣读法庭纪律。

【诉讼文书】

中华人民共和国法庭规则
（2016 年修订）

第十七条　全体人员在庭审活动中应当服从审判长的指挥，尊重司法礼仪，遵守法庭纪律，不得实施下列行为：

（一）鼓掌、喧哗。

（二）吸烟、进食。

（三）拨打或接听电话。

（四）对庭审活动进行录音、录像、拍照或使用移动通信工具等传播庭审活动。

（五）其他危害法庭安全或妨害法庭秩序的行为。

诉讼参与人发言或提问应当经审判长许可。

旁听人员不得进入审判活动区，不得随意站立、走动、不得发言和提问。

任务九　请审判人员入庭，向审判长报告诉讼参与人到庭情况

宣读法庭记录完毕后，书记员应当请全体人员起立，请审判长、审判员、人民陪审员入庭。合议庭人员入庭完毕后，书记员应当请合议庭及全体人员就座，当庭向审判长报告当事人及其他诉讼参与人到庭情况及审查身份情况，并报告开庭前的准备工作已经就绪，可以开庭的情况。

对于需要开庭的二审行政案件，书记员的操作同一审普通程序操作，但需要注意的是二审行政案件的合议庭组成人员仅有法官组成，没有人民陪审员。

【任务训练】

1. 检查伊天移转的案件材料是否完备。
2. 清点与核对随案移送的证据材料。
3. 拟定案件审理登记表，并对案件信息进行登记。
4. 对案件材料进行初步装订。

第四篇
书记员庭审工作实务

庭审笔录工作原理[1]

第一节 笔录概述

一、笔录的概念、作用和特征

（一）笔录的概念

笔录是一种实录性法律文书，是指用书面语言进行记录的行为，是用笔记录的简称。

从法律意义上说，笔录是指司法机关及公证、仲裁、律师等组织在进行诉讼和非诉讼法律活动时，用书面语言记录的具有一定法律意义的文字材料。

本章所讲的笔录，是特指人民法院在办理民事案件时，用文字形式记载的如实反映诉讼活动过程的实录性文书，是人民法院审理案件的重要依据，也是案件卷宗材料的重要组成部分。

（二）笔录在法院工作中的重要作用

（1）笔录是查清案件事实、认定案件性质的重要依据，也是诉讼活动得以顺利进行的重要保障。

《中华人民共和国民事诉讼法》规定人民法院审理案件，必须以事实为依据，以法律为准绳。而笔录正是记录诉讼活动过程原始情况的事实材料，笔录不仅本身具有证据作用，还能够与其他诉讼材料结合起到印证、鉴别证据的作用，因此笔录是法院审理案件的重要依据。虽然相比之下录音录像等新科技手段更简便快捷，但也不能取代笔录的法律地位和作用，长期的法律实践已经证明笔录的稳定性、可靠性、法律手续连贯完备、便于保存和查阅等优点，在诉讼活动中具有不可替代的作用。

---

[1] 本部分内容参考了张明丽老师的《书记员工作原理与实务》（法律出版社，2019年8月第2版）部分内容，特此致谢！

审理一个具体案件的各个环节都需要制作相应的笔录。就整个诉讼过程来说，询问证人、调查案情、勘验现场时制作了笔录，才能使案件事实逐步明了清晰；开庭审判时制作了笔录才能进一步查明案件事实，明确争执焦点；合议庭评议时制作了笔录才能证明法官的审判思路是否正确，裁判结果是否公正；案件进入执行阶段制作的笔录，则能反映执行的程序和结果。笔录正是依据它同步记录的技术作用和证据作用而使诉讼活动得以顺利进行。它既是前一阶段诉讼活动的客观记录，又为后一阶段的诉讼活动提供了依据，任何一个诉讼阶段不制作笔录，审判活动都必然中断。

（2）笔录是制作裁判文书的基础和主要依据。裁判文书的制作，离不开各种笔录，没有笔录的铺垫，裁判文书就成了无源之水、无本之木。

一般来说，裁判文书认定事实部分的内容是依据各种调查笔录和庭审笔录的内容、结合其他证据材料制作而成的。如果各种调查笔录和庭审笔录中都没有明确记录，则属于未经查证的事实，这样的事实是不可能写进裁判文书中的，即便写入文书当中也属于认定事实不清，直接影响案件的审判质量。

裁判文书的裁判理由和主文部分的内容是依据合议庭评议案件的笔录或审判委员会讨论案件的笔录制作成的，笔录中明确记载的合议庭意见或审判委员会的最后决定，就是案件的最终裁判结果，必须全面、准确地反映在裁判文书主文部分。

（3）笔录是检验案件审判质量的重要标志。检验案件审判质量是否过关，最重要的途径就是检查办案过程的全部笔录，因为案件的全部诉讼过程都是通过笔录来体现的，笔录也必然能够反映案件的审判质量。

从笔录中可以从以下五个方面来检验案件质量：（1）笔录可以检验案件事实是否查清，裁判文书认定的事实和裁判结果所依据的事实是否有确凿的依据、经得起检验。（2）笔录可以检验案件事实是否全面，与案件相关的事实是否做了充分调查，有无遗漏的重要事实，遗漏的事实对案件的处理有无影响。（3）笔录可以检验案件审判程序是否合法，当事人在诉讼中应该享有的权利是否得到保障。（4）笔录可以检验案件适用法律是否准确，裁判结果是否公正。（5）笔录可以检验书记员的业务水平，包括法律素质、文化素质、文字能力、书写能力。书记员是笔录的主要制作者，其业务水平的高低直接影响法院的办案质量。

（三）笔录的主要特征

（1）客观性

笔录是对客观现象和现场言谈的真实记录和再现，它是诉讼活动和诉讼过程的文字再现。因此，笔录的内容首先必须是客观真实的，不得弄虚作假、凭空捏造或擅自改动；其次，笔录的客观性还要求笔录的内容必须全面。片面的不能全面反映现场状态的笔录是违背笔录的客观性要求的。笔录的客观性要求现场状态是什么样，笔录就记成什么样，不需要记录人员的观点和分析，不需要添枝加叶地引申和发挥，一定要反映诉讼活动的真实情况和本来面貌。

（2）准确性

笔录要求笔录内容必须准确，离开了准确性，笔录也就谈不上具有客观性了。笔录的准确性表现在对客观现象和现场言谈记录时要尊重现场的客观状态，如客观现象的时间、地点、状态、数量、面积、体积等要如实记录，不能把主观臆断和估计推测的内容加入笔录中；对现场言谈进行记录时要尊重谈话者的本意，不要改变谈话者的语义，有些诉讼活动甚至还要求准确记录谈话者的语气、态度和表情；摘录文字材料时，不能断章取义、掐头去尾，也不能只捡自己需要的或对一方有利的内容记录，摘录的内容必须保持原材料的准确。

（3）即时性

笔录是诉讼活动的同步记载，与现场正在发生的诉讼活动是同步进行的，要求记录人员当场一次性完成，不允许事后修改、润色、加工、变动、推敲、重作，所以，笔录的即时性对记录人员的现场记录速度和准确性都有很高的要求。必要的、少量的更正修改也必须在现场进行，而且要符合法定的程序和要求。

（4）规范性

首先，笔录格式要规范。作为法律文书的一种，笔录必须满足法律公文的基本要求，形式上应当规范统一，制作时严格遵循规定的格式要求，不能随心所欲，自我创新。一般来说，笔录的格式由三个部分构成：首部、正文和尾部，不同的笔录对这三个部分有不同的具体要求。

其次，笔录的制作程序要规范。笔录具备法律作用和效力，因此制作过程和内容要符合法律规定，必须由法定人员按照法定程序来制作，否则就等于一纸空文。笔录制作完毕后要依法将笔录交与相关人员阅读，对不能自己阅读的当事人和诉讼参与人，要向其宣读笔录。在阅读或宣读笔录过程中如果发现确实有错记、漏记现象，必须当场补正，并在补正处签字或捺印。当事人和诉讼参与人对笔录确认无误后一定要求他们在笔录上签字或捺印。笔录还应当按照顺序标明页码，不允许加页、换页，有些笔录还要求当事人在每一页都签字或捺印，以保证笔录内容的连续性和真实性，确保笔录的法律意义效力。

另外，笔录的记录语言要规范，记录法官的用语要使用法言法语，不能随意使用简略语，不能任意添减内容；记录当事人的陈述要记录原意，不避方言土语，但要注明普通话的含义。记录笔录时要不留疑问，不明白或没有听清的内容要及时问明写清。

最后，笔录的书写要规范。书写笔录要求整洁、清楚，使用统一印制的笔录纸制作，用蓝黑墨水或炭素墨水书写；要使用规范化汉字，不能使用繁体字、异体字、不规范的简化字及图形、符号和速记语言；字体不宜太大，也不宜太小，以规范、易辨为标准（字的高度不要超过横格的五分之四，字与字之间的间矩也要适度）；使用标点符号要规范，常用的标点符号如问号、引号、冒号、逗号、句号、感叹号、括号等都要标注清楚，切不能"一逗到底"。

二、笔录的种类

笔录的适用范围很广，记录对象很多元，因此笔录的种类也很繁多，可以按照制作主体和记录客体的不同对笔录分类。本章主要讲人民法院作为主体所制作的各种笔录。

（一）按照制作主体的不同可以将笔录分为公安机关笔录（立案侦查笔录）、检察机关笔录（审查起诉笔录）、人民法院笔录（审判笔录）、公证机关笔录（公证事项笔录）、仲裁机关笔录（仲裁笔录）、司法机关制作的笔录、行政机关制作的笔录、律师制作的笔录等。

（二）按照记录客体即记录内容的不同，可以将笔录分为以下3种：

（1）言谈类笔录

言谈类笔录就是记录谈话经过的笔录，是指在诉讼过程中，通过记录参与诉讼活动的相关人员的谈话内容，来反映诉讼情况和案件事实的笔录。人民法院的言谈类笔录主要包括庭审笔录、询问笔录、合议庭评议笔录、调查笔录、调解笔录、审委会讨论案件笔录等。

（2）记事类笔录

记事类笔录即记录事件行为经过的笔录，指通过记录诉讼活动进行的整体过程或客观事件、客观现象的现场状况来固定和反映诉讼活动过程和案件事实的笔录。人民法院的记事类笔录主要包括现场勘查笔录、执行笔录、证据交换笔录、宣判笔录等。

(3) 摘要类笔录

摘要类笔录是指在阅卷过程中摘录与案件有关的材料而形成的笔录，包括阅卷笔录、情况摘要笔录。

第二节 笔录的基本要求和基本格式

一、制作笔录的基本要求

（一）查阅卷宗，熟悉案情

熟悉案情是保证记录准确、迅速的首要条件，书记员在记录前必须查阅卷宗，了解案情，否则容易把当事人的姓名、住址以及与案件相关的数据、专业术语记错，或漏记一些重要情节。因此，在开庭之前必须查阅卷宗，了解案件事实，掌握案情重点（民事案件要知道案件的争讼标的和双方当事人争议的焦点地方）。庭前阅卷可以保证记录的顺畅，而不至于因概念、词语的生疏影响笔录的质量。另外，书记员在开庭前还可以与审判员沟通，了解庭审重点和审判意图，从而掌握审判员在各阶段的发问意图，以保证笔录内容既全面准确又重点突出。

（二）正确使用笔录文头和记录符号

为了提高记录质量，加快记录速度，可以预先填写各种笔录的格式化文头并学会运用记录符号。

(1) 各种笔录文头的使用

各种笔录的格式都有一定要求，有的还有一些程式化的固定内容，例如开庭笔录必须有开庭时间、开庭地点、合议庭组成人员姓名、记录人姓名、当事人姓名、审判员告知当事人的诉讼权利和义务及开庭准备阶段的程序事项等固定内容。如果这些内容不事先填好，等到开庭时从头记到尾，不仅浪费时间、消耗精力，也保证不了记录质量。因此，对笔录开头的这些程式化的固定内容，可以制成统一的、格式化的诉讼文本，即笔录文头，把这些固定的、程式化的内容都印在笔录文头中，每次开庭前拿一份空白的开庭笔录头，把里面空白的地方事先填写完整，以免临场填写占用记录庭审活动的时间。笔录文头的使用和填写使书记员在开庭时可以从正文开始记录，不仅可以提高记录速度，也能保证记录质量。

（2）正确使用记录符号

填好了笔录文头，在记录开庭笔录（或询问笔录）正文时可以使用一些记录符号来提高记录速度，这些记录符号仅限于代表问话人和答话人的名称，不能用于问答的具体内容。例如，审判员的提问和陈述可以用"？"或"审："来表示；人民陪审员的提问与陈述可以记成"陪："，也可以与审判员一样记成"？"；一审案件原告和被告的陈述可以用"原："、"被："来表示；二审案件上诉人与被上诉人的陈述可以记成"上："、"被："。需要注意的是使用这些记录符号时一定要记清是谁的发言，千万不能张冠李戴。记录符号的使用不仅可以提高记录速度，也有助于书记员把主要精力放在记录诉讼过程的具体内容上，而诉讼过程的具体内容才是笔录的灵魂和精髓。

记录符号一般仅用于记录有当事人参与的诉讼活动，用以区别双方当事人的诉讼地位和人民法院的审判地位。而在人民法院内部的审判活动中，记录笔录时应将参加审判活动的人用姓氏、称谓等方式区分开，以明确审判员、庭长及院长在审判活动中发挥的作用，便于分清责任。

（三）在原意的基础上掌握记录技巧和方法

笔录的准确性要求尽量记录原话和现场的过程和形态，因为原话可以较为准确地反映当事人的真实意思、个性特征和行为习惯，它最能体现笔录的真实性。但是，谈话的速度远远快于记录的速度是个不争的事实，所以要求书记员把原话一字不漏地全部记录下来是不可能的，也是不必要的。在不违背原意的基础上，记录笔录时可以使用一定的技巧和方法。

（1）省略法

在不违背当事人原意的前提下，可以把与案件无关的和重复啰唆的内容略去；有据可查的程式性的谈话内容也可以简记或略记，例如，当事人宣读起诉书或其他书面材料时，就可以简略记为"宣读起诉书（略，见书面起诉状）"，而没有必要把起诉书或书面材料的具体内容再重新抄录一遍，因为起诉书和其他书面材料作为重要诉讼材料在卷宗中是有保存的，书记员只要记录清楚当事人宣读的诉讼材料的详细名称就行了，具体内容在记录中可以省略。

在使用省略法时一定要注意，对当事人变更的诉讼请求、答辩意见以及其他书面意见不能用省略法记录，而应将当事人变更的内容详细记录在案。

（2）综合概括法

记录时可以采用概括综合的记录方法，在保持和突出当事人的原意，不改变或歪曲原意的基础上可以把当事人陈述的事实进行归纳总结，用概括性的语言记录下来。采用这种方法要求书记员将与案件有关的事实都尽量全面准确地记录下来，特别是案件中的时间、地点、名称、数量都应准确记录，不能用"左右"、"大概"、"估计"、"可能"等含糊的词语，刑事案件中犯罪嫌疑人表现出来的与案情有密切关系的语气、语调、神态以及特殊表情（哭、笑、低头不语、支吾等），都应予以记录，及时在句末加括号说明，"（沉默不语）"、"（抽泣）"、"（哆嗦）"等，这样才能全面反映法庭活动情况和犯罪嫌疑人的心理活动特征。另外，某些如实记录下来的方言土语或流氓黑话，也应随笔加注，如"出恭（大便）"、"捻凿（螺丝刀）"、"挂丽（跟踪女青年）"等。

（3）及时重述法

刚开始做书记员，都难免有记录时跟不上的情况发生，遇到这种情况，一定要主动及时地向审判员示意，由审判员告知当事人或诉讼参与人对未记上的内容进行重述；或者先给没有记上的内容留出空行，接着往下记，等重要内容记完之后马上回过头来再向审判员示意并重新确认、记录。千万不能因为一两句内容没有记录清楚就头脑一片空白，只顾回忆没记上的内容，连下面的内容也记不上了，这是记录中的大忌。

（四）制作笔录的程序必须合法

笔录之所以具有法律意义和法律效力，与其制作程序的严格与合法有密切关系，换句话说，如果制作笔录不符合法定程序和要求，笔录就不具备法律效力。

（1）制作笔录的过程应由2人以上共同进行

制作笔录的过程应由审判员和书记员2人以上共同进行，一般是审判员负责问话，书记员负责记录，不允许审判员或书记员自问自记。为了保证司法裁判的中立性和公正性，法院的审判纪律要求审判员和书记员均不能单独会见当事人，《中华人民共和国法官法》也明确禁止法官私自会见当事人及其代理人。既然审判员和书记员都不能单独会见当事人，当然也不能允许单独给当事人作笔录。

（2）笔录签字和补正的程序要求

笔录制作完成后，要依法将笔录交给当事人或其他诉讼参与人阅读，对于没有阅读能力的，书记员要向其宣读笔录。

笔录阅读或宣读之后，如果当事人或诉讼参与人提出笔录有错记或漏记情况，必须当场与审判员和对方当事人核对，确属错、漏记情况的，必须当场更正补充，并由当事人在更正补充处签字或盖章，笔录不允许事后补正；如属当事人事后反悔否认确已陈述过的内容，并提出补正要求的，坚决不予补正，但可以让其写出补正申请并将申请放入卷宗。

当事人或诉讼参与人确认笔录内容无误后，应在笔录尾部签字、盖章或捺手印，并写明日期和"本笔录阅读无误"字样，这是法定的必经程序，否则笔录就不具备法律效力。有些笔录如公安机关的讯问笔录还要求当事人在每一页的右下角都捺上手印，以确保笔录的真实性和法律效力。

（3）多页的笔录应当逐页按序编写页码

笔录制作完成后，应当依照记录顺序在每一页上依次编写好页码以确定笔录内容的先后顺序，保证笔录的连续性。

编写页码时要注意两点，一是一定要把笔录文头的内容也编进页码，不能只从正文开始编码；二是页号一律用阿拉伯数字编写，写在纸页正面的右下角，以与整个案件的诉讼材料归档序号相区别。（根据《人民法院诉讼文书立案归档办法》的规定，归档案卷诉讼材料的逐页编号一律用阿拉伯数字，正面书写在右上角，背面书写在左上角。）

（五）笔录的文字和书写要求

（1）掌握基本的语言文字技能

语言文字记录能力是制作笔录最重要的一项技能，因此，书记员要有较好的语言概括能力、文字组织能力和快速书写能力。只有掌握了基本的语言文字技能才能保证笔录语言简练、文理通顺、内容全面而不失原意。

（2）笔录书写要整洁清楚

笔录的书写一定要整洁清楚，避免乱涂乱改。一般来说，每页笔录的涂改不能超过两个字，涂改之处要签字或盖章，每页笔录涂改超过两字就属不合格的笔录，必须重新制作。书写笔录要求字形端正、相间适宜、墨迹均匀，每个字都应明晰可辨，不能给人以零乱、潦草、松散和不整的感觉。

（3）笔录书写要规范

制作笔录要使用统一规格的 A4 标准笔录纸，一是规格统一便于装订，同时也体现出笔录的正规性和严肃性；笔录应用碳素墨水、蓝黑墨水书写或用电脑打印，严禁使用圆珠笔、铅笔、纯蓝墨水、红墨水及其他不耐久墨水书写；书写笔录要使用规范化汉字，不能使用繁体字、异体字、不规范的简化字及速记符号；记录时要规范使用标点符号，该用问号、冒号、引号、感叹号、逗号、句号和括号的地方一定要标注清楚，千万不能为了省事"一逗到底"。

二、笔录的基本格式

人民法院的笔录有很多种：询问笔录、开庭笔录、合议庭评议笔录、汇报笔录、调解笔录、证据交换笔录、现场勘查笔录、执行笔录等。每一种笔录的具体要求和具体内容都是不同的，但总结各种笔录的共同特点，它们的格式都必须由四部分构成：笔录名称、记录情况、正文和尾部。下面我们就分别讲一下笔录格式这四部分的具体内容。

（一）笔录名称

每一份笔录首先必须要有自己的名称，就如每个人都有姓名一样。那么笔录的名称该如何确定呢？我们再来回顾一下笔录的概念和特点，笔录是用文字形式记载的如实反映诉讼活动过程的实录性文书，它是诉讼活动和诉讼过程的文字再现。既然笔录是诉讼活动的文字再现，没有诉讼活动也就不存在笔录，所以它的名称就要依据诉讼活动的名称来确定，也就是说，诉讼活动是开庭，笔录的名称就是"庭审笔录"（或"开庭笔录"）；诉讼活动是合议庭评议，笔录名称就是"评议笔录"；诉讼活动是证据交换，笔录名称就是"证据交换笔录"……以此类推。

按照上述确定笔录名称的原则，人民法院的笔录名称包括：庭审笔录、询问笔录、合议庭评议笔录、执行笔录、汇报笔录、调解笔录、证据交换笔录、现场勘查笔录、宣判笔录等。

笔录名称要写在笔录第一页第一行的中间位置。

（二）记录情况

在笔录名称的下面和正文之间，要记明诉讼活动开始的时间、地点，参加诉讼活动的审判员，参加诉讼活动的当事人及代理人以及记录人的姓名等基本情况，这些基本情况是每份笔录都要具备的基本内容。

时间，一般写上诉讼活动开始的时间就可以了，具体要写明年、月、日、时、分，如果个别笔录有特殊要求，可以加上诉讼活动结束的时间。

地点，诉讼活动具体发生在什么地方就写什么地点，如"本院第十五法庭"、"本院第三合议室"，如果诉讼活动发生在法院以外的地方，一定要记明所在的市、区及地址门牌号。

参加人，包括所有参加诉讼活动的审判人员以及当事人。审判人员与当事人共同参加的诉讼活动，先写明审判人员的职务和姓名，再写明当事人的情况。当事人情况要写明当事人的身份、名称和代理人的情况，注意当事人的名称或姓名一定要

准确，不能出现音同字不同或缺字少字情况，如需用简称的，在名称后面加（），
（）内写明简称，以下使用统一的简称。

记录人，是指负责记录诉讼活动过程的书记员。

（三）正文

正文是笔录的重点内容，严格来讲诉讼活动开始后至结束前的内容都属于笔录正文内容。正文的具体内容因审判活动的不同而不同，不好统一归纳，在下一节的重点笔录的制作要求中我们再讲解不同的笔录正文应该注意的问题。

不管是哪种笔录，在记录正文时要掌握一个原则：客观、准确、全面地记录诉讼活动的全过程，只要满足了这个原则，笔录的正文内容就是规范的、符合要求的。

有的书记员认为笔录正文中与实体有关的内容重要、与程序有关的问题不重要，其实这是一个很大的错误，法制社会越来越重视程序公正，程序公正才能保证当事人的知情权，才能保证当事人的诉讼权利和义务得以实现。因此，审判员向当事人交代的程序问题（如诉讼权利和义务、举证期间等）一定要记录完整，否则审判程序就不合法，有可能导致案件被发回重审。

（四）尾部

正文的内容一直记到诉讼活动结束，并不意味笔录内容只到正文部分就完整了，笔录的尾部也是笔录很重要的一部分内容。可以说没有尾部的笔录是不具备法律效力的。

尾部就是当事人、诉讼参与人、审判员和书记员的签字或盖章，也就是说所有参与诉讼活动的人都要签字或盖章并写明日期，这样笔录才算完整并具备法律效力。

笔录阅读或宣读之后，如果当事人或诉讼参与人提出笔录有错记或漏记情况，有权申请补正，书记员必须当场与审判员和对方当事人核对，确属错、漏记情况的，必须当场更正补充，并由当事人在更正补充处签字或盖章；如属当事人事后反悔否认确已陈述过的内容，并提出补正要求的，不予补正，但可以让其写出补正申请并将申请放入卷宗。

如果遇到当事人中途退庭的特殊情况，要把退庭当事人的名称、退庭原因和具体时间及时记入笔录，然后再接着记录诉讼状况。笔录中有退庭的记录，还有审判员、书记员、诉讼参与人的共同见证和签字，虽然没有退庭当事人的签字，这样的笔录也是完整的、有法律效力的。

三、书记员做好记录工作的必要条件

第一，书记员必须熟悉实体法内容，善于分清各种案件的性质，如继承案件中的继承顺序、代位继承和转继承的区别；经济合同中有效合同与无效合同的确定；违约责任与侵权责任的区别；刑事案件中的故意杀人、过失杀人、伤害致死、抢劫、抢夺、正当防卫和防卫过当等罪名的界限，等等。如果分辨不清，在记录中就必然出现用词不准的现象。

第二，书记员必须熟练掌握程序法。只有熟练掌握程序法才能把程序法要求的开庭时必须进行的审判程序完整地记录下来，不致疏漏。例如，民事诉讼法中规定的开庭步骤是法庭调查、法庭辩论、法庭调解、最后陈述。因此，在记录开庭笔录时必须要体现开庭的这四个阶段，否则，开庭笔录就是不完整的。

第三，书记员应不断提高语文水平，掌握丰富的词汇，这样才能在记录中做到用词准确，遣词造句得心应手。

第四，书记员应努力练习钢笔书法，使自己的书写能力又快又好，这样才能高质量记好笔录。

第三节 人民法院常用笔录的格式和制作要求

一、庭审笔录的格式和制作要求

(一)庭审笔录的概念

庭审笔录，也叫开庭笔录、法庭笔录，是指人民法院在依法审理各类案件时，书记员对庭审过程和内容所做的书面记录。庭审笔录是法院最常用的一种笔录，只要有庭审活动就必须制作庭审笔录，它不仅是法院正确处理案件、正确制作裁判文书的重要依据，也是全面审查法院审判活动是否合法的重要依据。

庭审笔录适用于各类民事案件、刑事案件和行政案件，凡是开庭审理的案件，不论是公开审理还是依法不公开审理，也不论是一审程序还是二审程序、再审程序，只要开庭审理就必须制作庭审笔录，庭审笔录全面反映了审判活动的全过程，它是人民法院案卷材料的重要组成部分。

诉讼法中规定法庭审理的全部活动应当由书记员记入笔录，这是制作庭审笔录

的法律依据。庭审笔录是衡量书记员工作能力和水平的最重要的指标,作好庭审笔录是书记员的重要职责。

(二)【诉讼文书】庭审笔录(以一审民事案件为例)

庭审笔录

时间:　　　年　月　日　时　分至　时　分

地点:

审判人员:

书记员:

书记员:现在,查明当事人及委托代理人的到庭情况。

原告:

法定代表人:

委托代理人:

被告:

法定代表人:

委托代理人:

书记员:请坐好,现在宣布法庭纪律。

根据《人民法院法庭规则》的规定,旁听人员必须遵守下列纪律:

1. 未经允许不准录音、录像和摄影;

2. 不得随意走动,进入审判区;

3. 不准鼓掌、喧哗、吵闹和实施其他妨碍审判活动的行为;

4. 不准发言、提问,如对法庭审判活动有意见,可在休庭或闭庭后,以口头或书面形式向本庭提出;

5. 不准吸烟、随地吐痰;

6. 请关闭手机、呼机等有声物品。

书记员:全体起立。请审判长及合议庭成员入席。报告审判长,当事人及委托代理人已全部到庭,可以开庭。

审判长:现在开庭。今天,本庭依照《中华人民共和国民事诉讼法》的规定,在这里公开审理(或不公开审理,并说明理由)原告与被告之间的_____一案。

审判长:核对一下当事人及委托代理人的身份。原告和被告自报单位名称、住所地、法定代表人姓名、职务和委托代理人的情况。

原告:

被告：

审判长：下面，宣读原告和被告授权委托书中的代理权限。

审判长：各方当事人，对对方到庭的当事人及委托代理人的身份有无异议？

原告：

被告：

审判长：经法庭审查，各方当事人及委托代理人诉讼手续合法，准许参加本案的诉讼。

审判长：现在宣布合议庭组成人员及书记员名单。本庭由本院_____审判员担任审判长，与_____审判员、_____审判员组成合议庭，由_____书记员担任法庭记录。

审判长：根据《中华人民共和国民事诉讼法》的规定，当事人在诉讼中享有以下诉讼权利：

1. 有对案件事实进行陈述和申辩的权利。
2. 有提供证据、进行辩论、请求调解、申请执行的权利。
3. 原告有放弃、变更或补充上诉请求和理由的权利。
4. 被告有承认、反驳原告诉讼请求的权利。
5. 有随时提出和解请求的权利。
6. 有向证人、鉴定人提出发问，要求对证据和鉴定提出说明的权利。
7. 经法庭准许，有查阅和复制庭审材料及法律文书的权利。
8. 认为法庭的记录有差错，有申请补正的权利。
9. 当事人有提供证据并索取收据的权利。

以上诉讼权利，你们听清楚了吗？

原告：

被告：

审判长：在庭审过程中，当事人除享有以上诉讼权利外，还有申请审判员及有关人员回避的权利，如果你们认为鉴定人、勘验人、翻译人员、书记员和我本人与本案有直接利害关系或者有其他关系，可能影响公正审判的，可以提出事实或理由申请回避。

你们听清楚了吗？是否申请回避？

原告：

被告：

审判员：根据《中华人民共和国民事诉讼法》的规定，当事人在诉讼中应当承担以下诉讼义务：

1. 必须依法行使诉讼权利，如实陈述事实。

2. 自觉遵守诉讼秩序，听从法庭指导，如故意扰乱诉讼秩序，视其情节给予罚款、拘留等。

3. 主动履行发生法律效力的判决书、裁定书和调解书。

以上诉讼义务，你们听清楚了吗？

原告：

被告：

审判长：根据《中华人民共和国民事诉讼法》的规定，当事人、诉讼参与人和其他人还应当遵守下列法庭规则。

1. 遵循民主、平等、完整、自愿的原则进行当庭陈述、举证、质证、辩论。

2. 当庭陈述、举证、质证、辩论应当按照法庭安排的顺序进行。

3. 当事人陈述、举证、质证、辩论，应当围绕上诉请求和主张、争议焦点、适用法律建议等与案件有直接联系的内容进行；对发现有遗漏的内容可以补充陈述；陈述的事实应当客观、真实、完整；一方陈述时，对方不得打断发言。

4. 当事人对自己提出的诉讼主张，有在法定期限内提供证据的责任。没有提供证据，或者无正当理由不在限定期限内提供证据，或者虽提供了证据但经法庭质证和认证后不能作为认定案件事实根据的，将承担相应举证不能的后果。

5. 凡是证据材料，一律要经过当庭质证；任何一方对举出的证据材料均可以互相审验、对质、排疑、确认；质证应对各种证据材料的证明效力进行辩论和反驳，不得以诱导方式提问，不得使用威胁、损害人格尊严和人身攻击性语言；对证据材料进行审核、质疑、辩驳，必须当庭明示承认或否认的态度，否则，将可能承担被视为默认的后果。

6. 进行辩论，要摆事实、讲道理，不准使用污秽、讽刺、挖苦等人身攻击性语言。在辩论中，如果又提出新的证据材料，则要重新质证，然后再行辩论。

人民法院对违反法庭规则的人，可以予以训诫、责令退出法庭或者予以罚款、拘留。对哄闹、冲击法庭，侮辱、诽谤、威胁、殴打审判人员，严重扰乱法庭秩序的人，依法追究其刑事责任；情节较轻的，予以罚款、拘留。因此，你们行使权利的同时，还必须遵守法庭规则，不得扰乱诉讼秩序。

以上法庭规则，你们听清楚了吗？

原告：

被告：

审判长：各方当事人是否有证人出庭作证（如有证人，安排证人在法庭外候庭）。

原告：

被告：

审判长：现在核对案件事实，听取当事人的诉、辩意见。

（三）庭审笔录的具体制作要求

1. 制作庭审笔录的法律依据

诉讼法中对庭审笔录的制作要求都有相应规定。《中华人民共和国民事诉讼法》第一百五下条规定："书记员应当将法庭审理的全部活动记入笔录，由审判人员和书记员签名。法庭笔录应当当庭宣读，也可以告知当事人和其他诉讼参与人当庭或者在5日内阅读。当事人和其他诉讼参与人认为对自己的陈述记录有遗漏或者差错的，有权申请补正。如果不予补正，应当将申请记录在案。法庭笔录由当事人和其他诉讼参与人签名或者盖章。拒绝签名盖章的，记明情况附卷。"《中华人民共和国刑事诉讼法》第二百零七条规定："法庭审判的全部活动，应当由书记员写成笔录，经审判长审阅后，由审判长和书记员签名。法庭笔录中的证人证言部分，应当当庭宣读或者交给证人阅读。证人在承认没有错误后，应当签名或者盖章。法庭笔录应当交给当事人阅读或者向他宣读。当事人认为记载有遗漏或者差错的，可以请求补正或者改正。当事人承认没有错误后，应当签名或者盖章。"《中华人民共和国行政诉讼法》虽然对笔录的制作没有相应条款直接规定，但它本身有很多内容是为了避免重复而遵循民事诉讼法的规定，因此行政案件的庭审笔录应参照民事诉讼法的规定。从民事诉讼法和刑事诉讼法的相关条款来看，法律关于如何制作庭审笔录有非常详细的规定。

2. 记录民事案件庭审笔录应注意的具体问题

（1）宣布开庭情况应记明：审判长（或者独任审判员）核对当事人，宣布案由，宣布审判人员、书记员名单，告知当事人有关的诉讼权利义务，询问当事人是否提出回避申请。

（2）法庭调查阶段应当记明：

①原告的诉讼请求；②被告的答辩意见；③双方当事人的补充陈述；④告知证人的权利义务，证人作证情况；⑤双方当事人举证、质证过程（各自提供的证据的

名称及要证明的事项，对方对该项证据所发表的质证意见）；⑥宣读鉴定结论和勘验笔录；⑦审判人员询问当事人情况。

（3）法庭辩论阶段应记明：

①原告及其诉讼代理人发表的辩论意见；②被告及其诉讼代理人发表的辩论意见；③第三人及其诉讼代理人发言或者答辩；④互相辩论。

（4）最后陈述阶段应记明原告、被告及第三人的最后陈述意见。

（5）法庭调解阶段应当记明双方当事人各自提出的调解意见，双方不能达成一致意见的应写明"双方不能达成一致调解意见，法庭不再主持调解"；若双方能够达成一致意见，则需另行制作调解协议。

3.庭审笔录的尾部要有相关人员签名

庭审笔录正文记录完毕之后，参加庭审过程的当事人及其诉讼代理人都要签上名字和日期，最后，参加庭审过程的合议庭成员和书记员也要签上名字和日期。

二、询问笔录的格式和制作要求

（一）询问笔录的概念

《中华人民共和国民事诉讼法》第一百七十六条规定第二审人民法院对上诉的民事案件，经过阅卷和调查，询问当事人，对没有提出新的事实、证据或者理由，合议庭认为不需要开庭审理的，可以不开庭审理。这种调查、询问当事人核对案件事实的诉讼过程叫作询问过程，在询问过程中对诉讼活动所做的笔录就叫询问笔录。

（二）【诉讼文书】询问笔录（以二审民事案件为例）

询问笔录

时间：　　年　月　日　时　分至　　时　分

地点：

审判员：

书记员：

上诉人：

法定代表人：　　　　　　委托代理人：

被上诉人：

法定代表人：　　　　　　委托代理人：

审判员：今天，本庭依照《中华人民共和国民事诉讼法》的规定，审理上诉人与被上诉人之间的纠纷一案。

本庭由本院的_____审判员担任审判长，与_____审判员、_____审判员组成合议庭，由我本人主审本案。由_____书记员担任法庭记录。

本庭审理本案，采取询问当事人的方式进行，询问当事人的方式是指依照《中华人民共和国民事诉讼法》的规定，由我主持询问当事人，引导当事人围绕争执焦点进行诉辩，在事实核对清楚后，合议庭认为不需要再安排开庭审理，而径行对案件作出裁判的审判方式。你们听清楚了吗？

上诉人：

被上诉人：

审判员：根据《中华人民共和国民事诉讼法》的规定，当事人在诉讼中享有以下诉讼权利：

1. 有对案件事实进行陈述和申辩的权利。
2. 有提供证据、进行辩论、请求调解、申请执行的权利。
3. 上诉人有放弃、变更或补充上诉请求和理由的权利。
4. 被上诉人有承认、反驳上诉人诉讼请求的权利。
5. 有随时提出和解请求的权利。
6. 有向证人、鉴定人提出发问，要求对证据和鉴定提出说明的权利。
7. 经法庭准许，有查阅和复制庭审材料及法律文书的权利。
8. 认为法庭的记录有差错，有申请补正的权利。
9. 当事人有提供证据并索取收据的权利。

以上诉讼权利，你们听清楚了吗？

上诉人：

被上诉人：

审判员：在庭审过程中，当事人除享有以上诉讼权利以外，还有申请合议庭组成人员及书记员回避的权利，你们听清楚了吗？是否申请回避？

上诉人：

被上诉人：

审判员：根据《中华人民共和国民事诉讼法》的规定，当事人在诉讼中应当承担以下诉讼义务：

1. 必须依法行使诉讼权利，如实陈述事实；
2. 自觉遵守诉讼秩序，听从法庭指导，如故意扰乱诉讼秩序，视其情节给予罚款、拘留等。

3. 主动履行发生法律效力的判决书、裁定书和调解书。

以上诉讼义务，你们听清楚了吗？

上诉人：

被上诉人：

审判员：根据《中华人民共和国民事诉讼法》的规定，当事人、诉讼参与人和其他人还应当遵守下列规则：

1. 当事人诉、辩应当按照法庭安排的顺序进行。

2. 当事人诉、辩应当围绕上诉请求和主张、争议焦点、适用建议等与本案件有直接联系的内容进行。

3. 当事人对自己提出的诉讼主张，有在法庭确定的期限内提供证据的责任，并承担相应举证不能的后果。

4. 凡是证据材料，一律要经过当庭质证；对证据材料进行审核、质疑、辩驳，必须当庭明示承认的态度，否则，将可能承担被视为默认的后果。

5. 进行辩论，要摆事实，讲道理，不准使用污秽、讽刺、挖苦等人身攻击性语言。

以上法庭规则，你们听清楚了吗？

上诉人：

被上诉人：

审判员：现在核对案件事实，听取当事人诉、辩意见。

（三）询问笔录的具体制作要求

询问笔录主要用于民事二审案件。一审民事案件如果当事人提起上诉则进入二审审理阶段，在二审审理阶段，由于一审卷宗中全面反映了一审法院的诉讼过程：当事人双方的主张、各自提供的证据、一审法院认定的事实、一审法院的判决理由等，所以审理二审案件的法官在阅读了一审卷宗后可以找当事人进行询问，把案件事实调查清楚，而没有必要正式开庭。这种找当事人询问调查案件事实的方式就是询问方式，询问方式没有开庭方式正式，也没有必要严格按照开庭程序进行审理，其核心内容就是法庭调查，因此，询问笔录的主要记录内容就是案件事实的调查过程。

在记录询问笔录时应记明：（1）上诉人的上诉请求和理由；（2）被上诉人的答辩意见；（3）双方争议的焦点问题是什么；（4）上诉人为支持自己的上诉理由提供

了哪些证据，是否有新证据提交；(5)被上诉人针对上诉人提供的证据发表的质证意见；(6)审判人员询问当事人情况。

询问过程结束后，参加询问的当事人及其诉讼代理人在询问笔录的尾部都要签上名字和日期，参加询问的审判员和负责记录的书记员也要签上名字和日期。

三、合议庭评议笔录的格式和制作要求

（一）合议庭评议笔录的概念

合议庭评议过程是指合议庭组成人员在案件审理终结后，就案件事实和证据的认定、法律适用、处理意见等内容进行讨论的过程，书记员对合议庭评议过程的具体内容所做的书面记录就叫作合议庭评议笔录，又称合议笔录或评议笔录。

合议庭评议笔录是十分重要的法律文书，凡是组成合议庭审判的案件，评议是必经程序，因此评议笔录也是必不可少的。一般来说，合议庭的评议结论就是案件的最后处理决定，也是制作裁判文书的依据。

（二）【诉讼文书】合议庭评议笔录

合议庭评议笔录

时间：　　　年　月　日　时　分至　时　分

地点：

合议庭成员：

书记员：

评议案件：_____与_____之间的_____纠纷一案。

评议内容：_____

_____

_____

_____

_____

_____

（三）合议庭评议笔录的具体制作要求

1. 制作合议庭评议笔录的法律依据

《中华人民共和国民事诉讼法》第四十五条规定："合议庭评议案件，实行少数服从多数的原则。评议应当制作笔录，由合议庭成员签名。评议中的不同意见，必须如实记入笔录。"《中华人民共和国刑事诉讼法》第二百条规定："在被告人最终

陈述后，审判长宣布休庭，合议庭进行评议……"最高人民法院《关于执行〈中华人民共和国刑事诉讼法〉若干问题的解释》第一百一十二条规定："开庭审理和评议案件，必须由同一合议庭进行。合议庭成员在评议案件的时候，应当表明自己的意见。如果意见分歧，应当按多数人的意见作出决定，但是少数人的意见应当写入笔录。评议笔录由合议庭的组成人员在审阅确认无误后签名。评议情况应当保密。"根据法律规定，人民法院审理各类案件，除事实简单清楚的，由审判员独任审判外，一般都由合议庭成员共同审判并进行集体评议，为进一步制作裁判文书提供条件。

2. 合议庭评议笔录要反映合议庭评议案件的全过程

合议庭成员的发言、补充发言，以及意见分歧、争论内容，均须详细记明。尤其是对于复杂、疑难案件的分析、争议和研究，以及由意见分歧到逐步统一的过程，必须在记录中反映出来。有些记录把分析、争议、研究的内容一概略去，只记录最后形成的统一意见，这种记录看不出评议案件的过程和深度，是不正确的记录方法。

3. 首先记明主持评议的审判员或审判长的发言

主持评议的人应该是案件的承办人。对于一审案件，由于经过了开庭审理，合议庭成员对案情有所了解，因此承办人可以简单向合议庭成员介绍一下案情：当事人的名称与案由；双方当事人的诉、辩意见；双方为支持自己的主张各自提供了哪些证据；经过当庭质证，承办人认为哪些证据可以采信，采信理由是什么，不采信的证据也要说出充分理由；根据双方的诉辩意见和能够采信的证据，承办人认为可以确定的案件事实是什么，法律依据是什么，处理意见是什么。

二审民事案件没有经过开庭审理的，承办人应当详细向合议庭成员介绍案情：当事人名称与案由；上诉人的上诉请求和理由，被上诉人的答辩意见；案情与一审相同的地方可以写成"案情同一审判决"，如果二审有新查明的案情或一审认定事实有错误的地方，要详细记录；双方当事人的争议焦点；双方提供的依据各自有哪些，可以做为认定案件事实的依据及理由是什么；案件的适用法律和处理意见。

4. 应详细记明合议庭其他成员的发言

对合议庭其他成员的发言，着重记以下几项：

（1）对双方当事人提供的证据的意见。对当事人提交的证据，是采信还是不采信，采信的理由是什么，不采信又有什么理由，最终能够作为定案依据的证据有哪些。

（2）对案件事实的认定意见。根据本案可以采信的证据，可以确定的案件事实是什么？根据所确定的案件事实，是否可以作出定论？还是需要进一步查证？如需进一步查证，查证的方向和目标是什么？

（3）案件性质如何确定？法律依据是什么？

根据所确定的案件事实，案件性质是违约责任还是侵权责任？根据案件性质当事人该承担何种法律后果？承担法律后果的法律依据是什么？

（4）具体的处理意见。合议庭成员对案件结果要提出自己的处理意见，即便是同意别人的意见，也要说出同意的理由，而不能简单地发表"同意"二字这样的意见。

5. 最后要记明评议结果

承办人和合议庭成员均发表了意见之后，主持合议的人要对讨论意见进行综合归纳，如果合议庭意见一致，一致意见就是案件的评议结果；如果合议庭意见不一致，按照少数服从多数的原则，多数人的意见就是案件的最终评议结果。

评议结果要记明认定事实、案件定性、适用法律和处理意见四项内容。除了记明多数人的意见外，对少数人的不同意见及理由，亦须予以记明备查。

6. 合议庭评议笔录的尾部要求

合议庭评议过程记录完毕之后，参加评议的合议庭成员都要在评议笔录尾部签上姓名和日期，负责记录的书记员也要签上姓名和日期。

四、调查笔录的格式和制作要求

（一）调查笔录的概念

本书所讲的调查笔录是指各级人民法院在办理案件过程中，为了查清与案件有关的事实，对当事人因客观原因不能自行收集的证据或人民法院认为审理案件所需要的证据，派出人员进行调查取证过程中所做的文字记录。

（二）【诉讼文书】调查笔录（各类案件通用）

调查笔录

时间：　　年　月　日　时　分至　时　分

地点：（写明调查的具体地点）

调查人：

被调查人：（写明姓名、身份和职务）

记录人：

（三）制作调查笔录的具体要求

1. 制作调查笔录的法律依据

《中华人民共和国民事诉讼法》第七十条规定："人民法院有权向有关单位和个人调查取证，有关单位和个人不得拒绝。人民法院对有关单位和个人提出的证明文书，应当辨别真伪，审查确定其效力。"第六十七条规定："当事人对自己提出的主张，有责任提供证据。当事人及其诉讼代理人因客观原因不能自行收集的证据，或者人民法院认为审理案件需要的证据，人民法院应当调查收集。人民法院应当按照法定程序，全面、客观地审查核实证据。"第一百三十二条："审判人员必须认真审核诉讼材料，调查收集必要的证据。"第一百三十三条："人民法院派出人员进行调查时，应当向被调查人出示证件。调查笔录经被调查人校阅后，由被调查人、调查人签名或者盖章。"

2. 制作调查笔录应注意的具体问题

（1）调查人必须是二人以上，一人负责调查，一人负责记录；（2）调查人必须首先向调查对象出示证件，说明来意；（3）调查对象包括当事人、证人或者其他有关的人。被调查人应写明其身份（姓名、性别、出生年月、民族、籍贯、文化程度、工作单位、职务、住所，被调查人有多人的，应依次写明）；（4）调查过程采用问答的方式，必须如实记载调查人所问问题和被调查人对调查事项的陈述，重点写明有关案情要素和案情来源。在调查过程中，调查人员不得诱导和有倾向性地询问；（5）同一案件有多个证人的，询问证人应当分别进行；（6）调查笔录的尾部应由被调查人、调查人、记录人分别签名或盖章，并写明调查日期。如果被调查人拒绝签名盖章的，应注明被调查人拒绝签名盖章的理由；（7）若事后被调查人要求改动原来陈述的内容，可以另行制作调查笔录存卷，但原来的笔录不得修改、更动。

五、现场勘查笔录的格式和制作要求

（一）现场勘查笔录的概念

现场勘查笔录是指各级人民法院在审理各类案件时，对与本案有关的物品或者现场进行勘查、检验时所做的文字记录，也叫现场勘验笔录。

我国民事诉讼法、刑事诉讼法、行政诉讼法中规定，只要进行现场或物证的勘

查、检验工作，必须制作相应的现场勘查笔录。现场勘查笔录既是重要的笔录文书，又是审理案件的重要法定证据，它对于查明案件事实、分清是非责任及解决争议纠纷都有着重要作用。

现场勘查笔录是现场勘查手段之一，现场勘查手段有现场勘查记录、现场照相和现场绘图三种，三者采用不同的技术方法都是反映现场情况的，独立存在又彼此相互联系。现场勘查笔录是对现场的文字记录，现场照相和现场绘图则借助于技术手段形象地反映现场发生地情况，作为补充文字记录的不足，三者是统一的，相辅相成的。

（二）【诉讼文书】现场勘查笔录（各类案件通用）

现场勘查笔录

时间：　　年　月　日　时　分至　时　分

勘验地址和场所：

勘验人：

在场当事人或其成年家属：

被邀参加人：

记录人：

勘验对象：

勘验情况和结果：

_____

_____

_____

（三）现场勘查笔录的具体制作要求

1. 制作现场勘查笔录的法律依据

《中华人民共和国民事诉讼法》第七十三条规定："勘验物证或者现场，勘验人必须出示人民法院的证件，并邀请当地基层组织或者当事人所在单位派人参加。当事人或者当事人的成年家属应当到场，拒不到场的，不影响勘验的进行。有关单位和个人根据人民法院的通知，有义务保护现场，协助勘验工作。勘验人应当将勘验情况和结果制作笔录，由勘验人、当事人和被邀参加人签名或者盖章。

2. 制作现场勘查笔录的具体要求

（1）首部应写明勘验时间、勘验地址和场所、勘验人、记录人、在场当事人或其成年家属、被邀参加人、勘验对象等事项，被邀参加人应写明其姓名、性别、工作单位和职务。

（2）笔录中只能记载现场发现的特征和客观情况，而不记述勘查人员对案件的分析和意见。笔录中对各种事实记载的顺序，应当与现场的实际情况和勘查顺序相符合。

（3）将现场勘查活动情况和勘查过程中与案件有关的物品、痕迹、控辩双方有争议的标的物、现场面貌等如实记录下来，特别是物证的名称、数量、质地、重量、大小、尺寸、标记等特征，要写得准确、具体，使人一看就懂，决不能模棱两可。

（4）现场拍摄的照片或录像的内容以及现场绘图的位置和种类也要在笔录中有所体现。

（5）现场勘查笔录、现场照相与现场绘图三者的内容必须一致，互相印证，互相补充，不能有矛盾和疑点，否则就失去了证据的作用。

（6）笔录尾部要有当事人或其成年家属、被邀参加人、勘验人和记录人的签名或者盖章，并注明勘验日期。

六、调解笔录的格式和制作要求

（一）调解笔录的概念

调解笔录是各级人民法院在对民事案件、刑事自诉案件和刑事附带民事诉讼案件以及行政案件的侵害赔偿诉讼进行调解时，由书记员对调解过程和内容所做的文字记录。

（二）【诉讼文书】调解笔录（各类案件通用）

调解笔录

时间：　　年　月　日　时　分至　时　分

地点：

审判员：

当事人：

记录人：

_____

_____

_____

（三）制作调解笔录的具体要求

1. 制作调解笔录的法律依据

《中华人民共和国民事诉讼法》第一百条规定："调解达成协议，人民法院应当制作调解书。调解书应当写明诉讼请求、案件的事实和调解结果。调解书由审判人员、书记员署名，加盖人民法院印章，送达双方当事人。调解书经双方当事人签收后，即具有法律效力。"第一百零一条规定："下列案件调解达成协议，人民法院可以不制作调解书：（一）调解和好的离婚案件；（二）调解维持收养关系的案件；（三）能够即时履行的案件；（四）其他不需要制作调解书的案件。对不需要制作调解书的协议，应当记入笔录，由双方当事人、审判人员、书记员签名或者盖章后，即具有法律效力。"

其他以调解方式结案的案件，除了要制作调解笔录外，还需要制作正式的调解书，调解书经双方当事人签收后才具有法律效力。

2. 调解笔录的具体制作要求

（1）人民法院的调解必须遵循当事人双方自愿的原则，不得强迫，更不能以"不调解就有可能败诉"这样的语言恐吓当事人。

（2）双方当事人达成的调解协议内容不得违反法律规定，不能损害国家、集体或者第三人利益以及社会公众利益。

（3）对于需要制作调解书的案件，双方当事人虽然达成了调解协议，但在调解书送达前一方反悔的，不能以调解方式结案，人民法院应当及时判决。

（4）调解笔录尾部要有双方当事人、审判人员以及书记员的签名或盖章，并注明调解日期。如果法院在进行调解时邀请了有关单位和个人协助，被邀请的协助人员也应在笔录上签名或者盖章。

七、证据交换笔录的格式和制作要求

（一）证据交换笔录的概念

证据交换笔录是指人民法院对证据较多或者疑难复杂的民事案件，在开庭前组织当事人交换证据的过程中所做的书面记录。

(二)【诉讼文书】证据交换笔录

证据交换笔录

时间： 年 月 日 时 分至 时 分

地点：

审判员：

当事人：

记录人：

_____
_____
_____

证据材料清单

编号	证据材料名称	件数	原件（复印件）	页数

提交人：	提交时间：	签收人：

注：此单一式两联，一联给当事人，一联随卷留存。

(三)证据交换笔录的具体制作要求

（1）对当事人提供的证据，人民法院应当出具收据，注明证据的名称、收到时间、份数和页数，由审判员或书记员签名或盖章。

（2）证据交换适用于证据较多或者疑难复杂的案件，可以由当事人申请，也可以由人民法院指定。证据交换的时间应当在答辩期限届满后、开庭审理前。

（3）证据交换应当由审判员主持，在证据交换的过程中，对当事人无异议的事实、证据应当记录在卷；对有异议的证据，按照需要证明的事实分类记录在卷，并记载异议的理由。通过证据交换，确定双方当事人争议的主要问题。

（4）当事人收到对方交换的证据后提出反驳并提出新的证据的，人民法院应当通知当事人在指定的时间交换。证据交换一般不超过两次，但重大、疑难和案情特别复杂的案件，人民法院认为确有必要再次进行证据交换的除外。

（5）证据交换笔录的尾部应由参加证据交换的当事人签名或盖章，并注明日期，参加证据交换的审判员和书记员也要签名并注明日期。

八、审判委员会讨论案件笔录的格式和制作要求

（一）审判委员会讨论案件笔录的概念

审判委员会讨论案件笔录是指各级人民法院审判委员会对本院院长提交讨论的重大或者疑难案件进行讨论并作出处理决定的文字记录。审判委员会是法院内部设立的集体领导审判工作的常设机构和最高组织形式，审判委员会对案件作出的决议，合议庭应当执行。

（二）【诉讼文书】审判委员会讨论案件笔录

<h3 style="text-align:center">审判委员会讨论案件笔录</h3>

时间：　　年　月　日　时　分至　时　分

地点：

会议主持人：

出席委员：

列席人员：

案件汇报人：

记录人：

_____

_____

_____

（三）审判委员会讨论案件笔录的具体制作要求

1. 制作审判委员会讨论案件笔录的法律依据

《中华人民共和国民事诉讼法》第二百零五条第一款规定："各级人民法院院长对本院已经发生法律效力的判决、裁定，发现确有错误，认为需要再审的，应当提交审判委员会讨论决定。"

2. 制作审判委员会讨论记录的具体要求

（1）提交审判委员会讨论的案件：本院的再审案件；疑难、复杂、重大的案件；合议庭意见有重大分歧的案件；人民检察院抗诉的案件；拟判死刑的案件；需由合议庭提请院长决定提交审判委员会的案件。

(2)笔录应记明案件来源和案件的基本情况以及合议庭对该案提出的疑难问题。

(3)重点应记明审判委员会讨论案件的过程和各成员发言的具体内容和经过。

(4)最后写明审判委员会的决议事项,包括对证据的认定、对案件事实和案件性质的确认、责任承担、法律依据以及处理办法等。

(5)如果有不同意见,应把少数人的意见如实记录下来。

(6)笔录尾部应由审判委员会委员签名或盖章,记录人也要签名或盖章。

九、宣判笔录的格式和制作要求

(一)宣判笔录的概念

宣判笔录是指人民法院对各类需要公开宣判的案件依法定期公开宣告判决时所作的文字记录。宣判笔录是以记录宣判程序和过程为主要内容的文书,其作用是证明人民法院宣判程序的合法性。

(二)【诉讼文书】宣判笔录

××××人民法院

宣判笔录

案由:

宣判时间:　　年　月　日　时　分至　时　分

宣判长(员):

书记员:

到庭当事人:

审判长(员)宣读判决:

_____

_____

当事人对判决的意见:

_____

_____

_____

注:宣判后,审判人员、书记员、当事人应分别在笔录上签名或盖章。

（三）制作宣判笔录应注意的具体问题

1. 制作宣判笔录的法律依据

《中华人民共和国民事诉讼法》第一百五十一条规定："人民法院对公开审理或者不公开审理的案件，一律公开宣告判决。当庭宣判的，应当在十日内发给判决书；定期宣判的，宣判后立即发给判决书。宣告判决时，必须告知当事人上诉权利、上诉期限和上诉的法院。宣告离婚判决，必须告知当事人在判决发生法律效力前不得另行结婚。"最高人民法院《关于适用〈中华人民共和国民事诉讼法〉若干问题的意见》第九十条规定："人民法院在定期宣判时，当事人拒不签收判决书、裁定书的，应视为送达，并在宣判笔录中记明。"

2. 制作宣判笔录的具体要求

（1）宣判笔录首部应当写明案由、宣判时间、宣判地点、宣判长和书记员。

（2）到庭当事人应写明其姓名、性别、年龄、工作单位、职业、住址。

（3）在审判长宣读判决部分要写明宣读裁判文书的名称及案件编号，并简要记述裁判结果和告知的有关事项。

（4）当事人对判决的意见一栏要写明当事人是否同意判决内容，是否提起上诉，另外当事人还要签名盖章（拒绝签名的，应记录在案）。

（5）最后参加宣判的合议庭成员和书记员也应签名或者盖章。

十、执行笔录的格式和制作要求

（一）执行笔录的概念

执行笔录是指执法机关为保证实施已经发生法律效力的裁判文书、调解协议及其他具有法律效力的文书，对当事人的财产依法采取强制执行措施时所制作的记录执行情况的文书。

执行笔录分为民事执行笔录和执行死刑笔录两种。

（二）【诉讼文书】执行笔录的格式

执行笔录

时间：　　年　月　日　时　分至　时　分

地点：（写明强制执行的地址）

执行人员：

记录人：

申请执行人：

被执行人：

在场人：（写明姓名、职务）

一、自　　年　　月　　日，查封（或扣押、冻结）你（或公司、单位）的财产（清单附后）；

二、查封期间，未经本院准许，不得擅自转移、隐匿、毁损、变卖、抵押、质押、典当、赠送或做其他处置，并负有保管义务。否则，本院将依法追究你（或你单位及法定代表人或主要责任人员）的法律责任。

附：查封、扣押财产清单 1 份

【诉讼文书】民事案件查封（扣押）财产清单

××××人民法院
查封（扣押）财产清单

编号	财产名称	特征及成色	数量

在场人：

被执行人：

执行员：

书记员：

（三）民事执行笔录的具体制作要求

民事执行笔录是书记员对人民法院依法强制执行被执行人的财产，强制交付财物，强制迁出房屋或者退出土地、拆除建筑物等执行活动的文字记载。

《中华人民共和国民事诉讼法》第二百五十一条规定："被执行人未按执行通知履行法律文书确定的义务，人民法院有权查封、扣押、冻结、拍卖、变卖被执行人应当履行义务部分的财产。但应当保留被执行人及其所扶养家属的生活必需品。采取前款措施，人民法院应当作出裁定。"第二百五十二条规定："人民法院查封、扣押财产时，被执行人是公民的，应当通知被执行人或者他的成年家属到场；被执行人是法人或者其他组织的，应当通知其法定代表人或者主要负责人到场。拒不到场的，不影响执行。被执行人是公民的，其工作单位或者财产所在地的基层组织应当派人参加。对被查封、扣押的财产，执行员必须造具清单，由在场人签名或者盖章后，交被执行人1份。被执行人是公民的，也可以交他的成年家属1份。"最高人民法院《关于贯彻执行〈中华人民共和国行政诉讼法〉若干问题的意见（试行）》第八十九条、第九十一条、第九十二条也有与上述基本相同的规定。最高人民法院《关于执行〈中华人民共和国刑事诉讼法〉若干问题的解释》第九十五条规定："人民法院审理附带民事诉讼案件，在必要时，可以决定查封或者扣押被告人财产。"

制作民事执行笔录应注意以下几点：

（1）必须准确、完整地写明执行所依据的法律文书的名称、编号、执行内容和生效日期。

（2）提起执行的原因和方式。

（3）执行标的和措施。

（4）对执行过程和情况，要真实、客观记载，尤其是执行中发生的意外情况，如案外人对执行标的提出异议、被执行人妨碍执行、案外人妨碍执行等。

（5）如发生在场人拒绝在笔录上签字的情况，应将该情况如实记入笔录。

（6）民事执行笔录主要供法院查封、扣押被执行人财产时使用，一般情况下需和查封（扣押）财产清单配套使用。

（7）尾部由执行人员、记录人、被执行人、在场人签名。

第四节 一审案件普通庭审程序（以民事案件为例）

一、开庭准备程序

庭审准备工作完成之后，进入开庭审理阶段。开庭审理阶段首先由审判长核对到庭的当事人及其诉讼代理人的身份和诉讼手续，询问代理人的具体代理权限，询问各方当事人对于对方当事人及诉讼代理人的身份有无异议；当事人及诉讼代理人的身份和诉讼手续经审判长核对无误后，审判长宣布开庭并宣布案件当事人的名称和案由（对依法不公开审理的案件应说明不公开审理的理由），宣布合议庭组成人员名单，宣布书记员、鉴定人、勘验人、翻译人员等名单，并告知当事人在诉讼中享有的诉讼权利；审判长询问各方当事人是否对合议庭成员及书记员、鉴定人、勘验人、翻译人员等人员申请回避。对当事人提出的回避申请，审判长应宣布休庭，严格依照回避的条件和程序办理。当事人申请回避的理由不能成立的，由审判长在重新开庭时宣布予以驳回，记入笔录。当事人申请回避的理由成立的，审判长宣布延期审理；审判长宣布当事人在诉讼中应当承担的诉讼义务和应当遵守的法庭规则。

在完成以上庭审程序工作后，审判长宣布进入法庭调查阶段。

二、法庭调查阶段

法庭调查阶段的主要任务是听取当事人的主张和意见，查明案件事实。法庭调查可以由审判长主持，也可以由审判员主持，一般由案件承办法官主持。法庭调查按照下列顺序进行：

（一）当事人陈述

首先由原告陈述起诉请求和起诉的事实理由。如果原告的起诉请求和事实理由与起诉状一致，可以在法庭上宣读起诉状，书记员在记录时可以简记为"原告陈述诉讼请求和事实理由（见起诉状）"；如果原告的诉讼请求有变更，应向法庭明确其诉讼请求变更的内容与理由，书记员应详细记录原告变更后的诉讼请求内容和理由。

原告陈述完诉讼请求和理由之后，由被告陈述答辩意见，案件有第三人的，最后由第三人陈述答辩意见。被告（或第三人）陈述答辩意见时应该针对原告的诉讼请求和事实理由明确提出自己同意或不同意的观点和理由。

（二）合议庭总结归纳案件争议焦点

合议庭应根据原告的诉讼请求和理由以及被告（第三人）的答辩意见，总结归纳本案双方当事人争议的焦点问题，并询问各方当事人对合议庭总结的案件争议焦点有无异议。如果当事人对总结的争议焦点有异议，询问其具体有何异议，对当事人提出的新的争议焦点，合议庭认为与本案有关的，可以归纳为新的案件争议焦点。如果当事人对合议庭总结归纳的争议焦点没有异议，告知当事人应围绕案件争议焦点进行举证质证。

（三）当事人举证、质证

举证、质证的顺序：

1. 原告针对自己的诉讼请求出示证据

在出示证据时，原告可以一证一举，也可以按类别一类证据一举。一证一举时，原告应说明每个证据的名称、来源和证明事项。按类别举证时，首先说明证明事项，然后说明要证明的事项共有几份证据支持，每份证据的名称、来源和所证明的具体内容。

有证人出庭作证的，法庭应首先让证人出庭。当事人申请证人出庭作证，应当在举证期限届满十日前提出，不能正确表达意志的人不能作为证人，但待证事实与其年龄、智力状况或者精神健康状况相适应的无民事行为能力人和限制民事行为能力人，可以作为证人。证人出庭时，法庭应核对证人的身份（姓名、年龄、职业、住所地等情况），告知证人出庭作证的权利和义务，告知证人要如实向法庭陈述自己所知道的案件事实，不得作虚假陈述，否则要负相应法律责任。证人在作证时不得用猜测、推断或者评论性语言，应客观陈述自己亲身感知的事实。证人陈述完毕之后，审判员可以直接向证人发问，经审判长许可，当事人也可以分别向证人发问。当事人询问证人不得使用威胁、侮辱及不适当引导证人的言语和方式。询问证人时，其他证人不能在场，法庭认为有必要的，可以让证人进行对质。

所有证人均不得旁听法庭审理，证人陈述完自己要证明的事项后应该核对庭审笔录签字退庭；或者先行退庭，待法庭休庭后再核对庭审笔录并签字。

证人应当出庭作证，接受当事人的质询，证人在法院组织双方当事人交换证据时出席陈述证言的，可视为出庭作证。证人因以下原因不能出庭的，经人民法院许可，可以提交书面证言或者视听资料或者通过双向视听传输技术手段作证：年迈体弱或者行动不便无法出庭的；特殊岗位确实无法离开的；路途特别遥远，交通不便难以出庭的；因自然灾害等不可抗力的原因无法出庭的；其他无法出庭的特殊情况。对于证人未出庭作证的，当事人应向法庭说明证人不能出庭的正当理由，经法庭批准后，可以宣读未到庭的证人证言。

证人出庭后，原告应向法庭出示其他书证、物证和视听资料。提供书证、物证、视听资料进行质证时，对方当事人有权要求出示证据的原件或者原物，但有下列情况之一的除外：出示原件或者原物确有困难并经人民法院准许出示复制件或者复制品的；原件或者原物已不存在，但有证据证明复制件、复制品与原件或原物一致的。

2. 被告（或第三人）对原告出示的证据进行质证

原告出示完证据后，由被告对原告出示的证据进行质证，有第三人的，还应由第三人对原告出示的证据进行质证。

被告（或第三人）质证时，应首先对证据的真实性发表明确的意见，然后对证据的合法性、关联性以及证明力的大小进行质疑、说明与辩驳。

质证时可以一证一质，即原告出示一份证据，由被告对该份证据发表质证意见，然后原告接着出示下一份证据，被告再对下一份证据进行质证，直至原告把所有的证据出示完毕。一证一质有利于逐步查明案件事实，所以在审判实践中一般采用一证一质的质证方式；质证也可以采用分组质证，即原告把自己提交的证据根据证明事项分成多组，在开庭质证时分组出示证据。原告先出示一组证据后，由被告对该组证据的真实性发表意见，然后对该组证据的合法性、关联性以及证明力大小发表意见。原告接着出示下一组证据，被告对原告出示的下一组证据再发表质证意见，直至原告把所有的证据组都出示完毕。

无论是一证一质，还是分组质证，质证的程序必须准确合法，对于当庭能够认定的证据，合议庭应当当庭予以确认，对于当庭不能认定的证据，待查明事实后合议庭评议案件时再重新确认。

证据应当在法庭上出示并质证，未经质证的证据，不能作为认定案件事实的依据。但涉及国家秘密、商业秘密和个人隐私或者法律规定的其他应当保密的证据，不得在开庭时公开质证。

3. 被告出示证据，原告（或第三人）与被告进行质证

有第三人参加诉讼的，最后由第三人出示证据，原告、被告与第三人进行质证。

当事人不仅对自己提出的诉讼请求有责任提供证据加以证明，同样还对反驳对方诉讼请求所依据的事实有责任提供证据加以证明。被告（或第三人）有权利在诉讼中提供证据，而原告则应对被告（或第三人）出示的证据进行质证。

被告（或第三人）在开庭时出示证据的程序和步骤与原告出示证据的程序和步骤相同，原告质证的程序和步骤则与被告质证的程序和步骤相同。

有第三人参加诉讼的，最后由第三人出示证据，原告、被告与第三人进行质证。

4. 宣读鉴定结论和勘验笔录

案件涉及专业鉴定问题的，鉴定结果出来后鉴定人应当出庭宣读鉴定结论并接受当事人质询。经法庭许可，当事人可以向鉴定人发问，询问鉴定人不得使用威胁、侮辱及不适当引导鉴定人的言语和方式。鉴定人确因特殊原因无法出庭的，经人民法院准许，可以书面答复当事人的质询。

人民法院在案件调查过程中对物证或者现场进行过勘验的,应由勘验人当庭宣读勘验笔录。经法庭许可,当事人可以向勘验人发问,询问勘验人时不得使用威胁、侮辱及不适当引导勘验人的言语和方式。

5. 当事人之间相互发问

经法庭许可,就与案件相关的问题当事人之间也可以相互发问,代理人也可以代表一方当事人向另一方当事人发问。当事人之间相互发问的顺序一般由原告方先对被告方进行发问,然后由被告方对原告方发问,有第三人的,第三人可以向原、被告双方发问。当事人向对方发问时应该征得法庭的同意。

6. 询问当事人

经过举证、质证过程后,合议庭认为仍有必要对某些问题进行调查的,可以向当事人询问案件审理中的相关问题。询问当事人相关问题时,可以要求当事人对其陈述提供相关证据。

至此,法庭调查阶段结束。法庭调查结束后,审判员应对当事人双方围绕争议焦点所提供的事实和证据进行总结,对双方均认可的事实和证据作出概括,并当庭确认;对双方当事人仍有争议的问题,则分别概括双方的主要观点,目的是让当事人明晰法庭审理的重点内容,引导当事人为法庭辩论做准备。

人民法院在对当事人提交的证据进行审查、核实、判断时,应当采用科学、正确的方法和手段:

1. 人民法院应当审查证据来源的合法性

在审判实践中,证据作为认定案件事实的依据必须通过合法途径进入诉讼程序。根据《最高人民法院关于民事诉讼证据的若干规定》,以侵害他人合法权益或者违反法律禁止性规定的方法取得的证据,不能作为认定案件事实的依据。民事诉讼法也规定了人民法院对有关单位和个人提出的证明文书,应当辨别真伪,审查确定其效力。比如,双方在谈话时一方在未告知另一方的情况下进行录音,这种方法并不为法律明令禁止,由此取得的视听资料不能认为是违法取得,能够作为认定案件事实的证据。另外,有的案件当事人在被迫无奈的情况下,只有通过非常手段才能拿到原始证据或直接证明材料,如因此认定其获取证据的手段不合法而不采信,就会导致案件无法处理,当事人的合法权益得不到保护,在这种情况下就不能简单地认定该证据无效。但是,如果当事人采用欺骗、胁迫手段所获取的假证据就是无效证据。因此,对证据的合法性不能简单、片面理解,只要证据材料本身具有真实性和关联性,并符合法定形式,就不要因其获取手段而轻易认定证据无效。

2. 人民法院通过开庭出示证据来判断证据的真伪

案件的全部证据在审理过程中都必须与当事人和相关证人见面，以辨别证据的真伪。在开庭审理的法庭调查阶段，与案件相关的证据材料都必须向当事人出示，并由当事人对证据的真伪和关联性发表意见，在此基础上人民法院可以排查矛盾，去伪存真，查证证据的真伪。对依法应当保密的证据，人民法院可视具体情况决定是否在开庭时出示，需要出示的，也不得在公开开庭时出示。

3. 人民法院通过开庭质证的方式来进一步审查判断证据

在法庭调查阶段，当事人不仅可以对对方出示证据的真伪发表意见，还可以就对方出示的证据与证明事项之间的关联性发表意见，通过双方当事人对彼此出示证据的交替辩驳，人民法院可以进一步审查判断哪些证据可以作为定案的依据。对于那些双方争议较大，矛盾突出的证据，经过开庭质证，可以帮助人民法院对证据的真实性和关联性作出客观、公正的判断，为案件最终的公正裁判打下基础。

4. 人民法院应全面客观地审核判断证据

人民法院在审理案件时，应综合本案的全部证据材料，全面、客观地审核证据，对证据的证明力作出判断。尤其对那些双方争议较大，就同一事实各自提供了相反的证据的焦点问题，只有运用逻辑推理和日常生活经验对全案证据材料进行比对分析，才能对证据的证明力作出客观评判，筛选出对案件起关键作用的证据，还原案件的本来事实。

三、法庭辩论阶段和最后陈述阶段

（一）法庭辩论的作用

法庭调查结束后，合议庭应主持双方当事人进行法庭辩论，双方当事人应根据法庭调查阶段所出示的证据和所查明的案件事实，各自阐述自己的意见，反驳对方的主张，总结自己的观点，相互进行言辞辩论。法庭辩论的主要任务是通过双方当事人及其诉讼代理人之间的相互辩论，听取当事人的辩解意见，进一步明确当事人提供的证据与其诉讼主张之间的关联性，从而进一步查明案件事实，分清是非责任，为案件的裁判结果奠定基础。

在法庭辩论阶段，合议庭始终处于指挥者和组织者的地位，合议庭应当引导当事人及其诉讼代理人围绕案件争议焦点和重点进行辩论，当事人及其诉讼代理人应当服从合议庭的指挥，当事人发表的辩论意见与本案无关的，或者发表意见时用攻击性、侮辱性、不文明的语言的，合议庭应予以制止。当事人进行辩论时，合议庭不得发表与案件性质和是非责任有关的意见，不得与当事人进行辩论。合议庭应当为当事人提供平等的辩论机会，保障当事人充分行使辩论权。

（二）法庭辩论的顺序

法庭辩论在法庭调查完毕后进行，但如果当事人在法庭辩论阶段又提出了符合规定的新的事实和理由，合议庭可以随时停止法庭辩论，恢复法庭调查，待出现的新的事实情况调查完毕后，重新恢复法庭辩论。按照民事诉讼法的规定，法庭辩论按照下列顺序进行：

1. 原告及其诉讼代理人发言

原告及其诉讼代理人发表辩论意见时应主要围绕自己的诉讼请求和自己所提交的证据，说明自己的诉讼请求成立的理由和法律依据。

2. 被告及其诉讼代理人答辩

被告及其诉讼代理人发表辩论意见时应主要围绕原告的诉讼请求和所提交的证据，说明原告的诉讼主张成立或不成立的理由，并说出自己的答辩意见成立的理由和法律依据。

3. 第三人及其诉讼代理人发言或者答辩

有第三人的，第三人可以就原告的诉讼主张和被告的答辩意见发表意见，有独立请求权的第三人还可以就自己的主张说出理由和法律依据。

4. 互相辩论

互相辩论阶段，原告应就反驳被告的答辩意见提出事实、理由和法律依据，被告应就反驳原告的诉讼请求提出事实、理由和法律依据。

第一轮法庭辩论结束后，主审法官或审判长要进行辩论小结，对第一轮辩论意见做出简单归纳。对有争议的事项，还需要进行第二轮辩论的，引导当事人双方围绕争议焦点发表辩论意见。第一轮法庭辩论进行完毕后，审判员应当询问当事人是否还有补充意见，当事人有补充意见需要继续发表的，应予准许，但应当提醒其不要重复。法庭辩论一般进行两轮即可，有特殊情况需要延长的，视具体情况而定。

（三）最后陈述阶段

法庭辩论结束后，审判长应宣布法庭辩论结束，按照原告、被告、第三人的顺序分别征询各方当事人的最后陈述意见。最后陈述就是让当事人对希望案件如何处理发表最后意见，当事人在做最后陈述时应当简单归纳自己的主要观点和处理意见，不必再陈述案件事实，也不必再发表辩论意见。

四、法庭调解阶段

民事诉讼法第一百四十五条规定:"法庭辩论终结,应当依法作出判决。判决前能够调解的,还可以进行调解,调解不成的,应当及时判决。"因此,法庭辩论结束后,合议庭应当按照原告、被告、有独立请求权第三人的顺序询问当事人是否愿意调解。无独立请求权第三人需要承担义务的,在询问原、被告之后,还应询问其是否愿意调解。如果当事人均有调解意愿,可以当庭调解,也可以在休庭后调解。

合议庭在主持调解时应先征询各方当事人的具体调解方案,然后由审判员引导双方进一步协商,最终形成双方均能接受的调解方案。在双方当事人提出的调解方案差距过大,无法达成一致意见的情况下,审判员要向当事人讲清法律规定,分清是非责任,做双方的思想工作,告知双方本着互谅互让的原则互相做出让步,促使双方依法达成调解协议。审判员不宜在当事人未提出调解方案时先主动提出调解方案,这样会使当事人误解法官有主观倾向性,影响当事人就解决争议的方案进行充分协商。但在双方当事人请求审判员提出调解方案,或者虽未请求但双方都不同意对方提出的调解方案而陷入僵局时,审判员可以依据事实和法律提出自己的调解方案供双方当事人参考。

庭审工作实务一　庭审笔录的制作

工作情境一　刑事案件庭审笔录的制作

【情境描述】

杨谦贩卖毒品一案定于 2019 年 4 月 1 日开庭，在开庭的过程中，书记员张丽对庭审笔录的记录由于没有提前了解案情，对庭审中控辩双方对案件争议点记录不准确，在庭审后，书记员将笔录直接交被告人签字，后将庭审笔录放入案卷中。

【情境分析】

在庭审过程中书记员如何提前了解案件情况？此情境中，书记员张丽的做法是否正确？

书记员为了在庭审过程中更好地做好记录，应当提前了解基本案情及本案中控辩双方可能争议的焦点，可以通过查阅起诉书、向法官询问等方式提前了解案情。在此情境中，书记员张丽在庭审结束后将庭审笔录直接交被告人签字是错误的，应当将庭审笔录交审判长阅读并确认之后再交被告人签字确认。在被告人、审判长、书记员均签字之后，庭审笔录才可以入卷。

【工作任务】

任务一　了解案情，掌握重点

在庭审过程中，书记员最重要的工作是做好庭审记录。庭审笔录是对案件开庭过程的完整记录，由于庭审是围绕案件本身进行的，因此在庭审过程中，只有提前了解案情和掌握案件审理重点，才能在庭审过程中顺利完成庭审记录。

了解案情可以通过查阅起诉书、翻阅卷宗等方式来掌握案件基本事实。同时，对案件中出现的姓名、公司名称等容易反复出现且易混淆的词语提前熟悉。掌握重点是了解控辩双方的争议点，包括对案件事实和法律适用等方面。必要时候可以提前向承办法官询问，并简单记录，掌握庭审重点，避免庭审记录中抓不住重点，影响庭审记录。

任务二　准备庭审笔录文头

开庭之前，书记员需要提前填写庭审笔录文头，以方便在庭审过程中顺利完成记录。对庭审的记录可以手写记录，也可以电脑记录。现阶段以电脑记录为主，在出现停电等特殊情况下也需要手写记录。无论电脑记录还是手写记录，开庭前书记员均需要提前准备好庭审笔录文头。笔录根据案件审理适用的程序不同而稍有不同，书记员可以根据案件本身的情况选择。

【诉讼文书】

开庭前准备工作笔录

我院于2019年×月×日由审判员×××担任审判长，与人民陪审员×××、×××共同组成合议庭，书记员×××担任法庭记录，公开开庭审理北京市××区人民检察院提起公诉的被告人×××非法吸收公众存款一案。

开庭时间：9时40分　　　闭庭时间：11时20分

开庭地点：××区法院第十四法庭

受审被告人姓名：×××　别名：无　　出生日期：19××年×月×日

性别：男　　　　　民族：汉族　　出生地：北京

住址：北京市××区　　文化程度：高中

工作机关、职务：无

曾经受过的法律处分：无。

? 你是什么时候被羁押的

：2019年×月×日

? 你是什么时候被拘留的

：2019年×月×日

？你是什么时候被逮捕的

：2019年×月×日

？因为何问题

：非法吸收公众存款

？你收到检察院起诉书副本了吗

：收到了

？何时收到的

：起诉书副本于2019年×月×日收到

？根据《中华人民共和国刑事诉讼法》第一百八十七条的规定，本庭依法公开开庭审理北京市××区人民检察院提起公诉被告人×××非法吸收公众存款一案。由审判员×××担任审判长，与人民陪审员×××、×××共同组成合议庭，书记员×××担任法庭记录。

北京市××区人民检察院检察员×××出庭支持公诉。

北京××律师事务所律师×××出庭担任被告人×××东的辩护人。

？被告人你听清楚了吗？

：听清楚了

？根据刑诉法第二十条、三十条、三十一条、三十二条之规定，当事人及法定代理人、辩护人、诉讼代理人在法庭审理中依法享有申请回避权；根据刑诉法第一百九十七条，有权申请通知新的证人到庭，调取新的证据，申请重新鉴定或勘验；根据刑诉法第一百九十八条，被告人除享有上述权利外，还有自行辩护的权利和最后陈述的权利。（具体解释以上权利）被告人是否听明白了？

：听明白了

？是否申请回避？

：不申请

？辩护人是否申请回避？

辩：不申请

？现在开始法庭调查，首先由公诉人提起公诉

公：宣读京朝检公诉刑诉（2019）××号起诉书（全文宣读）。

？公诉人宣读的起诉书内容和你收到的副本内容一致吗？

：一致

？你对起诉书指控的犯罪事实有无意见？

：没有意见。
？认罪吗
：认罪
？被告人××就起诉书指控的犯罪是否进行补充陈述
：没有
？下面公诉人讯问被告人
……

任务三　进行庭审记录

　　庭审记录是在庭审开始之后，书记员对庭审进程进行书面记录的过程。在进行庭审记录时，不要求对每一句话都记录在案，但是书记员应当做到最大限度地还原庭审现场，并保证不遗漏庭审重点。庭审的流程一般包括：宣布开庭、法庭调查、法庭辩论、被告人最后陈述、休庭和宣判。宣布开庭阶段，由审判长宣布开庭，宣布案由及合议庭的组成人员、书记员、公诉人、辩护人、诉讼代理人、鉴定人和翻译人员的名单，告知当事人诉讼权利。法庭调查阶段，公诉人宣读起诉书，被告人就起诉书指控的犯罪进行陈述，公诉人可以讯问被告人，被害人、附带民事诉讼的原告人和辩护人、诉讼代理人，经审判长许可，向被告人发问，审判人员讯问被告人；控辩双方举证、质证。法庭辩论阶段，公诉人发表公诉意见，被告人自行辩护，辩护人发表辩护意见。被告人最后陈述阶段由被告人进行最后陈述。休庭和宣判阶段，由审判人员根据案件的不同情况作出决定。案件适用不同的程序，在开庭过程中可能稍微不同，如适用速裁程序审理的案件可以不进行法庭调查和法庭辩论。书记员应当在熟悉庭审流程的基础上准确地进行庭审记录。

　　对于大要案等庭审较复杂、时间较长的案件的庭审笔录记录，书记员可以借助录音、录像设备。在不能完整记录或者不确定的时候，庭后依靠录音录像设备予以补充和确定，保证庭审记录的完整、准确。同时，随着现代科学技术的飞速发展，特别是语音技术的发展，不少法院开始试行语音同步输入，准确率90%。尽管如此，最后庭审笔录审核确认仍需书记员、法官完成。

【诉讼文书】

刑事审判庭审笔录

我院于2019年×月×日由审判员×××担任审判长，与人民陪审员×××、×××共同组成合议庭，书记员×××担任法庭记录，公开开庭审理北京市××区人民检察院提起公诉的被告人×××非法吸收公众存款一案。

开庭时间：9时40分　　　　闭庭时间：11时20分

开庭地点：××区法院第十四法庭

受审被告人姓名：×××　　　　别名：无

出生日期：19××年×月×日

性别：男　　　　　　　　　民族：汉族

出生地：北京

住址：北京市××区

文化程度：高中

工作机关、职务：无

曾经受过的法律处分：无

？你是什么时候被羁押的

：2019年×月×日

？你是什么时候被拘留的

：2019年×月×日

？你是什么时候被逮捕的

：2019年×月×日

？因为何问题

：非法吸收公众存款

？你收到检察院起诉书副本了吗

：收到了

？何时收到的

：起诉书副本于2019年×月×日收到

？根据《中华人民共和国刑事诉讼法》第一百八十七条的规定，本庭依法公开开庭审理北京市××区人民检察院提起公诉被告人×××非法吸收公众存款一案。由审判员×××担任审判长，与人民陪审员×××、×××共同组成合议庭，书记员×××担任法庭记录。

北京市××区人民检察院检察员×××出庭支持公诉。

北京××律师事务所律师×××出庭担任被告人×××的辩护人。

？被告人你听清楚了吗？

：听清楚了

？根据刑诉法第二十条、三十条、三十一条、三十二条之规定，当事人及法定代理人、辩护人、诉讼代理人在法庭审理中依法享有申请回避权；根据刑诉法第一百九十七条，有权申请通知新的证人到庭，调取新的证据，申请重新鉴定或勘验；根据刑诉法第一百九十八条，被告人除享有上述权利外，还有自行辩护的权利和最后陈述的权利。（具体解释以上权利）被告人是否听明白了？

：听明白了

？是否申请回避？

：不申请

？辩护人是否申请回避？

辩：不申请

？现在开始法庭调查，首先由公诉人提起公诉

公：宣读京朝检公诉刑诉（2019）××号起诉书（全文宣读）。

？公诉人宣读的起诉书内容和你收到的副本内容一致吗？

：一致

？你对起诉书指控的犯罪事实有无意见？

：没有意见

？认罪吗

：认罪

？被告人×××就起诉书指控的犯罪是否进行补充陈述

：没有

？下面公诉人讯问被告人

公：你对指控的涉案金额有异议吗

：有，涉案金额没有那么多，具体到底有多少我不知道

公：但报案材料和报案笔录都指认你是介绍人

：那是因为他们联系不上公司老板

公诉人讯问完毕

？下面由辩护人向被告人发问

辩：你介绍投资人的目的是什么，介绍的都是什么人

：介绍的都是朋友，想让他们赚些钱，自己也能从中赚些钱

辩：你通过什么方式介绍投资的

：他们来找我的

辩护人发问完毕

？法庭问你几个问题，希望你如实回答

：是

？你是怎么介绍投资人的

：我自己有投资，我的朋友来找我，我就介绍他们投资，我自己赚佣金

？有无检举揭发

：没有

？现在由控辩双方举证、质证。公诉人出示证据

公：

讯问笔录 1卷10—34页

辨认笔录 2卷1—3页

投资人×××询问笔录、股权认购协议书、担保协议、投资人登记表、报案材料、身份证复印件、资金委托管理协议书、还款合同、银行账户流水单等报案材料8卷1—175页。

……

？被告人对上述证据有何意见？

：没有

？辩护人对上述证据有何意见？

辩：没有

公：公诉人举证完毕

？被告人对上述证据有何意见？

：没有

？辩护人对上述证据有何意见？

辩：没有

？被告人是否有新证据向法庭提供？

：没有

？辩护人是否有新证据向法庭提供？

辩：没有

？被告人是否要求新的证人出庭，调取新的证据，申请重新鉴定或勘验？

：不申请。

？辩护人是否要求新的证人出庭，调取新的证据，申请重新鉴定或勘验？

辩：不申请

？法庭调查结束，现在开始法庭辩论。首先由公诉人发表公诉意见

公：一、被告人×××犯非法吸收公众存款罪；二、建议判处被告人三至四年有期徒刑，并处罚金。

？被告人自行辩护

：我认罪认罚，我不知道自己的行为会带来这么严重后果，希望法庭从轻判处

？辩护人发表辩护意见

辩：对指控的罪名没有异议。具有以下从轻情节：

第一、主观危害小，获得投资人的谅解

第二、家庭情况困难

希望法庭从轻判处

？公诉人是否还有新的公诉意见

：没有

？法庭辩论结束，现在由被告人作最后将陈述。

：希望法官从轻判处，让我早点回家。

？合议庭合议，现在休庭，另行宣判。

任务四　笔录核对与签字

庭审结束后，书记员应当将整理好的庭审笔录交审判长核对[1]，审判长提出修改和补充意见的，书记员予以修改、补充，最终确定庭审笔录。

庭审笔录确定之后，庭审参与人均需要在书记员制作完成的庭审笔录上阅读并签字，以证明庭审笔录与庭审内容一致。根据《最高人民法院关于适用〈中华人民共和国刑事诉讼法〉的解释》，庭审笔录应当由审判长、书记员、当事人、法定代理人、辩护人、诉讼代理人阅读签字。有证人、鉴定人、有专门知识的人出庭的，对其证言、意见部分，应当由其阅读并签字。实践中可能存在部分需要签字的人不能书写或者阅读，此时记员应当向其宣读并在庭审笔录中注明。需要注意的是当存在多名被告人，法庭对各被告人进行了分开讯问的情况下，各签字主体只对自己

---

[1] 《最高人民法院关于适用〈中华人民共和国刑事诉讼法〉的解释》第二百三十八条：开庭审理的全部活动，应当由书记员制作笔录；笔录经审判长审阅后，分别由审判长和书记员签名。

参与的庭审部分的庭审笔录阅读和签字，书记员应当予以区分，避免被告人阅读其他同案被告人的庭审笔录，从而引发串供等风险。

【任务训练】

请登录中国庭审公开网，选择一个刑事案件的庭审直播，并根据庭审的内容进行庭审记录。

工作情境二　民事案件庭审笔录的制作

【情境描述】

李双喜诉被告北京市红太阳酒业有限公司保证合同纠纷一案马上就要开庭了。开庭时，李霞审核到庭人员有：原告李双喜、原告李双喜的诉讼代理人律师张辉，原告李双喜的女儿诉讼代理人李娜；被告北京市红太阳酒业有限公司的法定代表人郭安，被告北京市红太阳酒业有限公司的诉讼代理人员工赵俊，被告北京市红太阳酒业有限公司的所在社区推荐的诉讼代理人江涛。本案合议庭成员为审判长周旭东、审判员林伟、人民陪审员方海清，书记员为李霞。

李霞直到正式开庭了，还没有翻阅过卷宗，开庭笔录也没有提前准备，结果在开庭时手忙脚乱，记录也是乱七八糟。

【情境分析】

李霞这样做正确吗？如果你是李霞，你会怎么做？

庭前阅卷、熟悉案情有助于书记员在庭审中把握记录的重点和难点，同时对于案件中不甚理解或是有问题的地方，还可以提前与审判人员进行沟通。而李霞没有提前翻阅卷宗、熟悉案情并提前做好开庭笔录的准备，致使开庭时措手不及、无法应对，这样的做法显然需要改进。那么怎么做才能更好地完成庭审记录工作，提高记录质效呢？

【工作任务】

任务一　熟悉案情掌握重点

庭审是诉讼中最重要的阶段，决定着案件质量、诉讼效率和程序正义。熟悉案情是保证庭审记录准确、迅速的首要条件，对庭审记录具有非常重要的帮助作用。书记员在庭审记录前必须查阅卷宗，全面了解案情并掌握重点。

全面了解案情、掌握重点主要从以下几方面入手：（1）针对程序事项了解案件所处程序阶段。本案目前是第几次开庭？开庭的前置条件是否都已满足，鉴定结论是否已经出具、答辩期是否已经届满？对于案件所处程序阶段的了解，不但能够有助于寻找最合适的庭审笔录模版予以匹配，而且有助于从整体上把握审理流程这一大方向。（2）针对实体事项了解案件基本法律事实。客观而言，民事案件的事实在庭审前通常只有双方当事人提交的证据甚至有时只有原告提交的证据，庭审中查明案件事实的任务还是比较重的，因此书记员在庭前阅卷时针对实体事项了解案件基本法律事实，把握双方的争议焦点，显然有助于在庭审中更好进入庭审记录特别是法庭调查阶段的记录状态，使记录有的放矢。（3）针对技术事项了解案件记录重点、难点、要点。民事案件特别是其中专业性较强的案件，例如建设工程施工合同纠纷、医疗服务合同纠纷、知识产权纠纷等案件，会涉及高度专业性的术语、数据，若书记员不能在庭前提前熟悉，则在庭审中可能就会不知当事人说的什么，更不知如何记录。除了专业用语外，还有一些专门用语、固定组合用语或复杂、生僻的词汇，例如证人姓名、所涉单位名称、证据材料名称等，书记员都可以在阅卷时提前熟悉，甚至进行提前编辑组词。当这些词组出现时，书记员可以迅速做出相应反应，提高庭审笔录的准确率。

书记员在阅卷过程中如果遇到问题的，在开庭前还可以与法官或法官助理进行沟通，让他们帮助自己了解案情。法官或法官助理除了分析案情，告知庭审重点、审判意图和重点证据外，也应当将自己在庭前了解到的相关情况及时告知书记员，以使书记员准确做好应对。例如，虽然案件已经排期开庭，可是原告表示要来申请撤诉的、被告表示希望开庭当天来调解的，等等。

任务二　填写庭审笔录文头

填写庭审笔录文头可以节省正式开庭的记录时间、减轻当庭记录的难度和压力，同时因为有一定充裕的时间提前输入，所以还提高记录的准确性。书记员应当在庭前尽可能输入最多的信息，那么庭审笔录中有哪些可预先输入的信息呢？

（1）书记员应当根据案件具体情况提前准备好笔录模版。例如当庭宣判的一审案件第一次开庭笔录、定期宣判的二审案件第一次开庭笔录、再审案件开庭笔录等，不同的程序对开庭笔录的内容要求有一定差别，而提前准备好对应的庭审笔录模版，在这些模版中通常都会有程式化的固定内容以及针对特定程序的特别模式，例如开庭笔录都必须有开庭时间、开庭地点、合议庭组成人员姓名、记录人姓名、当事人姓名、审判员告知当事人的诉讼权利和义务及开庭准备阶段的程序事项等固定内容，但一审案件当庭宣判开庭笔录会在正文末特别告知当事人上诉权利和义务等。

（2）书记员应当根据案件具体情况提前输入笔录标题和首部。标题应标明第几次法庭庭审笔录或开庭笔录。首部主要写明：案由、开庭时间（应写明何年何月何日几时几分到几时几分）、开庭地点（如本院第三法庭，如果庭审发生在法庭外，例如巡回法庭的，要记明开庭的具体地点）、第几次开庭、合议庭组成人员和书记员的姓名。一般来说，除开庭结束时间无法提前输入外，标题和首部中的其他信息都可以提前输入。

（3）书记员应当根据案件具体情况提前输入笔录正文中的部分信息。（1）正文中的宣布开庭阶段，需要核对当事人及其代理人的身份情况及是否到庭；宣布案由和是否公开审理（如不公开审理的，应记明理由）；宣布审判人员、书记员名单；告知当事人包括回避权在内的诉讼权利和诉讼义务及当事人的态度。在此阶段，书记员可以提前输入所有信息，诉讼参与人的到庭情况可以在开庭当日补充，当事人的回答可以在开庭时根据其具体回答进行修改。（2）正文中的法庭调查阶段，通常来说，书记员可以根据原告提交的起诉状和证据清单提前输入"原告陈述诉讼请求以及事实与理由"、"原告举证"部分；如果被告庭前提交书面答辩状和证据清单、证据材料的，书记员还可以提前输入"被告陈述答辩意见"、"被告举证"部分，当然若当事人在庭审中变更的，应当及时修改记录。此外其他部分要看当事人有无提交书面的质证意见等，否则只能当庭记录。（3）正文中的法庭辩论阶段，若诉讼代理人提交书面代理词的，可提前记明要点。但若其未按照代理词发表意见的，则应当当庭详细记录。需要说明的是无论当事人是否提交书面起诉状、答辩状或代理词，书记员都应当详细记录，而不应当以"详见起诉状（答辩状、代理词）"等予以代替。若代理词等内容过于冗长，可以适当概括记录。

任务三　进行庭审记录

庭审过程中，书记员应当按照法庭的审理程序记明下列笔录内容：

一、宣布开庭阶段

本阶段主要记录的内容有当事人及其代理人的身份及是否到庭情况；本案案由及是否公开审理的情况；宣布审判人员、书记员名单、告知当事人包括回避权在内的诉讼权利和诉讼义务，部分案件还需要进行先行调解。特别要注意以下三方面情况的记录。

（一）记录当事人及其代理人的身份及是否到庭情况

书记员可以从起诉状中摘抄当事人的信息，但必须与当事人的身份信息资料（如身份证复印件等）核对，避免错误。同时还应当注意卷宗中是否有增减当事人的材料，如第二被告在立案后被撤回起诉的，人民法院依职权追加某人为共同原告的，等等。若当事人信息较起诉状有变化的，应当及时增减。当事人是自然人的，应列明姓名、性别、出生日期、民族、职业、住址；住址写"住（具体地址）"。当事人是法人或其他组织的，应列明名称、住所和法定代表人或者主要负责人的姓名、职务；住址写"住所地：（具体地址）"。

书记员可以从委托材料中摘抄委托代理人的信息，但应当注意代理人的委托权限问题。若委托代理人是律师、法律工作者的，应当注明其工作单位及职业，例如"委托代理人（特别授权）：张辉，某某律师事务所律师"。若委托代理人是其他人的，则应当注明该代理人的身份信息及与被代理人的关系或推荐关系，例如"委托代理人（特别授权）：赵俊，男，1972年3月1日出生，汉族，住北京市西城区某街道某小区2-3-101室，系被告员工"。如果是法定代理人的，应注明其身份信息及与被代理人的身份关系。例如"法定代理人：李凤，男，1975年4月10日出生，汉族，住北京市海淀区某街道某小区3-1-802室，系原告父亲"。注明代理人的权限，法定代理人与当事人的身份关系，直接关系到在法庭调查、法庭辩论、法庭调解中，其意见是否为当事人授权或者代表当事人的真实意思表示，能否代表当事人的意志，是否能作为证据，证据的效力如何，等等。

书记员应当注明当事人及代理人的到庭情况，这不仅是后续记录的基础，也是在庭审笔录中签字的依据。同时，法官需要根据当事人的到庭情况确认不同的法律后果，如原告经传票传唤后无正当理由拒不到庭的，按撤诉处理。

当事人的名称或姓名一定要准确，不能出现音同字不同或缺字少字的情况，如需用简称的，在名称后面加小括号，小括号内写明简称，从简称以下要使用统一的名称。简称应当准确，例如一个案件有两个原告，两个原告共同委托了两名代理人，则在对这两名委托代理人需用简称时，可以分别表述为原一、二代一，原一、二代二。

正确记录民事案件开庭审理时当事人和其他诉讼参与人的称谓。民事纠纷案件当事人和其他诉讼参与人的称谓不同于刑事、行政案件，在一审、二审、再审等不同的程序中也各不相同，记录时要注意加以区分，避免混同。例如民事一审案件中称为"被告"，其代理人称为"诉讼代理人"，而刑事一审案件则称为"被告人"，其代理人称为"辩护人"。

（二）法官告知当事人权利义务情况

根据法律规定，当事人提出回避申请，应当说明理由，在案件开始审理时提出；回避事由在案件开始审理后知道的，也可以在法庭辩论终结前提出。因此，法官告知当事人申请回避权利时，如当事人当庭提出申请回避的，应当记清理由及决定是否回避的情况。若当事人提出对合议庭组成人员或审判员的回避，因需院长决定，因此有时不能当场作出决定，而被申请回避的人员在人民法院作出是否回避的决定前，除案件需要采取紧急措施的除外，应当暂停参与本案的工作，故应当休庭，延期开庭审理。

对当事人进行其他权利义务告知时，需要记录当事人的回答。对没有委托律师、基层法律服务工作者代理诉讼的当事人，人民法院在庭审过程中可以对回避、自认、举证证明责任等相关内容向其作必要的解释或者说明，并在庭审过程中适当提示当事人正确行使诉讼权利、履行诉讼义务。

（三）庭前调解情况

根据《最高人民法院关于适用简易程序审理民事案件的若干规定》第十四条的规定，下列民事案件，人民法院在开庭审理时应当先行调解：（1）婚姻家庭纠纷和继承纠纷；（2）劳务合同纠纷；（3）交通事故和工伤事故引起的权利义务关系较为明确的损害赔偿纠纷；（4）宅基地和相邻关系纠纷；（5）合伙协议纠纷；（6）诉讼标的额较小的纠纷。但是根据案件的性质和当事人的实际情况不能调解或者显然没有调解必要的除外。

若遇到以上案件，书记员应当在笔录中对当事人是否同意调解、具体的调解意见等反映庭前调解过程的内容加以记载，这样就能体现调解过程的客观性和公正性，避免当事人以其当时根本就不同意为由而拒绝签收调解书，造成案件反复。若达成协议的，可迳行在庭审笔录中记载。需要注意的是，如果是普通程序审理的案件，调解协议的确认必须经过合议庭评议。因合议庭评议内容为审判秘密，必须单独记录，因此只需要在庭审笔录中记明"休庭，进行合议庭评议"字样，评议完毕后，在庭审笔录中记明"继续开庭"字样并宣告评议结果即可。对于合议庭评议的内容，书记员应当另行制作合议庭评议笔录。对调解记录的要求，同样适用于法庭辩论终结后的调解或是法庭组织的其他调解。

二、法庭调查阶段

法庭调查按下列顺序进行：（1）由原告口头陈述事实或者宣读起诉状，讲明具体诉讼请求和理由。（2）由被告口头陈述事实或者宣读答辩状，对原告诉讼请求提出异议或者反诉的，讲明具体请求和理由。（3）第三人陈述或者答辩，有独立请求权的第三人陈述诉讼请求和理由；无独立请求权的第三人针对原、被告的陈述提出承认或者否认的答辩意见。（4）原告或者被告对第三人的陈述进行答辩。（5）审判长或者独任审判员归纳本案争议焦点或者法庭调查重点，并征求当事人的意见。（6）原告出示证据，被告进行质证；被告出示证据，原告进行质证。（7）原、被告对第三人出示的证据进行质证；第三人对原告或者被告出示的证据进行质证。（8）审判人员出示人民法院调查收集的证据，原告、被告和第三人进行质证。（9）经审判长许可，当事人可以向证人发问，当事人可以互相发问。

审判人员可以询问当事人。概括而言主要有"原告陈述事实、理由以及诉讼请求和被告答辩"、"法庭归纳争议焦点"、"原告举证、被告质证和被告举证、原告质证"、"当事人相互发问、法庭发问"等几部分构成。

（1）原告陈述事实、理由以及诉讼请求可以按照原告提交的起诉状提前输入，但原告在当庭宣读时，书记员仍应当仔细聆听。若原告当庭变更事实、理由或是诉讼请求的，应当及时记录下来。而若原告增加诉讼请求的，涉及需要告知原告补交诉讼费以及未如期交纳的后果，还涉及若被告需要答辩期的应当休庭另行排期开庭的问题，这些内容都应当记录在笔录中。若被告在庭前提交书面答辩状的，书记员可以提前输入，但仍需要记录当庭变更的情况。

（2）法庭在双方诉辩后归纳争议焦点的，应当询问当事人是否有异议或需要补充，当事人对此作出的相应表示都是记录的内容。如果当事人对总结的争议焦点有异议，询问其具体有何异议，对当事人提出的新的争议焦点，法庭认为与本案有关的，可以归纳为新的案件争议焦点。法庭也可以按照庭前会议的模式在举质证结束时归纳争议焦点。

（3）当事人举证部分，可以根据情况提前输入。但输入的内容应当完整包括证据名称、数量、来源、形式及证明目的且在庭审中得到核对。若当庭补充有关证据的，也应当记清相关情况，例如在法庭审理过程中，当事人、诉讼代理人申请通知新的证人到庭，调取新的物证，申请重新鉴定、调查或者勘验，法庭是否准许的情况，以及当事人提出新证据的情况。在出示证据时，当事人可以按数量"一证一举"，也可以按类别"一类一举"。"一证一举"的方式有两种，当事人可以一次只说明一个证据的名称、来源和证明事项，也可以一次逐个说明。"一类一举"时，首先说明证明事项，然后说明要证明的事项共有几份证据支持，每份证据的名称、来源和所证明的具体内容。

（4）当事人质证部分，一般情况下为当庭输入。当事人质证时，可以根据对方当事人举证的形式不同对应以"一证一质"或"一类一质"。"一证一质"即一方当事人出示一份证据，另一方当事人对该份证据进行质证，以此类推；或是一方当事人一次逐个出示后，另一方当事人一次逐个质证。"一类一质"即一方当事人先出示一组证据后由另一方对该组证据的真实性发表意见，以此类推。一般而言，"一证一质"的形式有利于逐步查明案件事实，所以在审判实践中采用较多。质证时，当事人应当围绕证据的真实性、关联性、合法性，针对证据证明力有无以及证明力大小进行质疑、说明与辩驳。若法庭对证据当庭认证的，应当如实记录在案。有多个当事人进行质证的，应当保证每个当事人都发表了具体质证意见并一一记录，且标注清楚该意见具体由谁发表。否则可能因记录不详导致庭审结束后难以查证，影响后续的审理进程。

（5）当事人互相发问部分，需要当庭输入。经法庭许可，就与案件相关的问题当事人之间也可以相互发问，代理人也可以代表一方当事人向另一方当事人发问。当事人之间相互发问的顺序一般由原告先对被告进行发问，然后由被告对原告发问，有第三人的，第三人可以向原、被告双方发问。当事人互相发问后，法庭认为仍有必要对某些问题进行调查的，可以向当事人询问。该些问题特别是法庭发问的问题通常涉及证据未能反映或存在争议的事实，对案件事实认定和后续法律适用都非常重要，书记员应当重点记清问题和相应回答。对当事人进行询问是根据法庭调查实际需要进行，既无需非要询问每一方当事人，也无需按照原告、被告、第三人的顺序。

三、法庭辩论阶段

（1）法庭辩论的主要任务，是通过当事人及其诉讼代理人之间的相互辩论，听取各方意见，进一步明确当事人提供的证据与其诉讼主张之间的关联性，从而进一步查明案件事实，分清是非责任，为案件的裁判结果奠定基础。法庭辩论按照下列顺序进行：（一）原告及其诉讼代理人发言；（二）被告及其诉讼代理人答辩；（三）若有第三人，则第三人及其诉讼代理人发言或者答辩；（四）互相辩论。人民法院根据案件具体情况并征得当事人同意，可以将法庭调查和法庭辩论合并进行。

（2）记明原告、被告及其诉讼代理人等的发言、答辩和互相辩论情况。原被告及其诉讼代理人的发言以及互相辩论也应当记明要点。在审判实践中，进入互相辩论阶段，当事人以及他们的诉讼代理人之间，在多数情况下并非所有人依次有条理发言，对此仍然要求把互相辩论的要点记录下来，不能遗漏。

（3）法庭辩论阶段较法庭调查阶段而言更注重解决法律适用问题。书记员可以对当事人及其他诉讼参与人的论点进行适度概括、归纳和整理，着重记录当事人或代理人对案件重点、争议焦点的辩论意见，但不应当省略其主要观点。

（4）如果当事人在法庭辩论阶段又提出了符合规定的新的事实和理由，法庭可以随时停止法庭辩论，恢复法庭调查，待出现的新的事实情况调查完毕后，重新恢复法庭辩论。

（5）审判人员应当引导当事人围绕争议焦点进行辩论。当事人及其诉讼代理人的发言与本案无关或者重复未被法庭认定的事实，审判人员应当予以制止。法庭辩论由各方当事人依次发言。一轮辩论结束后当事人要求继续辩论的，可以进行下一轮辩论。下一轮辩论不得重复第一轮辩论的内容。法庭辩论时，审判人员不得对案件性质、是非责任发表意见，不得与当事人辩论。

四、最后陈述阶段

（1）法庭辩论终结后，法庭应当按原告、被告的先后顺序征询双方最后意见，双方最后意见的内容均须记录清楚，如果漏记，容易使人误解为这项工作没有进行，剥夺了当事人最后陈述和表达最后意见的权利。在法庭辩论阶段已经充分表达了双方各自的观点和意见，因此在此阶段可以简化表述。

（2）最后陈述后进行调解的，是否进行了调解，如何调解以及调解是否达成了协议，应当记录明白。若最后达成调解协议的，无需另行制作调解笔录，直接将调解协议的内容在庭审笔录中记录即可。双方不能达成一致意见的应写明"双方不能达成一致调解意见，法庭不再主持调解"。

五、宣告裁判阶段

（1）并非所有案件的庭审笔录都必须记载宣告裁判的内容，若非当庭宣判的，书记员可以直接记录"宣判的时间和地点另行通知，本次庭审到此结束，休庭"字样。

（2）适用当庭宣判的案件范围。根据《最高人民法院关于适用简易程序审理民事案件的若干规定》第二十七条的规定，适用简易程序审理的民事案件，除人民法院认为不宜当庭宣判的以外，应当当庭宣判。除了上述案件，适用普通程序审理的部分案件，合议庭认为可以当庭宣判的，也可以适用当庭宣判。

（3）因为当庭宣判的主文内容与正式出具的判决书的主文内容必须一致，因此凡当庭宣判的案件，在当庭宣判前，书记员可与审判员或合议庭进行沟通，当场提前输入宣判内容。若是适用普通程序审理的案件，则与调解协议确认的要求相同，必须先休庭评议，评议结束后继续开庭进行宣判，宣判情况可以在庭审笔录后面继续记录，而评议内容由书记员另行制作合议庭评议笔录。

（4）当庭宣判的案件，除当事人当庭要求邮寄送达的以外，人民法院应当告知当事人或者诉讼代理人领取裁判文书的期间和地点以及逾期不领取的法律后果。上述情况应当记入笔录。宣告判决应明下列内容：判决结果的内容，当事人对判决的意见；告知当事人上诉权利、上诉期限和上诉审判法院，征询当事人是否提起上诉，以及当事人做何表示。当庭宣告判决的应记明审判人员告知在 10 日内发送判决书的情况。人民法院已经告知当事人领取裁判文书的期间和地点的，当事人在指定期间内领取裁判文书之日即为送达之日；当事人在指定期间内未领取的，指定领取裁判文书期间届满之日即为送达之日，当事人的上诉期从人民法院指定领取裁判文书期间届满之日的次日起开始计算。

六、庭审笔录记录的其他要求

关于离婚案件的特殊要求。人民法院审理离婚案件，应当进行调解，但不应久调不决。离婚案件当事人确因特殊情况无法出庭参加调解的，除本人不能表达意志的以外，应当出具书面意见。无民事行为能力人的离婚案件，由其法定代理人进行诉讼，当事人的法定代理人应当到庭。法定代理人与对方达成协议要求发给判决书的，可根据协议内容制作判决书。法定代理人不能到庭的，人民法院应当在查清事实的基础上，依法作出判决。离婚纠纷一审案件，若判决准予离婚的，则应当在宣判时特别告知当事人在判决发生法律效力前不得另行结婚。这一点必须记明，不能疏漏，以免当事人一方因不懂法或伪称不懂法而另行结婚，构成重婚。

正确掌握并记录民事案件法庭审理的不同阶段。在多次开庭审理民事纠纷案件过程中，下次开庭只要没有变更当事人或者更换审判组织，可接上次开庭记录，没有必要每次记录都照搬硬套所有庭审过程。

掌握记录技巧，做到详略得当。除了语速的因素外，当事人或其他诉讼参与人的方言、表达能力、条理性等因素也会给记录工作带来一定困难，因此需要书记员理智分析、判断其表达的真实意图，充分利用好录音录像设备，在尽量保持原貌的基础上合理取舍。

应当对当事人和其他诉讼参与人的言语和行为进行全面的记载。在诉讼过程中需要对当事人的表情、动作、语调以及神态进行客观准确地记载，这种记载在某些案件中可以成为当事人自认、默认案件事实的证据，从而帮助进行事实认定和法律适用。

对遇到影响审判正常进行的情形而延期审理的情况予以记明。根据《中华人民共和国民事诉讼法》第一百四十九条的规定，有下列情形之一的，可以延期开庭审理：（一）必须到庭的当事人和其他诉讼参与人有正当理由没有到庭的；（二）当事人临时提出回避申请的；（三）需要通知新的证人到庭，调取新的证据，重新鉴定、勘验，或者需要补充调查的；（四）其他应当延期的情形。

如实记录诉讼参与人或者旁听人员违反法定程序和规则的情况。法庭对诉讼参与人或者旁听人员的警告、训诫，对诉讼中其他紧急情况的制止处理、特别是对辱骂、殴打、冲击法庭等行为的处理记录，不仅能够全面、客观反映庭审中的情况，而且可以成为对行为人采取民事强制措施的依据。

开庭审理时，合议庭全体成员应当共同参加，不得缺席、中途退庭或者从事与该庭审无关的活动。合议庭成员未参加庭审、中途退庭或者从事与该庭审无关的活动，当事人提出异议的，应当纠正。合议庭仍不纠正的，当事人可以要求休庭，书记员应将有关情况记入庭审笔录。

任务四　笔录核对与签字

一、笔录核对

根据《中华人民共和国民事诉讼法》第一百五十条的规定，法庭笔录应当当庭宣读，也可以告知当事人和其他诉讼参与人当庭或者在五日内阅读。当事人和其他诉讼参与人认为对自己的陈述记录有遗漏或者差错的，有权申请补正。如果不予补正，应当将申请记录在案。

庭审笔录完成后，书记员应当进行校对然后打印成书面材料，组织当事人和其他诉讼参与人核对。笔录可以由书记员宣读或当事人及其他诉讼参与人自行阅读，核对和补正时应当注意以下几点：（1）全部人员核对，除旁听人员以外的所有参与诉讼活动的人都有权核对笔录。（2）限范围核对。核对人员仅核对自己参与的庭审的部分的陈述内容，例如证人仅需核对自己所陈述的证人证言部分内容且在相应位置签名即可。（3）有原则补正。只能修改自己的陈述，不能修改别人的陈述。只能根据庭审实际情况修改，不允许事后增删。如确有错记、漏记或多记情况的，当事人及其他诉讼参与人有权申请补正，补正时，由该人在更正补充处写上补正内容，签名并捺印，写上补正日期。如果修改过多，可以重新打印一份。但如属事后反悔否认已陈述过的内容，并提出修改笔录要求的，不予准许，但可以让其提交补正申请并将申请放入卷宗。

二、笔录签字

根据《中华人民共和国民事诉讼法》第一百五十条的规定，书记员应当将法庭审理的全部活动记入笔录，由审判人员和书记员签名。法庭笔录由当事人和其他诉讼参与人签名或者盖章。

庭审笔录签名时应当注意以下几点：(1) 签名用笔。一般应使用黑色或蓝黑色钢笔或签字笔，不得使用圆珠笔或铅笔，防止笔迹被擦除或随着时间推移而淡化甚至消失。此处的用笔规范要求适用于所有的档案材料。(2) 签名位置。当事人和其他诉讼参与人应当在自己所参与庭审的每一页笔录的下方签名并捺印，同时在笔录尾部的签名处签名、捺印并写上日期。若每一页下方的签名位置已满，应当签在每页右下方。若签在左下方，则在装订卷宗时会被遮盖，影响开庭笔录的完整性。(3) 他人代签。若当事人或其他诉讼参与人不会签名的，可由他人代签该人的姓名，并在括号中注明"某某某代"，例如"张三（李四代）"，然后由被代签人在代签的姓名处捺印。(4) 拒绝签名。若当事人或其他诉讼参与人拒绝在笔录中签名盖章的，书记员应当汇报审判长，由审判长告知其拒签的法律后果，书记员应当记明情况并附卷，并由审判长（或审判员）和书记员共同签名确认。(5) 中途退庭。如遇当事人中途退庭的特殊情况，要把退庭当事人的姓名或名称、退庭原因和具体时间及时记入笔录，然后再继续记录诉讼状况。无退庭当事人的签名并不影响笔录的完整性和合法性。(6) 其他签名。庭审笔录经审判员或合议庭审阅后，应当由审判员或合议庭成员及书记员签名。

【任务训练】

（1）撰写原告李双喜当庭申请审判长周旭东或书记员李霞回避所形成的庭审笔录片段。

（2）撰写原告李双喜当庭申请增加诉讼请求的庭审笔录片段。

（3）分组模拟：七人一组，一人扮演原告李双喜的律师张辉，一人扮演被告北京市红太阳酒业有限公司的法定代表人郭安，一人扮演被告北京市红太阳酒业有限公司的委托代理人员工赵俊，一人扮演书记员李霞，三人分别扮演本案合议庭成员审判长周旭东、审判员林伟、人民陪审员方海清，模拟庭审笔录核对与签字。

工作情境三　行政案件庭审笔录的制作

【情境描述】

开庭当日，出庭的有原告孙小丽及其委托代理人王强；被告委托代理人李彦杰、左宝生。合议庭由审判员李农、人民陪审员戴琳、王磊组成，张倩担任法官助理，徐坤担任书记员。

李农告诉徐坤，在开庭前应当熟悉案情、掌握案件的重点，同时应当填写庭审笔录文头；在庭审过程中，应当完成记录工作；最后笔录经核对无误后交由合议庭组成人员、法官助理、书记员、原告及委托代理人、被告委托代理人签字。

【情境分析】

在开庭前徐坤应当掌握哪些案件重点以及如何制作笔录文头？在庭审过程中徐坤应当如何将每个人的发言准确无误地记录清楚？

对于庭审笔录文头的填写，徐坤应当在熟悉案情后填写。在庭审过程中，徐坤应当根据案件重点，针对当事人围绕案件争议焦点的发言进行记录。

【工作任务】

任务一　熟悉案情，掌握重点

书记员要想保证记录准确、迅速，就要在开庭前阅读卷宗材料，主动与法官、法官助理沟通，了解案件的具体情况和审理重点，具体包括在开庭前阅读案件的全部材料，了解各方当事人的基本情况、诉讼地位及案件基本事实；在开庭前与法官、法官助理沟通，询问庭审重点和关键证据，搞清楚法官将会询问哪些问题，并预先估计当事人将会如何作答。

任务二　填写庭审笔录文头

各种笔录都有固定的格式化要求，庭审笔录文头必须含有以下事项：开庭时间、开庭地点、合议庭组成人员姓名、法官助理姓名、书记员姓名、当事人名称、审判长告知当事人的诉讼权利和义务及开庭准备阶段的程序性事项等固定内容，书记员在开庭前预先填写好这些内容，就能节省开庭时间、减少精力的耗费，提升笔录的质量。

任务三　进行庭审记录

一、庭审流程事项

书记员应当熟悉行政诉讼开庭审理的流程，并根据庭审流程记明相关事项：（1）宣布开庭。书记员应当记明宣布开庭审理的案件案由、是否公开审判、合议庭组成人员告知书、当事人的诉讼权利义务、当事人是否申请回避；（2）法庭调查。书记员应当记明原告陈述诉讼请求和事实理由、被告答辩、原告举证情况、被告质证意见、被告举证情况、原告质证意见。记明当事人经许可，向对方当事人、证人、鉴定人、勘验人发问及被询问人的回答情况。记明审判长告知证人的责任及权利义务的情况。记明合议庭人员对证据认定和总结争议焦点的情况；（3）法庭辩论。书记员应当记明原告及其代理人发表辩论的意见；被告委托代理人发表辩论的意见；互相辩论的意见；（4）最后陈述。书记员应当记明当事人最后陈述的意见；（5）庭审过程中遇到的其他情况。书记员记明影响案件审理和导致延期审理的情况；记明当事人未到庭或中途退庭的情况；记明严重扰乱法庭秩序的情况。

二、记录技巧和方法

书记员在语义原意的基础上掌握记录技巧和方法。庭审中，书记员不需要把原话一字不漏地全部记录下来，这也是不可能的。其应当在不违背发言者原意的基础上，采取省略或综合概括的方式予以记录。例如，在不违背当事人原意的基础上，可以把与案件无关的内容略去。但是，对于当事人变更或调整诉讼请求，答辩意见以及其他书面意见，应当尽可能详细地记录在案。又如，书记员在记录时在不改变和歪曲原意的基础上可以把当事人陈述的事实进行总结归纳，用概括性的语言记录下来。

【诉讼文书】开庭笔录

开庭笔录

时间：2019年3月10日上午9时

地点：北京市第二中级人民法院第56法庭

审判长：李农

人民陪审员：戴琳、王磊

法官助理：张倩

书记员：徐坤

书：为维护法庭秩序，保障审判活动正常进行，根据《中华人民共和国法庭规则》和有关规定，现在宣布法庭纪律：

全体人员在庭审活动中应当服从审判长的指挥，尊重司法礼仪，遵守法庭纪律，不得实施下列行为：

（一）鼓掌、喧哗。

（二）吸烟、进食。

（三）拨打或接听电话。

（四）对庭审活动进行录音、录像、拍照或使用移动通信工具等传播庭审活动。

（五）其他危害法庭安全或妨害法庭秩序的行为。

诉讼参与人发言或提问应当经审判长许可。证人不得旁听案件审理。

旁听人员不得进入审判活动区，不得随意站立、走动，不得发言和提问。

书：现在核对案件各方当事人身份。

原告孙小丽，女，1970年10月18日出生，汉族，北京市人，自由职业，住北京市朝阳区水锥子社区。

被告中华人民共和国公安部，住所地北京市西城区长安街。

法定代表人×××，部长。

委托代理人×××，男，中华人民共和国公安部干部。

委托代理人×××，女，中华人民共和国公安部干部。

（敲法槌，宣布现在开庭）

审：依照《中华人民共和国行政诉讼法》第五十四条的规定，北京市第二中级人民法院行政审判庭今天公开开庭审理（2019）京02行初1号原告孙小丽不服被告中华人民共和国公安部作出的治安管理行政处罚决定一案。

本案适用普通程序进行审理，由本院审判员李农担任审判长，与人民陪审员戴琳、王磊组成合议庭，本院干警张倩担任法官助理，书记员徐坤担任法庭记录。本案受理后，本院以书面方式告知了各方当事人在诉讼中应享有的权利和应履行的义务。其中，诉讼权利包括申请回避的权利，即当事人认为审判人员、法官助理、书记员与本案有利害关系或者其他关系可能影响公正审判，有权申请上述人员回避。原告，是否已明确了你方的权利和义务？是否申请回避？

原：明确，不申请回避。

审：被告是否已明确了你方的诉讼权利和义务？是否申请回避？

被：明确，不申请回避。

审：现在进行法庭调查。开庭前起诉书和答辩状已经向双方送达，就不再宣读。原告，请明确本次诉讼的诉讼请求。

原：诉讼请求事项：撤销被告作出的行政处罚决定书。

审：请原告简单陈述起诉的事实和理由。

原：同起诉状。事实和理由：综合全案不能证明有治安违反案件发生，不能证明原告和案外人肢体有接触，没有直接证据证明有损害后果发生，所有证据都是延时证据和书证，被告处罚决定程序违法。

审：请被告陈述答辩意见。

被：同答辩状。公安部认为公安部对原告的处罚认定事实清楚，证据确实充分，程序合法，处罚幅度适当，请求法院驳回原告诉讼请求。

审：下面进行法庭调查，首先审查治安管理行政处罚行为，被告陈述具有作出涉案行政处罚的职权依据？

被：治安管理处罚法第二条、人民警察法第九条。

审：原告对被告的职责有异议吗？

原：没有。

审：请被告出示相应的证据及相关法律适用，说明涉案行政处罚的履行程序及事实认定。

被：1. 询问笔录，证明原告承认违法事实；2. 询问笔录，证明案外人指认原告违法事实；3. 申请，证明不同意调解；4. 工作记录，证明查找其他证人未果；5. 诊断证明及伤情鉴定，证明案外人受伤情况；6. 光盘及说明，证明违法事实经过；7. 受案登记表，证明公安机关依法受理该案件；8. 延长办案期限；9. 传唤证，证明依法传唤嫌疑人到案；10. 到案经过，证明传唤嫌疑人到案情况；11. 工作记录，证明公安机关将传唤情况通知嫌疑人家属；12. 治安调解笔录，证明双方未达成一致；13. 到案经过，证明传唤嫌疑人到案情况；14. 照片及说明，证明公告告知；15. 公安行政处罚告知笔录，证明公安机关依法将拟对嫌疑人做出的行政处罚决定的事实、理由和依据进行告知；16. 到案经过，证明原告被抓获；17. 行政处罚决定书；18. 执行回执，送达回执、工作记录，证明执行拘留情况。

审：原告对被告的证据发表质证意见。

原：针对证据1，询问笔录1月18日两份笔录，但是公安分局只提到了一份，18日的笔录原告不承认殴打行为，19日的询问笔录不是真实意思表示，真实性合法性关联性不认可。被告刑讯逼供原告，19日的笔录是刑讯逼供取得的。18日的笔录真实性合法性不认可，属于威胁恐吓，没有使用传唤证，民警询问的时候将处罚决定书让原告看。针对证据2的询问笔录，案外人的伤没有肯定地说是原告打伤的，他的伤是之前就有的，不能证明伤是现实发生的，证明不予质证；针对证据3，工作记录证明目的不认可，办案机关没有积极全面收集证据；诊断证明真实性认可；对证据4，司法鉴定意见合法性不认可，应当由公安机关内部机构进行鉴定，鉴定意见的内容中受伤部位，评定构成轻微伤，不能证明案外人的伤是原告造成的；针对被告程序的证据，真实性、关联性、合法性均不认可。

审：被告发表辩驳意见。

被：首先，被告对原告制作的笔录均有原告本人签字，原告提出刑讯逼供情况属于污蔑，没有任何线索证据证明公安机关存在刑讯逼供，关于原告不认可该案视频关联性，被告认为视频和本案具有关联性；针对办案问题，第一关于期限问题，依据原告所要求规范性审查的依据，本案是因嫌疑人逃跑导致案件不能在法定期限内办结，由于在原告传唤期间内，公安机关无法找到其他证人，也无法做伤情鉴定，原告背弃承诺，公安机关多次联系后拒不到案，可以适用解释一中第十二条的规定；第二，关于行政处罚告知的问题，根据公安机关办理行政案件程序规定，本案中用公告的方式进行了处罚前的告知，原告在法定期限内未提出陈述和申辩，被告依法作出了行政处罚；第三，关于公安机关内部协作执行问题，对被告作出处罚决定后，可以启动内部协作机制，对行政拘留的执行并不是执法办案中的调查，不需要传唤证进行传唤。

审：被告执行的时候通知家属了吗？

被：执行拘留的情况由执行拘留的单位通知，本案已经通知了原告家属，但是这属于执行情况，被告没有提交相关材料。

审：原告执行情况家属知道吗？

原：没有通知过原告家属。应该由被告举证。

审：被告陈述法律适用情况。

被：《治安管理处罚法》第四十三条第一款。

审：原告对被告陈述的法律适用有何意见？

原：原告认为被告适用法律错误，被告证据不足，处罚幅度不当，没有查清是案外人的过错造成的；原告和公安机关并没有达成协议，没有背弃承诺。

审：依照《行政诉讼法》第三十七条的规定，原告可以提供证明行政行为违法的证据，原告提供的证据不成立的，不免除被告的举证责任。请问原告还有证据提交吗？

原：没有。

审：原告对事实部分还有补充吗？

原：没有补充。

审：被告还有事实补充吗？

被：没有补充。

审：下面进行法庭辩论。

原：同书面辩论意见。原告认为被告处罚决定不合法，应当予以撤销。

被：针对办案期限的问题，根据治安管理处罚法及行政处罚法的规定，公安机关在执法中和普通行政机关没有区别，使用的手段仅限于调查，传唤等，并没有刑事司法中的强制权，对于嫌疑人逃跑的情况无法采取其他强制手段，只能采取打电话走访等情况让嫌疑人到案，不可能在60日内办结，公安部的解释第十二条的规定符合现在的实践，符合法律规定。

原：公安机关可以做的事情很多，对视频可以进行鉴定，没有证据证明原告逃跑；处罚决定书的情节不适用解释第十二条，属于适用法律不当；第十二条的解释违反了上位法的规定，属于无效；被告未依法在处罚决定作出前履行告知原告作出处罚决定的事实理由和依据；没有及时依法通知原告及原告家属；如果被告主张观点成立，不应该在2017年4月作出处罚决定，应该是抓到原告后进行告知再处罚，但是被告没有这样做，前后矛盾。

审：被告还有补充吗？

被：均没有新的辩论意见。

审：法庭辩论到此结束。如果当事人对于本案还有其他辩论意见，可在本次庭审之后三日内向法庭提交书面辩论意见。合议庭在作出裁判前会审阅双方的书面意见。下面进行最后陈述，请当事人概括陈述对本案的最后意见。

原：坚持诉讼请求。

被：坚持答辩意见。

审：本次开庭到此结束，本案下一步是继续开庭还是直接宣判等候本庭通知。庭审结束当事人核对庭审笔录签字后即可以离开法庭。现在休庭。

原告签名：

被告签名：

合议庭成员签名：

法官助理、书记员签名：

任务四　笔录核对与签字

一、打印庭审笔录

为了便于当事人和其他诉讼参与人核对记录内容，同时为了便于入卷存档，书记员在庭审结束并校对后将庭审笔录打印成书面材料，如果外出开庭或因实际条件限制无法制作纸质打印笔录的，需要进行手写记录，然后组织当事人和其他诉讼参与人核对。

二、组织当事人和其他诉讼参与人核对笔录

阅读或宣读庭审笔录。书记员在庭审结束时将笔录交由当事人和其他诉讼参与人阅读核对。当事人或其他诉讼参与人不能自行阅读的，书记员应当向其宣读；当事人或其他诉讼参与人有聋哑、外国人或者使用少数民族语言的情况，由翻译人员翻译。对此情况书记员应当记录在案。

核对后签字或盖章。在笔录中有陈述的当事人和其他诉讼参与人都要在笔录上签字或盖章。申请证人、鉴定人、勘验人出庭的笔录，证人、鉴定人、勘验人必须在其陈述的页面签字或盖章。

庭审笔录的补充或更正。当事人和其他诉讼参与人认为庭审笔录对自己的陈述记录有遗漏或者差错的，有权申请补正，书记员应当将申请记录在案。当事人对有正当理由要求补充或更正的地方，书记员在补充或更正之外，应当注明原因和经过，并加盖书记员印章。

合议庭组成人员、法官助理签名。书记员将法庭的全部活动记入笔录后，经审判长或审判员审阅后，由合议庭组成人员、法官助理和书记员签名。

【任务训练】

1. 填写庭审笔录文头
2. 记录开庭笔录
3. 打印笔录并交由当事人核对与签字

庭审工作实务二　合议笔录、汇报笔录、审判委员会笔录的制作

工作情境一　刑事案件合议笔录、汇报笔录、审判委员会笔录的制作

【情境描述】

杨谦贩卖毒品一案经过开庭审理，合议庭进行合议，书记员张丽在记录合议的过程中，由于有一人的意见跟合议庭其他成员不同，合议庭最终根据多数人的意见作出决定，所以张丽便没有将不同意见记录在合议笔录中。

【情境分析】

此情景中，张丽的做法是否正确？

合议笔录是对合议庭进行合议的过程的记录，书记员应当完整地记录合议的过程。即使合议庭根据多数人的意见作出决定，对合议庭中少数人的意见也应当记录在合议笔录中。

【工作任务】

任务一　熟悉案情

刑事案件的合议笔录、汇报笔录、审判委员会笔录是对案件的事实和法律适用进行讨论并发表定罪量刑的意见，因此在合议、汇报、召开审判委员会的过程中，对案件本身的讨论是必需的。书记员要做好合议笔录、汇报笔录、审判委员会记录，需要提前了解案情，掌握案件在事实认定和法律适用中的难点和争议点，便于

在记录时胸有成竹、有的放矢。在合议、汇报、召开审判委员会之前，书记员已经过起诉、庭审等审判阶段，对案件基本案情已有一定了解。因此，书记员在合议、汇报、召开审委会之前熟悉案情主要需要掌握本案在事实认定及法律适用中的难点以及争议点。书记员可以通过提前向案件承办人询问了解案件的难点和争议点，并做好记录。

任务二　填写合议笔录、汇报笔录、审判委员会笔录文头

进行合议、汇报、召开审判委员会之前，书记员需要提前填写好合议笔录、汇报笔录、审判委员会笔录文头，或者准备好电子版的合议笔录、汇报笔录、审判委员会笔录文头。

任务三　进行合议笔录、汇报笔录、审判委员会笔录制作

在合议❶、汇报、召开审委会的时候，书记员应当做好记录，如实反映合议、汇报、召开审委会的情况。

合议是合议庭根据已经查明的事实、证据和有关法律规定，在充分考虑控辩双方意见的基础上，确定被告人是否有罪、构成何罪，有无从重、从轻、减轻或者免除处罚情节，应否处以刑罚、判处何种刑罚，附带民事诉讼如何解决，查封、扣押、冻结的财物及其孳息如何处理等，并依法作出判决、裁定。在合议的过程中，书记员需要注意的是应当将合议庭的意见记录完整，遇到合议庭之间有意见分歧的时候，也应当将少数人的意见记入合议笔录。❷在合议结束后，书记员应当将合议笔录交合议庭的全部人员阅读，确认无误后签字。合议笔录的内容一般包括公诉机

---

❶ 《最高人民法院关于适用〈中华人民共和国刑事诉讼法〉的解释》第二百四十条：合议庭评议案件，应当根据已经查明的事实、证据和有关法律规定，在充分考虑控辩双方意见的基础上，确定被告人是否有罪、构成何罪，有无从重、从轻、减轻或者免除处罚情节，应否处以刑罚、判处何种刑罚，附带民事诉讼如何解决，查封、扣押、冻结的财物及其孳息如何处理等，并依法作出判决、裁定。

❷ 《最高人民法院关于适用〈中华人民共和国刑事诉讼法〉的解释》第一百七十六条：开庭审理和评议案件，应当由同一合议庭进行。合议庭成员在评议案件时，应当独立表达意见并说明理由。意见分歧的，应当按多数意见作出决定，但少数意见应当记入笔录。评议笔录由合议庭的组成人员在阅读确认无误后签名。评议情况应当保密。《最高人民法院关于适用〈中华人民共和国刑事诉讼法〉的解释》第一百七十八条：合议庭审理、评议后，应当及时作出判决、裁定。

关指控的案件事实、经法院审理查明的事实、证明案件事实的证据、合议庭对案件事实的合议、合议庭对案件定罪的合议、合议庭对量刑的合议、合议庭对本案中其他需要合议的问题进行合议、合议庭作出决议。

汇报笔录是在办理重大、疑难、复杂或者其他需要向院长、庭长汇报的案件过程中制作的记录。[1]汇报笔录一般包括汇报人介绍案件基本情况、听取汇报人对案件基本事实进行询问、汇报人表明合议庭的合议决议、听取汇报人发表意见。对听取汇报人所发表的意见以及汇报结果，书记员应当如实记录。

在对提请院长决定提交审判委员会讨论决定的案件进行汇报的过程中，可能会出现院长认为不必要提交审判委员会讨论决定的情况，院长可以建议合议庭复议一次，此时书记员应当根据合议庭的安排制作复议笔录，对合议庭对案件的再次评议进行记录。

审判委员会笔录是当案件需要提交审判委员会讨论决定的时候[2]，书记员在召开审判委员会的过程中进行的记录。审判委员会笔录一般包括：案件承办人向审判委员会委员汇报案件基本情况并表明合议庭决议、审判委员会委员就案件相关问题向案件承办人提出询问、审判委员会委员进行讨论、审判委员会委员进行决议。在提交审判委员会讨论决定之前，案件承办人会提前准备案件的审理报告，书记员可以提前与案件承办人沟通，提前了解案情。也可以提前拿到审理报告的电子版，通过已经获取的审理报告以方便在审判委员会上记录。

任务四　笔录核对与签字

合议笔录、汇报笔录、审判委员会笔录均需要核对确认无误并交相关人签字。对合议笔录，书记员在完成核对之后，需要交合议庭组成人员阅读并签字确认。对

---

[1] 《最高人民法院司法责任制实施意见（试行）》第六十四条：院长及其他院领导、庭长可以要求合议庭报告以下案件的进展情况和评议结果，并要求逐级审批：（1）涉及群体性纠纷，可能影响社会稳定的案件；（2）疑难、复杂且有重大社会影响的案件；（3）与本院类案判决可能发生冲突的案件；（4）反映法官有违法审判行为的案件；（5）死刑复核案件，刑事大要案请示案件，涉外、涉侨、涉港澳台刑事请示案件，法定刑以下判处刑罚核准案件。院长及其他院领导、庭长可以决定或建议将上述案件提交专业法官会议、赔偿委员会、审判委员会讨论。第六十五条：对下列程序性事项，院长及其他院领导、庭长应当依法依规予以审批：（1）采取、变更、解除保全措施；（2）先予执行；（3）回避；（4）拘传、拘留、罚款；（5）采取、变更刑事强制措施；（6）采取限制出境措施；（7）依照规定公布、撤销、更正、删除失信被执行人信息；（8）缓、减、免交诉讼费；（9）其他重大程序性事项。

[2] 《最高人民法院关于适用〈中华人民共和国刑事诉讼法〉的解释》第一百七十八条：合议庭审理、评议后，应当及时作出判决、裁定。

于汇报笔录，书记员在完成核对之后，需要交汇报人、记录人签字确认。审判委员会笔录由承办法官和书记员签字。

【诉讼文书】

合议笔录

时　　间：2019 年 12 月 19 日

地　　点：××法院第十四法庭

参加人：张××　丁×　齐×

记录人：王×

案　　由：交通肇事

张×：被告人郭×交通肇事一案，已审理终结，现在进行合议，我先说一下本案当事人自然情况。当事人基本情况在开庭的时候已经核实，郭×，男，1981 年出生，公民身份号码：×××。

下面我说一下公诉机关指控的事实：……

经过审理，本案的认定事实及证据：

……

指控上述事实的证据有：

1.……

2.……

……

我认为公诉机关指控的事实清楚，证据充分。

丁×：我同意你的意见，以上证据足以认定被告人郭×交通肇事的事实。

齐×：我同意你们两个的意见。

张×：下面研究一下本案的定罪问题。我认为被告人郭×违反道路交通法规，因而发生重大事故，造成一人死亡的后果后逃逸，其行为触犯了刑法，已构成交通肇事罪。公诉机关指控郭×犯交通肇事罪的定性是正确的。

丁×：同意，我认为被告人构成交通肇事罪。

齐×：我同意你们的意见，定性是正确的。

张×：关于本案的民事赔偿问题，被害人家属与被告人已经达成协议，我们不再就民事问题进行讨论。

丁×：好的。

齐×：我同意。

张 ×：下面看一下本案的量刑问题……

丁 ×：我同意审判长的意见，我的意见是……

齐 ×：我也同意，我的意见是……

综上，合议庭决议如下：

被告人郭 × 犯交通肇事罪，判处有期徒刑三年。

汇报笔录

时间：2018 年 9 月 21 日 11 时 15 分—11 时 30 分

汇报人：张 ×

听取汇报人：×××（院长）、×××（庭长）

记录人：××

张 ×：被告人詹 × 妨害公务一案现已审理终结，（简要陈述案情），合议庭的意见是被告人詹 × 构成妨害公务罪，合议庭的意见是……因其现处于取保候审状态下，为保证判决的执行，合议庭的意见为先予以逮捕。

院长：检察院为什么取保？

张 ×：检察院认为情节轻微，所以取保。

院长：被告人詹 × 在整个过程中有什么行为？

张 ×：詹 × 有妨害公务的行为……

庭长：我的意见是判实刑，这个案件是典型的妨害公务，现场视频显示詹 × 阻碍正在执行公务的国家工作人员执行公务，可以判处实刑。

院长：对，从在案证据显示，詹 × 对国家工作人员造成的伤害也有构成轻微伤，所以我的意见是同意合议庭的意见。

张 ×：对，所以为了防止被告人脱逃，建议对被告人先予以逮捕。

院长：可以先予以逮捕。

庭长：我也同意合议庭的意见。

工作情境二 民事案件合议庭评议笔录、汇报笔录、审判委员会讨论案件笔录的制作

【情境描述】

李双喜诉被告北京市红太阳酒业有限公司保证合同纠纷一案庭审结束后，审判长周旭东第二天召集审判员林伟、人民陪审员方海清在合议室进行了合议，书记员李霞负责记录。

合议过程中，合议庭成员对于证据的认证、事实的认定及法律适用问题意见分歧很大，三人发表的意见内容非常多，李霞有些不知所措。最后，因案情较为复杂，合议庭未能形成多数意见，提出提请院长决定将本案提交本院审判委员会讨论决定。

【情境分析】

合议庭评议是适用普通程序审理的民事案件必经的重要程序，评议笔录则是裁判的重要依据，书记员必须十分重视。而民事案件在法律事实认定和法律规范适用的问题上个案差异很大，书记员在记录时应当能够跟上合议庭成员的评议、汇报节奏或是审判委员会委员的讨论节奏，抓住重点进行记录。那么，书记员李霞该如何记录合议庭评议过程？哪些意见是应当重点记录的呢？案件若要提交审判委员会讨论决定，李霞又该做些什么呢？

【工作任务】

任务一 熟悉案情

根据《中华人民共和国民事诉讼法》第四十五条的规定，合议庭评议案件，实行少数服从多数的原则。评议应当制作笔录，由合议庭成员签名。评议中的不同意

见，必须如实记入笔录。这是书记员制作合议庭评议笔录的法律依据。

根据《中华人民共和国民事诉讼法》第二百零五条的规定，各级人民法院院长对本院已经发生法律效力的判决、裁定、调解书，发现确有错误，认为需要再审的，应当提交审判委员会讨论决定。根据《最高人民法院关于人民法院合议庭工作的若干规定》第十二条的规定，对于下列案件，合议庭应当提请院长决定提交审判委员会讨论决定：（一）拟判处死刑的；（二）疑难、复杂、重大或者新类型的案件，合议庭认为有必要提交审判委员会讨论决定的；（三）合议庭在适用法律方面有重大意见分歧的；（四）合议庭认为需要提请审判委员会讨论决定的其他案件，或者本院审判委员会确定的应当由审判委员会讨论决定的案件。第十七条规定，院长、庭长在审核合议庭的评议意见和裁判文书过程中，对评议结论有异议的，可以建议合议庭复议，同时应当对要求复议的问题及理由提出书面意见。合议庭复议后，庭长仍有异议的，可以将案件提请院长审核，院长可以提交审判委员会讨论决定。

以上是提交审判委员会讨论决定案件的范围。同时说明部分案件在提交审判委员会讨论决定前，应当由合议庭或审判长向院长汇报，若院长决定提交，则进入审判委员会讨论，这是书记员制作汇报笔录及审判委员会讨论案件笔录的法律依据。

民事案件的类型多样，常见的有婚姻家庭纠纷、借款合同纠纷、房屋买卖合同纠纷、相邻关系纠纷、人身损害赔偿纠纷、继承纠纷及知识产权纠纷等。各类案件的法律事实认定和法律规范适用的差异性很大，为了能跟上合议庭成员的评议、汇报节奏或是审判委员会委员的讨论节奏，抓住重点进行记录，书记员在参与合议庭评议记录、汇报记录或是审判委员会讨论记录之前，应同其他庭审记录所要求的一样，提前努力熟悉案情。熟悉案情的具体途径主要是查阅案卷中的起诉状、答辩状、证据材料以及庭审笔录，若有疑问，可以及时与承办法官沟通。

一般情况下，进行合议庭评议笔录和汇报笔录制作的书记员就是负责庭审记录的书记员。该书记员因为参与了庭审过程，通常来说对案情有一定程度了解，此时只需要在此基础上略加熟悉即可。当然，书记员可以提前与审判长或承办法官沟通，了解合议和汇报的重点，以在此方面做好充分准备。但进行审判委员会讨论案件笔录制作的书记员通常并非案件的跟案书记员，对其而言，这是一个新的案件，而且审判委员会讨论案件并非一次只讨论一件案件，记录的书记员可能需要同时面临多个案件的记录，因此必须提前查看审理报告等材料熟悉案情，对其中特别疑难复杂的案件需要予以熟悉和关注，把握重点案情。

任务二　填写合议庭评议笔录、汇报笔录、审判委员会讨论案件笔录文头

根据《最高人民法院关于人民法院合议庭工作的若干规定》第九条规定，合议庭评议案件应当在庭审结束后五个工作日内进行。合议庭评议一般由审判长召集并主持。书记员在熟悉案情的基础上，可以在庭审结束后提前填写合议笔录的文头。合议庭评议笔录的文头比较简单，需要填写的是评议的时间、地点、合议庭组成人员和书记员以及评议案件的案号、案由及当事人基本信息等。

若案件需要提请院长决定提交审判委员会讨论的，书记员应当在合议庭向院长汇报案情，请求院长批准提交审判委员会讨论时，在现场同步记录。此前，书记员可以提前填写汇报笔录的文头，主要包括汇报时间、地点、汇报人及其他参加人、书记员以及汇报案件的案号、案由及当事人基本信息等。

审判委员会讨论前，书记员也可以提前填写笔录文头，主要包括讨论时间、地点、会议主持人、出席委员、列席人员、案件汇报人以及讨论案件的案号、案由及当事人基本信息等。列席人员应当写明其姓名、单位和职务。

【诉讼文书】

合议庭评议笔录

时间：　　年　月　日　时　分至　时　分
地点：
合议庭成员：
书记员：
评议案件：_____与_____纠纷一案。
评议内容：
_____

_____

汇报笔录

时间：　　年　月　日　时　分至　时　分
地点：
汇报人：
汇报对象：

列席人：

书记员：

汇报案件：＿＿＿＿＿＿＿与＿＿＿＿＿＿＿纠纷一案。

汇报内容：

＿＿＿＿＿＿＿＿＿＿＿＿＿＿＿＿＿＿＿＿＿＿＿＿＿＿＿＿＿＿

＿＿＿＿＿＿＿＿＿＿＿＿＿＿＿＿＿＿＿＿＿＿＿＿＿＿＿＿＿＿

审判委员会讨论案件笔录

（第×次会议）

时间：　　年　月　日　时　分至　时　分

地点：

会议主持人：×××

出席委员：

列席人员：

案件汇报人：

讨论××××人民法院（××××）……民×……号……（写明当事人及案由）一案。

记录如下：

……（记明审判委员会讨论内容）

审判委员会讨论结论：＿＿＿＿＿＿＿＿＿＿＿＿＿＿＿＿＿＿

＿＿＿＿＿＿＿＿＿＿＿＿＿＿＿＿＿＿＿＿＿＿＿＿＿＿＿＿＿＿

＿＿＿＿＿＿＿＿＿＿＿＿＿＿＿＿＿＿＿＿＿＿＿＿＿＿＿＿＿＿

审判委员会委员（签名）

记录人（签名）

任务三　合议庭评议笔录、汇报笔录、审判委员会案件讨论笔录制作

一、合议庭评议笔录制作

合议庭全体成员均应当参加案件评议，不能缺席。审判长主持合议。合议庭成员进行评议的时候应当认真负责，针对案件的证据采信、事实认定、法律适用、裁

判结果以及诉讼程序等问题充分发表意见，合议庭成员应当充分陈述理由，展示其评判证据效力、认定案件事实的心证程度和心证过程，以及适用法律作出判决结论的逻辑推理过程，不得拒绝陈述意见或者仅作同意与否的简单表态；同意他人意见的，也应当提出事实根据和法律依据，进行分析论证。必要时合议庭成员还可提交书面评议意见。书记员不应当仅记录合议庭成员的主要观点，还应重点记录他们的分析论证过程。

合议庭评议案件时，应当遵循发言顺序限定规则，独立行使表决权。先由承办法官对认定案件事实、证据是否确实、充分以及适用法律等发表意见，审判长最后发表意见；审判长作为承办法官的，由审判长最后发表意见。对案件的裁判结果进行评议时，由审判长最后发表意见。审判长应当根据评议情况总结合议庭评议的结论性意见。如果合议庭意见一致，一致意见就是案件的评议结果；如果合议庭意见不一致，按照少数服从多数的原则，多数人的意见就是案件的最终评议结果。评议结果要记明认定事实、案件定性、适用法律和处理意见四项内容。书记员应当注意发言顺序、评议流程并记明评议结果。

合议庭成员对评议结果的表决，以口头表决的形式进行。合议庭进行评议的时候，如果出现意见分歧，应当按多数人的意见作出决定，但是少数人的意见应当写入笔录。合议庭全体成员平等参与案件的评议、裁判，共同对案件认定事实和适用法律负责。书记员不仅需要记录多数人的意见及最终评议意见，还应当记录少数人的意见。

书记员应当在合议庭合议时当场制作笔录，不能仅复制裁判文书论理部分内容，走形式过场。做到审判人员说什么，书记员记什么，说多少，记多少，力求合议庭评议笔录忠实反映合议全过程，记录完整、客观，从而保证以评议为依据的审判结果的公正性。

二、汇报笔录制作

合议庭或审判长依照有关规定，提请院长决定将案件提交审判委员会讨论决定的，应当首先向院长汇报案件审理情况。合议庭或审判长应当将案件审理情况、评议情况等如实汇报，庭长若列席的，应当在其后发表意见，最终由院长决定是否提交审判委员会讨论。书记员应当在旁如实记录。

三、审判委员会讨论案件笔录制作

承办法官在案件需要提交审判委员会讨论时，受审判长指派向审判委员会汇报案件。书记员应当如实记录讨论案件的过程和作出的决定。讨论中如有不同意见，也应如实记入。汇报人一般情况都有书面审理报告，书记员可提前输入并摘要主要内容，同时将审理报告附卷。对民事案件的记录，应记明案件来源和案件的基本情况以及合议庭对该案提出的疑难问题，特别是案件事实的认定及法律适用等方面的问题，重点应记明审判委员会讨论案件的过程和各成员发言的具体内容与经过，最后写明审判委员会的决议结果，包括对证据的认定、对案件事实和案件性质的确认、责任承担、法律依据以及处理办法等。制作的审判委员会讨论案件笔录要客观准确，字迹要清晰，避免错别字，记录内容不得随意省略。

任务四　笔录核对与签字

合议庭评议笔录由书记员制作后，交由合议庭组成人员核对，并由合议庭的组成人员签名，书记员随后签名。汇报笔录由书记员制作后交由汇报对象，一般是分管院长、列席人员、汇报人核对并签名，书记员随后签名。审判委员会讨论案件笔录制作后交由出席委员及汇报人核对并签名，书记员随后签名。

【任务训练】

1. 撰写原告李双喜诉被告北京市红太阳酒业有限公司保证合同纠纷一案的合议庭评议笔录文头。

2. 撰写原告李双喜诉被告北京市红太阳酒业有限公司保证合同纠纷一案的汇报笔录文头。

3. 撰写原告李双喜诉被告北京市红太阳酒业有限公司保证合同纠纷一案的审判委员会讨论案件笔录文头。

4. 分组模拟：四人一组，三人分别扮演本案合议庭成员审判长周旭东、审判员林伟、人民陪审员方海清，一人扮演书记员李霞，模拟合议庭评议程序并记录。

工作情境三　行政案件合议笔录、汇报笔录、审判委员会笔录

【情境描述】

一审案件开完庭后，合议庭成员立即对案件进行了评议，徐坤对评议过程和评议内容进行了记录，制作了合议笔录。在合议过程中，合议庭组成人员一致认为需要将本案中涉及法律适用上的问题提交审判委员会进行讨论。

法官李农向书记员徐坤告知了应当向审判委员会汇报的内容，由徐坤制作了汇报笔录。

汇报当天，徐坤对审判委员会会员的讨论过程进行了全程记录。

【情境分析】

徐坤应当如何填写合议笔录、汇报笔录、审判委员会会员笔录文头？如何记录合议笔录、汇报笔录、审判委员会会员笔录？

徐坤应当预先熟悉案件情况，做到心中有数，填写好相应的笔录文头，在正式进行记录的时候，围绕案件的主要争议点进行记录。

【工作任务】

任务一　熟悉案情

在制作行政案件合议庭评议笔录之前，书记员同样需要通过查阅案卷、询问法官或法官助理熟悉案情，为顺利记录做好准备。

任务二　填写合议笔录、汇报笔录、审判委员会笔录文头

填写合议笔录文头。按照法院诉讼文书样式的规定，合议庭评议笔录有标准的文书样式。合议庭评议笔录文头的具体内容包括评议案件案由、评议时间、评议地点、合议庭成员组成。书记员应当预先填写笔录文头。

填写汇报笔录文头。汇报笔录主要是案件合议庭将需要提交审判委员会集体讨论的案件进行汇报的笔录形式。汇报笔录文头具体包括汇报案件案由、汇报人员、听取汇报人员。书记员应当预先填写笔录文头。

填写审判委员会笔录文头。审判委员会笔录主要是指审判委员会对重大或者疑难案件进行讨论并作出处理决定的文字记录。审判委员会笔录文头包括笔录时间、地点、会议主持人、出席委员、列席人员、案件汇报人、记录人。书记员应当预先填写笔录文头。

任务三 合议笔录、汇报笔录、审判委员会笔录制作

1. 制作合议笔录

书记员应当在庭审结束后的5个工作日内撰写评议笔录。书记员在制作合议笔录时,应当将合议庭成员的发言、补充发言,意见分歧、争论内容,均详细记明。尤其是对于复杂、疑难案件的分析、争议和研究,以及由意见分歧到逐步统一的过程,必须在记录中反映出来。(1)记明主持合议的审判长或审判员的发言。合议的第一步是由审判长或审判员简要向合议庭成员介绍案情:当事人的名称和案由;双方当事人的诉、辩意见;当事人提供的证据名称及内容;案件适用的法律规定等。二审行政案件没有经过开庭审理的,案件的主办人应当详细向合议庭成员介绍案情:当事人名称和案由;上诉人的上诉请求和理由,被上诉人的答辩意见;案情与一审相同的地方载明"案情同一审判决",如果二审有新查明的案情或一审认定事实有错误的地方,要详细记录;(2)记明对双方当事人提供的证据的意见。合议庭对当事人提交证据是否采信及理由为何?根据对证据的认定,能够确定的案件事实为何?是否需要进一步查明?针对上述问题,合议庭成员的意见要详细记录;(3)具体的处理意见。根据所确定的案件事实,应当适用的法律规定是什么?书记员应当详细记录。合议庭成员对案件结果要提出自己的处理意见,即便是同意别人的意见,也要说出同意的理由,书记员对于意见和理由都要详细记录;(4)评议结果。合议庭成员均发表了具体的处理意见后,合议主持人要对意见进行综合归纳,按照少数服从多数的原则,确定评议结果。对于评议结果,书记员要记明认定事实、案件定性、适用法律和处理意见等内容。除了记明多数人的意见外,对少数人的不同意见及理由,亦需予以记明备查。

2. 制作汇报笔录

书记员在制作汇报笔录时应当着重记录合议庭成员的意见分歧，或其认为的疑难、复杂的案件情况。书记员记明合议庭成员认为应当向审判委员会进行提交的理由。

3. 制作审判委会员笔录

（1）书记员应记明案件来源和案件的基本情况以及合议庭成员对该案件提出的疑难问题；（2）书记员应记明审判委员会讨论案件的具体过程和各成员发言的具体内容和经过；（3）书记员应记明审判委员会的决议事项，包括对证据的认定、对案件事实和案件性质的确认、责任承担、法律依据以及处理办法等；（4）书记员应记明多数人意见和少数人意见。

【诉讼文书】

合议庭评议笔录

案　　由：行政处罚决定

评议时间：2019年3月11日

评议地点：第五十六法庭

参 加 人：审判长李农　人民陪审员戴琳、王磊

记 录 人：书记员徐坤

李农：下面评议原告孙小丽不服被告中华人民共和国公安部行政处罚决定一案。我简单说一下案情，原告诉讼请求撤销被告作出的行政处罚决定书。原告认为综合全案不能证明有治安违法案件发生，不能证明原告和案外人肢体有接触，没有直接证据证明有损害后果发生，所有证据都是延时证据和书证，被告处罚决定程序违法。被告公安部认为公安部对原告的处罚认定事实清楚，证据确实充分，程序合法，处罚幅度适当，请求法院驳回原告诉讼请求。

戴琳：我来说一下被告提交的证据情况：（1）询问笔录，证明原告承认违法事实；（2）询问笔录，证明案外人指认原告违法事实；（3）申请，证明不同意调解；（4）工作记录，证明查找其他证人未果；（5）诊断证明及伤情鉴定，证明案外人受伤情况；（6）光盘及说明，证明违法事实经过；（7）受案登记表，证明公安机关依法受理该案件；（8）延长办案期限；（9）传唤证，证明依法传唤嫌疑人到案；（10）到案经过，证明传唤嫌疑人到案情况；（11）工作记录，证明公安机关将传唤情况通知嫌疑人家属；（12）治安调解笔录，证明双方未达成一致；（13）到案经过，证

明传唤嫌疑人到案情况；（14）照片及说明，证明公告告知；（15）公安行政处罚告知笔录，证明公安机关依法将拟对嫌疑人作出的行政处罚决定的事实、理由和依据进行告知；（16）到案经过，证明原告被抓获；（17）行政处罚决定书；（18）执行回执，送达回执、工作记录，证明执行拘留情况。

王磊：我来说一下被告提交的法律依据的情况：《治安管理处罚法》。

李农：对于被告提交的证据材料，我认为是民警在作出行政处罚决定前依法定程序收集的，符合证据的形式要件，与本案有直接关联性，能够作为该所做出被诉不予处罚决定认定事实及履行程序的证据。结合有效证据，我认为本案的事实可以认定为原告对案外人实施了殴打行为。

戴琳：同意审判长的意见，被告提交的证据具有真实性、合法性、关联性，能够反映案件的主要事实。

王磊：同意审判长意见，但我有一个问题：从视频上看，原告与案外人确实发生了一些肢体冲突，但是较为轻微，是否必须处罚？

李农：是否应对原告进行处罚是本案应审查的重点问题，我认为必须结合案件的情况以及法律规定综合来看。综合全案情况可以认定案件的事实。根据《治安管理处罚法》第四十三条规定，被告对原告作出的处罚决定适用法律正确、处罚幅度适当。应当驳回原告的诉讼请求。

戴琳、王磊：同意审判长的意见。

合议庭决议：依据《中华人民共和国行政诉讼法》第六十九条规定，合议如下：驳回原告孙小丽的诉讼请求。案件受理费50元由原告孙小丽负担。

汇报笔录

汇报时间：2019年3月19日

汇报地点：北京市第二中级人民法院第二会议室

听取汇报人：院领导×××

汇报人：李农

记录人：徐坤

汇报案件：原告孙小丽不服被告中华人民共和国公安部行政处罚决定一案

汇报记录：

李农：原告与案外人确实发生了一些肢体冲突，但是较为轻微，被告根据《治安管理处罚法》第四十三条作出处罚，且适用的是情节较重情形，是否妥当？

院领导：法律适用问题关系行政行为的合法性，建议提请审判委员会讨论。

李农：好的。

审判委员会讨论案件笔录

时　间：2019年3月21日9时

地　点：北京市第二中级人民法院第一会议室

会议主持人：审判委员会委员

出席委员：（院审判委员会委员）

列席人员：庭室领导

案件主审人：李农

记录人：徐坤

讨论案件：原告孙小丽不服被告中华人民共和国公安部行政处罚决定议案

记录如下：

该案件经过审判委员会的讨论，认为被告作出的行政行为适用法律不存在问题，属于适用法律正确，特此记录。

任务四　笔录核对与签字

（1）打印笔录。为了便于核对记录内容及入卷存档，书记员应当将记载完毕的合议笔录、汇报笔录、审判委员会笔录打印成书面形式。如果为手书记录的，书记员应当保证字面清晰便于阅读。

（2）核对笔录并签字。合议笔录和汇报笔录应当交由合议庭成员予以核对。经核对，合议庭成员应当在合议笔录的尾部签名及写上日期，负责记录的书记员亦应签名及写上日期。

审判委员会笔录应交由审判委员委员核对。经核对由审判委员会委员签名或盖章，记录人也要签名或盖章。

【任务训练】

1. 填写合议笔录、汇报笔录、审判委员会笔录文头
2. 记录合议笔录、汇报笔录、审判委员会笔录
3. 打印笔录并交由相关人员核对与签字

庭审工作实务三　宣判笔录的制作

工作情境一　刑事案件宣判笔录

【情境描述】

在一件刑事附带民事诉讼的案件当中,法官李明计划定期宣告判决结果,书记员张丽安排了提押被告人,打电话通知了检察院和刑事附带民事诉讼原告人,刑事附带民事诉讼原告人在电话中表示自己当天因为其他事情不能参加宣判,以自己不能参加为由要求法院更改宣布判决结果的时间。

【情境分析】

在此情景中,刑事附带民事诉讼原告人不到场是否对案件结果的宣判有影响?《最高人民法院关于适用〈中华人民共和国刑事诉讼法〉的解释》第二百四十八条规定宣告判决,一律公开进行。公诉人、辩护人、诉讼代理人、被害人、自诉人或者附带民事诉讼原告人未到庭的,不影响宣判的进行。所以在宣判时,附带民事诉讼原告人未到庭的,不影响宣判的进行。

【工作任务】

任务一　通知宣判

宣布判决是审判人员向刑事被告人、刑事附带民事诉讼原告人等宣布判决结果的过程。宣布判决结果之后,审判人员还需要向被告人、刑事附带民事诉讼原告人等告知上诉权等权利,并记录在案。

刑事案件宣告判决分为当庭宣判和定期宣判。根据《刑事诉讼法》第二百零二条及《最高人民法院关于适用〈刑事诉讼法〉的解释》第二百四十八条规定：宣告判决，一律公开进行。当庭宣判的根据庭审的情况，在被告人最后陈述之后，当庭宣布判决结果，无需另行通知其他诉讼参与人。定期宣判的，根据《最高人民法院关于适用〈刑事诉讼法〉的解释》第二百四十七条规定：定期宣告判决的，应当在宣判前，先期公告宣判的时间和地点，传唤当事人并通知公诉人、法定代理人、辩护人和诉讼代理人。所以，定期宣判的，书记员应当在宣判之前发布宣判公告，发布方式同开庭公告一致。同时，书记员应当将宣判的时间、地点通知案件所涉及的当事人、公诉人、法定代理人、辩护人和诉讼代理人。但是，在宣判时，公诉人、辩护人、诉讼代理人、被害人、自诉人或者附带民事诉讼原告人未到庭的，不影响宣判的进行。

任务二　制作宣判笔录文头、进行宣判记录、签字

　　对当庭宣告判决的，宣布判决的过程直接记入庭审笔录中，无需另行制作宣判笔录。对定期宣布判决的，书记员应当提前制作宣判笔录文头，方便宣布判决记录。
　　宣告判决结果时，书记员应当告知法庭内全体人员起立。[1]实践中的一般做法为当审判人员宣布判决主文部分时，法庭内全体人员起立。判决结果宣布结束后由书记员告知法庭内成员坐下。判决结果宣布完成以后，法官可能会进行一些判后释法或者答疑的工作，解答当事人对于案件判决的一些疑问。对判决结果的记录务必与判决书中的判决结果保持一致，书记员有不确定的地方，及时与审判人员沟通确定。
　　宣判笔录确定后需要审判人员、书记员、刑事被告人、附带民事诉讼原告人签字。

【诉讼文书】

刑事审判庭审笔录

......
　　？法庭辩论终结，由被告人作最后陈述
　　：我知道自己的错误了，希望法庭从轻判处
　　？审判结束，现在宣判：

---

[1]《最高人民法院关于适用〈中华人民共和国刑事诉讼法〉的解释》第二百四十八条第二款：宣告判决结果时，法庭内全体人员应当起立。

一、被告人××犯盗窃罪，判处有期徒刑八个月，罚金人民币一千元。

二、责令被告人××退赔人民币三百元，发还被害人××。

你听清楚了吗？

：听清楚了

？判决书在闭庭后五日内送达于你，如不服本判决可在接到判决书的第二日起十日内通过本院或直接向北京市第二中级人民法院提出上诉。你当庭表示上诉吗

：不上诉

？现在闭庭

北京市×××区人民法院
宣 判 笔 录

时间：2019年　月　日　时

地点：××法院第十四法庭

审判长：×××

书记员：×××

到庭的当事人和其他诉讼参与人：

记录如下：

审判长（员）　×××　宣读××区人民法院2019年×月×日（2019）京02刑初××号刑事判决书。

1. 宣读判决书全文

2. 告知上诉权利、上诉法院及上诉期限

3. 进行判后答疑工作

？是否上诉

：上诉

被告人：　　　（指纹）

2019年××月××日

【任务训练】

杨谦贩卖毒品一案，法院决定在2019年6月1日宣判，请根据案件情况制作定期宣判笔录。

工作情境二　民事案件宣判笔录

【情境描述】

原告李双喜诉被告北京市红太阳酒业有限公司保证合同纠纷一案，经审判委员会讨论决定，决定意见为支持原告李双喜的全部诉讼请求。合议庭收到该决定后，经合议达成服从该讨论决定的一致意见，于是周旭东依据该意见制作了民事判决书，准备进行宣判。一日，周旭东对李霞说："这个案件的判决书已经制作完毕了，你定个时间宣判吧。"李霞说"好的"。

【情境分析】

宣判时间的确定与开庭时间的确定要求较为相似，仍需要书记员结合案件的具体情况以及宣判人员、场所的安排综合考虑后确定。宣判时间一旦确定不能轻易修改。那么李霞该如何确定宣判时间？此后又该如何完成宣判工作呢？

【工作任务】

任务一　通知宣判

宣判包括当庭宣判与定期宣判两种，当庭宣判不需要另行通知宣判的时间、地点，也无需另行制作宣判笔录，而是直接在庭审笔录正文的尾部宣告裁判内容，关于当庭宣判已在"庭审笔录的制作"中予以介绍，不再赘述。因此，本部分"宣判"仅指定期宣判。

宣判时间的确定。首先，宣判是指宣告判决或裁定，即宣读判决书或裁定书，那么宣判时间必须在判决书或裁定书制作完毕之后，且不能超过案件的审理期限。其次，宣判亦是开庭的组成部分，宣判通知的要求与开庭通知的要求并无二致。因此，宣判通知要在三日前告知当事人、其他诉讼参与人及社会公众，宣判时间的确定必须要考虑宣判通知的送达在途时间。最后，宣判时间的确定还要考虑宣判人员的工作安排及宣判场所的问题。书记员在确定宣判时间时，还应当提前与承办法官或合议庭成员联系，确认他们的工作安排，保证他们能参加宣判，同时及时预订法庭。一般情况下，宣判前需要经过开庭审理的案件，不应在开庭前即确定宣判时间并通知。因为开庭情况瞬息万变、难以预料，可能会出现延期审理等情况，未必保证开庭能一次性成功,若在开庭前就确定宣判时间就会变得毫无意义,因此宣判时间在开庭完毕后再行确定为妥。

宣判的通知要求。根据《民事诉讼法》第一百三十九条的规定,人民法院审理民事案件,应当在开庭三日前通知当事人和其他诉讼参与人。公开审理的,应当公告当事人姓名、案由和开庭的时间、地点;第一百五十一条的规定,人民法院对公开审理或者不公开审理的案件,一律公开宣告判决,因此,法院定期宣判的,应当发送宣判传票通知当事人、发送出庭通知书给其他诉讼参与人,张贴宣判公告通知社会公众参与旁听。宣判传票、出庭通知书的送达要求及宣判公告的发布要求同庭审时的开庭传票、出庭通知书、开庭公告一致。

【诉讼文书】

××××人民法院
传　票

案号	(2019)京02民初1200号
被传唤人	李双喜
工作单位或地址	浙江省杭州市上城区望江东路200号
传唤事由	宣判
应到时间	××××年××月××日
应到处所	本院第十法庭
注意事项: 1.被传唤人须提前十分钟到达本院; 2.本票由被传唤人携带来院报到; 3.被传唤人收到传票后,应在送达回证上签名或盖章; 4.本院地址及电话: 审判员:××× 书记员:××× <div align="right">××××年××月××日 (院印)</div>	

×××人民法院
出庭通知书

（2019）京××民初××号

张辉：

本院受理原告李双喜诉被告北京市红太阳酒业有限公司保证合同纠纷一案，定于××××年××月××日××时××分在本院第十法庭宣判，通知你作为本案的诉讼代理人准时出庭。

×××年××月××日
（院印）

×××人民法院
公　告

（2019）京××民初××号

本院定于××××年××月××日××时××分，在本院第十法庭依法公开宣判原告李双喜诉被告北京市红太阳酒业有限公司保证合同纠纷一案。

特此公告。

×××年××月××日
（院印）

任务二　填写宣判笔录文头

宣判笔录首部应当写明宣判时间、宣判地点、宣判人员和书记员，同时根据到庭当事人和其他诉讼参与人的情况写明诉讼地位和姓名，未到庭参加宣判人员无需注明。一般情况下，宣判可由法官、书记员到场进行。但具有政治敏感性、重大社会影响性、群体性因素案件、重大涉诉信访案件或者当事人可能采取过激行为的案件，应当由合议庭全体成员、书记员到场进行。

任务三　进行宣判记录、签字

宣判前不得事先告知当事人及其他诉讼参与人审判结果。进行宣判时应当由审判长宣读判决书或裁定书内容。宣判笔录正文内容应记明宣读判决书或裁定书的案号、判决或裁定结果。宣告判决时必须告知并记明当事人上诉权利、上诉期限和上诉的法院。宣告离婚判决必须告知并记明当事人在判决发生法律效力前不得另行结婚。

宣判笔录还应当如实记录宣判后当事人的表现。当事人对判决或裁定有意见的，要记清意见的具体内容，如是对判决认定的事实有意见，还是对适用法律条款上有意见。询问当事人是否上诉的，书记员应将当事人回答的情况如实记入笔录。如遇当事人情绪激动、矛盾激化的情况，书记员应当协助承办法官或合议庭做好风险评估工作，办理好调警手续，防止闹庭等情况发生，同时协助做好解释、说明工作，力求化解矛盾。

在宣判后法官还应做好判后答疑工作，即法官针对当事人或其他诉讼参与人就判决书提出的疑问进行解答。在解答时法官应围绕判决的内容及理由耐心解答，做好当事人的情绪稳控及息诉服判工作。法官若进行判后答疑的，书记员可在宣判笔录中进行必要的记录，或另行制作判后答疑笔录并附卷留存。

宣判笔录由到庭的当事人和其他诉讼参与人签名或者盖章。拒绝签名盖章的应记明情况。参加宣判的审判人员和书记员应在宣判笔录上签名。宣判后立即送达裁判文书，签收送达回证。

【诉讼文书】

×××人民法院
宣判笔录

时间：××××年××月××日××时××分至××时××分

地点：××××人民法院第×法庭

审判人员：……（写明职务和姓名）

书记员：×××

到庭的当事人和其他诉讼参加人：……（写明诉讼地位和姓名）

书记员：全体起立。

审判人员：（××××）……民×……号……（写明当事人及案由）一案，宣告判决如下：

……（写明判决结果）

如不服本判决，可以在判决书送达之日起十五日内，向本院递交上诉状，并按对方当事人的人数或者代表人的人数提出副本，上诉于×××人民法院。

（判决准予离婚的，写明：）当事人在判决发生法律效力前不得另行结婚。

（以下无正文）

原告：（签名或者盖章）

被告：（签名或者盖章）

第三人：（签名或者盖章）

审判人员：（签名）

书记员：（签名）

【任务训练】

（1）制作原告李双喜诉被告北京市红太阳酒业有限公司保证合同纠纷一案的宣判传票。

（2）制作原告李双喜诉被告北京市红太阳酒业有限公司保证合同纠纷一案的宣判公告。

（3）分组模拟：七人一组，一人扮演原告李双喜的律师张辉，一人扮演被告北京市红太阳酒业有限公司的法定代表人郭安，一人扮演被告北京市红太阳酒业有限公司的委托代理人员工赵俊，一人扮演书记员李霞，三人分别扮演本案合议庭成员审判长周旭东、审判员林伟、人民陪审员方海清，模拟宣判过程并制作宣判笔录。

工作情境三　行政案件宣判笔录

【情境描述】

一审案件经合议后，审判长李农宣布将择期宣判，并宣布休庭。李农告诉徐坤，通知当事人十五日后宣判，并提前准备宣判笔录文头。

【情境分析】

徐坤应当如何填写宣判笔录？在宣判过程中应当如何记录？

徐坤应当根据案件的情况按照宣判笔录文头的要求填写。在宣判的过程中记明当事人的主要意见。

【工作任务】

任务一　通知宣判

宣判分为当庭宣判和定期宣判。当庭宣判的无需再行组织宣判，也无需制作宣判笔录。宣判笔录的制作仅涉及定期宣判。

对于定期宣判的，应当在宣判开庭前三日通知当事人及其他诉讼参与人宣判的时间和地点。对于当事人适用传票通知，对于其他诉讼参与人适用出庭通知书通知。

任务二　填写宣判笔录文头

书记员应当事先填写宣判笔录文头：（1）宣判笔录首部：法院名称、案由、宣判时间、宣判地点、宣判人员、法官助理、书记员；（2）到庭当事人部分：到庭当事人的姓名、年龄、工作单位、职业、住址；（3）宣读判决部分：审判长宣读裁判文书的名称、案号，并简要记载裁判结果以及向当事人告知上诉权利、上诉期限和上诉法院。

任务三　进行宣判记录、签字

宣读裁判结果并告知当事人相关权利事项后，审判长询问当事人是否同意判决内容，是否提起上诉。书记员应当将当事人回答的情况如实记入笔录。

宣判笔录完成后应当由当事人签名或盖章。当事人拒绝签字或盖章的，书记员应当记明情况。合议庭组成人员、法官助理及书记员应当在宣判笔录上签字或盖章。

【诉讼文书】

宣判笔录

时间：2019 年 3 月 29 日下午

宣判人员：李农

宣判地点：北京市第二中级人民法院第 56 法庭

到庭人员：原告孙小丽、被告委托代理人×××

记录人：徐坤

审：今天通知双方到法院就原告孙小丽不服被告中华人民共和国公安部行政处罚决定一案进行宣判。本院认为，被告认定事实清楚，适用法律正确，根据《行政诉讼法》第六十九条的规定，判决驳回原告的全部诉讼请求，诉讼费 50 元由原告孙小丽负担。

原：不服一审判决，要求上诉。

被：服从一审判决，不要求上诉。

审：原告在法定期限内，按照法定要求向本院提交上诉材料，宣判结束，闭庭。

原告签名：　　　　　　时间：

被告签名：　　　　　　时间：

宣判人员签名：

记录人签名：

【任务训练】

（1）通知当事人参加宣判活动。

（2）填写宣判笔录文头。

（3）宣判笔录的记录训练。

第五篇
书记员庭后工作实务

庭后工作实务一　裁判文书的校对、打印、送达

工作情境一　刑事案件裁判文书的校对、打印、送达

【情境描述】

李明法官将杨谦贩卖毒品一案的判决书草拟稿交给张丽校核,张丽接过草拟稿后对其中的内容通读一遍,发现语句错误和标点等行文错误后交给李明法官修改。

【情境分析】

在此情境中,张丽对判决书草拟稿的校核内容是否全面?

判决书的校核除了语句错误和标点等行文错误的校核,还包括法律引用、信息等各方面的内容的准确。判决书作为具有法律效力的文书应当做到没有任何错误。

【工作任务】

任务一　刑事案件裁判文书的校对

刑事案件裁判文书的校对是对刑事裁判文书定稿前的校正、核对。裁判文书的校对除了基本的错别字、语句不通顺、标点符号、数字、计量单位等使用不正确等基本行文错误外,刑事案件裁判文书的校对还需要重点关注以下几方面:

(1)案号是否正确;(2)当事人及诉讼参与人的基本信息是否准确;(3)被告人被羁押的日期是否正确;(4)法院查明案件事实部分是否完整;(5)控辩双方意见是否罗列完整;(6)判决中说理部分对辩方意见是否充分回应;(7)判决引用法律条文是否准确、无遗漏;(8)判项是否遗漏,如对涉案财物是否处理;(9)羁押

日期折抵是否正确;(10)刑期起止时间是否准确。

在判决书的校对过程中,对存在错误的地方要标注出来。对自己有疑问的地方也应标注出来,并征求承办法官的意见,根据承办法官的意见进行修改。对一些案情复杂、篇幅较大、社会影响大等案件,裁判文书的校对可以采取多名书记员校对的方式,避免出现问题。对校对完的裁判文书要及时反馈给承办法官,由承办法官予以修改并最终确定裁判文书定稿。

【诉讼文书】

北京市××区人民法院[1]
刑事判决书

（2019）京××刑初×××号

公诉机关北京市××区人民检察院。

被告人唐××,男,汉族,19××年×月×日出生于北京市,公民身份号码:×××,小学文化,户籍地为北京市。因涉嫌犯盗窃罪于2018年8月31日被羁押,次日被刑事拘留,同年9月29日被逮捕。现羁押在××区看守所。

公诉机关以京×检公诉刑诉[2019]×××号起诉书指控被告人唐××犯盗窃罪。本院适用刑事案件速裁程序,实行独任审判,公开开庭审理了本案。

公诉机关指控并经本院审理查明,被告人唐××于2018年8月31日19时许,在418路公交车行驶至北京市××区某公交站附近时,在车上扒窃被害人贾××（女,25岁,××省人）三星牌手机1部（经鉴定,价值人民币1400元）。被告人唐××于当日被公安机关抓获,赃物已起获并发还被害人。现已签署《认罪认罚具结书》。公诉机关建议判处被告人唐庆勇有期徒刑六个月至一年,并处罚金。

被告人唐××对指控事实、罪名及量刑建议没有异议且签字具结,在开庭审理过程中亦无异议。

本院认为,公诉机关指控被告人唐××犯盗窃罪的事实清楚,证据确实、充分,指控的罪名成立,量刑建议适当,应予采纳。鉴于唐××到案后如实供述所犯罪行,自愿认罪认罚,所窃赃物已起获并发还,故本院依法对其所犯罪行予以从轻处罚。综上,本院依照《中华人民共和国刑法》第二百六十四条、第六十七条第三款、第六十一条、第四十五条、第四十七条、第五十二条及第五十三条之规定,判决如下:

---

[1] 来源于中国裁判文书公开网。

被告人唐××犯盗窃罪，判处有期徒刑六个月，罚金人民币一千元（刑期从判决执行之日起计算。判决执行以前先行羁押的，羁押一日折抵刑期一日。即自2018年8月31日起至2019年2月27日止。罚金于本判决生效后3个月以内缴纳）。

如不服本判决，可在接到判决书的第二日起十日内，通过本院或者直接向北京市第三中级人民法院提出上诉。书面上诉的，应当提交上诉状正本一份，副本二份。

审判员 ×××

二〇一九年一月十二日

（院印）

书记员 ×××

北京市 ×× 区人民法院
刑事判决书

（2017）京 ×× 刑初 ××× 号

公诉机关北京市 ×× 区人民检察院。

被告人刘××，男，×× 年 × 月 × 日出生于北京市，公民身份号码为×××，汉族，高中文化，户籍地为×××；因涉嫌犯非法吸收公众存款罪于2019年 × 月 × 日被刑事拘留，同年 × 月 × 日被逮捕。现羁押在北京市 ×× 区看守所。

辩护人××，北京 ×× 律师事务所律师。

北京市 ×× 区人民检察院以京朝检公诉刑诉[2017]2731号起诉书指控被告人刘 ×× 犯非法吸收公众存款罪，于2017年11月29日向本院提起公诉。本院依法组成合议庭，公开开庭审理了本案。北京市 ×× 区人民检察院指派检察员刘某出庭支持公诉，被告人刘 ×× 及其辩护人李某到庭参加诉讼。现已审理终结。

北京市 ×× 区人民检察院指控，被告人刘 ×× 伙同王××（均已起诉）等人，于2013年至2015年，……被告人刘 ×× 参与非法吸收投资人资金共计人民币2000余万元。被告人刘 ×× 于2017年7月17日被查获归案。

公诉机关就上述指控向本院移送了证人证言、协议书、书证以及被告人刘 ×× 的供述等证据材料，指控被告人刘 ×× 的行为构成非法吸收公众存款罪，且属数额巨大，提请本院依照《中华人民共和国刑法》第一百七十六条之规定予以惩处。

被告人刘 ×× 当庭对公诉机关指控的事实无异议，自愿认罪；刘 ×× 之辩护人当庭对公诉机关指控的事实与罪名未提异议，认为：与刘 ×× 为朋友关系的投资人投资金额不应计算在刘××参与的范围内，刘××在共同犯罪中系从犯，能如实供述，自愿认罪，取得部分投资人的谅解，建议法庭对其减轻处罚。

经本院审理查明：……

被告人刘××于2017年7月17日被查获归案。另，在本院审理期间，被告人刘××家属帮助退赔人民币3万元，现在案。

上述事实，有下列证据证实：

1. ……
2. ……
3. ……
……

上述证据，经当庭举证、质证，能够互相印证一致，本院均予以确认。

本院认为，被告人刘××伙同他人违反金融管理法规，非法吸收公众资金，数额巨大，扰乱金融市场秩序，其行为已构成非法吸收公众存款罪，依法应予惩处。北京市××区人民检察院指控被告人刘××犯非法吸收公众存款罪的事实清楚，证据确实、充分，罪名成立。关于刘××之辩护人所提的"与刘××为朋友关系的投资人投资金额不应计算在刘××参与范围内"的辩护意见，经查，部分刘××介绍的投资人报案时表示与刘××系朋友关系，该部分投资人属于刘××面向社会不特定人员宣传理财产品而产生的投资人，该部分介绍行为属于刘××非法吸收公众存款事实的一部分，应当认定在犯罪金额内，故本院对辩护人的该项辩护意见不予采纳。

鉴于被告人刘××当庭能如实供述部分罪行，自愿认罪；在共同犯罪中仅起其次要、辅助作用，系从犯，退赔损失人民币3万元，获得部分投资人谅解，综上，本院依法对被告人刘××所犯罪行予以从轻处罚。刘××之辩护人所提的相关辩护意见，本院酌予采纳；经查，刘××参与非法吸收公众存款金额2000余万元，数额巨大，且案件造成社会矛盾尚未化解，不能对其减轻处罚，因此，本院对建议法庭对刘××减轻处罚的辩护意见，不予采纳。依法责令被告人刘××在参与范围内连带退赔各投资人的经济损失。在案之款一并处置。综上，根据被告人刘××犯罪的事实、犯罪的性质、情节以及对于社会的危害程度，本院依照《中华人民共和国刑法》第一百七十六条第一款、第二十五条第一款、第二十七条、第六十七条第三款、第六十一条、第四十五条、第四十七条、第五十二条、第五十三条及第六十四条之规定，判决如下：

一、被告人刘××犯非法吸收公众存款罪，判处有期徒刑三年，罚金人民币十万元（刑期从判决执行之日起计算。判决执行以前先行羁押的，羁押一日折抵刑期一日，即自2017年7月17日起至2020年7月16日止。罚金于本判决发生法律效力后三个月内缴纳）。

二、责令被告人刘××在参与范围内连带退赔各投资人的经济损失。

三、在案之人民币三万元用于执行本判决第二项内容。

如不服本判决，可在接到判决书的第二日起十日内，通过本院或者直接向北京市第三中级人民法院提出上诉。书面上诉的，应当提交上诉状正本一份，副本二份。

审　判　长　×××
人民陪审员　×××
人民陪审员　×××
二〇一八年三月五日
（院印）
书　记　员　×××

北京市高级人民法院
刑事裁定书

（201×）高刑终字第×号

原公诉机关北京市人民检察院第一分院。

上诉人（原审被告人）仲×，女，33岁（1981年9月21日出生）；因涉嫌犯诈骗罪于201×年××月××日被羁押，同年××月××日被逮捕；现羁押在北京市第一看守所。

辩护人于×，北京市××律师事务所律师。

北京市第一中级人民法院审理北京市人民检察院第一分院指控原审被告人仲涛犯诈骗罪一案，于二〇一五年一月二十日作出（201×）一中刑初字第××号刑事判决：一、被告人仲×犯诈骗罪，判处无期徒刑，剥夺政治权利终身，并处没收个人全部财产。二、责令被告人仲×退赔犯罪所得人民币六百四十二万三千九百元，发还各被害人（附清单）。宣判后，原审被告人仲×不服一审判决，向本院提出上诉。本院依法组成合议庭，经过阅卷，讯问上诉人仲×，审阅了上诉人仲×的辩护人提交的书面辩护意见，认为本案事实清楚，依法决定不开庭审理本案。本案现已审理终结。

北京市第一中级人民法院刑事判决认定：

被告人仲×于2011年至2012年，虚构能够低价购进烟草并转售获利，以及承揽中国移动网络基站建设等工程需要资金的事实，并许以高额回报，通过借款等形式骗取被害人张×等11人共计人民币640余万元，用于归还债务及生活消费等。

公安机关于2014年1月11日将被告人仲×抓获归案。

一审法院在判决书中所列证明上述事实的证据已经该院庭审质证查实后予以确认。在本院审理期间，上诉人仲×及其辩护人均未提交新的证据。本院对一审法院判决书所列证据依法亦予以确认。本院认为，一审法院判决认定仲×犯诈骗罪的事实清楚，证据确实、充分。

仲×的上诉理由为：其没有收过被害人给的现金，故现金部分应从其诈骗数额中扣除；李××被骗数额中包含了其他被害人的被骗数额，一审判决属于重复计算，认定事实不清，证据不足，量刑过重。仲×的辩护人的辩护意见为：没有任何证据直接证明仲×以虚构事实、隐瞒真相的方式进行诈骗，仲×从各债权人处所借款项，均偿还了之前发生的高利贷或者偿还其他账，其不存在非法占有的故意。一审判决对案件事实认定不清，认定仲×对受害人虚构事实的证据亦不充分，请求二审法院将本案发回重审或者在查清事实后进行判决。

对于上诉人仲×及其辩护人分别所提"其没有收过被害人给的现金，故现金部分应从其诈骗数额中扣除；李××被骗数额中包含了其他被害人的被骗数额，一审判决属于重复计算，认定事实不清，证据不足，量刑过重"。"没有任何证据直接证明仲×以虚构事实、隐瞒真相的方式进行诈骗，仲×从各债权人处所借款项，均偿还了之前发生的高利贷或者偿还其他账，其不存在非法占有的故意。一审判决对案件事实认定不清，认定仲×对受害人虚构事实的证据亦不充分，请求二审法院将本案发回重审或者在查清事实后进行判决"的上诉理由及辩护意见，经查，在案证据证实，上诉人仲×以非法占有为目的，明知其不具有履行承诺的能力，仍采取虚构能够通过其亲属低价购买烟草并转售获利以及承揽中国移动网络基站建设工程项目需要资金等事实的手段，向被害人许以高额利息，以借款为名，骗取11名被害人巨额钱款；被害人将现金交付给仲×的事实，有被害人的陈述、相关证人的证言及存折复印件、银行卡交易明细、网上银行电子回单、账户交易明细、手机短信、借款合同、借条、还款协议、法院调解书、判决书等大量证据证实，足以认定；此外，被害人李××的陈述及银行账户交易明细等证据证明，李××被骗数额中不包含其他被害人被骗的款额，且已扣除仲×及其父仲××在案发前向李××还款的数额。上诉人仲×将所骗巨额赃款并未用于其承诺的事项，而是用于其个人消费或偿还债务，至案发拒不归还。以上事实足以证明仲涛主观上具有非法占有的故意，客观上实施了虚构事实，隐瞒真相，骗取被害人巨额钱款的行为，其行为依法构成诈骗罪。仲×诈骗数额特别巨大，并已给被害人造成重大经济损失，且其不具有法定或酌定从轻处罚的情节。一审法院根据其犯罪的事实、性质、情节及对于社会的危害程度对其所处刑罚，罚当其罪，并无不当。仲×及其辩护人分别所提上诉理由及辩护意见，均无新的事实及法律依据，不能成立，本院不予采纳。

本院认为，上诉人仲×以非法占有为目的，虚构事实、隐瞒真相，骗取他人钱款，其行为已构成诈骗罪，且犯罪数额特别巨大，犯罪情节特别严重，依法应予惩处。一审法院根据仲×犯罪的事实、性质、情节及对于社会的危害程度依法所作判决，事实清楚，证据确实、充分，定罪及适用法律正确，量刑适当，审判程序合法，应予维持。据此，本院依照《中华人民共和国刑事诉讼法》第二百二十五条第一款第（一）项之规定，裁定如下：

驳回仲×的上诉，维持原判。

本裁定为终审裁定。

审　判　长　　王××
审　判　员　　罗××
代理审判员　　史××
二〇一×年×月×日
（院印）
书　记　员　　×××

北京市高级人民法院
刑事裁定书

（201×）高刑执字第××号

罪犯段××，男，19××年×月×日出生，汉族，出生地北京市，高中文化，现在北京市监狱管理局清河分局潮白监狱服刑。

北京市第一中级人民法院于200×年×月×日作出（2009）一中刑初字第××号刑事判决，以被告人段××犯故意杀人罪，判处死刑，缓期二年执行，剥夺政治权利终身；犯盗窃罪，判处有期徒刑二年，并处罚金人民币二千元；决定执行死刑，缓期二年执行，剥夺政治权利终身，并处罚金人民币二千元。本院经复核，于201×年×月×日以（201×）高刑复字第×号刑事裁定予以核准。送达后即交付执行。201×年×月20日，本院以（2012）高刑执字第×号刑事裁定将罪犯段××死刑缓期二年执行的刑罚减为无期徒刑，原判附加刑剥夺政治权利终身，罚金人民币二千元不变。北京市监狱管理局清河分局于201×年×月×日提出减刑建议书，同年×月×日经北京市监狱管理局审核，报送本院审理。本院于201×年×月×日立案，×月×日至×月×日予以公示，并依法组成合议庭进行了审理。现已审理终结。

北京市监狱管理局以罪犯段××在服刑改造期间能够认罪悔罪，遵守监规纪律，积极参加监狱组织的各项学习和生产劳动，曾受监狱奖励为由，建议对罪犯段××减刑。

经审理查明，罪犯段××在刑罚执行期间能够认罪悔罪，遵守监规纪律，积极参加学习，完成劳动任务。201×年×月和201×年×月两次获监狱改造积极分子奖励。

以上事实，有下列证据证明：（1）北京市监狱管理局清河分局潮白监狱出具的罪犯段××的综合材料。（2）罪犯段××所写的改造总结。（3）北京市监狱管理局清河分局潮白监狱对罪犯段××的评审鉴定表和计分考核明细表。（4）北京市监狱管理局清河分局潮白监狱给罪犯段××的奖励通知书。（5）北京市监狱管理局清河分局潮白监狱罪犯减刑审核表及北京市监狱管理局提请减刑建议书。

本院认为，罪犯段××在刑罚执行期间认真遵守监规，接受教育改造，确有悔改表现，符合法定减刑条件，可予减刑，依照《中华人民共和国刑事诉讼法》第二百六十二条第二款及《中华人民共和国刑法》第七十八条、第七十九条、第八十条、第五十七条第二款、第五十八条第一款的规定，裁定如下：

将罪犯段××无期徒刑的刑罚，减为有期徒刑十八年（刑期自本裁定减刑之日起计算，即自二〇一×年×月×日起至二〇××年×月×日止），剥夺政治权利减为五年，原判附加刑罚金人民币二千元不变。

本裁定送达后即发生法律效力。

审判长　王××
审判员　赵××
审判员　张××

二〇一×年×月×日
（院印）
书记员 刘××

任务二 刑事案件裁判文书的打印

在确认裁判文书最终定稿之后，书记员便可将裁判文书交付打印了。打印份数以实际需求为参考，但应注意区分裁判文书正本和副本。裁判文书正本只需打印一份，归档时入诉讼副卷。裁判文书副本以实际需要为参考，一般在20份左右。打印完成之后需要盖章，实际中存在电子签章的做法，签章跟文书一起打印完成。

任务三 刑事案件裁判文书的送达

案件判决结果宣布以后，需要在法定期间内送达裁判文书。根据《刑事诉讼法》第二百零二条规定：当庭宣告判决的，应当在五日以内将判决书送达当事人和提起公诉的人民检察院；定期宣告判决的，应当在宣告后立即将判决书送达当事人和提起公诉的人民检察院。判决书应当同时送达辩护人、诉讼代理人。根据《最高人民法院关于适用〈中华人民共和国刑事诉讼法〉的解释》第二百四十七条规定：当庭宣告判决的，应当在五日内送达判决书。定期宣告判决的，应当在宣判前，先期公告宣判的时间和地点，传唤当事人并通知公诉人、法定代理人、辩护人和诉讼代理人；判决宣告后，应当立即送达判决书。判决书应当送达人民检察院、当事人、法定代理人、辩护人、诉讼代理人，并可以送达被告人的近亲属。判决生效后，还应当送达被告人的所在单位或者原户籍地的公安派出所，或者被告单位的注册登记机关。所以，裁判文书需要送达的个人和单位包括：被告人、公诉机关、被害人、刑事附带民事诉讼原告人、法定代理人、辩护人、诉讼代理人、被告人近亲属。生效后送达被告人的所在单位或者原户籍地的公安派出所，或者被告单位的注册登记机关。在实践中为了执行对被羁押被告人的强制措施，判决确定之后需要及时送达看守所。

【诉讼文书】

北京市高级人民法院关于制作裁判文书有关技术要求的规定

为进一步规范全市法院裁判文书的数字、计量单位、标点符号用法和印制标准，根据《中华人民共和国国家标准〈出版物上数字用法的规定〉和〈标点符号用法〉》及《中华人民共和国法定计量单位》的规定，按照最高人民法院的有关要求，结合本市法院实际，制定本规定。

一、数字的用法

1. 裁判文书中表述数字，视不同情况可分别使用阿拉伯数字或汉字数字小写（下简称汉字数字），但应保持相对统一。

裁判文书中表述数字，可以使用阿拉伯数字而且很得体的地方，均应使用阿拉伯数字，但另有规定的除外。

2. 下列情况，应使用汉字数字：

（1）裁判文书的裁判主文需要列条的序号；

（2）裁判文书的裁判主文涉及的数字；

（3）裁判文书尾部的年、月、日；

（4）定型的词、词组、成语、惯用语、缩略语或具有修辞色彩的词语中作为词素的数字，如：一律、星期六、三棱刮刀、七上八下、不管三七二十一、第三季度；

（5）相邻的两个数字并列连用表示的概数，如：二三米、三五天、十七八岁、七八十种，但在连用的两个数字之间不得用顿号隔开；

（6）带有"几"字的数字表示的约数，如：几十年、三十几天、几万分之一。

3. 下列情况，应使用阿拉伯数字：

（1）除本规定第2条列举的情况之外的公历世纪、年代、年、月、日及时、分、秒；

（2）物理量的量值，即表示长度、质量、电流、热力学温度、物质的量和发光强度量等的量值，如：856.80千米、500克、12.5平方米；

（3）非物理量（日常生活中使用的量）的数量，如：48.60元、27亿美元、18岁、10个月；

（4）案号、部队番号、证件号码、地址门牌号码；

（5）为保持裁判文书体例一致，凡用"多"、"余"、"左右"、"上下"、"约"

等表示的约数,如:80 余次、约 80 次、800 多吨。

4. 引用法律、法规及司法解释条文时,原条文用阿拉伯数字的,应用阿拉伯数字;原条文用汉字数字的,应用汉字数字。

5. 使用阿拉伯数字应注意下列问题:

(1) 4 位以内的数字不需用分节法,如:8715;

(2) 4 位以上的数字采用三位分节法,即从小数点往前每三位数字为一节,节与节之间采用空格的方法断开,空格位置不需使用千分撇(","),如:2 748 456;

(3) 5 位以上的数字,尾数零多的,可以"万"、"亿"为单位,如:345 000,可以写成 34500 万或 3.45 亿,但不能写作 3 亿 4 千 5 百万;

(4) 每两个阿拉伯数字占一个汉字的位置;

(5) 一个用阿拉伯数字书写的多位数不能断开移行,如:100 000,不能在一行末写 100,又在下一行开头写 000;

(6) 年份不能简写,如:"1999 年"不得写为"99 年"。

6. 除上述规定外,其他数字的使用问题,依照《中华人民共和国国家标准〈出版物上数字用法的规定〉》的要求执行。

二、计量单位的用法

7. 长度法定计量单位采用米制,单位名称用"米"、"海里"、"千米(公里)";不得使用"公分"、"尺"、"寸"、"分"及"时(英寸)"。

8. 质量计量单位名称使用"千克"、"克"、"吨";不得使用"斤"、"两"。

9. 时间计量单位名称使用"秒"、"分"、"时"、"日"、"周"、"月"、"年";不得使用"点"、"刻"。

10. 体(容)积计量单位名称使用"升";不得使用"公升"。

11. 其他计量单位的使用问题依照《中华人民共和国法定计量单位》的规定执行。

三、标点符号的用法

12. 诉讼参与人自然情况的表述,同一层意思中各项之间的停顿应使用逗号,数层意思之间的停顿应使用分号。

13. "判决如下"、"裁定如下"等词语之后应使用冒号。

14. "原告诉称"、"被告辩称"、"起诉书指控"、"自诉人控告"、"经审理查明"、"本院认为"等词语之后,凡所提示的下文只有一层意思的用逗号;有数层意思的用冒号,数层意思之间用分号。

15. 除上述规定外,其他标点符号的使用问题依照《中华人民共和国国家标准〈标点符号用法〉》的规定执行。

四、印制的标准

16. 字体:法院名称应用2号标宋体字,裁判文书名称应用1号标宋体字,案号和正文应用3号仿宋体字。

17. 印刷:一律应用国际标准A4型(297mm×210mm)70克纸。

18. 版式:每页25-26行字,每行25—27个字;天头大于地脚,左空(装订线一侧)大于右空。

19. 装订:印页在两页以上的应采用粘贴方法,不得使用订书机装订;一律不盖骑缝章。

五、本规定的适用

20. 本规定适用于判决书、裁定书、调解书、决定书和支付令的主体部分。

21. 本规定由市高级人民法院研究室负责解释,自印发之日起施行。

北京市高级人民法院关于规范判决书援引法律有关问题的指导意见

为进一步落实司法为民的要求,增强审判工作透明度,规范各类案件判决书的法律援引,提高判决书的质量,根据我国有关法律的规定和最高人民法院印发的《法院诉讼文书样式(试行)》、《法院刑事诉讼文书样式》、《民事简易程序诉讼文书样式(试行)》和《一串行政判决书样式(试行)》的要求,针对本市法院在判决书法律援引等方面存在的突出问题,特制定本指导意见。

1. 判决书中引用的法律等的条款应当全面、规范、准确、具体,但不得引用与判决无关的法律等的条款。

引用法律等的条款应当写明条、款、项、目。

2. 判决书中,可以根据论述问题的需要,引用法律等的相关条款,并应当在全部判决理由的最后统一引用法律等的相关条款。

3. 判决书中可以直接引用法律、法律解释、行政法规、地方性法规、自治条例和单行条例以及司法解释等的相关条款。

4. 基本法与单行法均可以作为判决依据的，应当仅引用单行法的相关条款，但单行法的相关条款作为判决依据不充分的，应当一并引用基本法的相关条款；以法律和司法解释一并作为判决依据的，应当先引用法律的相关条款，后引用司法解释的相关条款；仅以司法解释作为判决依据的，应当单独引用司法解释的相关条款。

5. 以全国人民代表大会及其常委会关于修改法律的决定作为判决依据的，有关法律已经按照该决定修改并重新公布的，应当引用重新公布后该法律的相关条款，有关法律尚未按照该决定修改并重新公布的，应当引用该决定的相关条款；以法律修正案作为判决依据的，应当引用该修正案的相关条款；以法律和法律解释一并作为判决依据的，应当先引用法律的相关条款，后引用法律解释的相关条款。

6. 在全部判决理由的最后统一引用法律等的条款时，实体法与程序法一并作为判决依据的，应当先引用实体法的相关条款，后引用程序法的相关条款。最高人民法院有关诉讼文书样式有特殊规定的，适用该特殊规定。

二审、再审判决书在援引法律时，应当先引用程序法的相关条款，后引用实体法的相关条款。

7. 在民事、行政判决书中，实体法的两个以上法律条款作为判决依据的，应当先引用有关案件定性、举证责任分配的条款，后引用有关当事人责任等的条款。

行政判决系参照国务院各部、委以及省、自治区、直辖市人民政府和较大的市人民政府制定的规章作出的，则应当写明"根据《中华人民共和国行政诉讼法》第五十三条，参照该规章（应写明条、款、项）的规定"。

8. 在刑事判决书中，实体法的两个以上法律等的相关条款作为判决依据的，应当按照如下原则表述：

先引用有关定罪和量刑的条款，后引用有关从轻、减轻、免除处罚或者从重处罚的条款；先引用有关适用主刑的条款，后引用有关运用附加刑和其他刑事处罚条款的顺序排列。

一人犯数罪的，应当逐罪引用法律等的相关条款；共同犯罪的，既可以集中引用法律等的相关条款，也可以逐人逐罪引用法律等的相关条款。

9. 刑事附带民事诉讼和行政附带民事诉讼的判决书中，应当先引用刑事法律等的相关条款或行政法律等的相关条款，后引用民事法律的相关条款。

10. 判决书中一般不得直接引用宪法，行政规章，最高人民法院的内部文件，会议纪要和各审判业务庭的答复意见，北京市高级人民法院业务指导性文件和北京市高级人民法院与有关部门联合下发的文件等的相关条款；判决书中不得引用最高人民法院公布的案例和北京市高级人民法院发布的《北京法院指导案例》以及其他案例。

11. 本指导意见由北京市高级人民法院研究室负责解释，自印发之日起试行；本指导意见发布之前北京市高级人民法院的有关规定或意见与本指导意见不一致的，按本指导意见执行。

12. 本指导意见如与今后发布的法律等有关规定相抵触的，抵触内容自动废止。

【任务训练】

请对下列判决书进行校核并改正。

北京市朝阳区人民法院
刑事判决书

（2019）京 0105 刑初 ××××号

公诉机关北京市朝阳区人民检察院。

被告人陈小明，男，汉族，1990 年 1 月 1 日出生于北京市，公民身份号码：300105199010112，大专文化，户籍地为北京市朝阳区。因涉嫌犯危险驾驶罪，于 2019 年 4 月 2 日被刑事拘留。现羁押在朝阳区看守所。

北京市朝阳区人民检察院以京朝检公诉刑诉[2019]××××号起诉书指控被告人陈小明犯危险驾驶罪，于 2019 年 4 月 18 日向本院提起公诉。本院依法适用速裁程序，实行独任审判，公开开庭审理了本案。

公诉机关指控并经本院审理查明，

被告人陈小明于 2019 年 4 月 1 日 1 时 40 分许，在北京市朝阳区，酒后驾驶机动车与并线的被害人驾驶的机动车发生碰撞。经交通事故责任认定，被告人陈小明负事故同等责任；经北京市公安交通司法鉴定中心认定，其血液中酒精含量为 152.7mg/100ml。后陈小明明知他人报警在现场等候被抓获归案。陈小明积极预付赔偿款，并取得被害人谅解，已签署《认罪认罚具结书》。公诉机关认为陈小明的行为构成危险驾驶罪，建议判处其拘役一个月至四个月，并处罚金。

被告人陈小明对指控事实、罪名及量刑建议没有异议且签字具结，在开庭审理过程中亦无异议。

本院认为，公诉机关指控被告人陈小明犯危险驾驶罪的事实清楚，证据确实、充分，指控的罪名成立，量刑建议适当，应予采纳。鉴于陈小明明知他人报警而在现场等待，归案后能如实供述所犯罪行，有自首情节，自愿认罪认罚，积极预付赔偿款并获得被害人谅解，本院依法对其所犯罪行予以从轻处罚。综上，本院依照《中华人民共和国刑法》第一百二十条、第六十七条第三款、第六十一条、第四十二条、第四十四条、第五十二条，《中华人民共和国刑事诉讼法》第十五条、《最高人民法院关于处理自首和立功具体应用法律若干问题的解释》第一条及第三条之规定，判决如下：

被告人陈小明犯尾纤驾驶罪，判处拘役三个月，罚金人民币三千元（刑期从判决执行之日起计算。判决执行以前先行羁押的，羁押一日折抵刑期一日。即自2019年4月3日起至2019年5月31日止。罚金于本判决生效后1个月以内缴纳）。

如不服本判决，可在接到判决书的第二日起十日内，通过本院或者直接向北京市第三中级人民法院提出上诉。书面上诉的，应当提交上诉状正本一份，副本二份。

审判员　李××
二〇一九年四月二十一日
书记员　张××

北京市朝阳区人民法院
刑事判决书

（2019）京 0105 刑初××××号

公诉机关北京市朝阳区人民检察院。

被告人陈小明，男，汉族，1990年1月1日出生于北京市，公民身份号码：1101051990101112，（身份证号不对）大专文化，户籍地为北京市朝阳区。因涉嫌犯危险驾驶罪，于2019年4月2日被刑事拘留。现羁押在朝阳区看守所。

北京市朝阳区人民检察院以京朝检公诉刑诉[2019]××××号起诉书指控被告人陈小明犯危险（错别字）驾驶罪，于2019年4月18日向本院提起公诉。本院依法适用速裁程序，实行独任审判，公开开庭审理了本案。

公诉机关指控并经本院审理查明，被（格式错误）告人陈小明于2019年4月1日1时40分许，在北京市朝阳区，酒后驾驶机动车与并线的被害人驾驶的机动车发生碰撞。经交通事故责任认定，被告人陈小明负事故同等责任；经北京市公安交通司法鉴定中心认定，其血液中酒精含量为152.7mg/100ml。后陈小明明知他人报警在现场等候被抓获归案。陈小明积极预付赔偿款，并取得被害人谅解，已签署《认罪认罚具结书》。公诉机关认为陈小明的行为构成危险驾驶罪，建议判处其拘役一个月至四个月，并处罚金。

被告人陈小明对指控事实、罪名及量刑建议没有异议且签字具结，在开庭审理过程中亦无异议。

本院认为，公诉机关指控被告人陈小明犯危险驾驶罪的事实清楚，证据确实、充分，指控的罪名成立，量刑建议适当，应予采纳。鉴于陈小明明知他人报警而在现场等待，归案后能如实供述所犯罪行，有自首情节，自愿认罪认罚，积极预付赔偿款并获得被害人谅解，本院依法对其所犯罪行予以从轻处罚。综上，本院依照《中华人民共和国刑法》第一百三十三条（法条错误）、第六十七条第三款、第六十一条、第四十二条、第四十四条、第五十二条、第五十三条、（法条遗漏）《中华人民共和国刑事诉讼法》第十五条，《最高人民法院关于处理自首和立功具体应用法律若干问题的解释》第一条及第三条之规定，判决如下：

被告人陈小明犯危险（错别字）驾驶罪，判处拘役三个月，罚金人民币三千元（刑期从判决执行之日起计算。判决执行以前先行羁押的，羁押一日折抵刑期一日。即自2019年4月2日（刑期计算起始时间错误）起至2019年7月1日止（刑期截止日期错误）。罚金于本判决生效后1个月以内缴纳）。

如不服本判决，可在接到判决书的第二日起十日内，通过本院或者直接向北京市第三中级人民法院提出上诉。书面上诉的，应当提交上诉状正本一份，副本二份。

审判员　李××

二〇一九年四月二十一日

书记员　张××

工作情境二　民事案件裁判文书的校对、打印、送达

【情境描述】

原告李双喜诉被告北京市红太阳酒业有限公司保证合同纠纷一案，法官周旭东撰写了民事判决书稿并完成签发后对书记员李霞说："辛苦你把这个案件的判决书校对一下。"李霞说"好的"，可是看着满满十页的判决书稿，李霞该从哪里着手呢？

【情境分析】

判决书的校对是一项非常重要及严肃的工作，是打印、送达判决书前最重要的环节，直接关乎判决书的质量甚至是司法公信力问题。本案中，李霞应当明确校对内容，严格依照程序及规范对判决书的内容进行校对，不放过任何一个错误，以保

证判决书的质量。

【工作任务】

任务一　民事案件裁判文书的校对

裁判文书的审批工作完成后，书记员应当协助承办法官对裁判文书进行校对。校对时可参照最高人民法院发布的《人民法院民事裁判文书制作规范》及《民事诉讼文书样式》的规定进行。书记员校对民事裁判文书的范围限于其形式外观，一般不包括裁判实体内容。除核对有无错别字、有无语句不通顺之处外，具体来说主要包括以下内容：

一、校对的范围

（一）标题

标题由法院名称、文书名称和案号构成，例如："××××人民法院民事判决书（民事调解书、民事裁定书）+案号"。

法院名称一般应与院印的文字一致。基层人民法院、中级人民法院名称前应冠以省、自治区、直辖市的名称，但军事法院、海事法院、铁路运输法院、知识产权法院等专门人民法院除外。涉外裁判文书，法院名称前一般应冠以"中华人民共和国"国名；案件当事人中如果没有外国人、无国籍人、外国企业或组织的，地方人民法院、专门人民法院制作的裁判文书标题中的法院名称无需冠以"中华人民共和国"。

案号由收案年度、法院代字、类型代字、案件编号组成。例如，（2019）京02民初120号，收案年度为2019年，法院代字京02代表北京市第二中级人民法院，民初代表民事一审案件，120号代表收案顺序号，该案件为北京市第二中级人民法院2019年所立的第120个民事一审案件。每一个案件拥有一个唯一的案号，裁判文书中的案号一定要与立案审批表中的案号一致。

（二）正文

1. 当事人的基本情况

（1）当事人的基本情况包括：诉讼地位和基本信息。

（2）当事人是自然人的，应当写明其姓名、性别、出生年月日、民族、职业或者工作单位和职务、住所。姓名、性别等身份事项以居民身份证、户籍证明为准。当事人职业或者工作单位和职务不明确的，可以不表述。当事人住所以其户籍所在地为准；离开户籍所在地有经常居住地的，经常居住地为住所。连续两个当事人的住所相同的，应当分别表述，不用"住所同上"的表述。有法定代理人或指定代理人的，应当在当事人之后另起一行写明其姓名、性别、职业或工作单位和职务、住所，并在姓名后用括号注明其与当事人的关系。代理人为单位的，写明其名称及其参加诉讼人员的基本信息。

（3）当事人是法人的，写明名称和住所，并另起一行写明法定代表人的姓名和职务。当事人是其他组织的，写明名称和住所，并另起一行写明负责人的姓名和职务。当事人是个体工商户的，写明经营者的姓名、性别、出生年月日、民族、住所；起有字号的，以营业执照上登记的字号为当事人，并写明该字号经营者的基本信息。当事人是起字号的个人合伙的，在其姓名之后用括号注明"系……（写明字号）合伙人"。法人、其他组织、个体工商户、个人合伙的名称应写全称，以其注册登记文件记载的内容为准。法人或者其他组织的住所是指法人或者其他组织的主要办事机构所在地；主要办事机构所在地不明确的，法人或者其他组织的注册地或者登记地为住所。

（4）当事人为外国人的，应当写明其经过翻译的中文姓名或者名称和住所，并用括号注明其外文姓名或者名称和住所。外国自然人应当注明其国籍。国籍应当用全称。无国籍人，应当注明无国籍。港澳台地区的居民在姓名后写明"香港特别行政区居民"、"澳门特别行政区居民"或"台湾地区居民"。外国自然人的姓名、性别等基本信息以其护照等身份证明文件记载的内容为准；外国法人或者其他组织的名称、住所等基本信息以其注册登记文件记载的内容为准。港澳地区当事人的住所，应当冠以"香港特别行政区"、"澳门特别行政区"。台湾地区当事人的住所，应当冠以"台湾地区"。

（5）当事人有曾用名，且该曾用名与本案有关联的，裁判文书在当事人现用名之后用括号注明曾用名。诉讼过程中当事人姓名或名称变更的，裁判文书应当列明变更后的姓名或名称，变更前姓名或名称无需在此处列明。对于姓名或者名称变更的事实，在查明事实部分写明。

（6）诉讼过程中，当事人权利义务继受人参加诉讼的，诉讼地位从其承继的诉讼地位。裁判文书中，继受人为当事人；被继受人在当事人部分不写，在案件由来中写明继受事实。在代表人诉讼中，被代表或者登记权利的当事人人数众多的，可以采取名单附后的方式表述，"原告×××等×人（名单附后）"。当事人自行参加诉讼的，要写明其诉讼地位及基本信息。当事人诉讼地位在前，其后写当事人姓名或者名称，两者之间用冒号。当事人姓名或者名称之后，用逗号。

2. 委托诉讼代理人的基本情况

（1）当事人有委托诉讼代理人的，应当在当事人之后另起一行写明为"委托诉讼代理人"，并写明委托诉讼代理人的姓名和其他基本情况。有两个委托诉讼代理人的，分行分别写明。

（2）当事人委托近亲属或者本单位工作人员担任委托诉讼代理人的，应当列在第一位，委托外单位的人员或者律师等担任委托诉讼代理人的列在第二位。

（3）当事人委托本单位人员作为委托诉讼代理人的，写明姓名、性别及其工作人员身份。其身份信息可表述为"该单位（如公司、机构、委员会、厂等）工作人员"。

（4）律师、基层法律服务工作者担任委托诉讼代理人的，写明律师、基层法院法律服务工作者的姓名，所在律师事务所的名称、法律服务所的名称及执业身份。其身份信息表述为"××律师事务所律师"、"××法律服务所法律工作者"。属于提供法律援助的，应当写明法律援助情况。

（5）委托诉讼代理人是当事人近亲属的，应当在姓名后用括号注明其与当事人的关系，写明住所。代理人是当事人所在社区、单位以及有关社会团体推荐的公民的，写明姓名、性别、住所，并在住所之后注明具体由何社区、单位、社会团体推荐。

（6）委托诉讼代理人变更的，裁判文书首部只列写变更后的委托诉讼代理人。对于变更的事实可根据需要写明。

（7）委托诉讼代理人后用冒号，再写委托诉讼代理人姓名。委托诉讼代理人姓名后用逗号。

3. 当事人的诉讼地位

（1）一审民事案件当事人的诉讼地位表述为"原告"、"被告"和"第三人"。先写原告，后写被告，再写第三人。有多个原告、被告、第三人的，按照起诉状列明的顺序写。起诉状中未列明的当事人，按照参加诉讼的时间顺序写。提出反诉的，需在本诉称谓后用括号注明反诉原告、反诉被告。反诉情况在案件由来和事实部分写明。

（2）二审民事案件当事人的诉讼地位表述为"上诉人"、"被上诉人"、"第三人"、"原审原告"、"原审被告"、"原审第三人"。先写上诉人，再写被上诉人，后写其他当事人。其他当事人按照原审诉讼地位和顺序写明。被上诉人也提出上诉的，列为"上诉人"。上诉人和被上诉人之后，用括号注明原审诉讼地位。

（3）再审民事案件当事人的诉讼地位表述为"再审申请人"、"被申请人"。其他当事人按照原审诉讼地位表述，例如，一审终审的，列为"原审原告"、"原审被告"、"原审第三人"；二审终审的，列为"二审上诉人"、"二审被上诉人"等。再审申请人、被申请人和其他当事人诉讼地位之后，用括号注明一审、二审诉讼地位。抗诉再审案件（再审检察建议案件），应当写明抗诉机关（再审检察建议机关）及申诉人与被申诉人的诉讼地位。案件由来部分写明检察机关出庭人员的基本情况。对于检察机关因国家利益、社会公共利益受损而依职权启动程序的案件，应列明当事人的原审诉讼地位。

（4）第三人撤销的诉讼案件，当事人的诉讼地位表述为"原告"、"被告"、"第三人"。"被告"之后用括号注明原审诉讼地位。执行异议之诉案件的当事人的诉讼地位表述为"原告"、"被告"、"第三人"，并用括号注明当事人在执行异议程序中的诉讼地位。特别程序案件的当事人的诉讼地位表述为"申请人"。有被申请人的，应当写明被申请人。选民资格案件，当事人的诉讼地位表述为"起诉人"。督促程序案件，当事人的诉讼地位表述为"申请人"、"被申请人"。公示催告程序案件，当事人的诉讼地位表述为"申请人"；有权利申报人的，表述为"申报人"。申请撤销除权判决的案件，当事人表述为"原告"、"被告"。保全案件，当事人的诉讼地位表述为"申请人"、"被申请人"。复议案件，当事人的诉讼地位表述为"复议申请人"、"被申请人"。

4. 案件由来和审理经过

（1）案件由来部分简要写明案件名称与来源。案件名称是当事人与案由的概括。民事一审案件名称表述为"原告×××与被告×××……（写明案由）一案"。诉讼参加人名称过长的，可以在案件由来部分第一次出现时用括号注明其简称，表述为"（以下简称×××）"。裁判文书中其他单位或组织名称过长的，也可在首次表述时用括号注明其简称。诉讼参加人的简称应当规范，能够准确反映其名称的特点。案由应当准确反映案件所涉及的民事法律关系的性质，符合最高人民法院有关民事案件案由的规定。经审理认为立案案由不当的，以经审理确定的案由为准，但应在本院认为部分予以说明。

（2）书写一审案件来源的总体要求：新收、重新起诉的，应当写明起诉人；上级法院指定管辖、本院提级管辖的，除应当写明起诉人外，还应写明报请上级人民法院指定管辖（报请移送上级人民法院）日期或者下级法院报请指定管辖（下级法院报请移送）日期，以及上级法院或者本院作出管辖裁定日期；上级法院发回重审、上级法院指令受理、上级法院指定审理、移送管辖的，应当写明原审法院作出裁判的案号及日期，上诉人，上级法院作出裁判的案号及日期、裁判结果，说明引起本案的起因。一审案件来源为上级人民法院发回重审的，发回重审的案件应当写明"原告×××与被告×××……（写明案由）一案，本院于××××年××月××日作出……（写明案号）民事判决。×××不服该判决，向××××法院提起上诉。××××法院于××××年××月××日作出……（写明案号）裁定，发回重审。本院依法另行组成合议庭……"

（3）审理经过部分应写明立案日期及庭审情况。立案日期表述为："本院于××××年××月××日立案后。"庭审情况包括适用程序、程序转换、审理方式、参加庭审人员等。适用程序包括普通程序、简易程序、小额诉讼程序和非讼程序。非讼程序包括特别程序、督促程序、公示催告程序等。民事一审案件由简易程序（小额诉讼程序）转为普通程序的，审理经过表述为："于××××年××月××日公开/因涉及……不公开（写明不公开开庭的理由）开庭审理了本案，经审理发现有不宜适用简易程序（小额诉讼程序）的情形，裁定转为普通程序，于××××年××月××日再次公开/不公开开庭审理了本案。"审理方式包括开庭审理和不开庭审理。开庭审理包括公开开庭和不公开开庭。开庭审理的应写明当事人出庭参加诉讼情况（包括未出庭或者中途退庭情况）；不开庭的，不写。不开庭审理的，应写明不开庭的原因。当事人未到庭应诉或者中途退庭的，写明经传票传唤，无正当理由拒不到庭或者未经法庭许可中途退庭的情况。一审庭审情况表述为："本院于××××年××月××日公开/因涉及……（写明不公开开庭的理由）不公开开庭审理了本案，原告×××及其诉讼代理人×××，被告×××及其诉讼代理人×××等到庭参加诉讼。"

（4）对于审理中其他程序性事项，如中止诉讼情况应当写明。对中止诉讼情形，表述为："因……（写明中止诉讼事由），于××××年××月××日裁定中止诉讼，××××年××月××日恢复诉讼。"

5. 事实

（1）裁判文书的事实主要包括：原告起诉的诉讼请求、事实和理由，被告答辩的事实和理由，法院认定的事实和据以定案的证据。

（2）事实首先写明当事人的诉辩意见。按照原告、被告、第三人的顺序依次表述当事人的起诉意见、答辩意见、陈述意见。诉辩意见应当先写明诉讼请求，再写事实和理由。二审案件先写明当事人的上诉请求等诉辩意见。然后再概述一审当事人的诉讼请求，人民法院认定的事实、裁判理由、裁判结果。再审案件应当先写明当事人的再审请求等诉辩意见，然后再简要写明原审基本情况。生效判决为一审判决的，原审基本情况应概述一审诉讼请求、法院认定的事实、裁判理由和裁判结果；生效判决为二审判决的，原审基本情况先概述一审诉讼请求、法院认定的事实和裁判结果，再写明二审上诉请求、认定的事实、裁判理由和裁判结果。

（3）当事人在法庭辩论终结前变更诉讼请求或者提出新的请求的，应当在诉称部分中写明。被告承认原告主张的全部事实的，写明"×××承认×××主张的事实"。被告承认原告主张的部分事实的，写明"×××承认×××主张的……事实"。被告承认全部诉讼请求的，写明："×××承认×××的全部诉讼请求。"被告承认部分诉讼请求的，写明被告承认原告的部分诉讼请求的具体内容。

（4）在诉辩意见之后，另起一段简要写明当事人举证、质证的一般情况，表述为："本案当事人围绕诉讼请求依法提交了证据，本院组织当事人进行了证据交换和质证。"当事人举证质证一般情况后直接写明人民法院对证据和事实的认定情况。对当事人所提交的证据原则上不一一列明，可以附录全案证据或者证据目录。对当事人无争议的证据，写明"对当事人无异议的证据，本院予以确认并在卷佐证"。对有争议的证据，应当写明争议的证据名称及人民法院对争议证据认定的意见和理由；对有争议的事实，应当写明事实认定意见和理由。对于人民法院调取的证据、鉴定意见，经庭审质证后，按照当事人是否有争议分别写明。对逾期提交的证据、非法证据等不予采纳的，应当说明理由。争议证据认定和事实认定，可以合并写，也可以分开写。分开写的，在证据的审查认定之后，另起一段概括写明法院认定的基本事实，表述为："根据当事人陈述和经审查确认的证据，本院认定事实如下：……"

（5）召开庭前会议时或者在庭审时归纳争议焦点的，应当写明争议焦点。争议焦点的摆放位置，可以根据争议的内容处理。争议焦点中有证据和事实内容的，可以在当事人诉辩意见之后在当事人争议的证据和事实中写明。争议焦点主要是法律适用问题的，可以在本院认为部分，先写明争议焦点。

（6）适用外国法的，应当叙述查明外国法的事实。

6. 理由

理由部分以"本院认为"作为开头，其后直接写明具体意见。理由部分需要援引法律、法规、司法解释时，应当准确、完整地写明规范性法律文件的名称、条款项序号和条文内容，不得只引用法律条款项序号，在裁判文书后附相关条文。引用法律条款中的项的，一律使用汉字不加括号，例如："第一项。"

7. 裁判依据

（1）引用多个法律文件的，顺序如下：法律及法律解释、行政法规、地方性法规、自治条例或者单行条例、司法解释；同时引用两部以上法律的，应当先引用基本法律，后引用其他法律；同时引用实体法和程序法的，先引用实体法，后引用程序法。

（2）引用最高人民法院的司法解释时，应当按照公告公布的格式书写。

（3）在援引法律时，要正确引用法律的条、款、项、目。法律是由法条组成的，而法条则由条款、条项、条目组成，其中法条的子项目是条款，条款的子项目是条项，条项的子项目是条目。引用法律、法令等的条文时，应按条、款、项、目顺序来写，即条下为款，款下为项，项下为目。

8. 裁判主文

裁判主文中当事人名称应当使用全称。多名当事人承担责任的，应当写明各当事人承担责任的形式、范围。有多项给付内容的，应当先写明各项目的名称、金额，再写明累计金额。如："交通费……元、误工费……元、……，合计……元。"当事人互负给付义务且内容相同的，应当另起一段写明抵付情况。对于金钱给付的利息，应当明确利息计算的起止点、计息本金及利率。

9. 尾部

（1）尾部应当写明诉讼费用的负担和告知事项。诉讼费用包括案件受理费和其他诉讼费用。收取诉讼费用的，写明诉讼费用的负担情况。如："案件受理费……元，由……负担；申请费……元，由……负担。"诉讼费用不属于诉讼争议的事项，不列入裁判主文，在判决主文后另起一段写明。

（2）一审判决中具有金钱给付义务的，应当在所有判项之后另起一行写明："如果未按本判决指定的期间履行给付金钱义务，应当依照《中华人民共和国民事诉讼法》第二百五十三条的规定，加倍支付迟延履行期间的债务利息。"二审判决具有金钱给付义务的，属于二审改判的，无论一审判决是否写入了上述告知内容，均应在所有判项之后另起一行写明上述告知内容。二审维持原判的判决，如果一审判决已经写明上述告知内容，可不再重复告知。

（3）对依法可以上诉的一审判决，在尾部表述为："如不服本判决，可以在判决书送达之日起十五日内，向本院递交上诉状，并按对方当事人的人数或者代表人的人数提出副本，上诉于××××人民法院。"

（4）对一审不予受理、驳回起诉、管辖权异议的裁定，尾部表述为："如不服本裁定，可以在裁定书送达之日起十日内，向本院递交上诉状，并按对方当事人的人数或者代表人的人数提出副本，上诉于××××人民法院。"

（三）落款

署名诉讼文书应当由参加审判案件的合议庭组成人员或者独任审判员署名。合议庭的审判长，不论审判职务，均署名为"审判长"；合议庭成员有审判员的，署名为"审判员"；有陪审员的，署名为"人民陪审员"。独任审理的，署名为"审判员"；法官助理署名为"法官助理"；书记员署名为"书记员"。裁判文书落款日期为作出裁判的日期，即裁判文书的签发日期。当庭宣判的，应当写宣判的日期。本部分加盖"本件与原本核对无异"字样的印戳。

（四）数字用法

裁判主文的序号使用汉字数字，例："一"、"二"；裁判尾部落款时间使用汉字数字，例："二〇一六年八月二十九日"；案号使用阿拉伯数字，例："（2019）京02民初120号"；其他数字用法按照《中华人民共和国国家标准GB/T15835-2011出版物上数字用法》执行。

（五）标点符号用法

"被告辩称"、"本院认为"等词语之后用逗号。"×××向本院提出诉讼请求"、"本院认定如下"、"判决如下"、"裁定如下"等词语之后用冒号。裁判项序号后用顿号。除本规范有明确要求外，其他标点符号用法按照《中华人民共和国国家标准GB/T15834-2011标点符号用法》执行。

（六）引用规范

引用法律、法规、司法解释应书写全称并加书名号。法律全称太长的，也可以简称，简称不使用书名号。可以在第一次出现全称后使用简称，例："《中华人民共和国民事诉讼法》（以下简称民事诉讼法）。"引用法律、法规和司法解释条文有序号的，书写序号应与法律、法规和司法解释正式文本中的写法一致。引用公文应先用书名号引标题，后用圆括号引发文字号；引用外文应注明中文译文。

二、校对的程序

为了不遗漏校对内容，可以将上述需要校对的项目制作成《裁判文书校对规范表》，要求书记员在校对裁判文书时逐项进行。所有裁判文书在签发之前应经过多次校对，在文书付印前由跟案书记员协助主审法官进行一次校对，文书印制后由书记员再次校对，文书在盖章后送达之前，由跟案书记员进行最后一次校对，书记员均须在每次校对时在《裁判文书校对规范表》内注明相应校对项目是否有误，并签名确认，以求最大限度地保证文书质量。凡裁判文书中出现误写、误算，诉讼费用漏写、误算和其他笔误的，未送达的应重新制作，已送达的应以裁定补正，避免使用校对章。

任务二　民事案件裁判文书的打印

一般情况下，书记员协助校对完裁判文书稿后，由主审法官将校对并修改完毕的裁判文书稿电子版发送给人民法院专门负责裁判文书打印的部门或专门的工作人员，由其负责打印。打印的数量视案件当事人情况不同而有所不同，除当事人和其诉讼代理人每人发送一份外，订卷归档需要四份（一份订入卷宗，三份附在卷内备用）；万一案件上诉的，需移送上诉法院三份左右；二审案件结案后退还一审卷宗时，二审文书需一并移送一审法院三份。

打印标准主要有：(1)纸张标准，A4型纸，成品幅面尺寸为：210mm×297mm。(2)版心尺寸为：156mm×225mm，一般每面排22行，每行排28个字。(3)采用双面印刷；单页页码居右，双页页码居左；印品要字迹清楚、均匀。(4)标题位于版心下空两行，居中排布。标题中的法院名称和文书名称一般用二号小标宋体字；标题中的法院名称与文书名称分两行排列。(5)案号之后空二个汉字空格至行末端。(6)案号、主文等用三号仿宋体字。(7)落款与正文同处一面。排版后所剩空白处不能容下印章时，可以适当调整行距、字距，不用"此页无正文"的方法解决。审判长、审判员每个字之间空二个汉字空格。审判长、审判员与姓名之间空三个汉字空格，姓名之后空二个汉字空格至行末端。

打印完毕的裁判文书应当加盖院印。院印加盖在日期居中位置。院印上不压审判员，下不压书记员，下弧骑年压月在成文时间上。印章国徽底边缘及上下弧以不覆盖文字为限。公章不应歪斜、模糊。确需加装封面的应印制封面。封面可参照以下规格制作：(1)国徽图案高 55mm，宽 50mm。(2)上页边距为 65mm，国徽下沿与标题文字上沿之间距离为 75mm。(3)标题文字为"××××人民法院××判决书（或裁定书等）"，位于国徽图案下方，字体为小标宋体字；标题分两行或三行排列，法院名称字体大小为 30 磅，裁判文书名称字体大小为 36 磅。(4)封面应庄重、美观，页边距、字体大小及行距可适当进行调整。

裁判文书印好后有分页需要装订或粘贴的要按照规定装订或粘贴。其他裁判文书，可以用订书钉装订。但是案卷归档所用的文书，不能用订书钉装订，只能用胶水粘贴。

任务三　民事案件裁判文书的送达

民事案件裁判文书主要分为三种：民事调解书、民事裁定书和民事判决书。三种裁判文书在送达时都应当遵守送达规范，确定相应的送达方式，在有效送达时限内送达给有效的签收人，但这三类裁判文书在送达时亦存在一些特别规定，下面分别予以说明。

一、裁判文书的送达要求

（一）民事调解书的送达要求

调解达成协议，人民法院应当制作调解书。调解书应当写明诉讼请求、案件的事实和调解结果。调解书由审判人员、书记员署名，加盖人民法院印章，送达双方当事人。

调解书应当直接送达当事人本人，不适用留置送达。当事人本人因故不能签收的，可由其指定的代收人签收。同时，调解书不适用电子送达。

下列案件调解达成协议，人民法院可以不制作调解书：调解和好的离婚案件；调解维持收养关系的案件；能够即时履行的案件；其他不需要制作调解书的案件。对不需要制作调解书的协议，应当记入笔录，由双方当事人、审判人员、书记员签名或者盖章后，即具有法律效力，不需要另行送达。

（二）民事裁定书的送达要求

裁定适用范围：不予受理；对管辖权有异议的；驳回起诉；保全和先予执行；准许或者不准许撤诉；中止或者终结诉讼；补正判决书中的笔误；中止或者终结执

行；撤销或者不予执行仲裁裁决；不予执行公证机关赋予强制执行效力的债权文书；其他需要裁定解决的事项。其中不予受理、对管辖权有异议的及驳回起诉的裁定，可以上诉。裁定书应当写明裁定结果和作出该裁定的理由。裁定书由审判人员、书记员署名，加盖人民法院印章。口头裁定的，记入笔录。

民事裁定书的送达要求比较简单，法律仅规定其不适用电子送达。

（三）民事判决书的送达要求

判决书应当写明判决结果和作出该判决的理由。判决书内容包括：案由、诉讼请求、争议的事实和理由；判决认定的事实和理由、适用的法律和理由；判决结果和诉讼费用的负担；上诉期间和上诉的法院。判决书由审判人员、书记员署名，加盖人民法院印章。判决书不适用电子送达。

当庭宣判的，应当在十日内发送判决书；除当事人当庭要求邮寄送达的以外，人民法院应当告知当事人或者诉讼代理人领取裁判文书的期间和地点以及逾期不领取的法律后果。上述情况，应当记入笔录。人民法院已经告知当事人领取裁判文书的期间和地点的，当事人在指定期间内领取裁判文书之日即为送达之日；当事人在指定期间内未领取的，指定领取裁判文书期间届满之日即为送达之日，当事人的上诉期从人民法院指定领取裁判文书期间届满之日的次日起开始计算。

定期宣判的，宣判后立即发给判决书。人民法院在定期宣判时，当事人拒不签收判决书的，应视为送达，并在宣判笔录中记明。定期宣判的案件，定期宣判之日即为送达之日，当事人的上诉期自定期宣判的次日起开始计算。当事人在定期宣判的日期无正当理由未到庭的，不影响该裁判上诉期间的计算。当事人确有正当理由不能到庭，并在定期宣判前已经告知人民法院的，人民法院可以按照当事人自己提供的送达地址将裁判文书送达给未到庭的当事人。

二、裁判文书的送达效力

（一）民事调解书的送达效力

调解书需经当事人签收后才发生法律效力的，应当以最后收到调解书的当事人签收的日期为调解书生效日期。调解和好的离婚案件、调解维持收养关系的案件、能够即时履行的案件，人民法院可以不制作调解书。当事人各方同意在调解协议上签名或者盖章后即发生法律效力的，经人民法院审查确认后，应当记入笔录或者将调解协议附卷，并由当事人、审判人员、书记员签名或者盖章后即具有法律效力。若当事人请求制作调解书的，人民法院审查确认后可以制作调解书送交当事人。当事人拒收调解书的，不影响调解协议的效力。一方不履行调解协议的，另一方可以持调解书向人民法院申请执行。此时调解书仅为送交，而非送达。

调解协议约定一方提供担保或者案外人同意为当事人提供担保的，人民法院应当准许。案外人提供担保的，人民法院制作调解书应当列明担保人，并将调解书送交担保人。担保人不签收调解书的，不影响调解书生效。

（二）民事裁定书的送达效力

当事人不服地方人民法院第一审裁定的，有权在裁定书送达之日起 10 日内向上一级人民法院提起上诉。当事人收到一审法院的民事裁定书后，没有在法律规定的期限内提起上诉的，人民法院的一审裁定书发生法律效力。

（三）民事判决书的送达效力

当事人不服地方人民法院第一审判决的，有权在判决书送达之日起 15 日内向上一级人民法院提起上诉。当事人收到一审法院的民事判决书后没有在法律规定的期限内提起上诉的，人民法院的一审判决书发生法律效力。

【业务文件】

1.《人民法院民事裁判文书制作规范》
2.《民事诉讼文书样式》
3.《最高人民法院关于裁判文书引用法律、法规等规范性法律文件的规定》

【任务训练】

1. 裁判文书的校对主要有哪几方面内容？请尝试设计并制作一张《裁判文书校对规范表》。

2. 分组模拟：四人一组，一人扮演原告李双喜的律师张辉，一人扮演被告北京市红太阳酒业有限公司的法定代表人郭安，一人扮演书记员李霞，一人扮演审判长周旭东，模拟判决书送达并留存送达回证。

工作情境三　行政案件裁判文书的校对、打印、送达

【情境描述】

李农法官根据合议庭的意见撰写了裁判文书，交由书记员徐坤校对、打印并向各方当事人送达。

【情境分析】

徐坤接到李农法官交办的裁判文书的校对、打印及送达任务后应当如何有效完成？

徐坤应当在要求的时间内对裁判文书进行校对，并按照当事人的数量打印，之后采取法定的送达方式向各方当事人送达。

【工作任务】

任务一 行政案件裁判文书的校对

书记员对行政案件裁判文书校对时，除了改正文书中的错别字、修改语句不通顺的地方外，还要按照《北京市高级人民法院关于制作裁判文书有关技术要求的规定》正确使用数字、计量单位和标点符号，按照《北京市高级人民法院关于规范判决书援引法律有关问题的指导意见》正确引用所适用法律的条、款、项、目。

书记员应重点校对以下内容：

（1）校对标题。标题分为两行，上行为制作法院名称，下行为裁判文书种类，例如上行为北京市第二中级人民法院，下行为行政判决书。如果是涉外案件，标题则分为三行，最上行为中华人民共和国。法院名称一般用2号标宋体字，文书名称一般用1号标宋体字；

（2）案号的核对。案号中的年度和案件顺序号均使用阿拉伯数字，例如（2019）京02行初1号，此即表示该案为2019年北京市第二中级人民法院行政一审案件1号。该案号应与立案审批表相一致。案号用3号标仿宋体字，案号写在裁判文书名称下行靠右侧位置，裁判文书名称与案号之间要空出一行，案号与正文之间也要空一行；

（3）当事人情况的校对。原告是自然人的，核对裁判文书与自然人身份证信息是否一致；原告是法人的，核对与法人资格证书信息是否一致。被告信息应当与组织机构代码证的信息相一致。二审当事人进行核对时，还应当注意在主体成为"上诉人"、"被上诉人"后面分别列明原审中的诉讼地位，例如"上诉人（原审原告）"。对于诉讼代理人，应当按照诉讼代理手续中的相关信息进行核对，对于诉讼代理人的称谓，应当核实是法定代理人、委托代理人还是指定代理人。

（4）核对审判组织形式和审理方式。书记员应当根据案件的审理组织形式核对审判组织人员的姓名。对于公开审理的案件，应当写明到庭参加诉讼的当事人及诉讼代理人。对于不公开开庭审理的，要说明不公开开庭的理由和依据。同理适用于二审行政案件。

（5）核对技术要求和援引法律。裁判文书中的有关技术要求，如数字的用法、计量单位的用法、标点符号的使用以及印制的标准，判决文书中援引法律，都应当按照《北京市高级人民法院关于规范判决书援引法律有关问题的指导意见》的规定进行。

任务二　行政案件裁判文书的打印

裁判文书一般需要打印 20 份。其中需要给当事人和其诉讼代理人每人送达一份；订卷归档需要 4 份；合议庭组成人员及书记员各留存一份；一审案件上诉后，一审文书需移送上诉法院 3 份；二审案件结案后退还一审卷宗时，二审文书需要一并移送一审法院 3 份。裁判文书打印好后有分页需要装订或粘贴的，要按照规定装订或粘贴。发放给当事人和代理人的裁判文书、合议庭成员自己留存的裁判文书以及移送其他法院的裁判文书，可以用订书钉装订。《诉讼文书立卷归档办法》规定，"卷宗内严谨留置订书钉、曲别针、大头针等金属物"，所以案卷归档所用的文书不能用订书钉装订，只能用胶水粘贴。

裁判文书印制并装订、粘贴完毕后，书记员应在裁判文书上盖章，盖章后裁判文书才生效，才能送达当事人。裁判文书上需要盖两个章，一个是人民法院的院章，院章是圆形章，加盖在裁判文书尾部判决日期的中间；另一个是长方形的核对无误章，核对无误章上的内容是"本件与原本核对无误"，核对无误章应加盖在裁判文书的尾部，判决日期与书记员署名之间的空行处，左边与裁判文书的正文对齐。

发现印制好的裁判文书中有笔误（指法律文书误写、误算、诉讼费用漏写、误算和其他笔误），如果尚未将裁判文书送达当事人的，应当重新打印；印制好的裁判文书有笔误且已经送达当事人的，人民法院必须将笔误的地方用补正裁定的形式进行补正，并将补正裁定送达当事人。补正裁定中首先要明确原裁判文书中错误的内容，然后确定错误内容改正后的正确内容应为什么。补正裁定与裁判文书具有同等法律效力。

【业务文件】

1. 《北京市高级人民法院关于制作裁判文书有关技术要求的规定》
2. 《北京市高级人民法院关于规范判决书援引法律有关问题的指导意见》

任务三 行政案件裁判文书的送达

行政裁判文书也分为：行政判决书、行政裁定书、行政调解书。法院制作完行政判决书、行政裁定书、行政调解书后必须向双方当事人送达才产生法律效力。送达裁判文书时，书记员应规范填写宣判笔录和送达回证，送达法律文书。当事人拒绝接受裁判文书的，书记员应当记明情况，并重点记明告知当事人拒绝签收和逾期上诉的法律后果等内容。

（1）邮寄送达。当事人在通知宣判前已经书面提出邮寄裁判文书申请并明确表示不参加宣判，且签订邮寄送达地址确认书的，可以不通知该方当事人宣判。书记员应当在宣判当天将裁判文书邮寄送达。

（2）委托送达。对于案件中外地的当事人，书记员应当制作委托函，委托外地法院予以送达。

（3）公告送达。对于需要公告送达的裁判文书，书记员应当将公告稿及交纳公告费用通知送达当事人，并督促当事人及时交费并提交公告费收据复印件。在收到刊登公告的报纸后将公告栏入卷。

行政诉讼法规定，当事人不服人民法院第一审判决的，有权在判决书送达之日起15日内向上一级人民法院提起上诉。当事人不服人民法院第一审裁定的，有权在裁定书送达之日起10日内向上一级人民法院提起上诉。

【任务训练】

1. 校对行政案件裁判文书
2. 打印行政案件裁判文书
3. 送达行政案件裁判文书

庭后工作实务二　案件审结后工作

工作情境一　刑事案件审结后的工作

【情境描述】

法院对杨谦贩卖毒品案件宣判以后，杨谦表示上诉并提交上诉状，书记员张丽在收到上诉状五天后将上诉案卷移送上级人民法院。

【情境分析】

在上述情形中，张丽做法是否正确？

对于被告人提出上诉的，符合法律规定的，应当在接到上诉状后三日内将上诉状连同案卷、证据移送上一级人民法院，并将上诉状副本送交同级人民检察院。

【工作任务】

任务一　报结工作

判决结果宣布以后意味着案件的审理终结，但是为了方便管理，需要在审判系统中进行报结操作，即在审判系统中进行结案处理。

在审判系统中报结需要补全系统中的需要填写的信息。在系统报结中，特别需要注意准确地填写信息，包括当事人信息、审理信息、审判组织、判决结果、结案日期等，填写相关的信息之后需要上传裁判文书作为结案文书，待所有工作完毕之后，通过结案检查即可报结案件。结案完成后，需要打印案件结案信息表以留存归档。

【诉讼文书】

刑事一审案件审判流程管理情况

案号：(2019)京01×刑初××号

立案日期：2019-××-××	移交审判庭日期：2019-1-1	审判庭或法庭名称：刑一庭
		接收人：
适用程序：简易程序（独任制）	审判长或独任审判员：张×	承办人：张×
合议庭其他成员：	陪审员参加：	书记员：
申请回避人：	申请回避原因：	申请回避结果：
不公开审判：	不公开审判的法律依据：	案件涉及：　未涉及：
参加诉讼的辩护人　人，其中律师　人，法律援助律师　人		
自诉案件反诉：否	附带民事诉讼：否	附带民事诉讼标的：　万元

排期日期	庭次	开庭时间	开庭地点	法庭记录员	批准延长审限时间	申请延长审限原因

中止及其他法定扣除审限期间	中止及其他法定扣除审限原因	延期审理期间	延期审理原因

简易转普通程序日期：	审批人：	法定审限：20	
超审限：　否		超审限原因：	
承办人批报日期：		审判长或独任审判员审签日期：	
庭长审签日期：		院长审签日期：　合议日期：	
审委会讨论决定日期：		审委会讨论决定后院长签发日期：	
结案方式：判决		当庭宣判：是　宣判时间：	

被告人判处情况

序号	周×		
判决确定的罪名	盗窃罪		
一审刑事部分主刑判决情况	有期徒刑7月0日		
判决宣告无罪原因			
附带民诉处理情况			
附加刑种类			
剥夺政治权利期限			
财产刑金额（万元）	0.2000		

单位罚金数额（万元）	0.2000			
犯罪金额（万元）	0.0000			
非法所得金额（万元）				
对被告人的裁判是否发生法律效力				
案件价值（万元）：				
毒品原植物：		判决挽回经济损失：		万元
裁判文书送达时间：		送达人：	结案案由：盗窃罪	
结案日期：2019-×-17			判决生效日期：2019-×-×	
上（抗）诉人名称				
收到上（抗）诉状日期：		向二审法院移送案卷材料日期：		
备注：				

承办人：张×　　　　　　　　　　　　审判长或庭长：张×

任务二　一审后的上诉、抗诉工作

一审人民法院在宣告第一审判决、裁定时，应当告知被告人、自诉人及其法定代理人不服判决、裁定的，有权在法定期限内以书面或者口头形式，通过本院或者直接向上一级人民法院提出上诉；被告人的辩护人、近亲属经被告人同意，也可以提出上诉；附带民事诉讼当事人及其法定代理人，可以对判决、裁定中的附带民事部分提出上诉。

实践中也可能存在被告人、自诉人、附带民事诉讼当事人及其法定代理人在是否提出上诉的决定上反复变更，此时应当以其在上诉期满前最后一次的意思表示为准。

一审人民法院宣判以后，对于上诉案件，书记员应在法定期限内要求上诉人提交上诉状正本及副本。上诉状内容应当包括：第一审判决书、裁定书的文号和上诉人收到的时间，第一审人民法院的名称，上诉的请求和理由，提出上诉的时间。被告人的辩护人、近亲属经被告人同意提出上诉的，还应当写明其与被告人的关系，并应当以被告人作为上诉人。

上诉人通过第一审人民法院提出上诉的，第一审人民法院应当审查。上诉符合法律规定的，应当在上诉期满后三日内将上诉状连同案卷、证据移送上一级人民法院，并将上诉状副本送交同级人民检察院和对方当事人。上诉人直接向第二审人民法院提出上诉的，第二审人民法院应当在收到上诉状后三日内将上诉状交第一审人民法院。第一审人民法院应当审查上诉是否符合法律规定。符合法律规定的，应当在接到上诉状后三日内将上诉状连同案卷、证据移送上一级人民法院，并将上诉状副本送交同级人民检察院和对方当事人。

地方各级人民检察院对同级人民法院第一审判决、裁定的抗诉，应当通过第一审人民法院提交抗诉书。第一审人民法院应当在抗诉期满后三日内将抗诉书连同案卷、证据移送上一级人民法院，并将抗诉书副本送交当事人。

一审法院书记员在移交上诉、抗诉案件时应当准备的材料有：

（1）移送上诉、抗诉案件函。

（2）上诉状或者抗诉书。

（3）第一审判决书、裁定书八份（每增加一名被告人增加一份）及其电子文本。

（四）全部案卷、证据，包括案件审理报告和其他应当移送的材料。

上诉人在上诉期限内要求撤回上诉的，人民法院应当准许。人民检察院在抗诉期限内撤回抗诉的，第一审人民法院不再向上一级人民法院移送案件。因此，上诉人在法定期限内要求撤回上诉的，应当要求上诉人提交书面撤诉书，并将撤诉书副本送达公诉机关。对人民检察院在法定期限内撤回抗诉的，也应当将撤回抗诉书副本送达被告人。

在共同犯罪案件中，只有部分被告人提出上诉，或者自诉人只对部分被告人的判决提出上诉，或者人民检察院只对部分被告人的判决提出抗诉的，一审人民法院应当将全案移送二审法院，由二审法院对全案进行审查，一并处理。共同犯罪案件中，上诉的被告人死亡，其他被告人未上诉的，一审法院仍需要将案件移送第二审人民法院，由第二审法院对全案进行审查。

在移送上诉、抗诉案件卷宗过程中，书记员在准备好案件材料后，需要在审判系统中填写案件上诉信息，在确认信息填写正确无误后将案件在审判系统中移送本院审判事务管理办公室，本院审判事务管理办公室在接收案件之后进而接收案件书面材料。书记员需要将已经准备好的书面材料送交审判事务管理办公室，在办理好交接手续之后，由审判事务管理办公室与二审法院的相关部门办理移送和交接手续，并做好记录。

二审法院在接收一审法院移送的上诉、抗诉案件时，需要在审判系统中查看移送的案件，同时按照标准核实移送的书面材料是否齐备、准确，在确认无误之后予以接收，并按照相关程序开始审判工作。

【诉讼文书】

上诉移送函

裁判文书送达	是（ ） 否（ ）		
是否公告送达	否	公告期限	届满（ ）未届满（ ）
文书粘贴	是（ ） 否（ ）		
是否超期移送	否	超期移送原因	
是否再次移送			
移送历史			
移送材料清单			
卷宗	一审卷宗	正卷	1 册
		副卷	1 册
	公安预审卷		
	检察卷		
上诉移送函			1 份
判决书			8 份
上诉状			1 份

任务三　二审后的退卷工作

二审案件裁判结果宣布以后，二审法院需要将一审法院移送的材料连同二审的相关材料退回一审法院。退卷工作依然是通过案卷管理部门进行。二审法院需要将一审法院移送的案卷材料、二审裁判文书、二审退卷函、二审信息表等材料一并退交一审法院。二审法院的书记员需要在准备好上述材料之后，与本院审判事务管理办公室交接，由审判事务管理办公室与一审法院交接。

一审法院案件的书记员在收到审判事务管理办公室的退卷时，应当做好交接工作，与向二审法院移送案件时的材料清单核对，避免在交接过程中出现卷宗材料的遗失。

【诉讼文书】

北京市××人民法院退卷函

×××人民法院：

　　现将你院＿＿＿＿＿＿＿＿＿＿＿＿＿＿一案的全部案卷材料退还，请查收。

　　附件：案卷＿＿宗（一审正卷＿＿宗，副卷＿＿宗，预审卷＿＿宗）二审文书＿＿份。

北京市第二中级人民法院
（院印）
年　月　日

任务四　裁判文书的公开

　　裁判文书公开是为了落实审判公开原则而实行的措施。在案件裁判文书确定之后，裁判文书需要在中国裁判文书网上公布。涉及刑事案件需要公布的文书包括刑事判决书、刑事裁定书、刑事驳回申诉通知书、强制医疗决定书或者驳回强制医疗申请的决定书、刑罚执行与变更决定书及其他有中止、终结诉讼程序作用或者对当事人实体权益有影响、对当事人程序权益有重大影响的裁判文书。在《最高人民法院关于人民法院在互联网公布裁判文书的规定》中确定的公开时间为裁判文书生效之日起七个工作日内，部分地区依据自行制定的规范，对裁判文书公开的时间点可能不同，如北京市高级人民法院规定北京法院裁判文书公开的时间为裁判文书确定之后即可公开。在文书公开的过程中，对于涉及国家秘密的、未成年人犯罪的以及人民法院认为不宜在互联网公布的其他情形的刑事裁判文书，不在互联网上公布。不在互联网公布的裁判文书应当公布案号、审理法院、裁判日期及不公开理由，但公布上述信息可能泄露国家秘密的除外。在互联网上公布的裁判文书需要符合一定的标准才能公布。依据相关规定，人民法院在互联网公布刑事裁判文书时，应当对下列人员的姓名进行隐名处理：刑事案件被害人及其法定代理人、附带民事诉讼原告人及其法定代理人、证人、鉴定人；未成年人及其法定代理人。进行隐名处理的，应当按以下情形处理：保留姓氏，名字以"某"替代，如王某；对于少数民族姓名，保留第一个字，其余内容以"某"替代；对于外国人、无国籍人姓名的中文译文,保留第一个字,其余内容以"某"替代;对于外国人、无国籍人的英文姓名,保留第一个英文字母,删除其他内容。 对不同姓名隐名处理后发生重复的,通过在姓名后增加阿拉伯数字进行区分。 如王某1、王某2。人民法院在互联网公布裁判文书时应当删除下列信息:自然人的家庭住址、通信方式、身份证号码、银行账号、健康状况、车牌号码、动产或不动产权属证书编号等个人信息;法人以及其他组织的银行账号、车牌号码、动产或不动产权属证书编号等信息;涉及商业秘密的信息;涉及技术侦查措施的信息;人民法院认为不宜公开的其他信息。如果删除信息影响对裁判文书正确理解的,可以用符号"×"代替。

书记员在进行裁判文书公开操作时,需要在案件确定之后,在审判系统中进行裁判文书公开工作。文书公开系统会自动模糊化处理裁判文书,但是对于一些特殊的语句等,系统可能会出现模糊化处理失败或不准确的情形,所以在系统自动模糊化处理之后,需要书记员再次阅读系统模糊化之后的文书,对系统模糊化处理失败或者错误的地方进行修改。同时需要确认模糊化之后的文书格式正确,如果遇到模糊化之后的裁判文书格式错误,需要书记员手动修改。在重大、复杂、疑难或者社会影响较大的案件的裁判文书公开时,需要审判员对公开的裁判文书进行把关,书记员需要将准备好的待发布的公开裁判文书提交审判员审阅,确认无误后,将文书提交审核,审核通过后文书即可公布。提交审核后,经审核可能文书还存在一些问题,不能公布,审核部门会将文书退回,书记员需要根据审核部门提出的修改意见进行修改,修改完成后再次提交。在裁判文书公开中经常出现的错误有相关人名未进行隐名处理、应当删除的信息未删除以及格式不正确等,书记员在制作公开文书的时候应当重点关注。

【业务文件】

最高人民法院关于人民法院在互联网公布裁判文书的规定

(2016年7月25日最高人民法院审判委员会第1689次会议通过,自2016年10月1日起施行)

为贯彻落实审判公开原则,规范人民法院在互联网公布裁判文书工作,促进司法公正,提升司法公信力,根据《中华人民共和国刑事诉讼法》、《中华人民共和国民事诉讼法》、《中华人民共和国行政诉讼法》等相关规定,结合人民法院工作实际,制定本规定。

第一条 人民法院在互联网公布裁判文书,应当依法、全面、及时、规范。

第二条　中国裁判文书网是全国法院公布裁判文书的统一平台。各级人民法院在本院政务网站及司法公开平台设置中国裁判文书网的链接。

第三条　人民法院作出的下列裁判文书应当在互联网公布：

（一）刑事、民事、行政判决书；

（二）刑事、民事、行政、执行裁定书；

（三）支付令；

（四）刑事、民事、行政、执行驳回申诉通知书；

（五）国家赔偿决定书；

（六）强制医疗决定书或者驳回强制医疗申请的决定书；

（七）刑罚执行与变更决定书；

（八）对妨害诉讼行为、执行行为作出的拘留、罚款决定书，提前解除拘留决定书，因对不服拘留、罚款等制裁决定申请复议而作出的复议决定书；

（九）行政调解书、民事公益诉讼调解书；

（十）其他有中止、终结诉讼程序作用或者对当事人实体权益有影响、对当事人程序权益有重大影响的裁判文书。

第四条　人民法院作出的裁判文书有下列情形之一的，不在互联网公布：

（一）涉及国家秘密的；

（二）未成年人犯罪的；

（三）以调解方式结案或者确认人民调解协议效力的，但为保护国家利益、社会公共利益、他人合法权益确有必要公开的除外；

（四）离婚诉讼或者涉及未成年子女抚养、监护的；

（五）人民法院认为不宜在互联网公布的其他情形。

第五条　人民法院应当在受理案件通知书、应诉通知书中告知当事人在互联网公布裁判文书的范围，并通过政务网站、电子触摸屏、诉讼指南等多种方式，向公众告知人民法院在互联网公布裁判文书的相关规定。

第六条　不在互联网公布的裁判文书，应当公布案号、审理法院、裁判日期及不公开理由，但公布上述信息可能泄露国家秘密的除外。

第七条　发生法律效力的裁判文书，应当在裁判文书生效之日起七个工作日内在互联网公布。依法提起抗诉或者上诉的一审判决书、裁定书，应当在二审裁判生效后七个工作日内在互联网公布。

第八条　人民法院在互联网公布裁判文书时，应当对下列人员的姓名进行隐名处理：

（一）婚姻家庭、继承纠纷案件中的当事人及其法定代理人；

（二）刑事案件被害人及其法定代理人、附带民事诉讼原告人及其法定代理人、证人、鉴定人；

（三）未成年人及其法定代理人。

第九条　根据本规定第八条进行隐名处理时，应当按以下情形处理：

（一）保留姓氏，名字以"某"替代；

（二）对于少数民族姓名，保留第一个字，其余内容以"某"替代；

（三）对于外国人、无国籍人姓名的中文译文，保留第一个字，其余内容以"某"替代；对于外国人、无国籍人的英文姓名，保留第一个英文字母，删除其他内容。

对不同姓名隐名处理后发生重复的，通过在姓名后增加阿拉伯数字进行区分。

第十条　人民法院在互联网公布裁判文书时，应当删除下列信息：

（一）自然人的家庭住址、通信方式、身份证号码、银行账号、健康状况、车牌号码、动产或不动产权属证书编号等个人信息；

（二）法人以及其他组织的银行账号、车牌号码、动产或不动产权属证书编号等信息；

（三）涉及商业秘密的信息；

（四）家事、人格权益等纠纷中涉及个人隐私的信息；

（五）涉及技术侦查措施的信息；

（六）人民法院认为不宜公开的其他信息。

按照本条第一款删除信息影响对裁判文书正确理解的，用符号"×"作部分替代。

第十一条　人民法院在互联网公布裁判文书，应当保留当事人、法定代理人、委托代理人、辩护人的下列信息：

（一）除根据本规定第八条进行隐名处理的以外，当事人及其法定代理人是自然人的，保留姓名、出生日期、性别、住所地所属县、区；当事人及其法定代理人是法人或其他组织的，保留名称、住所地、组织机构代码，以及法定代表人或主要负责人的姓名、职务；

（二）委托代理人、辩护人是律师或者基层法律服务工作者的，保留姓名、执业证号和律师事务所、基层法律服务机构名称；委托代理人、辩护人是其他人员的，保留姓名、出生日期、性别、住所地所属县、区，以及与当事人的关系。

第十二条　办案法官认为裁判文书具有本规定第四条第五项不宜在互联网公布情形的，应当提出书面意见及理由，由部门负责人审查后报主管副院长审定。

第十三条　最高人民法院监督指导全国法院在互联网公布裁判文书的工作。高级、中级人民法院监督指导辖区法院在互联网公布裁判文书的工作。

各级人民法院审判管理办公室或者承担审判管理职能的其他机构负责本院在互联网公布裁判文书的管理工作，履行以下职责：

（一）组织、指导在互联网公布裁判文书；

（二）监督、考核在互联网公布裁判文书的工作；

（三）协调处理社会公众对裁判文书公开的投诉和意见；

（四）协调技术部门做好技术支持和保障；

（五）其他相关管理工作。

第十四条　各级人民法院应当依托信息技术将裁判文书公开纳入审判流程管理，减轻裁判文书公开的工作量，实现裁判文书及时、全面、便捷公布。

第十五条　在互联网公布的裁判文书，除依照本规定要求进行技术处理的以外，应当与裁判文书的原本一致。

人民法院对裁判文书中的笔误进行补正的，应当及时在互联网公布补正笔误的裁定书。

办案法官对在互联网公布的裁判文书与裁判文书原本的一致性，以及技术处理的规范性负责。

第十六条　在互联网公布的裁判文书与裁判文书原本不一致或者技术处理不当的，应当及时撤回并在纠正后重新公布。

在互联网公布的裁判文书，经审查存在本规定第四条列明情形的，应当及时撤回，并按照本规定第六条处理。

第十七条　人民法院信息技术服务中心负责中国裁判文书网的运行维护和升级完善，为社会各界合法利用在该网站公开的裁判文书提供便利。

中国裁判文书网根据案件适用不同审判程序的案号，实现裁判文书的相互关联。

第十八条　本规定自2016年10月1日起施行。最高人民法院以前发布的司法解释和规范性文件与本规定不一致的，以本规定为准。

北京法院在互联网公布裁判文书的规定（试行）2017年修订

北京市高级人民法院审判委员会
2017年第17次会议讨论通过

第一章 总则

第一条 为落实司法公开原则，规范北京法院在互联网公布裁判文书工作，促进司法公正，提升司法公信力，依照《最高人民法院关于推进司法公开三大平台建设的若干意见》、《最高人民法院关于人民法院在互联网公布裁判文书的规定》（法释〔2016〕19号）的要求，结合北京法院审判工作实际，制定本规定。

第二条 人民法院在互联网公布裁判文书，应当依法、全面、及时、规范。

第三条 各级人民法院生效裁判文书统一在最高人民法院设立的中国裁判文书网和北京市高级人民法院设立的北京法院审判信息网上公布。

第二章 公开范围

第四条 人民法院作出的下列裁判文书应当在互联网公布：

（一）刑事、民事、行政判决书；

（二）刑事、民事、行政、执行裁定书；

（三）支付令；

（四）刑事、民事、行政、执行驳回申诉通知书；

（五）国家赔偿决定书；

（六）强制医疗决定书或者驳回强制医疗申请的决定书；

（七）刑罚执行与变更决定书；

（八）对妨害诉讼行为、执行行为作出的拘留、罚款决定书，提前解除拘留决定书，因对不服拘留、罚款等制裁决定申请复议而作出的复议决定书；

（九）行政调解书、民事公益诉讼调解书；

（十）其他有中止、终结诉讼程序作用或者对当事人实体权益有影响、对当事人程序权益有重大影响的裁判文书。

第五条 人民法院作出的裁判文书有下列情形之一的，不在互联网公布：

（一）涉及国家秘密的；

（二）未成年人犯罪的；

（三）以调解方式结案或者确认人民调解协议效力，但为保护国家利益、社会公共利益、他人合法权益确有必要公开的除外；

（四）离婚诉讼或者涉及未成年子女抚养、监护的；

（五）人民法院认为不宜在互联网公布的其他情形。

本条第（四）项中"离婚诉讼"仅指案由为离婚纠纷的案件，不包括离婚后财产分割等涉及婚姻状况的案件，涉及婚姻家庭类案件参照本规定第六条第（一）项处理后上网公布；"涉及未成年子女抚养、监护的"案件指涉及未成年子女的抚养纠纷、收养关系纠纷、监护权纠纷、探望权纠纷等案件。

本条第（五）项中"不宜在互联网公布的其他情形"指裁判文书在互联网公布后可能对正常社会秩序和善良风俗产生重大不利影响，可能给当事人或其他诉讼参与人生活、工作造成严重困扰等情形。

第三章 技术处理

第六条 人民法院在互联网公布裁判文书时，应当对下列人员的姓名进行隐名处理：

（一）婚姻家庭、继承纠纷案件中的当事人及其法定代理人；

（二）刑事案件被害人及其法定代理人、附带民事诉讼原告人及其法定代理人、证人、鉴定人；

（三）未成年人及其法定代理人。

第七条 根据本规定第六条进行隐名处理时，应当按以下情形处理：

（一）保留姓氏，名字以"某"替代；

（二）对于少数民族姓名，保留第一个字，其余内容以"某"替代；

（三）对于外国人、无国籍人姓名的中文译文，保留第一个字，其余内容以"某"替代；对于外国人、无国籍人的英文姓名，保留第一个英文字母，删除其他内容。

对不同姓名隐名处理后发生重复的，通过在姓名后增加阿拉伯数字进行区分。

第八条 人民法院在互联网公布裁判文书时，应当删除下列信息：

（一）自然人的家庭住址、通信方式、身份证号码、银行账号、健康状况、车牌号码、动产或不动产权属证书编号等个人信息；

（二）法人以及其他组织的银行账号、车牌号码、动产或不动产权属证书编号等信息；

（三）涉及商业秘密的信息；

（四）家事、人格权益等纠纷中涉及个人隐私的信息；

（五）涉及技术侦查措施的信息；

（六）人民法院认为不宜公开的其他信息。

按照本条第一款删除信息影响对裁判文书正确理解的，用符号"×"作部分替代。

第九条　人民法院在互联网公布裁判文书，应当保留当事人、法定代理人、委托诉讼代理人、辩护人的下列信息：

（一）除根据本规定第六条进行隐名处理的以外，当事人及其法定代理人是自然人的，保留姓名、出生日期、性别、住所地所属县、区；当事人及其法定代理人是法人或其他组织的，保留名称、住所地，以及法定代表人或主要负责人的姓名、职务；

（二）委托诉讼代理人、辩护人是律师或者基层法律服务工作者的，保留姓名和律师事务所、基层法律服务机构名称；委托诉讼代理人、辩护人是其他人员的，保留姓名、出生日期、性别、住所地所属县、区，以及与当事人的关系。

第十条　在互联网公布的裁判文书统一以案件名称命名，案件名称表述为"当事人＋案由＋文书种类"。如"张某受贿罪一审刑事判决书"、"某公司与某公司买卖合同纠纷二审民事裁定书"。

第四章 公开流程

第十一条　人民法院应当在受理案件通知书、应诉通知书中告知当事人在互联网公布裁判文书的范围，并通过政务网站、电子触摸屏、诉讼指南等多种方式，向公众告知人民法院在互联网公布裁判文书的相关规定。

第十二条　办案法官应当在结案后的七个工作日内，对符合公布条件的裁判文书，进行隐名等技术处理，提交本院专门管理机构审查，审核通过后系统将于案件生效七日后自动在互联网公布。各院专门管理机构应当在七日内完成对文书命名、文书格式等内容的形式审查。

第十三条　办案法官认为裁判文书具有本规定第五条第（一）项、第（五）项不宜在互联网公布情形的，应当在结案后三日内，填写《裁判文书不在互联网公布审批表》，提出书面意见及理由，由部门负责人审查后报主管副院长审定。

第五章 补正、撤回

第十四条　在互联网公布的裁判文书，除依照本规定要求进行技术处理的以外，应当与裁判文书的原本一致。

人民法院对裁判文书中的笔误进行补正的，应当及时在互联网公布补正笔误的裁定书。

办案法官对在互联网公布的裁判文书与裁判文书原本的一致性,以及技术处理的规范性负责。

第十五条　在互联网公布的裁判文书与裁判文书原本不一致或者技术处理不当的,应当及时撤回并在纠正后重新公布。

在互联网公布的裁判文书,经审查存在本规定第五条列明情形的,应当及时撤回。

第十六条　已经在互联网公布的裁判文书需要撤回的,办案法官应当及时填写《裁判文书网上撤回审批表》,中、基层法院由部门负责人、主管副院长审批后,报市高院审判管理办公室审查决定;市高院由部门负责人审批后,报市高院审判管理办公室审查决定。

第六章 责任追究

第十七条　在互联网公布的裁判文书质量由办案法官负责。

第十八条　审判、执行业务部门的负责人应加强对裁判文书质量的检查、监督和考核。

第十九条　对于裁判文书错别字、病句等瑕疵较多,裁判文书与送达当事人文书不一致、不按时提交裁判文书、审查不及时、审查把关不严、不上网认定随意、拖延上网、有意规避上网等行为造成严重影响的,各级人民法院应当按照问责机制追究责任。

第七章 监督管理

第二十条　北京市法院司法公开工作领导小组负责制定在互联网公布裁判文书工作的整体规划和重大工作举措,组织、领导、督办、检查全市三级法院在互联网公布裁判文书的工作。

第二十一条　北京市法院司法公开工作领导小组办公室设在市高院审判管理办公室,负责对全市法院在互联网公布裁判文书工作的指导、协调、管理和考核工作。

第二十二条　各级人民法院审判管理办公室或者承担审判管理职能的其他机构负责本院在互联网公布裁判文书的管理工作,履行以下职责:

(一)组织、指导在互联网公布裁判文书,对待公布裁判文书进行形式审查;

(二)监督、考核在互联网公布裁判文书的工作;

(三)协调处理社会公众对裁判文书公开的投诉和意见,协调相关部门做好舆情应对工作;

（四）协调技术部门做好技术支持和保障；

（五）其他相关管理工作。

第二十三条　裁判文书上网率作为考核司法公开工作的一项重要指标，纳入法官业绩考评和"双先法院"评比。

裁判文书上网率＝（已公布文书数＋审核通过待公布文书数）/（已结案件文书数－不公布文书数）×100%

"已公布文书数"是指已经在互联网公布的裁判文书数量；"审核通过待公布文书数"是指文书已经完成隐名等技术处理，符合公布要求，且经专门管理机构审核通过，但尚未在互联网公布的裁判文书；"已结案件文书数"是指已结案件的裁判文书数；"不公布文书数"是指本规定第五条规定的不在互联网公布的文书数。

第二十四条　《裁判文书不在互联网公布审批表》和《裁判文书网上撤回审批表》，通过网上办公流程填报，审核通过后在案卷副卷中保存。

第八章　附则

第二十五条　各级人民法院可以根据本规定，结合本院工作实际制定相应的管理措施。

第二十六条　本规定由北京市法院司法公开工作领导小组负责解释。

第二十七条　本规定自发布之日起施行。北京市高级人民法院此前发布的相关规定，与本规定不一致的，以本规定为准。

【诉讼文书】

北京市海淀区人民法院[1]
刑事判决书

（2019）京0108刑初271号

公诉机关北京市海淀区人民检察院。

被告人李昕，男，1975年2月13日出生于北京市，公民身份号码×××，汉族，小学文化，无业，户籍所在地为北京市东城区。曾因犯盗窃罪，于1991年5月31日被判处有期徒刑六年，于1995年4月18日刑满释放；因盗窃，于1995年5月29日被劳动教养二年，于1997年3月5日被解除劳动教养；因流氓猥亵，于1997年4月10日被劳动教养二年，于1999年2月23日被解除劳动教养；因犯盗窃罪，于2002年4月28日被判处有期徒刑十五年，剥夺政治权利三年，罚金

---

[1] 来源于中国裁判文书公开网。

人民币十万元，于2013年11月30日刑满释放；因犯盗窃罪，于2015年1月12日被判处有期徒刑一年八个月，罚金人民币二千元，于2016年1月24日刑满释放；因犯盗窃罪，于2016年5月31日被判处有期徒刑六个月，罚金人民币一千元，于2016年9月28日刑满释放；因犯盗窃罪，于2017年9月28日被判处有期徒刑一年三个月，罚金人民币一万元，于2018年6月16日刑满释放。现因盗窃，于2018年10月1日被羁押，次日被行政拘留十四日；因涉嫌犯盗窃罪，于2018年10月16日被转为刑事拘留，同年10月30日被逮捕。现羁押在北京市海淀区看守所。

指定辩护人刘岩岩，北京想成律师事务所律师。

被告人孙茂，男，1993年6月10日出生于河南省邓州市，公民身份号码×××，汉族，初中文化，无业，户籍所在地为河南省邓州市。曾因扰乱公共场所秩序，于2012年5月28日被行政拘留五日；因收购有赃物嫌疑的物品，于2014年10月7日被行政拘留十日，罚金人民币五百元。现因涉嫌犯盗窃罪，于2018年10月1日被羁押，同年10月31日被逮捕。现羁押在北京市海淀区看守所。

指定辩护人张淑霞，北京深宽律师事务所律师。

北京市海淀区人民检察院以京海检公诉刑诉[2019]4号起诉书指控被告人李昕犯盗窃罪，被告人孙茂犯掩饰、隐瞒犯罪所得罪，于2019年1月18日向本院提起公诉。本院依法适用简易程序，实行独任审判，公开开庭审理了本案。北京市海淀区人民检察院指派检察员刘晓丹出庭支持公诉，被告人李昕及其辩护人刘岩岩、被告人孙茂及辩护人张淑霞到庭参加诉讼。现已审理终结。

公诉机关指控，2018年9月21日12时许，被告人李昕在本市海淀区主语国际4号楼9层办公室内，窃取被害人丁某的联想牌IDEAPAD710S笔记本电脑1台（经鉴定价值人民币4090元）、钱包1个，内有人民币100余元；窃取被害人李某的微软SURFACE4256G笔记本电脑1台（经鉴定价值人民币3534元）。后被告人李昕于当日将上述2台笔记本电脑以2100元的价格卖给被告人孙茂。现涉案物品未起获。

被告人李昕、孙茂于2018年10月1日被抓获归案，后均如实供述了上述犯罪事实。

上述事实，被告人李昕、孙茂及辩护人在开庭审理过程中亦无异议，并有被告人李昕、孙茂的供述，被害人丁某、李某的陈述，证人刘某、乔某的证言，价格鉴定意见，监控录像，通话记录，受案登记表，到案经过，身份证明等证据证实，足以认定。另经查明，被告人李昕归案后协助公安机关抓获被告人孙茂。

本院认为，被告人李昕以非法占有为目的，秘密窃取他人财物，数额较大，其行为已构成盗窃罪，应予惩处；被告人孙茂明知是犯罪所得而予以收购，其行为已构成掩饰、隐瞒犯罪所得罪，亦应予惩处。北京市海淀区人民检察院指控被告人李昕犯盗窃罪，被告人孙茂犯掩饰、隐瞒犯罪所得罪的事实清楚，证据确凿，指控罪名成立。被告人李昕曾因故意犯罪被判处有期徒刑，在刑罚执行完毕后五年内再犯应当判处有期徒刑以上刑罚之罪，系累犯，本院依法对其从重处罚。鉴于被告人李昕协助司法机关抓获其他犯罪嫌疑人，系立功，本院依法对其从轻处罚；被告人李昕、孙茂到案后能如实供述自己的罪行，认罪态度较好，且已退赔被害人全部经济损失，本院依法对其二人均从轻处罚。辩护人的相关辩护意见，本院酌予采纳。依照《中华人民共和国刑法》第二百六十四条、第三百一十二条第一款、第六十五条第一款、第六十七条第三款、第六十八条、第五十三条第一款、第六十四条之规定，判决如下：

一、被告人李昕犯盗窃罪，判处有期徒刑一年，罚金人民币一万元。

（刑期从判决执行之日起计算；判决执行以前先行羁押的，羁押一日折抵刑期一日，即自2018年10月1日起至2019月9月30日止。罚金限自本判决生效之次日起十日内缴纳。）

二、被告人孙茂犯掩饰、隐瞒犯罪所得罪，判处有期徒刑六个月，罚金人民币五千元。

（刑期从判决执行之日起计算；判决执行以前先行羁押的，羁押一日折抵刑期一日，即自2018年10月1日起至2019年3月31日止。罚金限自本判决生效之次日起十日内缴纳。）

三、责令被告人李昕向被害人丁某退赔人民币四千一百九十元，向被害人李某退赔人民币三千五百三十四元。

如不服本判决，可在接到本判决书的第二日起十日内，通过本院或者直接向北京市第一中级人民法院提出上诉。书面上诉的，应提交上诉状正本一份，副本二份。

审判员　　尹鹏展

二〇一九年二月二日

书记员　　耿雁

任务五　判决生效后的执行工作

涉及人民法院的执行是指人民法院将已经发生法律效力的裁判文书所确定的内容予以执行，依法付诸实施的诉讼活动。在刑事审判庭书记员所负责的有关执行的内容是书记员将生效的判决、裁定所确定的需要执行的内容移交执行机关进行执行的程序，其所负责的是移转的程序，而不是具体执行的工作。具体包括两方面内容：一是将需要人民法院执行庭执行的内容移交执行庭；二是将涉及主刑刑罚执行内容移交看守所或者司法局。

需要人民法院执行庭执行的内容包括罚金、没收财产等财产刑、责令退赔以及在案物品的处置等裁判文书内容。具体移转执行程序为：书记员填写刑事案件移送执行表，将被告人、被害人或者其他相关人员信息、需要移转执行庭执行的内容等填写准确，交由承办人和领导签字，完成后书记员将刑事案件移送执行表与裁判文书交立案庭，由立案庭转交执行庭。对于有在案赃物需要处理的，需要同时移送赃证物清单复印件；对于有案款需要移送的，需要同时移送案款单，并在移送执行表中表明；对于案件有查封、扣押、冻结的，需要同时移送查封、扣押、冻结的手续复印件。所有移送立案庭的手续材料必须在移送执行表备注中注明，做好交接手续。

对判处死刑缓期二年执行、无期徒刑、有期徒刑、拘役，需要看守所移交监狱执行的，人民法院需要出具相应的送监执行手续。书记员在判决生效之后，应当填写结案登记表、执行通知书并盖章，附刑事判决书、起诉书一并送交看守所，看守所在接收送监手续之后，会向人民法院出具送监执行回执，书记员需要将回执入卷，留存归档。

对于判处缓刑的被告人，需要其到居住地司法局接受社区矫正。书记员在办理社区矫正的执行手续时，需要被告人签署社区矫正告知书、社区矫正保证书。书记员在案件生效以后需要告知被告人携带相关手续到居住地司法局报到及不及时报道的法律后果，并填写结案信息表、执行通知、社区矫正告知书、社区矫正保证书、起诉书副本、判决书等一并送达负责执行的被告人居住地司法局社区矫正部门，由其对被告人实行社区矫正。在向送达社区矫正机关送达手续时，需要其签署送达回证。如果是通过邮寄的方式向社区矫正机关送达的，应当附送达回执，要求社区矫正机关收到后寄回，同时为了避免社区矫正机关不寄回送达回证，书记员在邮寄的过程中需要将邮寄的底单留存并复印入卷。

【诉讼文书】

北京市 ×× 区人民法院
刑事案件移送执行表

案　由	盗窃	案　号	（2019）京×××刑初×××号
被执行人情况及通信方式		被执行人（姓名）：周伟　　身份证号：×××× 住址：××× 电话（被执行人或家属）：无
被害人（被害单位）基本情况及联系方式		×××，身份证号：××× 电话：
移转执行内容		被告人周伟罚金人民币四千元；
相关信息		已查明的财产状况或者财产线索：无
		随案移送的财产和已经处置财产的情况：无
		查封、扣押、冻结财产的情况：无
		其他需要说明的情况：无
承办人签字		移转时间　　年　　月　　日	
审判庭领导批示		立案庭签收　　年　　月　　日	
备注		1.刑事判决书一份。

说明：

1.填写此通知书时，判处没收部分财产的，应当明确没收的具体财物或者金额；

2.判处追缴或者责令退赔的，应当明确追缴或者退赔的金额或财物的名称、数量等相关情况；

3.涉案财物或者被害人人数较多，不宜在判决主文中详细列明的，可以概括叙明并另附清单。

4.本通知书由审判庭、立案庭各留一份备案；所附材料需在备注中注明。

北京市 ×× 区人民法院
刑事案件执行通知

(2019)京××刑初××号

下列案犯周伟业经本院于2019年×月×日依法判决，现将判决送去，希按照本通知执行。

受刑人：周伟，男

籍贯：北京市 ×××

罪名：盗窃

判决内容：判处有期徒刑一年，罚金人民币二千元（未缴纳）

刑期：自 2018 年 8 月 16 日起至 2019 年 8 月 15 日止

关押抵刑日数：已折抵

释放日期：2019 年 8 月 15 日

执行根据：(2019) 京 0105 刑初 ××× 号刑事判决书

(2019) 京 03 刑终 ××× 号刑事裁定书

如周伟已转移其他监所，则请将本件立即转往其现押监所。

此致

北京市 ×× 区公安分局看守所

审判员　　×××

书记员　　×××

年　　月　　日

（院印）

接受社区矫正保证书

一、本人接受社区矫正，并保证在接受社区矫正期间遵守法律和行政法规，认真履行法律义务，不离开国境。

二、保证在规定的时限内到居住地区县司法局报到，接受社区矫正。

三、保证在接受社区矫正期间遵守社区矫正有关规定，服从管理，接受教育。

本保证书一式三份，裁决机关（关押单位）、区县司法局、司法所各一份。

保证人（签字）：

年　　月　　日

社区矫正告知书

××× ：

根据《中华人民共和国刑法》、《中华人民共和国刑事诉讼法》等有关法律规定，你应于 2019 年 1 月 2 日至 2020 年 1 月 1 日期间接受社区矫正，矫正期间必须主动接受司法行政机关的监督管理，并不得离开国境。

请于人民法院判决（裁定）生效之日或者假释出监所之日起十日内，携带刑事判决书（假释裁定书）、有效身份证明和近期 1 寸证件照片 3 张到 ×× 区 ×× 司法局报到。

如逾期报到的，司法机关将视情节给予警告处罚、撤销缓刑、撤销假释。

（单位公章）

2018年12月26日

告知书已向我宣读，我于　　年　　月　　日收到。

被告知人（签字）：

说明：此告知书一式四份，决定机关、被告知人、区县司法局、司法所各一份。

结案登记表
（送交社区矫正机关执行用）

姓名	×××	曾用名	无	性别	男	出生日期	1990年1月1日	民族	汉族
出生地	北京市	文化程度	初中	特长	无	（刑拘）前政治面貌		群众	
（刑拘）前职业或工作单位和职务	无								
家庭住址	北京市××区××小区1楼1门001号								
罪名	妨害公务	主刑	有期徒刑六个月，缓刑一年	附加刑	无				
简历	自幼读书，后无业								
过去违法犯罪及处理情况	无								
本案犯罪事实（时间、地点、手段、动机、结果等） 　　被告人××于2018年8月22日23时许，在本市××区辱骂、抓挠、推搡正在执行巡逻任务的民警，造成其全身多处挫伤，经鉴定构成轻微伤。被告人××被当场抓获，现已签署《认罪认罚具结书》。									
罪犯的认罪态度和是否已经考虑从严或从宽判处等	一般								
备注	无								

填表人：张丽　　　　填表日期：2019年1月1日

注：本页不够书写时另加页。

北京市××区人民法院
执行通知

（2019）京××刑初××号

下列案犯××业经本院于2019年1月1日依法判决，现将判决送去，希依照本通知执行。

被矫正人：××，男

罪名：妨害公务

判决结果：有期徒刑六个月，缓刑一年

执行期限：自2019年1月2日起至2020年1月1日止

执行根据：（2019）京××刑初××号刑事判决书

审判员　×××

书记员　×××

2019年1月1日

（院印）

【任务训练】

1. 请将以下判决书依据裁判文书公开的相关规定制作成为可以在互联网上公开的文书。

2. 假设此判决已生效，请将以下判决书中的判决内容移转执行庭执行。

北京市朝阳区人民法院
刑事判决书

（2018）京0105刑初××号

公诉机关北京市朝阳区人民检察院。

被告人王小龙（曾用名：王龙），男，汉族，1990年1月1日出生于北京市东城区，公民身份号码：110111199001010202，初中文化，户籍地为北京市东城区花花小区1号院1号楼1单元101。因涉嫌犯盗窃罪于2019年4月2日被刑事拘留，同年4月29日被逮捕。现羁押在朝阳区看守所。

北京市朝阳区人民检察院以京朝检公诉刑诉[2019]1000号起诉书指控被告人

王小龙犯盗窃罪，于2019年5月25日向本院提起公诉。本院依法适用简易程序，实行独任审判，依法公开开庭审理了本案。北京市朝阳区人民检察院指派检察员张林出庭支持公诉。被告人王小龙到庭参加诉讼。现已审理终结。

公诉机关指控并经本院审理查明：被告人王小龙于2019年3月20日20时许，非法进入被害人邵翠花（女，49岁，四川省人）位于北京市朝阳区花草小区1号院1号楼1单元101的家中，盗窃人民币3000元。

被告人王小龙于2019年4月2日被公安机关抓获。已签署《认罪认罚具结书》。

上述事实，被告人王小龙在庭审过程中无异议，并有被害人邵翠花的陈述，证人李二蛋等人的证言，现场勘验检查笔录，辨认笔录，监控视频，照片，公安机关出具的到案经过、身份证明及被告人王小龙的供述等证据予以证实，足以认定。

本院认为，被告人王小龙以非法占有为目的，入户盗窃他人财物，其行为触犯了刑法，已构成盗窃罪，依法应予惩处。北京市朝阳区人民检察院指控王小龙犯盗窃罪的事实清楚，证据确实、充分，指控的罪名成立。鉴于王小龙到案后如实供述所犯罪行，自愿认罪认罚，本院依法对其所犯罪行予以从轻处罚。依法责令被告人王小龙退赔被害人的经济损失。综上，根据王小龙犯罪的事实、犯罪的性质、情节以及对于社会的危害程度，本院依照《中华人民共和国刑法》第二百六十四条、第二十三条、第六十七条第三款、第六十一条、第六十四条、第四十五条、第四十七条、第五十二条、第五十三条及《中华人民共和国刑事诉讼法》第十五条之规定，判决如下：

一、被告人王小龙犯盗窃罪，判处有期徒刑八个月，罚金人民币一千元（刑期从判决执行之日起计算。判决执行以前先行羁押的，羁押一日折抵刑期一日，即自2019年4月2日起至2019年12月1日止，罚金于本判决发生法律效力后三个月内缴纳）。

二、责令被告人王小龙退赔人民币三千元，发还被害人邵翠花。

如不服本判决，可在接到判决书的第二日起十日内，通过本院或者直接向北京市第三中级人民法院提出上诉。书面上诉的，应当提交上诉状正本一份，副本二份。

审判员　李明
二〇一九年六月六日
（院印）
书记员　张丽

工作情境二　民事案件审结后的工作

【情境描述】

原告李双喜诉被告北京市红太阳酒业有限公司保证合同纠纷一案已完成宣判并向双方送达了民事判决书。法官周旭东将案卷材料交给书记员李霞说："辛苦你做一下案件审结后的工作吧。宣判的时候被告明确表示不服判决要上诉的，也要关注一下。"李霞说："好的。"

【情境分析】

案件审结后需要完成哪几方面的工作呢？首先，案件审结后的工作可以分为电子档案和纸质档案的审结两方面，电子档案的审结需要进行信息录入与报结。其次，纸质档案审结后，应当根据案件后续的不同程序进展完成相关工作。例如，一审案件审结后上诉的，则需要完成上诉卷宗的移送、退卷等。那么这些工作有无先后顺序呢？

【工作任务】

任务一　录入与报结工作

一、结案时间的确定

一般而言，裁判文书完成宣告和送达工作后，案件就已经审结了。那么究竟何时才是案件的确定的结案时间呢？

（一）结案形式对结案时间的影响

根据《最高人民法院〈关于严格执行案件审理期限制度的若干规定〉》第十条规定，"人民法院判决书宣判、裁定书宣告或者调解书送达最后一名当事人的日期为结案时间"。不同的裁判文书形式，对结案时间有着不同的影响。

（1）以判决结案的，当庭宣判的，判决文书则以10日内发送给当事人，最后一名当事人收到之日为结案日。人民法院已经告知当事人领取裁判文书的时间和地点的,当事人在指定期间内领取裁判文书之日为送达之日也即结案日;当事人在指定期间内未领取的,指定领取裁判文书期间届满之日为送达之日也即结案日。当庭宣判日不能作为结案日。定期宣判的,宣判后立即发给判决书。人民法院在定期宣判时,当事人拒不签收判决书的,应视为送达,定期宣判日为送达之日也即结案日。当事人确有正当理由不能到庭,并在定期宣判前已经告知人民法院的,人民法院可以按照当事人自己提供的送达地址将裁判文书送达给未到庭的当事人,送达日为结案日。

(2)以裁定结案的,裁定书送达给最后一名当事人的日期为结案日。以不予受理、驳回起诉或移送其他法院管辖裁定结案的,若双方当事人均未上诉的,上诉期满日为结案日;若一方当事人上诉或双方当事人均上诉的,则需待上诉结果出具后视情况确定结案日。二审法院撤销原裁定,裁定应予受理或继续审理的,则一审案件继续审理,无需结案,二审期间可按中止审理处理。二审法院维持原裁定的,则二审裁定日为一审案件结案日。

(3)以调解结案的,调解书送达给最后一名当事人的日期为结案日。调解书无需制作或无需送达生效的,以调解协议生效日为结案日。

(二)送达方式对结案时间的影响

《最高人民法院〈关于严格执行案件审理期限制度的若干规定〉》第十条规定,"人民法院判决书宣判、裁定书宣告或者调解书送达有下列情形之一的,结案时间遵守以下规定:(一)留置送达的,以裁判文书留在受送达人的住所日为结案时间;(二)公告送达的,以公告刊登之日为结案时间;(三)邮寄送达的,以交邮日期为结案时间;(四)通过有关单位转交送达的,以送达回证上当事人签收的日期为结案时间。"具体而言:

(1)留置送达的,当事人不可能在送达回证上签署收到裁判文书的时间,也就难以确定送达日期。因此,若案件中最后一名当事人采用留置方式送达的,则以裁判文书留在受送达人的住所日为结案时间。当然,根据法律规定,留置送达除了将裁判文书留置在受送达人的住所外,还可以适用当事人到法院领取裁判文书及法院在当事人住所地以外送达的情形,故留置送达的结案时间应为人民法院实施留置送达之日。

(2)公告送达的,以公告刊登之日为结案时间。公告送达裁判文书,自发出公告之日起经过30日,才视为裁判文书已经送达。因此,公告刊登之日并非裁判文书的视为送达日,而仅为裁判文书的发送日。在送达裁判文书这个阶段,法院其他的审理工作都已经完成,如果仅因送达裁判文书延长60天的审理期限,就有可能导致案件超过审理期限,另外,《最高人民法院〈关于严格执行案件审理期限制度的若干规定〉》中规定民事、行政案件公告的期间不计入审、执行期限。综上,将结案日定为公告发送日。

(3)邮寄送达的,以交邮日期为结案时间。邮寄送达裁判文书有一个在途时间问题,因在途时间不受法院控制,而法律规定诉讼文书在期满前交邮的不算过期,因此,期间不包括诉讼文书的在途时间。若人民法院用邮寄方式送达裁判文书的,以交邮时邮局在邮件上盖戳的日期为送达日期。也即结案日为邮寄发送日。

(4)直接送达、委托送达和转交送达的,根据法律规定,均以送达回证上当事人签收的日期为结案时间。因此结案时间为实际送达日。

(5)电子送达的,以传真、电子邮件等到达受送达人特定系统的日期为送达日期,该送达日期为人民法院对应系统显示发送成功的日期,但受送达人证明到达其特定系统的日期与人民法院对应系统显示发送成功的日期不一致的,以受送达人证明到达其特定系统的日期为准。因此结案时间为实际送达日。

综上,结案时间应当综合结案形式及送达方式的不同因素予以确定。例如,法院定于2019年6月20日上午9点整进行宣判,并已有效送达宣判传票的,若仅有被告无正当理由未到庭参加宣判的,虽法院于2019年6月23日对被告实施了判决书留置送达,但该案的结案日仍应定为2019年6月20日。理由是人民法院在定期宣判时,当事人拒不签收判决书的,应视为送达,定期宣判日为送达之日也即结案日。而若被告有合法理由未到庭参加宣判且已取得法院同意的,则2019年6月23日才为结案日,理由为人民法院判决书宣判送达最后一名当事人的日期为结案时间,留置送达的,以裁判文书留在受送达人的住所日为结案时间。

二、结案后的录入和报结工作

案件审结后,应及时将案件审理各阶段的审判流程信息录入到法院信息管理系统中的"审判流程管理情况表"中。录入信息应当与案卷材料中的信息一致,录入信息主要包括:开庭的时间、地点,合议庭组成人员和书记员,结案方式,裁判结果,宣判时间,裁判文书送达日期,结案案由,结案标的金额,结案日期等主要内容。在法院信息管理系统中完成案件报结工作后,案件自动进入到结案库中,案件的审理阶段正式结束。

【诉讼文书】

民事一审案件审理流程管理情况

案号：（2019）京02民初1200号

立案日期：2019年5月6日	移交审判庭日期：2019年5月8日		审判庭或法庭名称：民二庭 接收人：
适用程序：普通	审判长或独任审判员：周旭东 承办人：周旭东		其他合议庭成员：审判员林伟、人民陪审员方海清 书记员：李霞
参加诉讼的代理人4人，其中代理律师1人，法律援助律师0人			反诉
申请回避人：	申请回避原因：		
申请回避结果：	不公开审判：		不公开审判的法律依据：
排期日程	庭次	开庭时间	开庭地点	法庭记录员
2019年6月14日	1	2019年6月14日9时00分至2019年6月14日11时40分	第三法庭	李霞
扣除审理期间		案件中止审理及法定扣除审限原因	批准延长审限的时间	申请延长审限原因
提出管辖异议人：			对管辖异议处理结果：
对管辖异议裁定上诉：	对管辖异议裁定上诉后的处理结果：		
简易程序转普通程序日期	审批人：		法定审限：共180日，延长审限0日，实际审理53日
超审限：	超审限原因：		
承办人报批日期：	审判长或独任审判员审签日期：		庭长审签日期：
院长审签日期：	审委会讨论决定日期：		审委会讨论决定后院长签发日期：
结案方式	判决		
裁判结果			当庭宣判：
缺席宣判：	宣判时间：2019年6月28日	裁判文书送达日期：2019年6月28日	送达人：周旭东、李霞
结案案由	保证合同纠纷		
结案日期：2008年06月20日	结案标的金额：6000万元		上诉人名称：
收到上诉状日期：	预交二审受理费日期：		向二审法院移送案卷日期：
结案信息统计在2019年6月法综10（13,16,19,21），31,32（33），35表			备注：

任务二　一审后的上诉工作

一、审查上诉期限

根据《中华人民共和国民事诉讼法》第一百七十一条的规定，当事人不服地方人民法院第一审判决的，有权在判决书送达之日起十五日内向上一级人民法院提起上诉。当事人不服地方人民法院第一审裁定的，有权在裁定书送达之日起十日内向上一级人民法院提起上诉。超过法定期限的，当事人丧失上诉的权利，一审法院的民事判决书或民事裁定书生效。一审宣判时或者判决书、裁定书送达时，当事人口头表示上诉的，人民法院应告知其必须在法定上诉期间内递交上诉状。未在法定上诉期间内递交上诉状的，视为未提起上诉。

未超过上诉期限是当事人能否顺利提起上诉的前提。因此，当事人对一审判决或裁定不服提出上诉的，书记员应首先审查其上诉是否在法定期限内，否则不收取上诉状并告知其已丧失上诉权利。

那么如何确定上诉期限呢？一般来说，书记员应当根据不同的送达方式，核实当事人收到民事判决书或民事裁定书的时间也即送达时间，具体送达时间的确定已在民事案件的庭前送达章节中说明，在此不再赘述。上诉期限就从送达日的次日开始计算15天或10天。特殊情况下，书记员可以根据法律规定直接适用上诉期限的计算。当庭宣判，人民法院已经告知当事人领取裁判文书的时间和地点的，当事人的上诉期从人民法院指定领取裁判文书期间届满之日的次日起开始计算。定期宣判的，当事人的上诉期自定期宣判的次日起开始计算。

二、办理上诉的具体工作

上诉应当向原审人民法院提出。当事人直接向第二审人民法院上诉的，第二审人民法院应当在五日内将上诉状移交原审人民法院。

原审人民法院收到在法定上诉期间内递交的上诉状后，需要办理以下工作：

1. 审查上诉状的内容及份数

审查上诉状的内容，上诉状的内容应当包括当事人的姓名，法人的名称及其法定代表人的姓名或者其他组织的名称及其主要负责人的姓名；原审人民法院名称、案件的编号和案由；上诉的请求和理由。上诉人应当按照对方当事人或者代表人的人数提出副本。

2. 送达上诉状副本和答辩状副本

原审人民法院收到上诉状，应当在五日内将上诉状副本送达对方当事人，对方当事人在收到之日起十五日内提出答辩状。人民法院应当在收到答辩状之日起五日内将副本送达上诉人。对方当事人不提出答辩状的，不影响人民法院审理。

3. 通知上诉人预交上诉费

原审法院收到上诉人提交的上诉状后，应当通知上诉人在一定期限内向二审法院预交上诉费。上诉人在规定的期限不交纳上诉费的，视为自动放弃上诉。

原告、被告、第三人分别上诉的，按照上诉请求分别预交二审案件受理费。同一方多人共同上诉的，只预交一份二审案件受理费；分别上诉的，按照上诉请求分别预交二审案件受理费。

三、移送上诉案件卷宗材料

原审法院收到上诉状、答辩状，应当在五日内连同全部案卷和证据报送二审法院。具体卷宗材料有：

（1）上诉案件移送函（一式两份，一份移送二审法院，一份订入一审卷宗）；（2）装订好的一审案卷；（3）上诉状；（4）上诉状送达证明；（5）答辩状原件；（6）答辩状送达证明；（7）一审判决或裁定的法律文书；（8）补充证据；（9）诉讼代理材料。同时，还应准备一份一审法院的送达回证，在"送达文书名称和件数"一栏把向二审法院移送的所有材料和卷宗都写上，在"受送达人"处写上二审法院的名称和具体审判庭的名称，并在送达法院的名称处盖上本院院印。

二审法院收到一审法院移送的上诉移送函、上诉材料、一审卷宗和送达回证后，应在送达回证中的"受送达人签名或盖章"处签收或盖章，表明收到了一审法院移送的卷宗和材料，然后把签收的送达回证退回一审法院保存。

任务三 二审后的整理和退卷工作

二审案件的立案、审理工作可参考一审。二审结案后，书记员也应像一审书记员一样对卷宗进行整理、装订和归档。下面仅就与一审审结后存在明显不同的二审卷宗整理工作以及一审中没有的退卷工作进行介绍。

一、整理二审案卷的要求

二审案卷在进行卷宗整理时需要特别注意以下事项：

第一，一审诉讼材料是二审案件的主要审理依据，且是二审案件的必备材料。书记员应当按照审判员的要求，对一审卷宗中需要复印的重要证据材料、诉讼文书和一审笔录等进行复印，并将复印好的一审诉讼材料装入二审卷宗中。

第二，当事人在二审中提交的新证据也是二审案件的审理依据。二审程序中新的证据包括：一审庭审结束后新发现的证据；当事人在一审举证期限届满前申请人民法院调查取证未获准许，二审法院经审查认为应当准许并依当事人申请调取的证据。当事人在二审程序中提供的新证据应当在二审开庭前或者开庭审理时提出；二审不需要开庭审理的，应当在人民法院指定的期限内提出。对于当事人在二审阶段提交的新证据，二审法院应认真审查，符合新证据标准的，经开庭质证后作为二审法院裁判的依据并入卷保存，不符合新证据标准的，不予质证，人民法院不予采纳也不入卷保存。

二、一审案卷退卷的要求

二审审结后，书记员应将一审案卷退回原审法院，退还一审案卷时还应将二审法院的裁判文书3份一并退还原审法院，以便原审法院了解二审裁判结果。

在退还一审案卷时，书记员需要填写退卷函并使用送达回证。退卷函一式两份，一份交给原审法院，一份入二审卷宗保存。退卷函中应写明以下内容：二审法院名称、该案的二审案号、原审人民法院名称、案件当事人情况、所退案卷的件数、退卷日期，退卷日期处应盖二审法院的院章。送达回证则由原审法院签收后退回给二审法院；二审法院收到送达回证后放入二审卷宗保存。

书记员应当认真核对退还案卷的名称、数量与一审法院移送案卷的上诉案件移送函中的记载是否一致。如果一审移送上诉时附证物袋并在二审审理过程中因需要而开启的，应在退卷时重新加封，并在退卷函上注明；若涉及实物证据的回退，可随卷回退的亦应在退卷函上注明，不能随卷回退的应及时与一审法院联系取回事宜。

【诉讼文书】

××××人民法院

退卷函

（　　）××××号

××××××人民法院：

　　现将你院＿＿＿＿＿＿＿＿＿＿＿＿＿＿＿一案的全部案卷材料退还，请查收。

　　附件：案卷＿＿＿＿＿＿册。

××××年××月××日

（院印）

签发人：　　　　　　　　　经办人：

任务四　诉讼费用的清结工作

　　诉讼费用的清结是指当事人依照国务院《诉讼费用交纳办法》及《最高人民法院关于适用〈诉讼费用交纳办法〉的通知》等交纳相应诉讼费用后，书记员依照裁判文书中诉讼费用的分担决定办理退费、结算等事宜。总的流程是当事人根据规定先行预交诉讼费用，由法院开具诉讼费用预交票据（部分申请费直接开具结算票据），然后根据裁判文书中确定的诉讼费用分担决定视情况对预交费用进行全部结算或部分结算并部分退费，由人民法院开具结算票据或退费票据，未预交诉讼费用的当事人直接交纳诉讼费用，由法院开具结算票据。

一、诉讼费用的交纳概述

（一）诉讼费用的交纳范围

　　当事人应当向人民法院交纳的诉讼费用包括：案件受理费；申请费；证人、鉴定人、翻译人员、理算人员在人民法院指定日期出庭发生的交通费、住宿费、生活费和误工补贴。案件受理费包括：第一审、第二审案件受理费以及再审案件中，依照规定需要交纳的案件受理费。以下情形时产生申请费：（1）申请执行人民法院发生法律效力的判决、裁定、调解书，仲裁机构依法作出的裁决和调解书，公证机构依法赋予强制执行效力的债权文书；（2）申请保全措施；（3）申请支付令；（4）申请公示催告；（5）申请撤销仲裁裁决或者认定仲裁协议效力；（6）申请破产；

(7)申请海事强制令、共同海损理算、设立海事赔偿责任限制基金、海事债权登记、船舶优先权催告；(8)申请承认和执行外国法院判决、裁定和国外仲裁机构裁决。

(二)诉讼费用的交纳标准

案件受理费区分财产案件、非财产案件、知识产权案件、劳动争议案件、行政案件和管辖异议案件的不同类型有不同的交纳标准，申请费也根据申请项目的不同有不同的交纳标准，既有财产性诉讼请求又有非财产性诉讼请求的，按照财产性诉讼请求的标准交纳诉讼费。有多个财产性诉讼请求的，合并计算交纳诉讼费；诉讼请求中有多个非财产性诉讼请求的，按一件交纳诉讼费。具体可参见《诉讼费用交纳办法》第十三条、第十四条的规定。实践中，审判信息管理系统中配备计算诉讼费用的功能，书记员可分类按需输入确定。

下列案件不交纳案件受理费：依照《民事诉讼法》规定的特别程序审理的案件；裁定不予受理、驳回起诉、驳回上诉的案件；对不予受理、驳回起诉和管辖权异议裁定不服，提起上诉的案件；除当事人有新的证据，足以推翻原判决、裁定，向人民法院申请再审，人民法院经审查决定再审的案件以及当事人对人民法院第一审判决或者裁定未提出上诉，第一审判决、裁定或者调解书发生法律效力后又申请再审，人民法院经审查决定再审的案件以外，根据民事诉讼法规定的审判监督程序审理的案件。

适用简易程序审理的案件减半交纳案件受理费。适用简易程序审理的案件转为普通程序的，原告自接到人民法院交纳诉讼费用通知之日起七日内补交案件受理费。原告无正当理由未按期足额补交的，按撤诉处理，已经收取的诉讼费用退还一半。以调解方式结案或者当事人申请撤诉的，减半交纳案件受理费。若同时也适用简易程序审理的，也只能减半一次。

对财产案件提起上诉的，按照不服一审判决部分的上诉请求数额交纳案件受理费。被告提起反诉、有独立请求权的第三人提出与本案有关的诉讼请求，人民法院决定合并审理的，分别减半交纳案件受理费。

二、诉讼费用的预交

(一)诉讼费用的预交人范围

案件受理费由原告、有独立请求权的第三人、上诉人预交。被告提起反诉，依照规定需要交纳案件受理费的，由被告预交。原告、被告、第三人分别上诉的，按照上诉请求分别预交二审案件受理费。同一方多人共同上诉的，只预交一份二审案件受理费；分别上诉的，按照上诉请求分别预交二审案件受理费。

追索劳动报酬的案件可以不预交案件受理费。代表人诉讼不预交案件受理费，结案后按照诉讼标的额由败诉方交纳。根据《民事诉讼法》规定的审判监督程序审理的案件，当事人不交纳案件受理费。当事人有新的证据足以推翻原判决、裁定，向人民法院申请再审，人民法院经审查决定再审的案件以及当事人对人民法院第一审判决或者裁定未提出上诉，第一审判决、裁定或者调解书发生法律效力后又申请再审，人民法院经审查决定再审的案件，由申请再审的当事人预交。双方当事人都申请再审的，分别预交。

申请费由申请人预交，但执行申请费和破产申请费不由申请人预交，执行申请费执行后交纳，破产申请费清算后交纳。

（二）诉讼费用的预交时间

一审案件受理费一般在当事人接到人民法院交纳诉讼费用通知次日起7日内交纳；二审案件受理费由上诉人向人民法院提交上诉状时预交。上诉人在上诉期内未预交诉讼费用的，人民法院应当通知其在7日内预交。

申请费由申请人在提出申请时或者在人民法院指定的期限内预交。证人、鉴定人、翻译人员、理算人员在人民法院指定日期出庭发生的交通费、住宿费、生活费和误工补贴等费用，待实际发生后交纳。

（三）诉讼费用的预交方法

当事人预交诉讼费用的，人民法院应当向当事人开具交费凭证（一般是指《交纳诉讼费用通知书》），当事人持交费凭证到指定代理银行交费。当事人预交的，法院确认收到后应当开具诉讼费用预交票据。书记员应当将预交票据发票联（当事人联）交给当事人，记账联交给法院财务，将附卷联粘贴在A4纸上，放入卷宗中保存。

（四）诉讼费用的缓交

当事人预交诉讼费用确有困难的，可以向人民法院申请缓交诉讼费用的司法救助。

符合下列情形之一的，人民法院应当准予缓交诉讼费用：追索社会保险金、经济补偿金的；海上事故、交通事故、医疗事故、工伤事故、产品质量事故或者其他人身伤害事故的受害人请求赔偿的；正在接受有关部门法律援助的；确实需要缓交的其他情形。

当事人申请诉讼费用的缓交，应当在起诉或者上诉时提交书面申请、足以证明其确有经济困难的证明材料以及其他相关证明材料。人民法院对当事人的缓交诉讼费用申请不予批准的，应当向当事人书面说明理由。

人民法院批准当事人的缓交诉讼费用申请的，当事人无需先行预交诉讼费用，待裁判文书确定诉讼费用的负担情况后再行处理。书记员应当将当事人申请缓交诉讼费用的材料以及人民法院予以批准的材料放入卷宗中保存。

三、诉讼费用的清结

（一）诉讼费用的负担

诉讼费用由败诉方负担，胜诉方自愿承担的除外。部分胜诉、部分败诉的，人民法院根据案件的具体情况决定当事人各自负担的诉讼费用数额。共同诉讼当事人败诉的，人民法院根据其对诉讼标的的利害关系，决定当事人各自负担的诉讼费用数额。第二审人民法院改变第一审人民法院作出的判决、裁定的，应当相应变更第一审人民法院对诉讼费用负担的决定。经人民法院调解达成协议的案件，诉讼费用的负担由双方当事人协商解决；协商不成的，由人民法院决定。离婚案件诉讼费用的负担由双方当事人协商解决；协商不成的，由人民法院决定。民事案件的原告或者上诉人申请撤诉，人民法院裁定准许的，案件受理费由原告或者上诉人负担。应当交纳案件受理费的再审案件，诉讼费用由申请再审的当事人负担；双方当事人都申请再审的，诉讼费用依照谁败诉谁负担的原则确定。原审诉讼费用的负担由人民法院根据诉讼费用负担原则重新确定。

申请执行人民法院发生法律效力的判决、裁定、调解书，仲裁机构依法作出的裁决和调解书，公证机构依法赋予强制执行效力的债权文书以及申请承认和执行外国法院判决、裁定和国外仲裁机构裁决的申请费由被执行人负担。执行中当事人达成和解协议的，申请费的负担由双方当事人协商解决；协商不成的，由人民法院决定。依照特别程序审理案件的公告费，由起诉人或者申请人负担。依法向人民法院申请破产的，诉讼费用依照有关法律规定从破产财产中拨付。

（二）诉讼费用的清结

裁判文书生效后，书记员应当按照裁判文书记载的诉讼费用负担决定及时清结诉讼费用。具体来说，（1）当事人没有预交，结案后需要负担的，通知当事人及时交纳，当事人交纳的，开具诉讼费用结算票据。当事人收到《交纳诉讼费用通知书》后无正当理由拒绝交纳的，书记员应当制作依职权申请强制执行材料，经承办法官批准后交由立案庭立案并移送法院执行部门执行。（2）当事人预交金额小于结案后需要负担金额的,对于未预交部分的处理同上,对于已预交部分金额开具诉讼费用结算票据。(3)当事人预交金额等于结案后需要负担金额的,对预交部分金额开具诉讼费用结算票据。(4)当事人预交金额大于结案后需要负担金额的,对负担部分金额开具诉讼费用结算票据,对剩余部分金额开具诉讼费用退费票据并发送《退还诉讼费用通知书》,通知当事人及时办理退费手续。为保障资金安全,一般退回诉讼费应通知交款人或法律文书确定的权利人亲自领取,若不能亲自领取的,应当由其出具代领款的授权委托书交由代领人领取。交款人或权利人系单位的,通过银行转账方式退回。上述诉讼费票据的保存方式同诉讼费预收票据的保存方式。

诉讼费用若确有正当理由不能清结的,应当书面记录未清结原因,报有关领导批准并附卷。

(三)诉讼费用的缓交、免交

当事人最终交纳诉讼费用确有困难的,可以向人民法院申请减交或者免交诉讼费用的司法救助。其中,诉讼费用的免交只适用于自然人。人民法院准予当事人减交、免交诉讼费用的,应当在法律文书中载明。

当事人申请司法救助,符合下列情形之一的,人民法院应当准予减交诉讼费用:因自然灾害等不可抗力造成生活困难,正在接受社会救济,或者家庭生产经营难以为继的;属于国家规定的优抚、安置对象的;社会福利机构和救助管理站;确实需要减交的其他情形。人民法院准予减交诉讼费用的,减交比例不得低于30%。

当事人申请司法救助,符合下列情形之一的,人民法院应当准予免交诉讼费用:残疾人无固定生活来源的;追索赡养费、扶养费、抚育费、抚恤金的;最低生活保障对象、农村特困定期救济对象、农村五保供养对象或者领取失业保险金人员,无其他收入的;因见义勇为或者为保护社会公共利益致使自身合法权益受到损害,本人或者其近亲属请求赔偿或者补偿的;确实需要免交的其他情形。

当事人申请减交或免交诉讼费用,应当在起诉或者上诉时提交书面申请、足以证明其确有经济困难的证明材料以及其他相关证明材料。因生活困难或者追索基本生活费用申请免交、减交诉讼费用的,还应当提供本人及其家庭经济状况符合当地民政、劳动保障等部门规定的公民经济困难标准的证明。人民法院对当事人的司法救助申请不予批准的,应当向当事人书面说明理由。

人民法院批准当事人的减交或免交诉讼费用申请的,当事人无需交纳减交或免交部分的诉讼费用。书记员应当将当事人申请减交或免交诉讼费用的材料以及人民法院予以批准的材料放入卷宗中保存。

【诉讼文书】

××××人民法院
交纳诉讼费用通知书

（　）××××号

×××：

＿＿＿＿＿＿＿＿（写明当事人及案由）一案，你向本院提起诉讼／反诉／上诉／申请。依照《中华人民共和国民事诉讼法》第一百一十八条、《诉讼费用交纳办法》规定，你应当交纳案件受理费＿＿＿＿＿元、申请费＿＿＿＿＿元、其他诉讼费＿＿＿＿＿元，合计＿＿＿＿＿元。限你于收到本通知书次日起七日内向本院预交。期满仍未预交的，按撤回起诉／反诉／上诉／申请处理。

本院诉讼费专户名称：××××人民法院（财政汇缴专户）；开户银行：＿＿＿＿＿银行；账号：＿＿＿＿＿。

特此通知。

××××年××月××日

（院印）

××××人民法院
退还诉讼费用通知书

（　）××××号

×××××：

＿＿＿＿＿（写明当事人及案由）一案，已经结案。依照《诉讼费用交纳办法》规定，应当退还案件受理费＿＿＿＿＿元、申请费＿＿＿＿＿元、其他诉讼费＿＿＿＿＿元，合计＿＿＿＿＿元。限你于收到本通知书次日起七日内向本院领取。

特此通知。

××××年××月××日

（院印）

任务五　判决生效后移送执行工作

一、执行的管辖法院

发生法律效力的民事判决、裁定，由第一审人民法院或者与第一审人民法院同级的被执行的财产所在地人民法院执行。案件若经过二审生效的，仍由第一审人民法院负责执行。

发生法律效力的实现担保物权裁定、确认调解协议裁定、支付令，由作出裁定、支付令的人民法院或者与其同级的被执行财产所在地的人民法院执行。

法律规定由人民法院执行的其他法律文书，由被执行人住所地或者被执行的财产所在地人民法院执行。例如，民事调解书、对依法设立的仲裁机构的裁决或公证机关依法赋予强制执行效力的债权文书，一方当事人不履行的，对方当事人可以向有管辖权的人民法院申请执行。

二、执行的申请期限

申请执行的期间为二年。申请执行时效的中止、中断，适用法律有关诉讼时效中止、中断的规定。前款规定的期间，从法律文书规定履行期间的最后一日起计算；法律文书规定分期履行的，从规定的每次履行期间的最后一日起计算；法律文书未规定履行期间的，从法律文书生效之日起计算。

申请恢复执行原生效法律文书，仍适用上述规定。申请执行期间因达成执行中的和解协议而中断，其期间自和解协议约定履行期限的最后一日起重新计算。

三、执行的移送

发生法律效力的民事判决、裁定，当事人必须履行。一方拒绝履行的，对方当事人可以向人民法院申请执行，也可以由审判员移送执行员执行。调解书和其他应当由人民法院执行的法律文书，当事人必须履行。一方拒绝履行的，对方当事人可以向人民法院申请执行。

当事人申请执行的，应向人民法院提交下列文件和证件：（1）申请执行书。申请执行书中应当写明申请执行的理由、事项、执行标的，以及申请执行人所了解的被执行人的财产状况。申请执行人书写申请执行书确有困难的,可以口头提出申请。人民法院接待人员对口头申请应当制作笔录,由申请执行人签字或盖章。外国一方当事人申请执行的,应当提交中文申请执行书。当事人所在国与我国缔结或共同参加的司法协助条约有特别规定的,按照条约规定办理。(2)生效法律文书副本。(3)申请执行人的身份证明。(4)继承人或权利承受人申请执行的,应当提交继承或承受权利的证明文件。(5)其他应当提交的文件或证件。

书记员收到当事人的执行申请后,应当从以下几方面进行审查:(1)申请或移送执行的法律文书是否已经生效;(2)申请执行人是否为生效法律文书确定的权利人或其继承人、权利承受人;(3)申请执行人有无在法定期限内提出申请;(4)申请执行的法律文书有无给付内容,且执行标的和被执行人明确;(5)义务人在生效法律文书确定的期限内有无履行义务;(6)是否属于受申请执行的人民法院管辖。人民法院对符合上述条件的申请,应当在七日内予以移送立案,不符合上述条件之一的,应当在七日内裁定不予受理。

生效法律文书的执行,一般应当由当事人依法提出申请。发生法律效力的具有给付赡养费、扶养费、抚育费内容的法律文书、民事制裁决定书,由审判庭移送执行机构执行。

任务六 裁判文书的公开

根据《中华人民共和国民事诉讼法》第一百五十九条的规定,公众可以查阅发生法律效力的判决书、裁定书,但涉及国家秘密、商业秘密和个人隐私的内容除外。因此,裁判文书公开已经成为一项重要的司法制度被确认下来。

一、裁判文书的公开范围

人民法院应当在中国裁判文书网这一全国法院公布裁判文书的统一平台依法、全面、及时、规范地公布裁判文书。人民法院作出的下列民事裁判文书应当在互联网公布:民事判决书;民事裁定书;支付令;民事驳回申诉通知书;对妨害诉讼行为作出的拘留、罚款决定书,提前解除拘留决定书,因对不服拘留、罚款等制裁决定申请复议而作出的复议决定书;民事公益诉讼调解书;其他有中止、终结诉讼程序作用或者对当事人实体权益有影响、对当事人程序权益有重大影响的裁判文书。

人民法院作出的民事裁判文书有下列情形之一的，不在互联网公布：涉及国家秘密的；以调解方式结案或者确认人民调解协议效力的，但为保护国家利益、社会公共利益、他人合法权益确有必要公开的除外；离婚诉讼或者涉及未成年子女抚养、监护的；人民法院认为不宜在互联网公布的其他情形。

二、裁判文书的公开要求

人民法院应当在受理案件通知书、应诉通知书中告知当事人在互联网公布裁判文书的范围，并通过政务网站、电子触摸屏、诉讼指南等多种方式向公众告知人民法院在互联网公布裁判文书的相关规定。发生法律效力的裁判文书应当在裁判文书生效之日起七个工作日内在互联网公布。依法提起抗诉或者上诉的一审判决书、裁定书应当在二审裁判生效后七个工作日内在互联网公布。

人民法院在互联网公布裁判文书时，应当对下列人员的姓名进行隐名处理：婚姻家庭、继承纠纷案件中的当事人及其法定代理人；未成年人及其法定代理人。进行隐名处理时，应当按以下情形处理：保留姓氏，名字以"某"替代；对于少数民族姓名，保留第一个字，其余内容以"某"替代；对于外国人、无国籍人姓名的中文译文，保留第一个字，其余内容以"某"替代；对于外国人、无国籍人的英文姓名，保留第一个英文字母，删除其他内容。对不同姓名隐名处理后发生重复的，通过在姓名后增加阿拉伯数字进行区分。人民法院在互联网公布裁判文书时，应当删除下列信息：自然人的家庭住址、通信方式、身份证号码、银行账号、健康状况、车牌号码、动产或不动产权属证书编号等个人信息；法人以及其他组织的银行账号、车牌号码、动产或不动产权属证书编号等信息；涉及商业秘密的信息；家事、人格权益等纠纷中涉及个人隐私的信息；涉及技术侦查措施的信息；人民法院认为不宜公开的其他信息。若删除信息影响对裁判文书正确理解的，用符号"×"作部分替代。应当保留当事人、法定代理人、委托代理人的下列信息：除根据本规定第八条进行隐名处理的以外，当事人及其法定代理人是自然人的，保留姓名、出生日期、性别、住所地所属县、区；当事人及其法定代理人是法人或其他组织的，保留名称、住所地、组织机构代码，以及法定代表人或主要负责人的姓名、职务；委托代理人是律师或者基层法律服务工作者的，保留姓名、执业证号和律师事务所、基层法律服务机构名称；委托代理人是其他人员的，保留姓名、出生日期、性别、住所地所属县、区，以及与当事人的关系。

【任务训练】

1. 如何确定结案时间？

2. 如何完成诉讼费用的清结工作？请根据原告李双喜诉被告北京市红太阳酒业有限公司保证合同纠纷一案的诉讼费交纳情况，分别填写《交纳诉讼费用通知书》及《退还诉讼费用通知书》。

工作情境三　行政案件审结后的工作

【情境描述】

徐坤顺利完成了裁判文书的送达工作，法官李农告诉书记员徐坤案件可以进入系统进行报结了。案件报结后，原告孙小丽不服，向法院提起了上诉。

【情境分析】

徐坤应当如何进行案件的报结工作？一审原告上诉后徐坤应当进行哪些工作？二审案件审结后应当如何处理？

徐坤应当时将案件审理各阶段的审判流程信息录入到法院信息管理系统中的"审判流程管理情况表"中。原告上诉后，徐坤应当按照上诉流程办理上诉事宜，待二审审结案卷退回后及时进行整理和归档工作。

【工作任务】

任务一　录入与报结工作

案件审结后，书记员应及时将案件审理各阶段的审判流程信息录入到法院信息管理系统中的"审判流程管理情况表"中。录入电脑的审判流程信息应当与案卷材料中的信息一致，录入信息的内容包括：合议庭组成人员和书记员，开庭的时间、地点，结案方式，裁判结果，宣判时间，裁判文书送达日期，结案案由，结案标的金额，结案日期等主要内容。

裁判文书制作完成并完成了宣告判决、送达裁判文书的工作后，要及时在法院信息管理系统中录入必要的审判流程信息和结案时间，同时在法院信息管理系统中完成案件的报结工作，并录入裁判文书的具体内容。

在法院信息管理系统中完成案件报结工作后，案件自动进入到结案库中，案件的审理阶段正式结束。需要特别注意的是，裁判文书以送达最后一名当事人为结案时间。

任务二 一审后的上诉工作

对于一审后当事人提出上诉的，书记员应当规范操作的流程：

（1）书记员应当审查上诉是否在法定期限内。行政诉讼法对上诉的期限有明确要求，当事人不服一审行政判决书的上诉期限是收到一审判决后15日内；当事人不服一审行政裁定书的上诉期限是收到一审裁定后10日内。超过法定期限，当事人丧失上诉的权利，一审法院的判决书或裁定书生效。当事人中的任何一方在法定期限内提起上诉的，案件都必须进入二审程序，一审法院的判决书或裁定书都不是生效判决或裁定；

（2）对上诉状进行审查。审查上诉状的内容，包括当事人的姓名或名称，原审人民法院的名称、案件的编号和案由，上诉的请求和理由。上诉状的内容合格后，要求上诉人按照对方当事人的人数提供上诉状副本。

（3）送达上诉状副本和答辩状副本。原审人民法院应当在5日内将上诉状副本送达对方当事人，对方当事人在收到之日起15日内提出答辩状的；人民法院应当在5日内将答辩状副本送达上诉人。对方当事人不提出答辩状的，不影响人民法院审理。

（4）通知上诉人缴纳上诉费。上诉人提出上诉后，对于应该缴纳上诉费的案件，人民法院应当通知上诉人在一定期限内缴纳上诉费。上诉人在人民法院规定的期限不缴纳上诉费的，视为自动放弃上诉。如果双方当事人都不服一审法院的判决或裁定，均在法定期限内提起上诉的，各方都应缴纳一份上诉费，法院共收取两份上诉费，但最终应由二审中败诉的上诉人承担一份上诉费，另一份上诉费由法院退还给胜诉的上诉人。

（5）向二审法院移送上诉案件的卷宗材料。当事人提出上诉的行政案件，第一审人民法院在收到上诉状、答辩状后，应当在3日内连同全部案卷和证据报送第二审人民法院。材料应当包括：①上诉状、上诉费收据、上诉人及被上诉人的诉讼手续、答辩状（如果被上诉人没有提交答辩状则不需准备），一审判决书或裁定书3份；②一审卷宗的全部材料；③上诉移送函。上诉材料准备齐全，一审卷宗装订好之后，一审法院应向二审法院出具上诉移送函，上诉移送函中应说明案件当事人的情况、上诉情况以及移送卷宗材料情况。上诉移送函一式两份，一份移送二审法院，一份订入一审卷宗。同时，还应准备一份一审法院的送达回证，在"送达文书名称和件数"一栏把向二审法院移送的所有材料和卷宗都写上，在"受送达人"处写上二审法院的名称和具体审判庭的名称，并在送达法院的名称处盖上本院院章。二审法院收到一审法院移送的上诉移送函、上诉材料、一审卷宗和送达回证后，应在送达回证中的"受送达人签名或盖章"处签收或盖章，表明收到了一审法院移送的卷宗和材料，然后把签收的送达回证退回一审法院保存。

【业务文件】

案件上诉移送函

（2019）京02行初1号

北京市高级人民法院：

　　我院审理的原告孙小丽不服被告中华人民共和国公安部行政处罚决定一案，已于2019年3月29日做出（2019）京02行初1号判决。因原告孙小丽不服提出上诉。我院已将该案的上诉状副本送达被上诉人中华人民共和国公安部，并已收到被上诉人的答辩状。

　　现将该案的上诉状、答辩状、一审判决书3份连同全部案卷一并送上，请查收。

　　　　　　　　　　　　　　　　　　　　　　　年　　月　　日
　　　　　　　　　　　　　　　　　　　　　　　　（院印）

　　签发人：李农　　　　　　　经办人：徐坤

（本联存卷）

北京第二中级人民法院
送达回证

案　由	行政处罚决定	案号	（2019）京02行初1号
送达文书名称和件数	上诉移送函、上诉状、答辩状、上诉费收据、一审判决书3份、一审卷宗3册。			
受送达人	北京市高级人民法院行政审判庭			
送达地址				
受送达人签名或盖章			年　　月　　日	
代收人及代收理由			年　　月　　日	
备　考				

填发人：　　　　　送达人：

任务三　二审后的退卷工作

二审案件结案后，书记员应按照审判员的要求，对一审卷宗中需要复印的重要证据材料、诉讼文书和一审笔录进行复印，复印的一审卷宗材料要订入二审卷宗。

书记员向双方当事人送达完二审裁判文书并完成了复印一审卷宗材料的工作后，应将一审案卷退回原审法院，退还一审案卷时还应将二审法院的裁判文书3份一并退还原审法院，以便原审法院了解二审裁判结果。如果二审法院没有维持原审判决或裁定，一审法院还要根据二审裁判文书分析案件被改判或者发回重审的原因，以确定是否是一审法官的责任。

在退还一审案卷时需要填写退卷函并使用送达回证。退卷函一式两份，一份交给原审法院，一份入二审卷宗保存。退卷函中应写明以下内容：二审法院名称、该案的二审案号、原审人民法院名称、案件当事人情况、所退案卷的件数、退卷日期，退卷日期处应盖二审法院的院章。送达回证的"送达文书名称和件数"处要写明退卷函1份、二审判决书（或裁定书）3份以及一审案卷的件数；"受送达人"处要写明原审法院和审判庭的名称；原审法院收到二审法院退还的案卷和材料后应在"受送达人签名或盖章"处签名或盖上原审法院院章，表明已收到二审法院退还的案卷和材料，然后将送达回证退回二审法院；二审法院收到送达回证后放入二审卷宗保存。

【诉讼文书】

北京市高级人民法院
退 卷 函

北京市第二中级人民法院：

  现将你院原告孙小丽不服被告中华人民共和国公安部行政处罚决定一案的全部案卷材料退还，请查收。

  附件：案卷3册。

年　月　日
（院印）

签发人：　　　　　　　　　经办人：

（本联存卷）

北京市高级人民法院
送 达 回 证

案　由		案　号	
送达文书名称和件数	退卷函1份、二审判决书3份、一审案卷 3册。		
受送达人	北京市第二中级人民法院行政审判庭		
送达地址			
受送达人签名或盖章		年　月　日	
代收人及代收理由		年　月　日	
备　考			

填发人：　　　　　　　　　送达人：

任务四　判决生效后的执行工作

  行政诉讼中的强制执行包括对行政相对人的执行和对行政机关的执行，无论是对行政相对人的执行还是对行政机关的执行都需要制作执行笔录。❶

  书记员制作执行笔录应当包括：（1）执行人在强制执行前应询问被申请执行人是否愿意履行生效裁判文书确定的义务，书记员对执行人的问话和被执行人的回答

---
❶《中华人民共和国行政诉讼法》第六十六条。

都应当详细记录；（2）应当将强制执行的全部情况记入执行笔录；（3）笔录中应当写明被通知到场人姓名、工作单位和职务或职业。被通知到场人拒不到场的，应在笔录中记明。

任务五　裁判文书的公开

裁判文书生效后，书记员需要及时完成生效裁判文书的上网公开工作。

书记员应当根据《最高人民法院关于在中国裁判文书网公布裁判文书的通知》的规定，公开裁判文书应遵循下列格式要求：（1）裁判文书标题。如"北京市第二中级人民法院"，小二号标黑体；（2）裁判文书的其他内容，包括案号、正文等，小三号宋体；（3）行间距统一设定为"25磅"，字间距设定为"标准"；（4）结尾处保留合议庭成员、法官助理、书记员、裁判日期，删除"院印"、"本件与原本核对无异"。

应当进行技术处理的内容及方法：（1）需要直接删除的信息和内容：涉及国家秘密、商业秘密、个人隐私的内容；当事人县级行政区划以下的具体住所地。委托代理人是律师的，保留律师事务所名称。委托代理人是公民的，删除委托代理人的住址、通信方式、身份证号码等信息。（2）应当进行替代处理的身份信息。证人、鉴定人及法定代表人的姓名，以姓氏加某某代替，如"张某"、"李某某"；涉及未成年人的裁判文书，将未成年人的姓名以"张某"、"李某某"等代替。同一裁判文书中姓氏有重复的，以"张某甲"、"李某乙"等替代。

【任务训练】

1. 校对行政案件裁判文书。
2. 打印行政案件裁判文书。
3. 送达行政案件裁判文书。

庭后工作实务三 案卷归档工作

工作情境一 刑事案卷归档工作

【情境描述】

张丽将案件材料进行整理并归档,在整理的过程中,张丽将起诉书正本、判决书正本一起放在审判卷正卷中,将起诉书副本、判决书副本放在副卷中,并进行整卷、归档。

【情境分析】

在此情境中,张丽的做法是否正确?

在案卷材料整理归档的时候,起诉书正本和判决书的副本应当放在卷宗的正卷中,而起诉书副本和判决书正本需要放在案卷的副卷中,张丽整理的位置不正确。

【工作任务】

任务一 收集、整理卷宗材料

在案件审判工作结束之后,需要对案件进行归档。收集、整理需要入卷的卷宗材料是归档工作的第一步。书记员应当在案件办理过程中养成将案件材料随时入卷的习惯,避免案件审理时间过长或者案件过多导致案卷材料混乱、遗失。

收集、整理卷宗材料过程中,书记员需要将全部案卷材料梳理一遍,分清需要入卷的案卷材料和不需要入卷的材料。所有案卷材料原则上都应当入卷,但是属于法官在案件办理过程中所起草的草稿等非正式的文件不入卷。书记员在收集卷宗材料的过程中同时需要对案卷材料进行整理，将案件材料整理为入正卷和入副卷两部分，方便后期继续工作，避免重复整理。整理过程中同时需要清除案卷材料中的书钉、胶带等。入案件正卷的材料一般包括：案件管理信息表、起诉书正本、适用程序建议书、量刑建议书、送达起诉书副本笔录（告知书）、取保候审材料（决定书、保证书、居住地保证书、身份材料）、律师材料（委托书、律所函）、补充材料（证据材料）、开庭公告、庭前准备工作笔录、庭审笔录、辩护词、判决书副本（裁定书、翻译件）、宣判笔录、送达回证、提押票、二审材料（退卷函、信息表、裁定书）、赃物单、案款收据、社矫材料（社矫回函）、送监执行、移转执行等材料。入案件副卷的材料一般包括：起诉书副本、取保候审决定书审批联、呈批表、合议笔录（认定说明）、审理报告、汇报笔录、复议笔录、判决书正本。领导签字或者内部审核、汇报的材料等不适宜对外部公开的案卷材料均入案件副卷。

随着现代科技的不断发展以及刑事诉讼程序的完善，将来的刑事诉讼可能不完全依靠纸质卷宗，无纸化办案也可能成为现实，所以随着技术的不断进步，书记员需要根据技术的变化，完成相应的归档工作。

任务二 排列顺序

案件整理后，所有的案卷材料需要按照一定的顺序进行排序，案卷材料入卷顺序的一般规则为按照法律程序顺序和材料形成的时间进行排列，特殊情况除外。

一般情况下，案件正卷材料的顺序为：

（1）案件管理信息表

（2）起诉书正本

（3）适用程序建议书（量刑建议书）

（4）送达起诉书副本笔录（告知书）

（5）取保候审材料（决定书、保证书、居住地保证书、身份材料）

（6）律师材料（委托书、律所函）

（7）补充材料（证据材料）

（8）开庭公告

（9）庭前准备工作笔录

（10）庭审笔录

（11）辩护词

（12）判决书副本（裁定书、翻译件）

（13）宣判笔录

（14）送达回证

（15）提押票

（16）二审材料（退卷函、信息表、裁定书）

（17）赃物单

（18）案款收据

（19）社矫材料（社矫回函）

（20）送监执行

（21）移转执行

需要说明的情况是民事调解协议、谈话笔录、工作记录等没有固定的位置，都以实际发生的时间为准，即按时间顺序排列。证据材料多或开庭次数多等造成案卷材料过多，一本卷无法放下的时候，按时间顺序分别放多本卷中，也可以将可以单独成卷的证据材料单独立卷，形成证据卷。案件材料中有铅笔、蓝色笔迹的、复写纸复写的或者其他字迹内容可能随着时间的推移变得不清楚的，需要书记员将该类材料予以复印并放置在该材料后面。

一般情况下，案卷副卷材料的顺序为：

（1）起诉书副本

（2）取保候审决定书审批联

（3）呈批表

（4）合议笔录（认定说明）

（5）审理报告

（6）汇报笔录

（7）复议笔录

（8）判决书正本

其他需要入案件副卷的案件材料一般以发生时间顺序为标准入案件副卷。

案件正卷、副卷最后均需加附备考表。备考表上需要书记员填写好案件的案号，对于符合立卷归档要求的，需要在备考表上填写"此卷符合立卷归档要求"。对于有光盘的，应该在备考表上注明"随卷附光盘 × 张"，书写的光盘数量需要与实际附卷的光盘数量一致。

对于一些需要附卷归档的证物或者光盘等,需要将附卷归档的物品放入证物袋后附卷归档。证物袋上的信息需要填写准确,具体包括序号、名称、来源、处理结果、案号、被告人姓名及案由、案件承办法官等信息。信息填写完毕后,需要将物品放入证物袋中进行封存。书记员在密封证物袋之后需要在证物袋的四个密封角上盖章或者签字,之后附卷归档。

任务三 编页、编目

编页即编写页码。书记员在整理好案卷材料并排列好顺序以后,需要为案件材料编写页码。页码编写的位置在案件材料的上方外侧角上,依据案件材料顺序编写。案件材料存在单双面打印的问题,但是案件材料页码只编写在有内容的页面上即单面打印只编写打印面上,双面打印的双面均编写页码。目录、备考表不编写页码。

编目即编写目录。目录在案卷材料第一页,以已经编写好的页码的案卷材料为准形成目录。目录页在目录中不体现,目录第一项为目录后第一项内容,第一项一般为案件管理信息表,最后一项为备考表。目录、页码必须与案卷材料中的编码一致。目录编写完毕之后,书记员需要在目录最后一项后画一条曲线以表示目录到此终止。

在目录中还需要填写一些内容,包括本卷共多少页,此页数的计算区别于卷宗中已经编写的页码,还包括卷皮2页、目录、备考表,页数需要在编写的页码的基础上加4页。

【诉讼文书】

卷宗目录

卷宗目录			
文件名称	页次	文件名称	页次
备考			

本卷宗连面带底共计____页,附证物____袋。

备考表

卷宗号：	
卷宗目录号：	
案卷顺序号：	
本卷内缺点及其他情况：	
此卷符合立卷归档要求	
随卷附光盘一张	
立卷人：书记员 　　年　月　日	检查人：法官 　　年　月　日

任务四　案卷装订

　　书记员在完成对案件材料的整理、编页、编目等之后，需要将卷宗材料进行装订。装订的方式一般有装订线装订和装订机装订。书记员可以根据实际情况去选择。装订结束之后，书记员需要在装订的位置贴上密封条，并填写密封条。

　　每一案件的案件卷宗材料均需要附判决书副本三份，并且需要清除书钉。

任务五　案卷归档

　　案卷归档是书记员将已经整理完成的案件卷宗材料交档案室做归档处理。在送交档案室进行交接之前，书记员应当在审判系统中，填写案件卷宗归档的相关信息，准确填写需要归档的案件、卷宗的数量以及副卷的光盘数量等信息，并提交档案室，档案室在接收实物卷宗的时候会点击确认。同时，书记员需要准备实物卷宗材料交接的交接单，准确填写案件卷宗材料交接单的内容，在交接无误之后，由档案室工作人员签字。案件卷宗交接单的填写原则是同一承办法官、同一年度的案件可以在同一张交接单上，如果有不同，则需要另行填写交接单。

　　归档时经常出现的问题包括：卷皮信息不全及选用不当、目录/备考表不规范、未清除书钉、胶带、铅笔字、废纸、未按规定复印、编页错误、审判人员应签字而未签、证物袋错误、送达回证/宣判笔录不完整、后附文书错误等。

【业务文件】

诉讼卷宗归档清单

庭室：刑一庭　　法官：李明　　书记员：张丽　　案件类型：刑事　　年度：2019

序号	卷号	册数 正	册数 副	当事人（刑事被告名称；民事/行政/执行原告名称）	光盘	卷宗不合格原因 卷皮信息不全及选用不当	目录/备考表不规范	未清除书钉/胶带/铅笔字/废纸	未按规定复印	编页错误	证物袋错误	后附文书错误	其他
1													
2													
3													
4													

归档卷宗数：共　　件　　册　　　　不合格卷宗数：共　　册

任务六　退预审卷宗

刑事案件审判完毕以后，公安机关之前移送的预审证据材料需要退回公安机关。书记员需要准备刑事判决书副本一份附在公安预审卷宗中，填写完整卷宗交接单，并将刑事判决书副本及公安预审卷宗退回公安机关档案室。在填写交接单时，需要书记员填写公安预审卷宗的立卷人，立卷人即案件在公安机关办理阶段的承办人，一般名字会出现在预审卷宗中的起诉意见书上，书记员可以查阅起诉意见书，依据起诉意见书中的承办人进行填写。在完成实物卷宗交接之后，由公安机关档案室工作人员签字。

【诉讼文书】

××分局预审卷归档明细单

序号	案号	案由	被告人	卷数	立卷人
1				册	
2				册	
3				册	
4				册	
5				册	

【业务文件】

《人民法院诉讼文书立卷归档办法(1991)》

法[办]发[1991]46号

一、总则

第一条 人民法院的各类诉讼文书,是国家重要的专业文书之一,它所形成的诉讼档案,是人民法院审判活动的真实记录,反映了人民法院贯彻执行党的路线、方针、政策和国家法律、法令的情况以及人民法院的基本职能,又是人民法院进行审判活动的重要依据和必要条件。根据《中华人民共和国档案法》等有关规定,结合人民法院诉讼档案的特点,制定本办法。各级人民法院必须严格按照本办法的要求,做好立卷归档工作。

第二条 人民法院的诉讼文书,要根据刑事、民事、经济、行政等案件类别,按年度、审级、一案一号的原则,单独立卷。一个案件从收案到结案所形成的法律文书、公文、函电都使用收案时编定的案号。

第三条 各类诉讼文书必须用标准十六开办公纸,并用毛笔或钢笔(用墨汁或碳素、蓝黑墨水)书写、签发。

第四条 人民法院的各类诉讼文书,应按照利于保密、方便利用的原则,分别立为正卷和副卷。

第五条 人民法院应把诉讼文书立卷归档工作列为审判庭岗位责任制内容之一。由承办书记员负责收集、整理立卷,承办审判员和庭长负责检查卷宗质量,并监督承办书记员按期归档。

二、诉讼文书材料的收集

第六条 人民法院在收案后,承办书记员即开始收集有关本案的各种诉讼文书材料,着手立卷工作,在案件办结以后,要认真检查全案的文书材料是否收集齐全,若发现法律文书不完备的,应及时补齐或补救,并去掉与本案无关的材料,再行排列整理。

第七条 入卷的诉讼文书材料,一般只保存一份(有领导人批示的材料除外),重份的材料一律剔除。本院的判决书、裁定书、调解书可保留三份,装入卷底袋内备用。

第八条 手续简单的执行案件的文书材料,可与原审案卷合并立卷归档。需长期执行的案件的文书材料,用原审级收案号单独立执行卷,归档后与原审案卷合并保管。受委托代执行案件形成的简易材料,应移送原审法院保管。

第九条 下列诉讼文书材料可以不归档,由承办单位自行处理:

1. 答复来信来访人到有关单位直诉的;

2. 转交有关单位办理的;

3. 没有参考价值的信封、转办单、工作材料;

4. 内容相同的重份申诉材料;

5. 法规、条例复制件;

6. 一般的法律文书草稿(未定稿);

7. 与本案无关的材料。

三、诉讼文书材料的排列

第十条 诉讼文书材料的排列顺序,总的要求是按照诉讼程序的客观进程形成文书时间的自然顺序,兼顾文件之间的有机联系进行排列。

第十一条 刑事一审案件正卷诉讼文书材料的排列顺序:

(1)卷宗封面;(2)卷内目录;(3)案件移送书(收案笔录);(4)起诉书(自诉状)正本及附件;(5)送达起诉书笔录;(6)聘请、指定、委托辩护人材料;(7)自行逮捕决定、逮捕证及对家属通知书;(8)搜查证、搜查勘验笔录及扣押物品清单;(9)查封令、查封物品清单;(10)取保候审、保外就医决定及保证书;(11)退回补充侦察函及补充侦察材料;(12)撤诉书;(13)调查笔录或调查取证材料;(14)赃、证物鉴定结论;(15)审问笔录;(16)被告人坦白交代、揭发问题登记表及查证材料;(17)延长审限的决定、报告及批复;(18)开庭前的通知、传票、提押票换押票;(19)开庭公告底稿;(20)开庭审判笔录(公诉词、辩护词、证人证词、被告人陈述词);(21)判决书、裁定书正本(刑事附带民事部分的调解书、协议书、裁定书正本);(22)宣判笔录(委托宣判函及宣判笔录);(23)判决书、裁定书送达回证;(24)司法建议书;(25)提押票;(26)抗诉书;(27)上诉案件移送书存根;(28)上级人民法院退卷函;(29)上级人民法院判决书、裁定书;(30)执行通知书存根和回执(释放证回执);(31)赃物、证物移送清单及处理手续材料;(32)备考表;(33)证物袋;(34)卷底。

刑事一审案件正卷中关于死刑、死缓诉讼文书材料的排列顺序,在(23)与(24)之间依次排列:

(1)死刑、死缓的复核报告及上诉移送函；(2)最高人民法院或高级人民法院判决书、裁定书或批复；(3)退卷函；(4)执行死刑命令；(5)暂停执行死刑的报告及批复；(6)死刑执行前验明正身笔录；(7)执行死刑笔录；(8)执行死刑布告签发稿；(9)执行死刑报告；(10)死刑执行前后照片；(11)死刑犯家属领取骨灰或尸体通知；(12)尸体处理登记表。

上列诉讼文书排列完毕，再继续排列（24）以后的诉讼文书。

第十二条 刑事二审案件正卷诉讼文书材料的排列顺序：

(1)卷宗封面；(2)卷内目录；(3)上（抗）诉案件移送书；(4)原审法院判决书、裁定书；(5)上诉书（抗诉书）；(6)答辩状；(7)聘请、指定、委托辩护人材料；(8)调查笔录（调查取证材料）；(9)撤诉书；(10)审问笔录；(11)公诉人、辩护人出庭通知书；(12)开庭公告底稿；(13)传票、提押票；(14)开庭审判笔录；(15)公诉词、辩护词、陈述词；(16)庭审后的补充调查材料；(17)司法鉴定材料；(18)被告人坦白交代、揭发问题登记表及查证材料；(19)延长审限材料；(20)判决书、裁定书正本；(21)刑事附带民事部分调解书、协议书、裁定书；(22)宣判笔录、委托宣判函；(23)判决书、裁定书送达回证；(24)退卷函；(25)执行通知书存根和回执；(26)备考表；(27)证物袋；(28)卷底。

第十三条 刑事二审案件正卷中关于死刑案件材料的排列顺序，在（24）后依次排列：

(1)执行死刑命令正本；(2)暂停执行死刑的通知、批复；(3)死刑执行报告及死刑执行前后照片；(4)执行通知书存根和回执（释放回执）；(5)备考表；(6)证物袋；(7)卷底。

第十四条 民事一审案件正卷诉讼文书材料的排列顺序：

(1)卷宗封面；(2)卷内目录；(3)起诉书或口诉笔录；(4)立案（受理）通知书；(5)缴纳诉讼费或免费手续；(6)应诉通知书回执；(7)答辩状及附件；(8)原、被告诉讼代理人、法定代表人委托授权书、鉴定委托书及法定代表人身份证明；(9)原、被告举证材料；(10)询问、调查取证材料；(11)调解笔录及调解材料；(12)开庭通知、传票及开庭公告底稿；(13)开庭审判笔录；(14)判决书、调解书、裁定书正本；(15)宣判笔录；(16)判决书、调解书、裁定书、送达回证；(17)上诉案件移送函存根；(18)上级法院退卷函；(19)上级法院判决书、调解书、裁定书正本；(20)证物处理手续；(21)执行手续材料；(22)备考表；

(23）证物袋；(24）卷底。

第十五条　民事二审案件正卷诉讼文书材料的排列顺序：

(1）卷宗封面；(2）卷内目录；(3）上诉案件移送书；(4）原审法院判决书、调解书、裁定书；(5）缴纳诉讼费或免费手续；(6）上诉书正本；(7）答辩状；(8）询问、调查笔录或调查取证材料；(9）调解笔录及调解材料；(10）撤诉书；(11）开庭通知、传票；(12）辩护委托书及辩护词；(13）开庭审判笔录；(14）判决书、调解书、裁定书正本；(15）司法建议书；(16）宣判笔录委托宣判函；(17）送达回证；(18）退卷函存根；(19）备考表；(20）证物袋；(21）卷底。

第十六条　经济一审案件正卷诉讼文书材料的排列顺序：

(1）卷宗封面；(2）卷内目录；(3）立案审批表；(4）起诉书及附件；(5）受理案件通知书；(6）缴纳诉讼费通知及预收收据；(7）送达起诉书回执；(8）答辩状及附件；(9）原告、被告、第三人法定代表人身份证明及授权委托书；(10）原告、被告举证材料；(11）诉讼保全或先行给付申请及本院裁定；(12）诉讼保全或先行给付的执行记录；(13）询问、调查笔录及调查取证材料；(14）调解笔录及调解材料；(15）撤诉书；(16）鉴定委托书及鉴定书；(17）开庭通知、传票、开庭公告底稿；(18）开庭审判笔录；(19）判决书、调解书、裁定书正本；(20）宣判笔录；(21）诉讼费收据；(22）上诉案件移送书存根；(23）送达回证；(24）上级法院退卷函；(25）上级法院判决书、调解书、裁定书；(26）证物处理手续材料；(27）司法建议书；(28）备考表；(29）证物袋；(30）卷底。

第十七条　经济二审案件正卷诉讼文书材料的排列顺序：

(1）卷宗封面；(2）卷内目录；(3）上诉案件移送书；(4）原审法院判决书、裁定书；(5）上诉书及附件；(6）缴纳诉讼费通知及预收收据；(7）答辩状及附件；(8）诉讼代理人和法定代表人的身份证明及授权委托书；(9）上诉人、被上诉人举证材料；(10）询问、调查笔录或调查取证材料；(11）调解笔录及调解材料；(12）撤诉书；(13）开庭通知、传票等；(14）开庭公告；(15）开庭宣判笔录及辩护材料；(16）判决书、调解书、裁定书正本；(17）宣判笔录；(18）送达回证；(19）诉讼费收据；(20）司法建议书；(21）退卷函存根；(22）证物处理手续；(23）备考表；(24）证物袋；(25）卷底。

第十八条　行政一审案件正卷诉讼文书材料的排列顺序：

(1）卷宗封面；(2）卷内目录；(3）起诉书、口诉笔录及附件（行政处罚及处理材料）；(4）受理案件通知书；(5）缴纳诉讼费通知及预收收据；(6）应诉通知书回执；（7）答辩状及附件；（8）法定代表人及诉讼代理人的身份证明及授权委托书；（9）询问、调查笔录及调查取证材料；（10）开庭通知、传票、公告底稿；（11）停止行政机关具体行政行为继续执行的法律文书；（12）开庭审判笔录；（13）代理词、辩护词；（14）撤诉书；（15）判决书、裁定书正本；（16）宣判笔录；（17）送达回证；（18）诉讼费收据；（19）上诉或复核案件移送书；（20）上级法院退卷函；（21）上级法院的判决书、裁定书或批复；（22）证物处理手续；（23）备考表；（24）证物袋；（25）卷底。

第十九条　行政二审案件正卷诉讼文书材料的排列顺序：

（1）卷宗封面；（2）卷内目录；（3）原审法院案件复核或上诉移送书；（4）原审判决书、裁定书；（5）上诉状或申请复核书；（6）缴纳诉讼费通知及预收收据；（7）上诉状副本或申请复核送达回证；（8）答辩状；（9）法定代表人、代理人身份证明及授权委托书；（10）询问、调查笔录及取证材料；（11）鉴定委托书及鉴定报告；（12）开庭通知、传票、公告；（13）开庭审判笔录；（14）代理词、辩护词；（15）撤诉书；（16）判决书、裁定书、复核批复正本；（17）宣判笔录；（18）送达回证；（19）诉讼费收据；（20）退卷函存根；（21）司法建议书；（22）备考表；（23）证物袋；（24）卷底。

第二十条　再审、申诉案件正卷诉讼文书材料的排列顺序：

（1）卷宗封面；（2）卷内目录；（3）立案审批表或提起再审决定书；（4）申诉书；（5）原审判决书、裁定书；（6）提审、询问当事人笔录；（7）提押票、传票；（8）调查笔录或调查取证材料；（9）判决书、裁定书、批复正本；（10）宣判笔录；（11）送达回证；（12）退卷函存根；（13）备考表；（14）证物袋；（15）卷底。

第二十一条　各类案件副卷诉讼文书材料的排列顺序：

（1）卷宗封面；（2）卷内目录；（3）阅卷笔录；（4）案件承办人的审查报告；（5）承办人与有关部门内部交换意见的材料或笔录；（6）有关本案的内部请示及批复；（7）合议庭评议案件笔录；（8）审判庭研究、汇报案件记录；（9）审判委员会讨论记录；（10）案情综合报告原、正本；（11）判决书、裁定书原本；（12）审判监督表或发回重审意见书；（13）其他不宜对外公开的材料；（14）备考表；（15）卷底。

第二十二条　第十一条至第二十一条中的未尽项目，各级人民法院可以根据实际情况，按照形成文书材料的时间顺序排列。复核案件、减刑假释案件、执行案件的诉讼文书材料的排列，可参照所属该类案件一、二审材料的排列顺序办理。

四、诉讼文书材料的立卷编目

第二十三条 诉讼文书材料经过系统排列后，要逐页编号。页号一律用阿拉伯数字编写在有文字正面的右上角，背面的左上角。卷宗封面、卷内目录、备考表、证物袋、卷底不编号。

第二十四条 卷内目录应按诉讼文书材料排列顺序逐件填写。一份诉讼文书材料编一个顺序号。

第二十五条 卷宗封面、卷内目录要用毛笔或钢笔按规定项目逐项填写齐全。字迹要工整、规范、清晰。结案日期填写宣判日期。

五、卷宗装订

第二十六条 卷宗装订前，要对诉讼文书材料进行全面检查，材料不完整的要补齐，破损或褪色的要修补、复制。订口过窄或有字迹的要粘贴衬纸。纸张过大的材料要修剪折叠。加边、加衬、折叠均以十六开办公纸为准。对于字迹难以辨认的材料，应附上抄件。外文及少数民族文字材料应附上汉语译文。需要附卷保存的信封，要打开展平加贴衬纸，邮票不得取掉。文书材料上的金属物必须剔除干净。

第二十七条 每卷的厚度以不超过 15 毫米为宜。材料过多的，应按顺序分册装订。

第二十八条 卷宗必须用线绳三孔一线装订。长度以 160 毫米左右为宜。并在卷底装订线结扣处粘贴封志，由立卷人及档案管理部门加盖骑缝章。

六、诉讼卷宗归档

第二十九条 案件结案后 3 个月内由审判庭内勤或承办书记员编写归档清册向档案管理部门移交归档。接收人要逐卷检查验收。卷宗质量不符合本办法要求的，应退回立卷单位重新整理。

第三十条 随卷归档的录音带、录像带、照片等声像档案材料，应按《人民法院声像档案管理办法》的规定办理。

第三十一条 凡能附卷保存的证物均应装订入卷。无法装订的可装入证物袋，并标明证物名称、数量、特征、来源。不便附卷的证物应拍照片附卷。

第三十二条 已经归档的卷宗不得从卷内抽取材料，确需增添诉讼文书材料的，应征得档案管理人员同意后，按立卷要求办理。

七、附则

第三十三条　各高级人民法院在必要时可以根据本办法的规定制定补充办法。并报最高人民法院备案。

诉讼文书材料保管期限表

类别	划分方法	归档范围	保管期限
刑事类	按刑期划分	刑期二十年以上的案件	永久
		刑期十年以上的案件	长期
		刑期十年以下的案件	短期
	按主体身份划分	涉及省级以上人民代表、政协委员犯罪的案件	永久
		涉及县级以上人民代表、政协委员犯罪的案件	长期
		涉及党、政、军、政法干部、民主党派和人民团体中职务相当于地级市、师级以上干部犯罪的案件	长期
		涉及企、事业单位中高级工程师、高级会计师、教授、研究员或同等职称以上人员犯罪的案件	长期
		涉及社会知名人士犯罪的案件	永久
		涉及邪教组织骨干分子犯罪的案件	永久
		涉及单位犯罪的案件	永久
		涉及外国人犯罪的案件	永久
	按案件的影响程度和审理程序划分	在本地区社会影响较大的案件	永久
		经再审改判的案件	永久
		发回补充侦察、撤诉、终止、移送的案件	短期
		减刑假释案卷应根据原判刑期划分保管期限，非本院审理的案件，减刑假释由本院处理的案件	短期
民事、行政类	按诉讼标的大小划分	诉讼标的人民币一百万元以上的案件	永久
		诉讼标的人民币五十万元以上的案件	长期
		诉讼标的人民币五十万元以下的案件	短期
	按当事人身份划分	涉及省级以上人民代表、政协委员的案件	永久
		涉及地、市、县级人民代表、政协委员的案件	长期
		涉及党、政、军、民主党派和人民团体中职务相当于地级市、师级以上干部的案件	长期
		涉及企、事业单位中高级工程师、高级会计师、教授、研究员或同等职称以上人员的案件	长期
		涉及社会知名人士的案件	永久

注：（1）划定刑事诉讼档案保管期限，一般以刑期长短为依据，同时参照犯罪主体身份，案件的性质综合考虑；共同犯罪和集团犯罪的案卷以其中的最长刑期划定保管期限；（2）民事、行政诉讼档案，一般根据诉讼标的大小、当事人身份、案件的影响程度和审理程序，案件性质综合考

虑；(3) 执行案件以原审案卷保管期限划定；(4) 审判监督案卷，原审法院是本院的，按原审案卷划定保管期限，不是本院的应定为短期；(5) 诉讼档案的保管期限从案件的判决、裁定或调解发生法律效力后的下一年同一时间起计算。

【任务训练】

请将下列档案材料按照归档的案卷材料前后顺序标准进行排序。

(1) 送达起诉书副本笔录（告知书）

(2) 补充材料（证据材料）

(3) 起诉书正本

(4) 开庭公告

(5) 适用程序建议书（量刑建议书）

(6) 庭审笔录

(7) 取保候审材料（决定书、保证书、居住地保证书、身份材料）

(8) 律师材料（委托书、律所函）

(9) 送监执行

(10) 辩护词

(11) 判决书副本（裁定书、**翻译件**）

(12) 二审材料（退卷函、信息表、裁定书）

(13) 案款收据

(14) 移转执行

(15) 庭前准备工作笔录

(16) 赃物单

(17) 送达回证

(18) 提押票

(19) 社矫材料（社矫回函）

(20) 宣判笔录

(21) 案件管理信息表

工作情境二　民事案卷归档工作

【情境描述】

李霞顺利完成了工作后的第一个案件审理的所有流程，准备进行案卷归档工作。不过面对这么多案卷材料，李霞心里有点犯嘀咕：这些材料该按照什么顺序整理呢？要是我不小心装订错误了该怎么办呢？卷宗归档有什么要求呢？

【情境分析】

卷宗档案是衡量案件审理质量的重要依据，案卷整理和归档工作是书记员在案件报结后最重要的工作。李霞应当按照要求收集卷宗材料，如果发现卷宗材料有遗漏的应当及时补充，有错误的应当在允许的范围内及时修正，并按一定顺序进行整理，装订完卷宗，按照流程规定进行检查后再将卷宗送入档案室归档。

【工作任务】

任务一　收集案卷材料

立案后，书记员就要注意收集有关案件的各种诉讼文书材料，开始整理工作。结案后，书记员要及时整理，并检查诉讼文书是否齐全、完整、是否符合要求，如有遗漏或不符合要求的，应补齐和补正，如无法补齐，必须附说明材料。

入卷的诉讼文书材料，一般只保存一份（有领导人批示的材料除外）。本院的裁判文书（含判决书、裁定书、调解书）可保留三份，去除金属物后用胶水粘贴，附在卷内备用。按照《人民法院诉讼文书立卷归档办法》的规定，下列诉讼文书材料可以不归档，由承办单位自行处理，但不能擅自处置：（1）答复来信来访人到有关单位直诉的；（2）转交有关单位办理的；（3）没有参考价值的信封、转办单、工作材料；（4）内容相同的重份申诉材料；（5）法规、条例复制件；（6）一般的法律文书草稿（未定稿）；（7）与本案无关的材料。

任务二　整理案卷材料

人民法院的诉讼文书，应根据民事、刑事、行政、执行等案件类别，按年度、审级、一案一号的原则，单独立卷。各类诉讼文书，应按照利于保密、方便利用的原则，分别立正卷和副卷（可根据卷内文件材料的情况只立正卷）。

整理案卷材料时，总的要求是按照诉讼程序的客观进程形成文书时间的自然顺序，兼顾文件之间的有机联系进行排列。在实践中，按照审理适用程序、审理过程的不同，排列的顺序略有不同。

民事一审案件正卷诉讼文书材料的排列顺序：（1）卷宗封面；（2）卷宗目录；（3）审判流程管理信息表；（4）立案审批表；（5）起诉状或口诉笔录；（6）案件受理通知书；（7）缴纳诉讼费或缓交、减交、免交手续；（8）应诉通知书；（9）答辩状；（10）管辖异议申请书及裁定书；（11）反诉状；（12）反诉答辩状；（13）第三人参加诉讼申请、追加第三人通知书；（14）原告与被告身份证明、授权委托书及代理人手续；（15）财产保全、先予执行申请及裁定书；（16）鉴定、审计申请书及鉴定笔录；（17）其他相关申请书；（18）原告提供证据清单及证据材料；（19）被告提供证据清单及证据材料；（20）第三人提供证据清单及证据材料；（21）鉴定、审计意见书；（22）证据交换笔录或庭前会议笔录；（23）谈话笔录（询问笔录、调查笔录、勘验笔录、工作记录）；（24）出庭通知书、开庭传票及开庭公告底稿；（25）开庭笔录；（26）当事人及其代理人书面代理意见；（27）调解材料、撤诉材料；（28）一审法律文书；（29）宣判通知书、宣判传票及宣判公告底稿；（30）宣判笔录（委托宣判函）；（31）上诉移送函；（32）二审法律文书；（33）上级法院退卷函；（34）其他诉讼材料；（35）送达回证、送达地址确认书；（36）备考表；（37）证物袋；（38）卷底。

民事二审案件正卷诉讼文书材料的排列顺序：（1）卷宗封面；（2）卷宗目录；（3）审判流程管理信息表；（4）立案审批表；（5）上诉案件移送函；（6）原审法律文书；（7）缴纳诉讼费或缓交、减交、免交手续；（8）上诉状正本；（9）答辩状；（10）授权委托书及代理手续；（11）当事人提供的证据清单及证据材料；（12）谈话笔录（询问笔录、调查笔录、勘验笔录、工作记录）；（13）调解笔录及调解材料；（14）撤诉申请书及裁定书；（15）出庭通知书、开庭传票及开庭公告底稿；（16）开庭笔录；（17）二审法律文书；（18）宣判通知书、宣判传票及宣判公告底稿；（19）宣判笔录（委托宣判函）；（20）送达回证；（21）退卷函存根；（22）备考表；（23）证物袋；（24）卷底。

民事再审、申诉案件正卷诉讼文书材料的排列顺序：（1）卷宗封面；（2）卷宗目录；（3）审判流程管理信息表；（4）立案审批表、提起再审决定书、申诉案件移送函；（5）原审法律文书；（6）申诉书；（7）授权委托书及代理手续；（8）证据材料；（9）谈话笔录、调查取证材料；（10）审委会笔录；（11）驳回通知书；（12）再审裁定书；（13）宣判笔录、工作记录；（14）送达回证（15）退卷函；（16）备考表；（17）证物袋；（18）卷底。

民事案件副卷诉讼文书材料的排列顺序：（1）卷宗封面；（2）卷宗目录；（3）阅卷笔录、庭审提纲；（4）审理报告；（5）笔录、记录（按时间顺序排列的合议庭笔录、汇报记录、审判委员会记录、研究记录、与有关部门内部交换意见记录）；（6）有关本案的内部请示及批复；（7）裁判文书原本；（8）其他不宜对外公开的材料；（9）发回重审意见书；（10）司法建议、审查监督表等材料；（11）结案呈批表、延审呈批表；（12）备考表；（13）卷底。

任务三 立卷与编目

一、立卷

卷宗封面必须按项目要求逐项填写齐全，字迹要清晰、规范、工整，卷面要保持整洁。

（一）卷皮的填写

（1）审级的书写，用汉字数字的小写表示，如一审、二审等。

（2）案号和案由填写应准确、规范。案号应与立案审批表、法律文书等所列案号一致；立案案由与结案案由不一致的，应以在最后的裁判文书中确定的案由为准。

（3）当事人诉讼地位及姓名或名称的填写应准确。如果当事人系单位或组织的，应当在当事人栏中写明全称，若系5人以上的，可填写前5人姓名或名称，并在后面用"等×人"标注确定具体人数。

（4）卷皮上填写的立案或收卷日期以立案审批表记载为准；结案日期、归档日期必须与实际的结案日期、归档日期保持一致。

（5）原审法院与审理结果应当根据案件审理的实际情况填写，如果有二审的，应当将二审法院和审理结果一并注明。审理法院可以使用简称，如"西城法院"，审理结果可以分为判决、调解、撤诉、移送、驳回起诉等几种情形。

（二）卷脊的书写

卷脊书写的总体要求是每一册归档卷宗。无论正卷还是副卷，均应书写卷脊；卷脊上的文字一律横写并应做到字迹清楚，笔道适当加重，数字之间的距离适当拉开，不扎堆。也有些法院的卷脊设计，要求中文文字竖写、阿拉伯数字横写。其目的都是为了在归置、寻找档案时能够一目了然地找到。

二、编目

编目就是对诉讼文书外部特征和内容特征进行分析和描述，并记录成为款目，继而将款目按一定顺序组织编为卷宗目录的过程。编目的前提是进行正确编页。诉讼文书材料经过系统整理排列后，应当逐页编号。页号一律用阿拉伯数字编写，正面书写在右上角，背面书写在左上角，背面无字迹或字迹与案卷内容无关的不编页号。编页可使用页码机等工具进行，打码时应保证页码水平，不歪斜，不压字，不影响材料查阅；卷宗封面、卷宗目录、备考表、证物袋、卷底不编页号。如果页面上已有其他页码的，一般应予以清除。

卷内目录应按文书材料排列顺序逐项填写，一类诉讼文书材料编一个顺序号。条目名称应当简明扼要，并能反映文书内容，以便查阅档案人作索引，准确迅速地查询到案卷的内容，例如，起诉状、宣判笔录等。卷内目录中各项编号的所在页号，除最后一项需填写起止页号外，其余各项只填写起始页号。目录中未编页码的空白行应用斜对角线（右斜线）画掉，不得使用 S 形、波浪形等曲线随意勾画。卷宗目录文书顺序应与实际卷内文件的排序一致，标明的文件起止页码也应当与文件实际标号一致。

任务四　案卷装订

一、案卷装订前的检查工作

卷宗装订前，应对诉讼文书材料进行全面检查：

（1）材料不完整的要补齐；破损或褪色、字迹扩散的要修补、复制。所有文书材料应用碳素墨水、蓝黑墨水书写或电脑打印，严禁使用圆珠笔、铅笔、纯蓝墨水、红墨水及其他不耐久字迹材料书写。若由上述不耐久字迹材料书写的证据文件材料应复印一份附后（排列顺序为原件在前，复印件在后）。需要归档的传真文件材料必须复印，复印件归档，传真件不归档。

（2）对于用纸规格不规范的文件进行剪裁折叠，使其与A4办公纸大小一致，纸张过大的应自左向右、自上而下折叠；纸张过小、订口过窄的要加贴衬纸。折叠、加衬纸都应以A4办公纸为标准。使用衬纸的，应加盖骑缝章（可以是立卷人的名章）。

（3）当事人提供的材料系少数民族文字或外国文字的，应附有汉语译文材料。

（4）入卷的诉讼文书材料应为原件或正本，不能提供原件的可保存一份复印件同时注明没有原件的原因，加盖"本件与原件核对无异"印章并写上核对人姓名及核对日期。

（5）对于上诉案件，待二审案件审结退回一审后，如有二审形成的新的需要附卷的材料，书记员应当拆除原有一审卷宗，添附二审新材料后重新装订。

（6）需要附卷保存的信封，应打开展平加贴衬纸，邮票不得去掉。不能丢失邮寄单位的说明条。

（7）卷宗内严禁留置订书钉、回形针、大头针等金属物。

二、案卷的装订要求

（1）卷宗的装订必须牢固、整齐、美观，便于保管和利用。装订完毕后，卷皮应当能够完全覆盖卷宗材料，卷皮的折叠角度应当约为90度。

（2）卷宗装订前应根据卷内文件材料的多少选择合适的卷皮。一般来说，当案卷厚度在50页以内时应选用5mm卷皮；当案卷厚度在50—100页时应选用10mm卷皮；当案卷厚度在100—150页时应选用15mm卷皮。每卷的厚度以不超过15mm为宜，材料过多的，应按顺序分册装订。每册案卷都应重新编写页号。一般情况下，正卷需要分册装订的情况较多。

（3）卷宗内文件材料应与卷皮下对齐、左对齐，用线绳或装订机三孔一线装订，尽量保证三孔间隔等距且在一条直线上。线绳长度以160毫米左右为宜。卷底应粘贴统一的卷内封条，由书记员在封条四边中间位置各加盖一枚骑缝章。

（4）案卷装订完毕后，应仔细检查卷内文件材料有无漏订、错订、压字等现象，如有问题，则要拆卷重新装订。

（5）检查无误后，填写备考表，将本卷需要说明和记录的事项以及立卷人、检查人和立卷时间等项目填写清楚。本卷情况说明一栏应填写卷内文书材料缺损、修改、补充、移出、销毁等情况并记录与本卷相关的实物档案归档情况。立卷人、检查人一栏应由立卷人、检查人亲笔签名，一律不得用名章代替。立卷日期一栏则应填写立卷完成的实际日期。

（6）凡能附卷保存的证物均应装订入卷，一些涉外文书带有蜡质封印的，一般可将其置入卷内证物袋。若有多余的裁判文书，也可暂放入证物袋中保存。无法装订的可装入证物袋，并标明证物名称、数量、特征、来源。证物袋应三孔一线装订入卷，不得粘贴在卷底；不得用信封或文件袋等代替证物袋。不便附卷保存的证物应按《实物档案归档办法》的规定归档。

（7）若有些法院已经实行电子化档案管理，需要将案卷材料全部扫描入档的，案卷的装订和封面、备考表等的书写制作可由档案室统一完成。

任务五　案卷归档

案卷归档时应注意以下问题：

（1）案卷归档前立卷人应在法院信息管理系统中完成案件归档信息的录入。

（2）两册以上卷宗需用线绳捆扎。涉密案卷立卷人应在卷皮上"密级"一栏标注"机密"、"绝密"字样，并在归档时告知接收人，以便单独保管。

（3）归档案卷若经检查质量不合格的，由档案室在接收归档后三日内退回立卷人重新整理，立卷人应在二日内归还卷宗。

（4）已经归档的卷宗不得从卷内抽取文件材料；确需增添材料的，应在征得档案管理人员同意后，按立卷要求办理。若在归档时还欠缺相关材料的，可以统一格式的情况说明表代替，并由承办人员在情况说明表上签名。所缺材料应在规定期限内补齐。

（5）不得将案卷交由无关人员阅览、复制或保存。除工作人员外，副卷材料不得交由当事人或其他无关人员阅览、复制或保存。

（6）诉讼文书材料经过收集、整理、立卷、编目、装订等环节经检查无误后应在案件结案后三个月内到档案室办理验卷归档手续。归档案件一般应制作归档清册以备检查。

(7) 调出人员和院内调动人员在离开原部门之前，应将符合归档条件的卷宗整理完毕后归档；对于上诉未回等其他暂时不宜归档的案卷，调动人员应告知原部门领导，由领导安排专人进行交接并负责日后的整理归档工作。

【诉讼文书】

卷宗目录（诉讼案卷专用）

文件名称	页次	文件名称	页次

备注	(1)"页次"一项中，除最后一件需填写起止页号外，其余只填写起始页号； (2)"本卷宗连面带底共计页，附证物袋"一项中，该页码应为目录中所编最大页码加2，用阿拉伯数字表示；证物袋的个数应用汉字数字的大写，如壹、贰等表示，如无，则用右斜线划掉； (3)未编页码的空白行应用对角线（右斜线）划掉，不得使用S形、波浪形等曲线随意勾画。

本卷宗连面带底共计　　页，附证物袋。

备考表（诉讼案卷专用）

　　　　　　年　　　　字第　　　　号

本卷符合立卷归档要求。

本卷情况说明：

立卷人：

　　　　　　　　　　　　　　　　　　　年　　月　　日

检查人：

　　　　　　　　　　　　　　　　　　　年　　月　　日

备注	(1)"本卷立卷归档要求"一栏，应由检查人填写"符合"或"不符合"； (2)"本卷情况说明"一栏，应填写卷内文书材料缺损、修改、补充、移出、销毁等情况并记录与本卷相关的实物档案归档情况；如无，则不需填写； (3)立卷人、检查人一栏应由立卷人、检查人亲笔签名，不得用名章代替； (4)立卷日期一栏应填写立卷完成的日期。

【诉讼文书】

诉讼文书材料保管期限表

【业务文件】

《人民法院诉讼文书立卷归档办法》（法［办］发［1991］46号 1991年12月24日）

【任务训练】

（1）填写原告李双喜诉被告北京市红太阳酒业有限公司保证合同纠纷一案的正、副卷卷宗目录。

（2）案卷装订有哪些要求？

（3）案卷归档时应注意哪些问题？

工作情境三　行政案卷归档工作

【情境描述】

二审案卷退回之后，李农法官要求徐坤要按照规定时间及时将案卷送到档案室归档。

【情境分析】

案卷归档有哪些要求？

徐坤应当严格按照相关规定的要求进行归档。

【工作任务】

任务一　收集、整理卷宗材料

在案件办结以后，书记员应认真检查案件的文书材料是否收集齐全，若发现诉讼文书不完备的，应及时补齐，并去掉与本案无关的材料。

各类诉讼文书必须使用标准 A4 办公纸，并用碳素墨水、蓝黑墨水书写或电脑打印，严禁使用圆珠笔、铅笔、纯蓝墨水、红墨水及其他不耐久字迹材料书写。由上述不耐久字迹材料书写的证据文件材料应复印一份附后（排列顺序为原件在前，复印件在后）。需要归档的传真文件材料必须复印，复印件归档，传真件不归档。

入卷的诉讼文书材料应为原件，不能提供原件的可保存一份复印件同时注明没有原件的原因。入卷诉讼文书材料的重份材料一律剔除。本院的判决书、裁定书、调解书等法律文书原件应保留三份，去除金属物后用胶水粘贴，附在卷内备用。

任务二　排列顺序

诉讼文书材料的排列顺序，总的要求是按照法定审判程序和文件材料形成的时间顺序，兼顾文件之间的有机联系进行排列。结合审判工作实际，书记员在立行政案卷时卷宗中的诉讼材料应按下列顺序排列：

（一）行政一审案件正卷排列顺序

（1）案卷封面；（2）卷宗目录；（3）审判流程管理信息表；（4）立案审批表；（5）诉讼费收据；（6）当事人联系表；（7）立案诉讼材料清单；（8）起诉书（行政处罚及处理材料）；（9）答辩状；（10）管辖异议申请书；（11）第三人参诉意见书、追加第三人通知；（12）原告身份证明、授权委托书、代理人手续；（13）被告身份证明、授权委托书、代理人手续；（14）第三人身份证明、授权委托书、代理人手续；（15）原告提供证据材料；（16）被告提供证据材料；（17）第三人提供证据材料；（18）证据交换笔录；（19）谈话笔录（询问笔录、调查笔录、工作记录）；（20）开庭公告；（21）停止行政机关具体行政行为继续执行的法律文书；（22）开庭笔录；（23）当事人及其代理人书面代理意见；（24）调解协议、撤诉申请；（25）一审法律文书；（26）宣判公告；（27）宣判笔录（委托宣判函）；（28）委托送达函；（29）上诉移送函；（30）二审法律文书；（31）上级法院退卷函；（32）其他诉讼材料；（33）送达回证、介绍信；（34）备考表；（35）证物袋；（36）卷底。

（二）行政二审案件正卷排列顺序

（1）案卷封面；（2）卷宗目录；（3）审判流程管理信息表；（4）立案审批表；（5）上诉移送函；（6）诉讼费收据；（7）原审法律文书；（8）上诉状；（9）答辩

状；(10)第三人参诉意见书；(11)上诉人身份证明、授权委托书、代理人手续；(12)被上诉人身份证明、授权委托书、代理人手续；(13)第三人身份证明、授权委托书、代理人手续；(14)上诉人提供证据材料；(15)被上诉人提供证据材料；(16)第三人提供证据材料；(17)谈话笔录（询问笔录、调查笔录、工作记录）；(18)开庭公告；(19)开庭笔录；(20)当事人及其代理人书面代理意见；(21)撤诉材料；(22)二审法律文书；(23)宣判公告；(24)宣判笔录（委托宣判函）；(25)退卷函；(26)委托送达函；(27)其他诉讼材料；(28)送达回证、介绍信；(29)备考表；(30)证物袋；(31)卷底。

（三）非诉行政执行案件正卷排列顺序

(1)案卷封面；(2)卷宗目录；(3)审判流程管理信息表；(4)立案审批表；(5)申请执行书；(6)据以执行的法律文书；(7)案件受理通知书；(8)企业法人营业执照；(9)法人身份证明书；(10)授权委托书；(11)申请人提交证据材料；(12)财务收据清单；(13)调查笔录；(14)准予或不准予执行裁定书；(15)中止（终结）裁定书；(16)送达回证；(17)备考表；(18)证物袋；(19)卷底。

（四）赔偿案件正卷排列顺序

(1)案卷封面；(2)卷宗目录；(3)审判流程管理信息表；(4)立案审批表；(5)赔偿义务机关的赔偿决定书或不予赔偿决定书、复议机关复议决定书；(6)赔偿申请书（口头申请笔录或口头申请登记表）及附件；(7)审理案件通知书；(8)申请人身份证复印件或法定代表人身份证明书、授权委托书、委托代理合同及受理委托人（律师）单位公函；(9)赔偿义务机关授权委托书；(10)鉴定委托书存根；(11)鉴定结论；(12)申请人提供的证据材料；(13)询问笔录、调查笔录；(14)申请人撤回申请申请书；(15)决定书正本；(16)委托送达函或委托宣布决定函；(17)宣布决定笔录；(18)退卷函；(19)司法建议书正本；(20)执行笔录；(21)备考表；(22)证物袋；(23)卷底。

（五）申请再审案件正卷排列顺序

(1)案卷封面；(2)卷宗目录；(3)审判流程管理信息表；(4)立案审批表；(5)申诉案件移送函；(6)原审法律文书；(7)申诉书；(8)委托手续；(9)证据材料；(10)谈话笔录、调查取证材料；(11)审委会决定；(12)驳回通知书；(13)再审裁定书；(14)宣判笔录、工作记录；(15)送达回证；(16)退卷函；(17)备考表；(18)证物袋；(19)卷底。

（六）各类案件副卷诉讼文书材料的排列顺序

（1）案卷封面；（2）卷宗目录；（3）阅卷笔录、庭审提纲；（4）审理报告；（5）笔录、记录（按时间顺序排列的合议庭笔录、汇报记录、审判委员会记录、研究记录、与有关部门内部交换意见记录）；（6）内部请示及批复、内部函件；（7）裁判文书原本；（8）其他不宜对外公开的材料；（9）发回重审意见书；（10）司法建议、审查监督表等材料；（11）结案呈批表、延审呈批表；（12）备考表；（13）卷底。

【诉讼文书】

卷宗目录
（诉讼案卷专用）

文件名称	页次	文件名称	页次
备注	（1）"页次"一项中，除最后一件需填写起止页号外，其余只填写起始页号； （2）"本卷宗连面带底共计页，附证物袋"一项中，该页码应为目录中所编最大页码加2，用阿拉伯数字表示；证物袋的个数应用汉字数字的大写，如壹、贰等表示，如无，则用右斜线划掉； （3）未编页码的空白行应用对角线（右斜线）划掉，不得使用S形、波浪形等曲线随意勾划。		

本卷宗连面带底共计　　页，附证物　　袋。

备考表
（诉讼案卷专用）

2019年京02行初1号			
本卷符合立卷归档要求。			
本卷情况说明：			
立卷人：			
	年	月	日
检查人：			
	年	月	日
备注	（1）"本卷立卷归档要求"一栏，应由检查人填写"符合"或"不符合"； （2）"本卷情况说明"一栏，应填写卷内文书材料缺损、修改、补充、移出、销毁等情况并记录与本卷相关的实物档案归档情况；如无，则不需填写； （3）立卷人、检查人一栏应由立卷人、检查人亲笔签名，不得用名章代替； （4）立卷日期一栏应填写立卷完成的日期。		

任务三　编目

（一）编写页号和目录

诉讼文书材料经过系统整理排列后应逐页编号。页号一律用阿拉伯数字编写，正面书写在右上角，背面书写在左上角，背面无字迹的不编页号。卷宗封面、卷宗目录、备考表、证物袋、卷底不编页号。卷内目录应按文书材料排列顺序逐项填写。卷内目录中各项编号的所在页号，除最后一项需填写起止页号外，其余各项只填写起始页号。目录中未编页码的空白行应用斜对角线（右斜线）划掉，不得使用S形、波浪形等曲线随意勾划。

（二）填写卷宗封面

卷宗封面必须按项目要求逐项填写齐全，字迹要清晰、工整，卷面做到整洁、规范。

卷皮的书写。(1)审级的书写,用汉字数字的小写表示,如一审、二审等;(2)年度和案号的书写一律用阿拉伯数字表示。年度的书写,不加括弧;案号的书写一律直接书写案号,不需用零补足位数;(3)案由的填写应准确、规范;(4)统计登记章应加盖在结案日期一栏,并尽量避开结案的月份和日期;(5)卷皮上填写的归档日期必须与实际的归档日期保持一致;(6)诉讼档案的保管期限分为永久、长期、短期三种。保管期限一项应按照《诉讼文书材料保管期限表》(见附表)对应填写。

卷脊的书写。(1)卷脊书写的总体要求是每一册归档卷宗均应书写卷脊;卷脊上的文字一律横写并应做到字迹清楚,笔道适当加重,数字之间的距离适当拉开,不扎堆;(2)年度和案号的书写用阿拉伯数字表示。案号的书写一律直接书写案号,不需用零补足位数;(3)卷脊上的年度、案号应与卷皮上、卷内法律文书、立案审批表、审判流程管理信息表上的年度、案号相互一致;(4)法律文书的案号如有变动,应及时发裁定予以更正并通知档案部门。

任务四 案卷装订

(一)案卷装订前的检查工作

卷宗装订前应对诉讼文书材料进行全面检查:(1)材料不完整的要补齐;破损或褪色、字迹扩散的要修补、复制;(2)纸张过大的应自左向右、自上而下折叠;纸张过小、订口过窄的要加贴衬纸。折叠、加衬纸都应以 A4 办公纸为标准;(3)外文及少数民族文字材料应附上汉语译文;(4)需要附卷保存的信封,应打开展平加贴衬纸,邮票不得去掉;(5)卷宗内严禁留置订书钉、曲别针、大头针等金属物。

(二)卷宗的装订要求

(1)卷宗的装订必须牢固、整齐、美观,便于保管和利用;(2)卷宗装订前应根据卷内文件材料的多少选择合适的卷皮。一般来说,当案卷厚度在 50 页以内时应选用 5mm 卷皮;当案卷厚度在 50—100 页时应选用 10mm 卷皮;当案卷厚度在 100—150 页时应选用 15mm 卷皮。每卷的厚度以不超过 150 页为宜,材料过多的,应按顺序分册装订。每册案卷都应重新编写页号;(3)卷宗内文件材料应下对齐、右对齐,用线绳或装订机三孔一线装订。卷底应粘贴统一的卷内封条,由书记员在封条四边中间位置各骑缝加盖一枚名章；（4）案卷装订完毕后，应认真检查卷内文件材料有无漏订、压字等现象，如有问题，则要拆卷重订；（5）检查无误后，填写备考表，将本卷需要说明和记录的事项以及立卷人、检查人和立卷时间等项目填写清楚。本卷情况说明一栏应填写卷内文书材料缺损、修改、补充、移出、销毁等情况并记录与本卷相关的实物档案归档情况。立卷人、检查人一栏应由立卷人、检查人亲笔签名，一律不得用名章代替。立卷日期一栏填写立卷完成的日期；（6）凡能附卷保存的证物均应装订入卷。无法装订的可装入证物袋，并标明证物名称、数量、特征、来源。证物袋应三孔一线装订入卷，不得粘贴在卷底；不得用信封或文件袋等代替证物袋。不便附卷保存的证物应按《实物档案归档办法》的规定归档。

任务五　案卷归档

案卷归档时应注意以下问题：（1）案卷归档前立卷人应在法院信息管理系统中完成案件归档信息的录入；（2）归档时立卷人应将卷皮各边尤其是卷脊按原有折痕叠成盒状；两册以上卷宗需用线绳捆扎；（3）涉密案卷立卷人应在卷皮上"密级"一栏标注"机密"、"绝密"字样，并在归档时告知接收人，以便单独保管；（4）归档案卷经检查质量不合格的，由档案科在接收归档后三日内退回立卷人重新整理，立卷人应在二日内归还卷宗；（5）已经归档的卷宗不得从卷内抽取文件材料；确需增添材料的，应在征得档案管理人员同意后，按立卷要求办理；（6）诉讼文书材料经过收集、整理、立卷、编目、装订等环节经检查无误后，应在案件结案后三个月内到档案科办理验卷归档手续；（7）调出人员和院内调动人员在离开原部门之前，应将符合归档条件的卷宗整理完毕后归档；对于上诉未回等其他暂时不宜归档的案卷，调动人员应与原部门的兼职档案员进行交接，由兼职档案员安排专人负责日后整理归档。

【诉讼文书】

诉讼文书材料保管期限表

【业务文件】

《人民法院诉讼文书立卷归档办法》（法［办］发［1991］46号　1991年12月24日）

主要参考文献

[1] 全国人大常委会法制工作委员会民法室. 中华人民共和国民事诉讼法条文说明、立法理由及相关规定 [M]. 北京：北京大学出版社，2007.

[2] 寇昉. 书记员工作流程 [M]. 北京：人民法院出版社，2018.

[3] 张明丽. 书记员工作原理与实务 [M]. 北京：法律出版社，2019.

[4] 刘万奇. 刑事诉讼法 [M]. 北京：中国人民公安大学出版社，2011.

[5] 薛伟宏. 书记（官）员研究 [M]. 北京：法律出版社，2016.

[6] 宋英辉，等. 刑事诉讼法修改的历史梳理与阐释 [M]. 北京：北京大学出版社，2014.

[7] 江必新. 最高人民法院关于适用〈中华人民共和国刑事诉讼法〉的解释的理解与适用 [M]. 北京：中国法制出版社，2013.

[8] 何海波. 行政诉讼法 [M]. 北京：法律出版社，2016.

[9] 李本森. 法律职业伦理 [M]. 北京：北京大学出版社，2016.

[10] 郭林虎. 法律文书情境写作教程 [M]. 北京：法律出版社，2018.

[11] 田平安. 民事诉讼法学 [M]. 北京：中国政法大学出版社，2007.

[12] 赵日新. 庭审驾驭能力培训读本》[M]. 民事卷. 北京：人民法院出版社，2005.

[13] 胡锡庆. 诉讼原理 [M]. 北京：中国政法大学出版社，2007.

[14] 王新清. 法律职业道德 [M]. 北京：法律出版社，2007.